第 3 版

MANAGEMENT SKILLS FOR EVERYDAY LIFE

The Practical Coach (3rd Edition)

管理学与生活

［美］葆拉·卡普罗尼 著
（Paula Caproni）
王瑶 潘素敏 译

中国人民大学出版社
·北京·

前　言

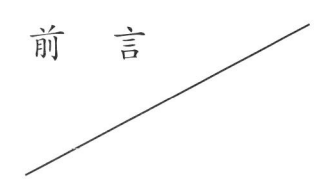

本书目前已出版到第 3 版，旨在将成功的科学（研究人员对成功的了解）转化为成功的实践（普通人对成功应有的了解）。我希望这本书能通过提供理念、技巧和最佳实践帮助你达到你想要的成功——无论你如何定义成功。对有些人而言，成功意味着一路晋升到所在公司或行业的高层。对一些人而言，成功意味着找到自己喜欢的工作，比如成为一名企业家，或者在目前的岗位上继续学习并做出重要的贡献，是否能晋升到更高的职位对他们来说并不重要。而对另一些人而言，成功就是能灵活地从工作中抽身，将时间投入生活中的其他方面，等到觉得时机合适时再重返职场（如果他们选择这样做的话）。

具体而言，本书会帮助你在工作中取得更大的成绩，推动你的职业发展（市场价值、晋升、加薪、工作满意度和工作灵活度），并且提高你整体的生活质量（快乐、健康、抽出时间陪伴爱人的能力）。我一开始就要说清楚，如果你在工作中表现出色，但是你的家人和朋友已经不记得你上次注意到他们是什么时候了，如果你每次度假的时候都要想着工作的事，如果你一直都抽不出时间为自己的社区做贡献，如果你觉得自己只有违背职业道德才能取得成功，如果受工作压力影响你的健康状况会恶化，甚至会过劳死，这些都不是将你带向成功的策略。

本书的前提假设是，成功人士要实现自己的目标，不一定要比不成功的人付出更多的努力，他们只要在工作中更讲求技巧就可以。那些按照自己的心愿取得成功的人，不一定要有极高的智商、一流的大学入学成绩、顶尖大学的学位证书、背景雄厚的家庭或来自尽责的领导和导师的全力支持。相反，成功人士之所以会获得成功，是因为他们实现了对自己和他人来说都很重要的目标，掌握了能帮助自己实现这些目标的眼界和技巧，了解自己（自己的风格、长处与短处及别人对自己的看法），建立了广泛而多样的人际关系网（关系网资源中的成员不仅优质，而且能够彼此扶持）。如果他们是管理者，他们就能够创造一个能激发所有员工做出最佳表现的工作环境。

本书假设你现在就是一名管理者，或者你想成为一名管理者。那么，管理是什么？相关的管理学教材说，管理就是通过别人来完成工作。但是管理的意义不仅如此，远远不仅如此。对我们中的很多人来说，管理者是身份的一个重要组成部分。它影响着我们如何度过每一天，我们和其他人一起做什么，为他人做了什么，我们如何表达（压制）自己的能力。这个身份能激发我们最好的一面和最坏的一面，同时也能给我们提供机会，通过自己的日常决策和行动，让这个世界变得更美好。重要的是，即便你没有成为管理者的计划，只要你的工作需要你通过与他人合作来取得成果，或者其他人需要依靠你来实现他们的目标，你就会觉得这本书很有帮助。

第3版新增信息

虽然和本书前两版出版时相比，如今用以预测能否在工作和生活中成功的多种特质并没有发生变化，但是我们工作和生活的环境却在不断变化。毫无疑问，你在职业生涯中一定会经历经济繁荣期和衰退期。新技术会持续改变我们工作和生活的方式，老技术很快就会被淘汰。新一代的员工会带来新的工作方式、视角、需求和技能，这些都将改变我们完成工作的方式。自然灾害和人为灾害将继续影响世界各地的生活。努力工作的人将继续凭借自己的创新精神和通力合作带来能提升人们生活品质的产品和服务。善意和慷慨的举动，将继续点燃人们对人类精神的信念。

虽然没有人能预测未来，但历史总是在重演，这是显而易见的。因此，本书第1版和第2版中的大多数道理今天仍然有效——甚至更有效，因为当今的机会和问题变得更加复杂，全球关联度也越来越高，这就意味着成功带来的好处和失败造成的损失都被放大了。第3版中有一些修改，除了更新前两版中的一些主题之外，同时也更好地反映了自前两版出版以来社会和经济层面发生的多种变化。

具体而言，我在每章都加入了最近研究的有用理念。例如，在第3版中，你会发现一些能回答下述问题的新研究内容。

- 成长为一名专家需要多长时间？要系统地积累专长需要采取什么步骤？专长有哪些不好的方面（第1章）？
- 在屏幕前待得更久（如上网和玩电子游戏）对学习有哪些影响（第2章）？
- 公开承认医疗过失会增加还是减少医院的诉讼成本？为什么承认错误会造成这种结果（第3章）？
- 一份简单的核对清单为什么每年能挽回1 500条生命，节约150万美元？为什么人们明知核对清单有用，却拒绝使用？你如何利用清单来提升效果并减少错误（第4章）？
- 一份近期研究表明，有多大比例的分析师（他们应该提供毫无偏颇的行业信息）收受公司高管的贿赂？又有多大比例收受贿赂的分析师在收到公司盈利欠佳的报告后没有下调公司股票的评级？背后的原因是什么（第5章）？
- 组织如何创建一种富有同理心的文化（第6章）？
- 什么人在各种不同的团队中都能获得成功（第7章）？
- 辅导团队的最佳做法是什么？干预团队工作的最佳时机以及不干涉团队事务的最佳时机是什么时候（第8章）？
- 心理上的安全感为什么能提升虚拟团队的效率？如何在自己的团队中建

立这种安全感（第9章）？
- 根据近期的一项研究，超时工作几小时会加大罹患心脏疾病的风险（第10章）？

上述问题是没被前两版收录但在新版本中得到了解答的几个有趣的相关问题。第3版除了收录了一些新研究外，还包含了几个新案例。例如，你会了解为什么很多智商颇高的成功人士（包括一名主要研究方向是"轻信"这一性格特征的教授）都投资了无良金融家伯纳德·麦道夫的庞氏骗局，这个巨大骗局总共给投资者带来逾500亿美元的损失。通过该案例，你会学会如何使自己免于陷入类似毫无理性却广泛存在的人类偏见，正是这种偏见导致麦道夫的投资者们沦为天真的受害者。新版中的另一个新案例聚焦于一个组织中的普通人如何在危机中展示不寻常的同情心。通过该案例，你将领悟用以激励组织成员在必要时产生同理心的策略。

第3版还加入了新的领导力范例，让你能够洞察卓越的领导者是如何成长起来的。这些范例的主人公包括美国前任总统巴拉克·奥巴马、百事公司的首席执行官卢英德·诺伊及全美航空的飞行员切斯利·萨伦伯格（萨利）。萨伦伯格在2009年凭借出色的技术将失控的飞机紧急降落在哈德逊河，挽救了115人的生命。笔者删除了一些已经过时的范例。为了帮助你紧跟全球趋势，第3版中加入了一些新数据，包括与全球互联网使用相关的统计分析。此外，引入了新的自我测评和思考题。

针对教师读者，修订了综合教师用书，融入了更多辅助性材料，新增了参考资源建议，如网站、网络视频、模拟、小练习和补充阅读，以便让资料更加丰富，并且让教授这些资料的过程变成一种乐趣。范例摘要、章节大纲、测试项目文件和幻灯片也都进行了相应的修改。

所做的这些修订，目的是希望本书能够反映人们在日常生活中可能面对的挑战和机会，从而帮助人们实现重要的短期和长期目标。

本书的假设

本书融汇了若干主题。

第一个主题：当前的经济环境更加多元化，更加变幻莫测，更加强调科技驱动，牵涉更多的环境问题。在这样的背景下，管理需要具备更复杂的技能组合，而之前的管理者无须应对这样的要求。遗憾的是，虽然我们跨入 21 世纪已经很多年，但是很多管理书籍还在隐晦地（甚至明确地）专注于穿着灰色法兰绒正装坐在传统的办公场所工作的男性。但是，今天管理者中男性和女性的比例差不多，因为现在的家庭大多是双职工家庭（一家人甚至有三份工作），而他们就职的组织主要依靠通信技术，在强调工作与生活平衡的同时也希望员工能够每周 7 天、每天 24 小时投入工作。不管你喜不喜欢，我们经常看到人们在和朋友用餐、在家附近推着婴儿车散步或在健身房更衣室换衣服时拿着智能手机谈生意。本书的目的，就是在反映这一格局变化的同时，帮助你妥善应对今天或明天社会、组织与经济环境中存在的机会和障碍。

第二个主题：管理者最容易犯的错误之一，就是想当然地认为自己能凭借技术能力和书本智慧在行业内表现出色并在职场上取得成功。笔者在密歇根大学的同事约翰·特洛普曼表示，当人们晋升为管理者时，他们会认为自己的新岗位"和之前的岗位没什么不同，只是级别高了而已"。换言之，他们还会继续使用过去做普通员工时行得通的技巧，即便他们现在作为领导者的职责是创建一个能让其他人发挥最佳水平的环境。本书的目的，就是帮助你从普通员工的思路过渡到管理者的思路。

第三个主题：在自己所在部门和组织内外部各个层面培养相互支持的关系，是管理者应该具备的最重要的技能之一。大量研究表明，人际关系网广泛而多样的人，在工作中的表现明显更突出，职场上更成功，生活中也更快乐、更健康、更长寿。随着人们在职业道路上继续前行，管理职场关系的能力就变得愈发重要。但是，即便建立高效关系对管理层和组织成功至关重要，很多管理者还是会错误地将经营关系的技能视为"锦上添花",而不是"不可或缺"的。因此,他们错失了很多在日常生活中培养信任感、赢得尊重与支持及建立影响的机会,这些机会能让他们在更短的时间内利用更少的资源取得更好的成果,同时还能缓解他们的压力,提升他们的乐趣。本书的目的,就是帮助你培养建立关系的技能。无论你的职场目标和个人目标是什么,这种技能都对你个人、其他人及你所在的组织有利。

第四个主题:今天的管理者发现周围充斥着越来越多的信息,他们接触到的管理理论、潮流及专家似乎是无穷无尽的。因此,他们在消费管理知识和顾问意见的过程中变得更加挑剔。为了帮助你妥善把握眼前无穷无尽的信息,书中介绍了一些在笔者看来对今天的管理者而言最富有远见、最有意义的理论和研究。其中一些是已经接受了时间检验的经典研究,还有一些是尚未普及但能改变你对工作和生活的思考方式的前沿研究。本书的目的就是为你提供一些值得深思的题目,激发你的想象力,同时奉上有用的框架与技能,帮助你无论在工作还是生活中都做到最好。正如社会心理学家库尔特·勒温曾经说的:"其他任何东西都比不上一个出色的理论那样实际。"

一定要牢记,任何时候对任何人、任何情况都有效的理论即便存在,也为数不多。通常情况下,管理大师、理论家和教育家在陈述理念时就好像它们是普遍适用的,即便这些理念带有文化偏见,而且它们的有效性也仅限于某些情况。如果抱着普遍适用的想法来运用理论,你就可能偏离轨道,得到的伤害比好处还多。如果某个理论将某个看待问题或采取行动的方式推崇为正常的、有效的或道德的,你仍然要牢记它的局限性,这一点至关重要。在本书中介绍理论和研究时,笔者通常会使用"研究表明"和"研究人员推断"这样的表述,以免落入"理论即真理"的陷阱,为其他观点留下余地。如果笔者忘了这样做,希望你能将本书中收录的理论和最佳实践摆在正确的位置上——它们只是有用的概念和行为工具,帮助你迅速而机智地应对日常工作和生活中面对的常见或复杂情形。设计华盛顿越战纪念碑的建筑师林璎的一番话最贴切地表达了本书的精神:"我创造了思考的空间,但不想强加思考的内容。"

目 录

第1章 预测成功的因素 ... 1
- 管理和领导之间的区别 ... 5
- 管理脱轨 ... 6
- 哪些因素能预测成功？ ... 14
- 管理情绪：情绪智力、正面情绪和耐力 ... 26
- 再次强调：智商不过是预测成功的中等指标 ... 28
- 人们为什么总是坚持无效的老做法？ ... 29
- 改变自我的步骤 ... 31
- 新规则 ... 32
- 本书的内容结构 ... 34
- 本章小结 ... 37
- 思考题 ... 38

第2章 培养自我认知 ... 41
- 自我认知的障碍 ... 44
- "你"品牌 ... 45
- 自我概念：我思故我在 ... 49
- 文化对自我概念的影响：独立型和依赖型自我 ... 51
- 社会对自我概念的影响：保证自我认知与他人的看法一致 ... 56
- 自我概念为何重要？ ... 61

当代组织中的自我 …………………………………………… 63
　　管理者的成长和发展 ………………………………………… 82
　　本章小结 ……………………………………………………… 83
　　思考题 ………………………………………………………… 85

第3章　建立信任 …………………………………………………… 97
　　信任为什么重要? …………………………………………… 99
　　什么是信任? ………………………………………………… 102
　　我为什么要相信你? 让我想想原因 ………………………… 104
　　制造信任：人际关系策略 …………………………………… 108
　　制造信任：组织战略 ………………………………………… 114
　　信任之上：正面情绪与成功 ………………………………… 117
　　结　　论 ……………………………………………………… 122
　　本章小结 ……………………………………………………… 122
　　思考题 ………………………………………………………… 124

第4章　有效沟通 …………………………………………………… 127
　　积极倾听 ……………………………………………………… 131
　　给予和获得反馈 ……………………………………………… 136
　　能激励员工的管理语言 ……………………………………… 143
　　跨文化沟通 …………………………………………………… 147
　　通过沟通实现动员 …………………………………………… 153
　　检查清单：被低估的救命沟通工具 ………………………… 161
　　谈话与技术 …………………………………………………… 163
　　结　　论 ……………………………………………………… 169
　　本章小结 ……………………………………………………… 171
　　思考题 ………………………………………………………… 173

第5章　获得并运用可持续且符合道德的权力和影响力 ……… 175
　　可持续、有道德的权力和影响力的基础 …………………… 178

培养人际权力：读懂他人的利益和风格并进行相应的调整 …………… 184
　　使用六种普遍形式的影响力 …………………………………………… 190
　　培养政治头脑 …………………………………………………………… 210
　　结　　论 ………………………………………………………………… 222
　　本章小结 ………………………………………………………………… 228
　　思考题 …………………………………………………………………… 232

第 6 章　管理与下属、老板和同级之间的关系 ……………………………… 235
　　工作中的权力关系 ……………………………………………………… 238
　　管理并激励下属 ………………………………………………………… 242
　　重要提醒：服从权威 …………………………………………………… 255
　　正面案例：富有同情心的组织 ………………………………………… 261
　　管理老板 ………………………………………………………………… 264
　　管理导师-门生关系 ……………………………………………………… 270
　　经营关系网 ……………………………………………………………… 276
　　印象管理 ………………………………………………………………… 286
　　结　　论 ………………………………………………………………… 289
　　本章小结 ………………………………………………………………… 289
　　思考题 …………………………………………………………………… 292

第 7 章　管理文化多样性 ……………………………………………………… 295
　　第一部分：多样性是竞争优势 ………………………………………… 298
　　第二部分：理解文化和文化差异 ……………………………………… 303
　　文化的维度 ……………………………………………………………… 307
　　第三部分：利用多样性的策略 ………………………………………… 322
　　建立珍视并利用多样性的组织文化 …………………………………… 328
　　结　　论 ………………………………………………………………… 333
　　本章小结 ………………………………………………………………… 334
　　思考题 …………………………………………………………………… 336

第 8 章　打造高绩效团队 339

团队浮夸的背后 342

什么是团队？ 343

团队绩效的标准 344

高绩效团队的基础：目标、绩效指标、人员、流程和实践 346

团队领导力：建立高绩效团队环境 359

团队生命周期 374

结　论 381

本章小结 384

思考题 385

第 9 章　多样化团队和虚拟团队：管理差异与距离 387

第一部分：多样化团队 391

第二部分：虚拟团队——远距离共事 402

虚拟团队的优势 404

虚拟团队的挑战 406

管理分布式团队 415

结　论 425

本章小结 425

思考题 428

第 10 章　谱写人生：美好生活指南 431

幸　福 434

幸福、工作与流畅 440

乐观与成功 444

工作与健康 452

整合工作与家庭 456

结　论 468

本章小结 469

思考题 471

第 1 章

预测成功的因素

本章将帮助你：

- 理解影响当今管理工作的变化。
- 了解为什么很多有潜力的管理者会脱轨。
- 了解为什么单凭智商（在智力测试中的表现）并不能精准地预测成功。
- 了解还有哪些其他特质和技能可以预测成功。
- 制定个人持续学习与改变的策略。

生存下来的物种不是最强大的,也不是最聪明的,而是最能适应变化的。

——查尔斯·达尔文

对那些在挑战中成长并让组织变得不同的人来说，管理职业是其实现个人发展、组织变革及社会贡献的最令人满意的路径之一。亨利·明茨伯格数十年来一直在研究管理者。这位管理研究人员明智地总结道："对我们的社会来说，没有任何一项工作比管理者的工作更重要。管理者决定着我们的社会制度到底是好好地为我们服务，还是在浪费我们的才能与资源。"当然，其他职业对社会来说也同样重要。但事实上，私人、公立与非营利组织的管理者在很大程度上影响着我们的组织和社会资源是被妥善使用还是被肆意浪费。

尤其是今天，管理者必须将自己视为价值创造者，他们的首要任务是将自己管理的资源转化为对它们所服务的人员、组织和社会有意义并可度量的成果。虽然管理者在将组织资源转化为成果的过程中发挥着核心作用，但很多人刚刚晋升到管理岗位时，得到的不过是祝贺和表扬、加薪及一系列的新职责。他们现在必须在思考时更偏向战略角度，解决更复杂的问题，创建一个能让其他人做出最佳表现的工作环境，将各种各样的个体凝聚为一个表现出色的团队，定期与部门外部人士沟通，并且影响自己无法直接管控的人。通常情况下，刚上任的管理者要凭一己之力才能摸清怎样从之前独立贡献者的身份过渡到管理者的新身份。即便是经验丰富的管理者，在晋升到更高级别的管理岗位时也会碰壁，尤其当他们所凭借的很多技能使他们在之前职位上收获成功，却难以满足新工作的需要时。

本书的目的就是帮助你避免当你晋升到领导职位时常犯的这些错误，并且帮助你实现下面三个目标——无论你现在是刚走上管理岗位的人，抑或经验丰富的管理者，还是没有管理任何人却负责将组织资源转化为成果的专业人士。第一，本书会提供全面的技能，帮你在稳定时期和艰难时期通过管理他人实现成果。第二，本书帮助你如愿地取得事业成功，无论你如何定义成功。第三，本书帮助你提升生活品质，因为那些有助于你在职场上取得成功的许多技能，也能帮助你在生活中更快乐、更健康、更长寿。

  这些目标很远大，但并非无法实现。虽然人生中难有保障，但本书给出的建议建立在数十年来关于成功预测因素的实证研究的基础上。你将从本书中学到的最重要的一点，就是最出色的人——也就是为所在组织创造大量价值并且如愿地获得了个人成功和事业成功的人——不一定会在智商、经济和教育程度上超过其他人，也不一定比那些不够出色的人工作更长时间。他们更倾向于以更有条理的方式，本着能给组织带来可量度的价值的重要目标而加倍努力。他们通往成功的道路不一而同（如他们不一定按照预期沿着组织或职业阶梯一步步向前），他们对成功的定义也不一定一样。他们不一定能遇上最好的老板，也不一定都有为了帮助他们成功而无私奉献的完美导师。成功人士不一定生来就是领袖或英雄人物，也不一定完美无缺。他们的个性特征也各不相同。有些人喜欢着眼于大局，而有些人喜欢从细节出发。有些人外向，有些人内向。有些人步调很快，有些人的每一步都缓慢而扎实。有些人外表充满魅力，有些人喜欢躲避别人的关注。但是，成功人士确实都有一些共同特质（这些特质都是可以习得的），你将在本章的后续部分读到。

  你将从本书中学到的另一个重要道理，就是重要的社会与经济趋势（如多元化与全球化程度的提高及技术进步）将继续给管理工作的性质带来根本性变化。因此，很多过去运用的管理行为（今天的很多组织仍在顽固地贯彻这些行为）可能无法继续创造价值（有些行为过去也没有带来多少价值）。因此，所有管理者必须持续关注自己生活和工作的社会、文化、政治、经济、环境与技术背景，也就是《华尔街日报》专栏作家哈尔·兰卡斯特所说的"时代的决定性因素"，然后判断这些因素给他们的客户、员工、组织和服务的社区带来了怎样的影响。

  尽管变化将持续影响个体、组织和社会，但管理工作总有些能超越时间、地点和文化的共同主题。管理者也是人，所以并不完美。因此，自我意识（即认识自我的价值观、风格、长处、短

> 我有我的缺点，但活在过去绝不是其中之一，因为这样做没有任何未来。
> ——斯帕齐·安德森，底特律老虎队经理

处、偏见及他人看法）永远是成功管理者的标杆之一。管理者总要和别人共事，因此在多元化的广大群体中建立信任感并赢得尊重，永远是培养高效而持久的工作关系的根基。管理者总需要得到他人的支持，因此有效沟通、互相激励、影响对方及管理组织政治的能力，也是重要的成功因素。

团队是大多数组织的基石，因此管理者要一直有能力设计一种工作环境，让员工通过在团队内部或跨团队的努力朝着共同目标迈进。管理者经常有机会去欺骗或利用他人，因此个人抵抗诱惑并秉持职业操守的定力很重要。社会、文化、政治、经济、环境与技术力量将持续改变工作的性质，因此愿意参与持续学习和变化，也都是竞争优势。生活永远大于工作，所以平衡家庭与工作、亲密关系与精通技能这样的主题，一直是人类的核心主题。

管理和领导之间的区别

在教学与顾问工作中，我经常被问到："管理和领导之间有什么不同？"坦率地说，这种区分是错误的。管理侧重于通过计划、组织、控制、预算制定及激励他人来保证效用与效率，而领导侧重于战略性思考，设定明确而有意义的方向，团结利益相关者，启发他人并引导变革。但是，很难想象一个管理者在不制定团队方向、不启发团队成员朝着既定方向努力、不推动团队适应改变的情况下实现成果。同样，没有人愿意为那些创建了鼓舞人心的愿景却与实施愿景的细节完全脱节的领导者工作。你可能听过这样的说法："管理者以正确的方式做事，而领导者做正确的事。"这种说法很有吸引力，也很巧妙，但任何负责将组织资源转化为成果的人，无论他们自称管理者、领导者还是独立贡献者，都有责任以正确的方式做事，并且做正确的事。

> 如果你不能阻挡海浪，你可以学会冲浪。
> ——乔恩·卡巴·金，马萨诸塞州医学院减压门诊创始人

密歇根大学的金姆·卡梅隆教授和罗伯特·奎因教授表示，给组织创造最大价值的成员，能同时具有长远愿景和短期计划，他们能激发变革，力促稳定，赋予员

工权利并让他们承担责任，进行创造性的思考并专注于利润。换言之，成功人士会做适合当前形势的事。为了保证全书简洁一致，笔者通常会使用"管理者"而不是"领导者"这一标签，因为人们即便在管理岗位上也要展露领导者的特质。如果你没有正式的领导者或管理者头衔怎么办？学习本书所介绍的视角和技能是否仍然重要？无论你目前正式的职务头衔是什么，如果你与他人共事、制定并执行决策、负责将组织资源转化为成果，那么答案是肯定的。

在开始讨论预测成功的特质之前，我们要清醒地审视一下阻止人们如愿成功的障碍。对大多数人来说，第一个障碍就是他们自身。

管理脱轨

大多数管理者入职时都具备聪慧的头脑、深厚的教育背景、丰富的技能、胜任的意愿、努力的动力及成功的抱负。但是，创造性领导力中心的研究结果表明，几乎一半以上的管理者都没有充分发挥潜力，往往辜负了自己和组织，这种现象就叫"脱轨"。

脱轨指的是很有潜力的管理者希望能在某个组织中有所发展，按最初的判断他也有能力实现这个目标，最终却被解聘、降职或停滞在预期以下的水平无法突破。脱轨并不包括因为个人选择而改行、辞职或拒绝晋升，以便追求其他事业或生活目标的情形。脱轨是非自愿的，通常是可以避免的。

脱轨会给个人、组织和社会都造成损失。脱轨的管理者和他们的家庭会遭受情感和财务上的冲击。组织对脱轨管理者的财力和智力投资被浪费了，它们不得不再投入大量的成本来招聘并培养继任者。如果某个组织因频繁出现脱轨现象而闻名，那么人才可能会流失，或者过早地离开（转投竞争对手），因为他们担心自己也会遭遇相同的命运。

管理者为什么会脱轨

脱轨通常让管理者毫无防备，因为他们认为自己智力超群、技术过硬，还受过良好的教育。等到他们认识到这些资质虽然是必要的，却难以保证长期高效与成功时，往往为时已晚，尤其当他们的成功不仅取决于个人表现，同时也倚仗他们可以进行战略性思考并建立能激发他人做出最佳表现的工作环境时。

研究人员花了数十年来研究管理脱轨的问题。他们的结论是，脱轨的管理者通常都有相似的特征。他们的自我认知很有限，尤其是他们不太可能像成功的管理者那样正确认识自己的风格、长处、短处和偏见。同样重要的是，他们很难意识到别人对自己的看法。另外，脱轨的管理者通常会高估自己的能力，过于依赖之前行得通的长处。因此，他们倾向于使用"万能"的方法来解决问题。达特茅斯学院塔克商学院的教授西德尼·芬克尔斯坦是《为什么聪明的高管会失败》一书的作者。他解释说，研究对象中有很多原本很成功的高管最终却失败了，原因"不是他们不能学习，而是他们把一门课程学得太好"。由于过度依赖有限的技能组合，他们错过了学习不同技能的机会，进而限制了自己适应环境变化的能力。

与脱轨的管理者不同，成功的管理者更倾向于准确认识自身的能力（或者可能略微低估自己的能力），会针对自我表现寻求反馈，并对持续学习和自我改善投入更多。因此，他们的技能组合更全面，这让他们能胜任新岗位，即便在不同情形下也能表现出色。

脱轨的管理者如果回顾自己的经历，就会领悟三个重要的道理。第一，智商不足以保证长期成功。第二，曾经让他们早早成功的才能，之后可能会导致他们失败。第三，在他们职业生涯早期似乎无关紧要的缺点和盲点，会忽然变得重要起来。

仅有智力还不够

探讨管理成功与失败的研究人员发现，认知性智力，也就是通常所说的"书本智慧"（通常由学校传授并由智力测验考核的知识）充其量不过是预测职场成功的中等指标。例如，研究人员约翰·科特对哈佛商学院1974级的115名成员进行了长达20年的研究。他发现"研究对象的GMAT（研究生管理科学入学考试）成绩及其工作表现（以收入和职责衡量）之间并不存在正相关性"。同样，斯坦福大学研究人员查尔斯·欧莱利和詹妮弗·查特曼通过对工商管理硕士毕业生的研究得出结论，光靠出色的GMAT分数不足以预测成功。他们发现，具备"认真"（综合了抱负、效率、努力和可靠性的指标)这种性格特征的工商管理硕士如果GMAT分数也很高,就比其他同等学历的毕业生在职业生涯初期得到更高薪酬,得到晋升机会的可能性也会更大。

> 我从不让学校教育干扰我的教育。
> ——马克·吐温

罗伯特·史坦伯格是全球研究智商(Intelligence Quotient,IQ,通过标准智力测验评估的智力商数)与成功之间联系这一课题的专家中最著名的一位。他也认为成功人士的智商不一定最高,求学时的考试成绩也不一定最突出。他对数十年来旨在探讨智商测试表现能在多大程度上预测事业成功的研究进行了回顾,并在此基础上断定,如果将这种智力测验中的表现作为判断工作表现的变量,权重系数只能占4%~25%。按照史坦伯格自己的说法,"这一变量基本不值一提"。

史坦伯格解释说,很多人都想当然地认为,"聪明就是智商高,他们将智商定义为人们在标准测验中的表现和学校的考试成绩。"但能用以预测你在处理工作和生活中表现如何的这种智商,在很大程度上是由标准智力测验无法评估的诸多特质决定的。毕竟,现实生活中的问题通常是含糊的,有多种解决方案(每种方案都有各自的优缺点),很大程度上需要依靠无法通过分析性智力测验评估的才能来解决和落实。这些才能包括处理含糊问题的灵活性、创造性思考的能力、承担预期风险的意愿、学习与适应的愿望、在平时和紧张时期运用出色判断力的能力、与他人通力合作的意愿、制定集体决策(而不是个人决策)的能力、影响他人的能力及从失败中站起来和应对日常生活中不可避免的挑战时所需要的韧性。

专栏1-1解释了为什么智商高和事业成功并不意味着能有效决策以创造财富。过度强调智商测验分数与成功的联系还有一个问题:人们在智商测验中的表现并不稳定。具体而言,有些人在可刺激和启发智力的环境下能多得12~18分,分数差距大到会影响应试者的智商水平究竟被归类为平均以上还是以下。同样的道理,无法刺激和启发智力的环境可能造成智商分数大幅下滑。事实上,孩子少上一年学,智商分数就低6分。

专栏 1-1

分析性智力对财务成功的有限影响

要理解分析性智力的局限，先看两个智商无法预测的理智的个人理财行为的案例。这两个案例分别关注获得财富的能力和避免落入金融诈骗圈套的能力。

智商能否预测财富？

俄亥俄州研究科学家杰伊·札戈斯基对 7 000 名 45 岁上下的研究对象进行了一项有趣的研究。研究表明，虽然智商能预测收入增长，但并不能准确预测财富。他发现，智商测验分数每提高 1 分，年收入会增加 202～616 美元。仅按该收入优势推断，高智商人群每年要比普通智商人群多赚 6 000～18 500 美元。但事实表明智商更高的人不一定能将收入优势转化为更多的财富。实际上，智商略低于 105 分平均值的群组平均资产净值反而高于 110 分的群组，而且他们陷入低存款、破产及拖欠账单和信用卡还款等财务困境的可能性比智商更高的人更小。

札戈斯基并没有探讨高智商人群不擅长攒钱或赚钱的原因。我也选择将这个问题留给本书读者。但该研究表明，书本智慧并不一定能带来财富，而基本的理财法则也并不高深。

聪明的成功人士是否会落入金融诈骗陷阱？

2009 年，无良金融家伯纳德·麦道夫因制造数十亿美元的庞氏骗局而获刑 150 年。法官陈卓光称此案为"极端邪恶的诈骗""波及人员令人震惊"。受害者包括获奖导演史蒂芬·斯皮尔伯格、获诺贝尔奖的奥斯维辛集中营幸存者埃利·维瑟尔和史蒂芬·格林斯潘，而史蒂芬·格林斯潘研究的课题之一就是"轻信心理"。格林斯潘对庞氏骗局的描述是："骗局中，投资资金被策划者据为己有，赎回基金的投资者得到的实际上是新投资者的投资。只要新投资稳健增长，策划者就能将骗局维持下去。但一旦投资开始缩水，纸牌屋将很快倾覆。"麦道夫的庞氏骗局于2008年曝光，该骗局的众多投资者在美国金融市场剧烈波动的背景下想赎回基金，却发现他们的财富早已不在。

个人理财专栏作家杰森·茨威格在《华尔街日报》上发表的文章《伯纳德·麦道夫如何让聪明人犯傻》中，解释称麦道夫金融骗局的很多受害者都落入了书本智慧和职场成功所无法抵御的常见心理陷阱。他们想当然地认为麦道夫不会违背职业操守，因为他是纳斯达克证交所前主席，也是著名的慈善家。他们觉得把钱交给麦道夫投资很安全，因为社交圈里的其他人也这么做。他们相信麦道夫基金是排外的，这种排外性促使他们越发迫切地想要入资。研究人员罗伯特·西奥迪尼是影响策略方面的顶级专家。他将受害者的这些特征称为人类常见的认知偏见——迷信权威、社会认同、相信稀缺价值，这三点构成了麦道夫案件中的"三重威胁"。这些（大部分人都有的）偏见导致很多聪明人出于信任而投资麦道夫基金，他们没有进行尽职调查，也没有对该基金20年来在市场衰退期依旧保持稳定收益的表现生疑。

从麦道夫丑闻中得出的重要教训是，智力和成功不能保证我们免受人类决策过程中正常可预见的局限性的影响。无论智商如何，我们通常都是懒惰的决策者，在日常决策（甚至重要决策）中惯用"认知捷径"（如权威、社会认同和稀缺价值）而不是细致分析。正如格林斯潘，这位对轻信心理有所研究的大学教授，在陷入麦道夫骗局后所说的："智商高的人也可能很好骗。"

Source: Zweig, Jason. 2008. "How Bernie Madoff Made Smart Folks Look Dumb." *Wall Street Journal*, December 13-14: B1; Greenspan, Stephen. 2009. "Why We Keep Falling for Financial Scams." *Wall Street Journal*, January 30: W1-W2; Zagorsky, Jay. 2007. "Do You Have to Be Smart to Be Rich? The Impact of IQ on Wealth, Income, and Financial Distress." *Intelligence*, 35 (5): 489-501.

也就是说，努力培养分析性智力无疑很重要，因为它是帮助你在工作和生活中更好地决策的重要因素之一。不可否认，对正规教育的投资会让你终身受益。根据美国近期人口普查数据，美国全职员工平均年收入如下：

- 高中以下学历：24 964 美元。
- 高中以上学历：32 862 美元。
- 专科学历或副学士学位：40 769 美元。
- 学士学位：56 118 美元。
- 更高学位：75 140 美元。

对于智商测验分数与职业成功的联系，切记几点：分析性智力虽然重要，但它只是预测成功的因素之一；智商测验的表现在一定程度上受投入程度和环境的影响；过度依赖分析性智力会阻碍你培养有助于提升工作业绩、职业满意度和整体生活品质的其他才能。简言之，如果没有预测成功的其他特质和才能来辅助分析性智力，你很可能难以发挥自己的潜力。

早期成功可能导致失败

股市投资者常受到警告：历史表现无法保证未来表现。这一警告同样适用于管理者。脱轨的管理者得到的惨痛教训是，之前给他们带来成功的技能可能无法保证他们未来继续成功，尤其在当前和未来环境与过去不同的情况下。员工发展顾问与高管培训师路易斯·法兰科博士解释称：

> 脱轨者的常见轨迹是：在某一领域展现出了出色技能后就不再补充其他技能。即便工作职责的变化要求其运用不同的技能组合，即便看到身边其他人都在培养不同方面的技能，他们也没有注意到自己在限制自我发展，反而大力巩固已经表现出众的方面，希望通过做更多同样的工作来拯救自己的命运。

罗伯特·史坦伯格和心理学家彼得·弗兰奇证明了行家的身份有时候反而会带来不利影响，尤其在发生根本性改变的情况下。在一次巧妙的试验中，他们要求行家和新手与电脑对战桥牌。当使用

> 我总是奔向冰球即将出现的地方，而不是它当前的位置。
> ——韦恩·格雷茨基，冰球冠军

标准桥牌规则时，行家表现好于新手。但当游戏规则发生根本性改变时，专家比新手更容易受"深度改变"的影响，因为行家的"专长阻碍其适应新规则"。而新手没有思维定式，因此能更快地学习和适应新规则。

与弗兰奇和史坦伯格研究的桥牌高手一样，管理者在规则改变时可能也没能及早注意到环境的变化，或者因为缺少有助于对新规则迅速做出有效反应的广泛角度和灵活性而采取僵硬面对甚至无法适应新变化。他们继续坚守过去的成功经验，导致眼前问题不但没有解决，反而进一步加重。

我要强调的是，重复过去的相同做法以求达到更快、更好，不一定能帮你实现未来的目标。你需要能够预见、培养并运用那些能帮助你生存并迅速发展的新技能，尤其当环境或你的工作职责发生明显变化时。见专栏1-2。

专栏1-2

智力与常识

几年前，研究人员理查德·怀斯曼和英国科学促进协会共同开展了一项"寻找全球最滑稽的笑话"的研究。参与对象将自认为最好笑的笑话贴在怀斯曼的网站上，之后由读者投票评选出最佳作品。该研究共有40 000人参赛，150万人投票。下面这则笑话是全球获奖作品之一。请读者思考，为什么人们觉得这个笑话很有趣？这个笑话揭示了关于智力与常识的哪些道理？也可以登录http://laughlab.co.uk，了解研究信息并浏览获奖作品。

夏洛克·福尔摩斯和华生医生一起去露营。两人饱餐后去睡觉。几小时后，福尔摩斯醒来，对老友说："华生，看看天，然后告诉我你看到了什么。"

"我看到了几百万颗星星。"华生答道。

"你由此推断出什么？"福尔摩斯问道。

华生沉思片刻："从天文学讲，天上有几百万个星系，可能有十几亿颗行星。从占星学讲，我观察到土星落入了狮子宫。从测时法来看，我推断出现在大约是凌晨三点一刻。从气象学来看，我觉得明天天气会很好。从神学来看,我看到上帝是万能的,人类只是宇宙中渺小而微不足道的一部分。你看到了什么呢,福尔摩斯?"

福尔摩斯沉默片刻,说道:"华生,你这个笨蛋!有人偷了我们的帐篷!"

Source：Arrow, 2002. Laughlab：The Scientific Search for the World's Funniest Joke. Used with permission.

缺点如今开始变得重要

很多脱轨管理者都认识到,一度看起来微不足道或被长处遮掩的缺点和盲点会突然变得重要起来。实际上,很多高管都发现,组织和社会一度鼓励、包容、忽略或者视作可容忍的小过失,如今却被当作足以重创个人事业、组织声誉和股东资产的新闻事件。

> 成功不是好老师,它会诱使聪明人认为自己永远不会失败。
> ——比尔·盖茨,微软联合创始人

我们永远无法完全理解成功人士究竟出于什么动机损害个人和公司声誉或伤害服务对象的利益。但他们的行为确实证明,智商和以往的成功并不能保证聪明人不会因个人缺点而犯错。

为什么聪明的高管会参与违背职业操守和职责的非法活动,导致事业脱轨呢?研究人员发现了共同原因。高度成功的人士有优点也有缺点。他们通常才华过人,履历亮眼,但这些优点可能导致他们过于骄傲,无法接受失败。极度成功的人士可能热衷冒险却低估了挑战,等挑战超出其能力范围时才发现准备不足。他们可能过于相信自己的判断,即便有充分证据表明投资项目注定失败,他们依然执意固守自己的决策。

此外,他们高度成功的部分原因是敢于挑战和打破规则,这使他们误以为所有规则都该打破,而且把自己凌驾于法律之上。他们可能因职权而产生盲目的权力意识,无限追逐奢侈生活。这可能解释了为什么 2008 年美国国际集团保险公司的高管在接受 850 亿美元的政府救助从而使公司免于破产后不久,就在高档度假村挥霍

44万美元举办公司活动，此次开销包括每天350美元以上的酒店房间、水疗、食物、鸡尾酒和高尔夫项目。一位国会议员称："他们用美国人民的钱修脚和美甲。"斯坦福大学教授罗德·克雷默解释称，极度成功人士的业务认知深厚，但"自我认知不足"，他们可能意识不到内在动机，也可能利用组织来满足私欲。

> 从别人的错误中吸取教训。人生短暂，你无法一一亲历。
> ——埃莉诺·罗斯

很多成功人士身边围绕的都是不敢忤逆他们或带来坏消息的人。因此，即便他们的想法或做法正朝着违背效率或职业道德的方向发展，也没人警告他们。高管很少独立做出有违职业操守的不恰当决策。例如，《纽约客》杂志在玛莎·斯图尔特生活全媒体的创始人玛莎·斯图尔特共谋、妨碍司法及两项伪证罪罪名成立后发表了一篇文章，称"事件很大程度上是由其拥趸者导致的。从交易到证监会及联邦调查局的调查，再到刑事审判的每个阶段，都有人给她帮忙，包括她的助手、经纪人、律师甚至其他名人。但这些人越想帮忙，斯图尔特的问题就越严重。在这些追随者的引导下，她一直在做错误的决定，因此她最终蒙受耻辱并认罪"。

切记，智商和以往的成功不能保证你不是在参与毁灭事业、损害公司名誉、侵害服务对象的利益且有违职业操守和效率的活动。实际上，如果成功人士本身狂妄自大，在其误入歧途时又有幕僚尽力使其免受惩罚，那么其智商和成功的历史更可能成为导致其惨败的原因。总之，我们能从脱轨高管身上学到以下几点：

- 单凭智商不足以预测长期成功。
- 重复过去相同的做法以求达到更好、更快，不一定有助于实现未来的目标。
- 忽视个人的缺点和局限，如果再加上狂妄，将给你本人、他人及公司造成严重后果。

哪些因素能预测成功？

研究人员揭示了导致事业脱轨的特征，同时也发掘了能造就职场成功的特征。笔者在图1-1中对这些特征进行了总结，并在后续章节逐条细述。

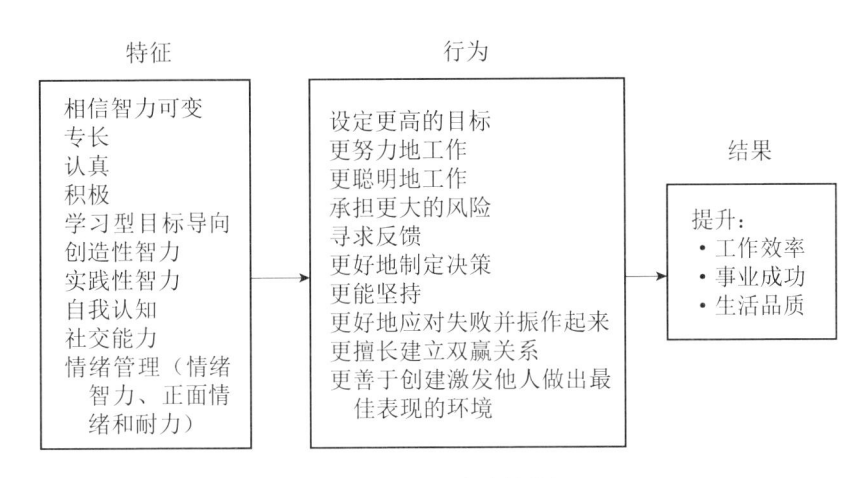

```
特征                           行为
┌─────────────┐         ┌──────────────────┐              ┌──────────┐
│相信智力可变  │         │设定更高的目标    │              │  结果    │
│专长          │         │更努力地工作      │              │          │
│认真          │         │更聪明地工作      │              │提升：    │
│积极          │    →    │承担更大的风险    │      →       │·工作效率│
│学习型目标导向│         │寻求反馈          │              │·事业成功│
│创造性智力    │         │更好地制定决策    │              │·生活品质│
│实践性智力    │         │更能坚持          │              │          │
│自我认知      │         │更好地应对失败并振作起来│        └──────────┘
│社交能力      │         │更擅长建立双赢关系│
│情绪管理（情绪│         │更善于创建激发他人做出最│
│ 智力、正面情 │         │ 佳表现的环境     │
│ 绪和耐力）   │         └──────────────────┘
└─────────────┘
```

图 1-1 预测成功的特征

相信智力是可变而非固定的

研究人员卡罗尔·德韦克和他的同事发现，对智力和个性的看法决定着一个人能否成功。在《让聪明人变笨的看法》一文中，德韦克解释道，人们看待智力的方式有两种：相信智力不变的人群将智力视作先天特质，不随时间、地点而变化，换言之，他们常说"我是聪明人"或"我数学不好"等；而相信智力可变的人群认为智力很大程度上可以培养，具体取决于个人在某方面愿意付出多少努力，换言之，他们常说"我准备充分时就会更聪明"或"我延长学习时间和找了家教后数学会学得更好"等。德韦克和他的同事估计，相信智力是不变的或可变的人约占85%，而其余15%的人则不确定。

德韦克和他的同事发现，相信智力可变的人群相比那些认为智力不变的群体成功的可能性更大。后者过于依靠先天智力来衡量个人价值（甚至他人的价值）。简言之，他们在"成为聪明人"和提升智商方面投入过多，因此可能无法承受负面结果。

因为过分关注聪明的表象（而不是实际效率），他们不喜欢冒险；面对当前能力无法胜任的工作时更容易丧失信心；不太善于学习专长以外的新技能；面对失败更容易放弃；更容易低估学习、努力和坚持的力量。当然，固执地认为自己不聪明的人也是这样。他们也将身份和自我价值与自己对智力的看法联系在一起，拒绝在他们认为自己没有"天赋"的领域学习、成长和追求成功的机会。正如德韦克解释的，"认为智力不变的群体最愚蠢的行为，就是因为担心显露无知或犯错而放弃某些重要的学习机会"。

> 改变并非必需，生存毋庸强制。
> ——W. 爱德华兹·戴明

与此相反，认为智力可变的群体不太可能用智商或学术测验的分数来评判自我价值（或他人的价值）。他们认为失败是因为不够努力，而不是内在能力有限。因此，他们更倾向于相信投入更多的时间和精力来学习新技能可以带来回报。他们更愿意问一些看似"愚蠢"的问题，征求反馈，承担风险，坦然接受失败，并在面对阻碍时继续坚持。简言之，他们更倾向于将负面结果看作"激励改善学习流程的信号，而不是恒定能力不足的体现"。因此，相信智力可变的群体更容易表现出色（包括求学时得高分），适应升学过渡期，在工作中成功完成艰巨的任务，从失败中站起来，并成功管理冲突和复杂的关系。

幸运的是，人们可以学习智力和个性的可变理论，并由此受益。例如，一项研究要求大学生在观看表现人类大脑面对智力挑战能持续建立新联系的影片后，给学习吃力的后辈写信，向对方解释智力刺激和努力学习能改造大脑，提高智力。然后将他们和两组并不知道大脑可以改造得更聪明的对照组相比，学习智力可变理论（并且将其解释给后辈）的学生在学习并被传授了这一理论后更容易拿到好成绩，求学生涯也更快乐。

香港的相关研究人员在研究了香港一所大学的学生后得到了类似的结论。他们让两组学生分别阅读宣传智力不变和智力可变理论的所谓"学术"文章。一组学生被告知智力是固有特质，而另一组学生被告知通过坚持和加倍努力就可以改变智力。接着，研究人员给两组学生布置了一项艰巨的任务。读到"智力可变"这篇文章的学生在这项任务上坚持的时间更久，成功的概率也更大。

毫无疑问，研究人员会继续积极探讨智力和个性特征在多大程度上不变、在多大程度上可变。但你一定要切记，如果你相信智力和个性的可变性大于不变性，你的表现就会更出色，这样做更能帮助你如愿取得成功。

通过悉心审慎的练习培养专长

无论你从事什么职业，在对他人重要的领域里成为专家总有回报。那么，如何定义"专家"一词？专家就是在某个领域做到最好并因专业水平高而闻名的人士。人们需要专家，因为和非专家相比，专家能以更全面和更准确的方式来评估专业形势，因此他们能选出更合适的策略，面对形势变化也能更快地做出反应并调整行动。此外，专家更容易注意到自己的错误并在失败后振作起来。事实上，他们将失败视作学习过程中的一个正常环节，而不是一个劣势。

如何成为专家？以专长发展为研究课题的研究人员认为"天赋"被过分夸大了。例如，很多人生来就能分辨并模仿音高，但很少有人能凭借这一天分成为世界级的音乐大师。研究人员发现，看似卓越的天资，通常是通过至少十年悉心努力与专心练习的结果。例如，历史上最成功的高尔夫选手、收入最高的职业运动员之一老虎·伍兹从两岁起就开始专心练球。很多人都认为第二次世界大战时期英国首相温斯顿·丘吉尔是20世纪最伟大的演讲家之一，但事实上丘吉尔曾有语言障碍，通过几年的艰苦练习才得以克服。

研究人员安德斯·埃里克森和他的同事发现了表现出众的人群的共同特征：他们都有成为业界最佳的强烈意愿。因此，他们为实现目标愿意投入几年时间严格训练。大多数人会因为训练难度过高或过于枯燥而放弃。但无论练习是否轻松有趣，这些未来的专家都会凭借追求成功的决心在对自己有意义的领域坚持下去。

仅凭多年经验和参加培训并不足以缔造世界级表现。虽然经验、培训和练习有助于提升技能，但在某个专业领域表现突出的人士往往比其他人更专注、更刻苦、更有条理地完成这些活动。例如，成长中的专家会将目标划分为更小的具体技能。他们通过反复训练这些技能来拓展能力并及时征求反馈，从而持续评估并调整表现。高盛集团前领导力发展总监史蒂夫·克尔表示，及时反馈对技能培养非常重要，"如果没能得到及时反馈，只会导致两种结果：第一，你无法继续提高；第二，你不再在意你的成败"。

决心成为专家的人还会将延展目标和失败作为练习的一部分，挑战能帮助他们拓展能力，并习惯从成功和失败中学习。专家知道，虽然通过规避失败而屡获成功的感觉不错，但这不利于培养专长。密歇根大学研究人员斯科特·德约和耐德·韦尔曼在一项领导力培训研究中着重探讨了人们如何在日常工作中学习领导技能。他们发现适当难度的挑战有助于培养领导专长。如果工作过于简单，人们就无法利用挑战来培养新技能。而如果工作难度过大，他们就可能因为要面对挑战带来的"认知性需求"而不堪重负，导致过度焦虑和自我怀疑，进而牵制他们"学习所需要的认知性资源"。他们还发现，针对表现的持续反馈和反思也是推动专长培养的重要因素，尤其在面对挑战时，因为反馈和系统性反思有助于形成更清晰的认识，进而帮助未来领导者分辨哪些有效、哪些无效，并据此对策略做出相应调整。

除了集中练习外，专家级人士更倾向于借助其他资源（如图书、网络和培训）来锻炼判断力和技能。很多未来专家都有人指导，尤其在职业生涯早期。有条理的指导能提供符合个人需求的有计划的学习体验，同时能在不断设置挑战并给予相应支持的背景下提供持续反馈。虽然有人指导会很有帮助，但大多数练习仍然需要个人自发独立地完成。最终这些未来专家会设定独立且有挑战性的个人发展计划并主动征求反馈。此外，在每次练习之后的小憩可能更有助于提升表现。

这里要分享的经验是，如果要成为出色的管理者或专业人士，最好记住：与职场成功相关的技能经过悉心审慎的练习可以转化为高水平的专长。除了与具体工作相关的技术和分析能力，相关技能还包括建立信任、高效沟通、分配工作、激励他人、结交关系、制定决策、影响他人、管理冲突和领导团队的能力。你每天都能在工作中发现培养这些技能的机会，并向导师和他人寻求意见、支持与反馈。此外，图书（如本书）、网络资源和正规培训项目也能帮助你培养技能，进而为组织创造价值并推动事业发展。本章末的"培养专长"一文中介绍的飞行员切斯利·B. 萨伦伯格的事迹就阐释了培养专长如何能带来回报，尤其当面临危机时。

认真

2008年8月9日，北京奥运会开幕式上最感人的一幕，就是九岁的林浩和篮球明星姚明一起带领中国代表队走过鸟巢体育场。林浩是三个月前造成69 000人死亡的汶川大地震的幸存者，他的同学当中有三分之二都在这场地震中丧生。从倒塌的教学楼里逃生后，他重新回到废墟中，从里面救出了多名同学。接着，林浩带领活下来的同学唱歌，因为他觉得这样做能鼓舞士气，以等待救援。当有人问他为什么要冒险救同学时，他回答说，因为自己是值周生，所以照顾好其他同学是他的责任。即便整个世界在他面前坍塌，林浩还是坚持履行了自己作为值周生的责任。正是这份坚守职责的责任感，让林浩成为奥运会开幕式上中国代表队的旗手。

小林浩以自己的行动展现了预测成功最重要的指标之一——认真。认真指的是以成绩为导向、以目标为方向、值得依靠、努力工作、严格自律、有计划、有条理、有韧劲的特质。换言之，认真的人会尽力帮助他人并完成由自己负责的工作。他们激励自己尽全力履行职责，即便没人监督也会保持干劲，坚持正确的道路。研究人员发现，认真的人在学术和工作上的表现更出色，也更容易得到升职和高薪。

虽然认真通常与成功紧密联系，但如果你没能同时具备适应力强、敢于冒险和研究人员所说的"亲和力"等特质，认真反而会造成负面影响。认真的人都善于遵守规则，这在大多数情况下有利于他们本人及其所在组织。但当原有规则随着环境变化而失效时，过于认真的人尤其需要注意适应相关变化并挑战不当规则，从而适应新环境并取得成功。

> 我很早就在想，如果有些规则不合理，你就该认真思考如何打破它们。即使因此被"逮个正着"，你也不该为此停止思考。
> ——玛丽·凯瑟琳·贝特森在《谱写生活》一书中引述爱丽丝·当特雷蒙的话

一些研究人员发现，高度认真但亲和力不足的人得到的主管评分偏低。在同事眼中，有亲和力的人兼具乐于助人、容易合作、包容性强、灵活、慷慨、勇敢和社交能力强的特征。而高度认真的人缺乏社交技能，难以体谅他人，对成绩的过分关注可能导致他们过度苛刻、挑剔、刻板且难以合作。因此，这些管理者即便努力工作也无法如愿取得成果或成功，尤其当他们的成绩在很大程度上依赖他人实现时。

研究人员发现，认真的人更健康，也更长寿，他们的生活方式如工作稳定、保持健康的生活环境、锻炼身体、使用安全带、在家检查火警警报器及避免超速和抽烟等危险行为，也更有益健康。

积极

积极的人总抱着"我能行"的态度，因此无论在顺境还是逆境下他们都能取得成功。他们能看到他人看不到的机会，相信别人不相信的可能性；他们能预想未来，制定影响未来的计划，并采取行动将这些计划变为现实。他们是实干者，也是思想者。他们更愿意寻求信息和意见，建立关系，运用创新策略并积极管理事业。因此，他们更容易在工作中表现出众、升职加薪，被视为领导者，积极参与社区活动并对工作和事业感到满意。研究人员莉莲·伊比及其同事解释称：

> 成功人士会积极管理事业，而不是指望他人代劳或接受生活按预定轨迹前进。他们管理事业的方式包括加入专业组织，订购行业期刊以了解最新趋势，持续挖掘自身及环境潜力，利用组织内的学习和扩展机会，参加研讨会和培训，或者重回学校以拓展个人的能力组合。

不够积极的人通常"消极而被动"。他们更倾向于适应环境而不是预测和影响环境。积极的人不会只限于表达想法并批判现状，而是着手解决他们关切的问题。实际上，研究人员发现那些只会抱怨却不利用合理的解决方案动手改善现状的人升职机会更少，薪酬也更低。

有研究表明，积极的人更善于管理压力，因为他们更容易预见未来的压力，提前做好准备，并不断随着事态的发展搜集信息。他们也更容易主动请求支援，建立个人应对机制，以帮助自己渡过难关。积极人格量表见专栏1-3。

专栏1-3

积极人格量表

回答下述问题，分值范围从1（完全同意）到7（完全反对）。分数越高代表自我认知越积极。							
我不断寻找改善生活的新方式。	1	2	3	4	5	6	7
无论在哪儿，我都是推动建设性变革的强大动力。	1	2	3	4	5	6	7
最令人激动的就是看到自己的想法成为现实。	1	2	3	4	5	6	7
我看到不合意之处会着手解决。	1	2	3	4	5	6	7
不管成功概率多大，我只要相信就会去做。	1	2	3	4	5	6	7
哪怕与他人意见相左，我也会捍卫自己的观点。	1	2	3	4	5	6	7
我善于发现机会。	1	2	3	4	5	6	7
我不断寻找更好的做事方法。	1	2	3	4	5	6	7
如果我对某个想法有信心，就会克服一切阻碍实施它。	1	2	3	4	5	6	7
我能比其他人更早地发现好机会。	1	2	3	4	5	6	7

Source：Bateman, Thomas, and J. Michael Grant. 1993. "The Proactive Component of Organizational Behavior." *Journal of Organizational Behavior*, 14：103 - 118. Copyright 1993 by John Wiley & Sons Limited. Reproduced by permission.

建立学习型目标导向

研究人员唐·范德维尔在《目标导向：为什么追求成功表象不一定带来成功》一文中解释道，目标导向至少有三种类型。有些人采用**表现型目标导向**，主要专注于追逐成功的结果和他人眼中的成功形象。乍一听没什么，但这实际上是个陷阱。表现型目标导向的人认为，努力维持他人眼中的良好形象并保证结果成功至关重要。因此，他们通常会坚持使用印证过的策略，不太敢于冒险，回避负面反馈，放弃学习新技能的机会。为追求杰出的表象，他们可能会努力超过同事，而不是帮助同事，这会影响共赢工作关系的建立。

> 预见未来的最好方式就是创造未来。
> ——彼得·德鲁克

还有些人是**规避型目标导向**，主要专注于设法避免在别人面前出丑。虽然他们的目标看似与表现型目标导向不同，但两者从根本上都是专注于维持成功形象，而不是实现有利于团队的成果。因此，他们也倾向于坚持使用印证过的策略，不太敢于冒险，回避负面反馈，放弃学习新技能的机会。

而**学习型目标导向**的群体不太在意个人形象，他们更关注学习满足组织要求的新技能。因此，他们会接受有挑战的任务，一边"犯错误"一边从中学习新技能。他们面对问题时会使用有效的应对策略，因此更倾向于追求组织成功而不是个人成功。专栏1-4能帮助你评估个人目标取向。

专栏1-4

学习型目标导向评估

说明：每个人对待工作的看法都不同。阅读下列陈述，选出自己的观点。

1	2	3	4	5	6	7
强烈反对	反对	比较反对	不同意也不反对	比较同意	同意	强烈同意

1. 我愿意接受有挑战的任务，只要能从中学习。
2. 我经常寻找机会培养新技能和知识。
3. 我在工作中喜欢有挑战、有难度而且能学到新技能的任务。
4. 只要能进一步培养工作能力，我愿意承担风险。
5. 我希望表现得比同事更好。
6. 我想知道怎样才能向他人展示自己的能力。
7. 在工作中的出色表现能得到认可会让我很开心。
8. 我喜欢参与能证明自己能力的项目。
9. 我会回避可能暴露我相较其他人能力不足的新工作。
10. 对我来说，藏拙比学习新技能更重要。
11. 我会因为某项工作是否会暴露自己能力不足而担心。
12. 我在工作中会避免那些可能让我露拙的情形。

第1~4项评估学习型目标导向，第5~8项及第9~12项分别通过正面验证和回避行为来评估表现型目标导向和规避型目标导向。将各组题目的分数分别求和后求平均值，可以判断自己的主导目标导向类型。

Source: Adapted from VandeWalle, Don. November 2001. "Goal Orientation: Why Wanting to Look Successful Doesn't Always Lead to Success." *Organization Dynamis*, 30 (2): 162-171. Used with permission of VandeWalle.

运用创造性和实践性智力

大多数人都遇到过求学时成绩优异但之后却并未如预期那样成功的人。研究人员罗伯特·史坦伯格表示，要想将分析性智力（如批判性思考、分析信息及解决复杂问题的能力）转化为成果，需要同时具备创造性智力（产生想法）和实践性智力（街头智慧、常识）。拥有创造性智力的人掌握的信息通常与他人相同，但却更善于洞察信息，看透表象，探讨以多种独特的创新方式利用信息。

但仅靠分析性和创造性智力还不足以创建成果。具备实践性智力的人能熟练地将利用分析性和创造性智力获得的知识转化为对他人有益的成果。

> 只要你能从中收获经验，做什么都不算浪费时间。
> ——罗丹

实践性智力主要基于**隐性知识**，也就是大多数人所说的常识。实践性智力对解决不明确、没遇过且没有唯一正确答案的现实问题最有效。实践性智力高度发达的群体善于解读形势，有效利用捷径实现成果，发挥优势，弥补弱势，争取他人支持自己的观点，影响环境，并清楚何时该坚持、何时该放弃。

史坦伯格及其同事解释称，实践性智力的意思是"知道对什么人说什么话，知道何时说及怎么说才能达到最佳效果"。隐性知识是难以效仿的竞争优势，因为它无法写成公式或指南，不会在学校传授或测试，也难以解释给别人。

培养自我认知

关于管理能力培养的研究不断证明，持续关注自我认知是核心管理能力之一，原因如下。

第一，清楚个人目标、价值观、风格及优缺点的管理者更容易找到对自己有意义的工作并实现快速发展。

第二，了解自身偏见（人人都有偏见）的管理者会向视角不同的人征求信息，以管控自身偏见。因此，他们的视角更广阔，更善于制定决策并赢得执行决策所需的支持。

第三，能认识到他人对自己的看法可能和自己的自我评价不同的管理者更愿意征求反馈以了解他人的看法及这些看法的影响。而没能认识到这一点的人很快会陷入不利境地。有研究对管理者的自我评估与直接下属的评估进行了比较，发现高估个人能力的管理者表现不如低估自己的能力或自我评分与下属一致的管理者。因为前者可能忽视缺点的影响，无视批评，遇到失败时更易推卸个人责任。

第四，也是非常重要的一点，高效的管理者能认识到环境对自己和他人行为的显著影响，而大多数人都将其归因于先天个性特征，他们常说某人是社交型、分析型、道德型或热情型的人。这种将行为归结为个性的趋向，就是研究人员所说的"根本性归因错误"。实际上，我们的多数行为都明显受所处环境的影响，有些环境能让我们展示出最好的一面，有些则让我们展现最差的一面。

普林斯顿大学心理学家约翰·达利和丹尼尔·巴特森在普林斯顿神学院完成了一项著名的实验，以探讨环境对行为的影响。这项研究以《圣经新约》故事《好心的撒玛利亚人》命名，故事讲的是有个人在打劫中受伤，躺在路边等死。路过的三个人中有两人是神职人员（分别是祭司和利未人），另一个人是撒玛利亚人（当时不受尊重的部族）。前两个人继续前行，并没有施以援手，而撒玛利亚人却停下来处理好伤者的伤口，还把他带到旅馆出钱请人照顾他。

达利和巴特森以这则寓言为灵感，要求一组神学院学生赶到附近的建筑发表准备好的讲演。研究人员为每个学生设置了不同的条件。有些学生的演讲主题是神职工作，其他人的演讲主题是好心的撒玛利亚人的故事。研究人员还制造了不同程度的紧张感。他们逐一通知学生动身前往另一栋建筑。有些人被告知自己已经晚了（高度紧急）；有些人被告知要在几分钟之内赶到，因此必须即刻动身（中度紧急）；其他人被告知时间还很充裕（不紧急）。

每个参加实验的神学院学生都会穿过一条小路并看到一个人倒在路旁呻吟咳嗽。心理学家的目的就是看看有多少学生会停下来帮忙，多少学生会视而不见。他们还希望了解演讲内容的差异（神职工作还是好心的撒玛利亚人）和不同的时间紧迫程度是否会影响他们的决定。

结果如何？研究对象的演讲主题是神职工作还是好心的撒玛利亚人对他们究竟是停下来帮忙还是视而不见影响并不大，但紧急程度却有明显的影响。整体来看，只有40％的神学院学生停下来帮忙。其中"不紧急"组中有63％的人帮忙,"中度紧急"组中有45％的人帮忙,"高度紧急"组中则只有10％的人帮忙。一些学生为了按时到达甚至直接从倒地者身上跨过去。

这表明,我们不该想当然地认为信仰、价值观和行为不会随时间和地点变化。自我认知意味着了解环境如何影响我们自身和他人的行为。认识到环境的力量至少有两点好处:如果我们想坚守特定的价值观和行为,就要熟记它们以克服环境的巨大影响;如果我们想让他人展现特定的行为(如积极、冒险、遵守职业操守),就必须为他们创造相应的环境以提供鼓励并制造条件。

具备社交能力

成功人士能认识到,管理工作关系至少和管理技术层面同等重要。因此,他们积极管理与领导、直接下属、同级、客户、供应商、分销商、社区领导及其他人的关系。他们用心经营着广泛而多元化的关系网,因为他们意识到自己的社会资本,也就是通过社交网络获得和付出的资源,能让自己和他人取得更好的成绩并提升事业前景。研究人员韦恩·贝克和简·达顿解释称,具备优质人际关系的群体比其他人的资源更丰富,包括更能得到信任、善意、信息、建议与支持。这种管理者更能在需要时结交关系,管理冲突,利用多元化,激励他人,迅速解决问题,影响他人,获得情感支持,挖掘团队最佳表现,扩展组织界限及顺畅地与人协调。

高管人员对社交能力的重视体现在业界闻名的"服务生法则"上。很多首席执行官和高管都将其作为评估社交能

> 我们建造了建筑,建筑反过来也影响了我们。
> ——温斯顿·丘吉尔

力和职业潜力的非正式方式,因为他们相信,"一个人对服务生的态度能说明很多问题。"欧迪办公首席执行官史蒂夫·奥德兰几十年前也当过服务生。在一次访谈中,他回顾自身经历时说道:"有些人对我很好,但有些人却很轻贱我。无论面对谁,你的价值和道德体系都应该保持一致。"帕纳拉面包店的首席执行官罗恩·谢赫在评估高管候选人前会先了解他们对自己助理的态度,因为有些应聘者在要求她接通谢赫的电话时会表现得苛刻、自大而且粗鲁,由此可见他们对待他人的态度。

服务生法则的中心很明确：差别对待他人或对人态度恶劣的人被视作负担，因为他们不愿意与人通力合作，也不愿激励他人拿出最佳表现，而这两点都对组织成功至关重要。顺便说一句，运用服务生法则的人不只有首席执行官。面向职业人士的交友服务组织 It's Just Lunch 希望通过调研来揭示哪些行为能带给约会对象最佳体验，结果发现粗鲁地对待服务生是最令人失望的餐桌礼仪。

> 成功的重要因素只有一个，就是知道如何与人相处。
> ——西奥多·罗斯福，美国前总统

你的人际关系品质会严重影响你的生活水平。良好的社交关系能提升幸福感，改善心理健康，延长寿命；负面关系和孤立感则会损害身心健康。研究人员发现，这样的结论无论对男性还是女性、对集体主义社会还是个人主义社会都成立。值得注意的是，研究人员罗斯·安德尔及其同事在研究了一万多个对象后发现，涉及复杂人际关系（如人事管理、谈判、应对客户）的工作有助于预防晚年罹患老年痴呆，而且预防效果比运用复杂分析能力的工作更好。

管理情绪：情绪智力、正面情绪和耐力

情绪智力　在1994年丹尼尔·戈尔曼出版畅销书《情绪智力》之前，大多数管理者和职业人士实际并不了解情绪智力与成功的联系。如今，市场上有关情绪智力的图书有上千本（有些书相对较可信）。以情绪智力为课题的研究人员认为，分辨、理解与管理情绪的能力（尤其在压力下）能在很大程度上预测成功。情商高的管理者了解自己的感觉，失意时能调整情绪，也能抑制冲动。他们能读懂他人的情绪并做出恰当反应。他们根据对自己和他人情绪的理解来洞察形势，建立关系，并给予自己和他人必要的支持以管理情绪起伏和日常生活。因此，他们更善于得体地沟通，激励他人，培养员工忠诚度，管理冲突，制定满足多方需求的决策，包容不确定性，以及缓解员工的焦虑感。

正面情绪　感受并表达正面情绪的人更能激励自己、他人和组织做出最佳表现。包括快乐、希望、热爱、激情、慷慨、感激、乐观、自豪、平静和宽容在内的

正面情绪能发挥多种作用。在正面情绪下，我们更倾向于开阔思路，创新思维，寻找新信息与经验，灵活处事，相信自己和他人的能力，赢得信任和尊重，坚持不懈，迅速摆脱负面经历和情绪的影响，给予并赢得社会支持。而愤怒、抗拒、恐惧、愤恨、灰心、内疚和羞愧等负面情绪则会限制专注度和灵活度，影响视角和判断力。例如，愤怒可能引起攻击的冲动，恐惧可能催生逃跑或吝惜资源的意愿，而内疚和羞愧则会导致撤退想法的产生。

百事可乐首席执行官卢英德·诺伊在《财富》杂志的《最佳建议》一文中讲述了父亲给她的建议。"我从他那里学到了一点，无论对方言行如何，永远相信他是出于善意。这样，你就会惊喜地发现自己对待他人或问题的方式发生了改变。"诺伊说道。如果你认为对方是恶意的，就会产生抵触反应，听不进对方的说法，甚至在负面情绪的影响下做出冲动的决定。但如果你认为对方是善意的，就会从对方的角度看待问题，这能让你思路更开阔，决策也更周全。

诺伊的例子说明，负面情绪会限制我们的深度思考和行动能力，正面情绪则会提升我们取得成果的能力。但这并不代表负面情绪毫无用处。例如，悔恨能让我们反思自身行为的后果，向被伤害的对象道歉，并不会重蹈覆辙。

研究人员也认为正面情绪通常有益于身心健康。例如，正面情绪有助于增强免疫系统，提高应对策略的效用，以及争取更多社会支持。负面情绪则会造成严重的健康问题，包括心脏病。有趣的是，研究人员贝卡·莱维及其同事研究了650名老人的死亡情况，发现20年前积极对待老龄问题的群组比态度消极的对照组平均多活7.5年。

耐力 成功人士不会一直"取胜"，也不能永远如愿。在工作中，他们同样要面对压力——逼近的最后期限、执拗的同事、紧张的会议、重组、预算削减、判断错误、决策失败、分身乏术。但是，即使面对工作和生活中难以避免的挑战，他们在压力下仍能保持镇定，迅速从失败中振作起来继续前进，并且通过每次的经历积累智慧，提升实力。这种应对日常生活中必然挑战的能力就是耐力。心理学家苏珊娜·科巴萨对企业主管进行了八年的研究。她发现更善于管理压力的高管具备有助于应对压力的三大特点：挑战、投入和控制。最擅长压力管理的高管将问题视作生活的正常组成部分及有助于锻炼能力的宝贵挑战,而不是威胁。另外,他们会积极投身于工作、家庭或社区活动,这种意义感能让他们从组织压力中抽离。有耐力的高管不会纵容无助感滋生,而是积极制定决策并采取行动,以影响结果,控制局面。挑战、投入和控制相结合的思路让他们在令人崩溃的形势下顽强生存甚至迅速发展。

再次强调:智商不过是预测成功的中等指标

显然,成功人士不仅仅靠书本智慧、天赋或运气来实现目标,而是系统地培养有益于他人的专长。他们认为智力可变而非固定;不在意表象,而关注学习和成长,以便为所在组织和服务对象创造价值。他们拒绝被动,积极寻找影响环境的机会;努力而有条理,认真实现自己承诺的结果;了解自己的风格、优缺点和别人对自己的看法。他们经营多元化的关系网,听取他人的观点,以管理自己的偏见。他们构建共赢关系,因而能用更短的时间、更少的资源取得更好的成果。他们努力了解自己和他人的情绪,进而能够做出更好的决策。他们在工作和生活中寻找意义,将挑战当作宝贵的个人成长机会。他们能认识到环境的重要性,因此追逐能激发自己最佳表现的环境。

虽然成功人士会坚持朝目标努力,但他们也知道有时候转移资源、放弃无效行为是明智之举。研究人员格里格瑞·米勒和卡斯滕·霍什解释说,如果人们无法放弃那些做不到或不值得的目标,或者因此耽误更有意义的目标,不仅会错过增加成功概率的机会,甚至可能因此产生健康问题。

有读者一定在想,也有人自大、刻板、难以依靠、违背职业操守、社交能力低下,但也取得了成功,至少一段时间内如此。但是,这些人不值得仿效,因为他们的事业成功只为私利(通常还会牺牲他人利益),难以持久,而他们的健康和生活品质也面临威胁。在结束对预测成功的特征的讨论之前,笔者想分享组织学学者卡尔·维克的高见。维克引用弗里茨·罗特利斯伯格的成果说:"过于执着于成功的人问错了问题。他们问'成功的诀窍是什么?'而不是'当下有什么妨碍了我学习?'。过分关注未来的人会忽视当下的学习与成长。四处询问'我成功了还是失败了?'是愚蠢的行为。因为最贴切的答案是'每个人都有成功之处，也有失败之处'。"这番话确实很有见地。

在后续章节中，笔者会先引述维克关于妨碍当下学习的因素的研究，然后介绍当前管理者面临的一些变化和挑战，最后提供持续学习和个人改变的最佳做法，并说明为什么本书能帮助你继续追求学习和发展。

人们为什么总是坚持无效的老做法？

人们未能在当下学习的原因之一是倾向于坚持陈旧的思考和行为方式，即便它们不再有效，甚至让我们付出高昂的代价。为了更好地理解这一现象，维克数十年来一直在研究人们面临危机时的思考过程。他证明了极端的压力情境会放大人们的行为，而这也为研究人们在没有危机的情况下如何思考和行动提供了启发。他断定，"认知定性"（陷入固有套路和思考方式的倾向）是造成多起危机的重要原因。例如，他研究了1949年蒙大拿州山火和1993年科罗拉多州山火分别夺走13条和12条生命的原因。在这两个案例中，消防员面对培训未涉及的新险情并没有相应地调整思路和行为。他们最大的错误就是即便在工具失去用途甚至拖累速度时也没有丢掉沉重的装备。维克认为，这些野外消防员没能按照指令丢弃装备以迅速移动，逃离山火，这是造成他们在临近安全地带时丧生的原因。他援引美国林务局对1993年山火的分析结果：如果消防员"从一开始就认识到了危险"并且"丢弃装备和背包"，其生还率就会大幅提升，因为这样可以"花同样的力气跑得更快"。

> 我的长处就是透过烟雾看到纷乱，在高度混乱的情况下做事。
> ——达拉·摩尔，瑞沃特公司首席执行官

维克解释称，对消防员的研究结果对管理者同样适用。他的主要发现之一，就是"丢弃装备是摒弃经验和调整后灵活应对的前提"。他表示，和消防员类似，管理者和管理教育者也会忽视眼前的危险和机会，死守沉重的装备（如假设、知识、风格与技能），即便丢弃装备能让他们在迅速变化的环境中提高效率并得以生存。

我们死守装备的原因很多，包括没有收到明确的信息、不知道环境变化要求我

们调整思路和行动；周围的人都在坚持带着装备行进；不知道如何丢弃装备；装备是身份的象征。例如，很多管理者不愿意创建摒弃直接监督从而鼓励员工实现最佳表现的环境，因为这些管理者用"被需要感"来定义自己的身份。他们缔造的工作环境自然容易培养依赖情绪。他们对员工管得太细，因此没时间从战略角度思考如何为组织创造价值。专栏1-5总结了维克在研究了为什么人们倾向于死守套路，不愿抛弃旧行为，无法通过即兴行为更快、更高效地应对危险和机会后，得出的结论。

专栏1-5

为什么即使丢弃装备能提高生还率，我们仍然死守不放？

1. 倾听。我们有时没有收到明确的信息，不知道放弃装备很重要。
2. 辩解。如果没有明确的理由支持改变，我们就会坚持原样。
3. 信任。如果我们不相信要求我们改变的人，就会保持原样。
4. 掌控。职业培训让我们形成了因果关系假设，打破这些假设意味着放弃安全感和掌控感。
5. 放弃的能力。我们死守装备可能是因为不知道如何丢弃。
6. 替代性活动能力。当我们害怕时会死守熟悉的装备，因为其他不熟悉的选择更让我们害怕。
7. 失败。放弃装备就意味着承认失败；守住装备能够延续成功感，而不必马上承认失败。
8. 社会动态。我们坚守装备是因为看到身边的其他人也这样做。每个人都害怕，却误以为其他人很镇定。因此，情况看似安全，但没人真正相信。
9. 后果。如果我们认为即使丢弃装备也没用，就不会丢弃。小改变看似微小，所以我们宁愿保持原样。
10. 身份。装备定义了我们的身份。一些装备是我们职业的突出标志，也是我们身份的核心构成。

Source: Quoted and adapted from Weick, Karl E. 1996. "Drop Your Tools: An Allegory for Organizational Studies." *Administrative Science Quarterly*, 41: 301-313.

改变自我的步骤

厄休拉·伯恩斯于 2009 年出任施乐公司首席执行官。她在最近给罗切斯特理工学院的寄语中说道："我不能假装知道你们的世界会如何改变，但我知道改变势在必行，而且进程会越来越快。你无力阻止它，所以要学会赞美它，顺势而行。"下述步骤能帮助你最大限度地利用机会去学习、突破，并适应工作和生活中的机会和挑战。

- **相信自己可以改变，并牢记**：如果相信能力可变而非不变，我们就会努力学习新技能。
- **学习**能在当前和未来环境下帮助自己成功的观点、特质和技能。阅读本书就相当于朝这个方向前进一大步。
- **批判性思考**，阅读有关管理技能的图书时要牢记学习新技能应辅以批判性反思。盲目听从任何文章、图书或网站的建议都是庸人所为，因为坚持答案万能或正确答案只有一个的想法，虽然令人安心，却过于天真且具有误导性。有时你要调整本书和其他资源传授的知识和技能，才能更好地适应个人的具体情况，包括你的人生与职业目标、组织文化、国家文化及你面临的复杂环境。
- 通过自评和征求反馈来**评估**个人风格及优缺点。本书提供了几种自评方法，能帮你更好地了解个人风格、别人对你的看法及个人风格对成功概率的影响。
- **练习新技能时拆分目标**，无论在课堂还是工作和生活中都该如此。你要愿意承担风险并忍受技能发展期间（尤其在早期）通常伴随的不适、缺陷和错误。毕竟，孩童学习走路和骑车时一定会摔跤，成人的学习过程也是如此。建议读者设定一系列小目标，而不是尝试一次改变太多。采用积少成多的方法，你会更容易快速地看到正面效果，扩大成果，总结教训，并积极推动进一步的改变。
- 向他人（尤其是受你变化影响的人）**征求反馈**，以衡量自己的进步。
- **熟记对自己有效的新行为**，以保证不会重拾旧习惯，尤其在面临压力时。

上述个人改变的步骤提供的是持续改变的框架，而不是一次性解决方案。它们能帮你保持足以快速、谨慎地应对目前状况并为未来变化做好准备的灵敏度。

新规则

毋庸置疑，管理者的工作随世界的不断变化而变化。我们对当今管理者有什么期待？管理者要能管理分散化、无国界的全球组织中的多元化工作团队，要能管理成员极少甚至从未见面的虚拟团队。为获得并保持竞争优势，管理者要在不牺牲产品质量和增加成本的前提下缩短产品周期。他们必须了解并运用新技术，因为这些技术正在改变定义职业身份、搭建关系网、组织内外沟通、搜集储存信息及管理复杂组织流程的方式。

管理者必须在员工中树立威信。现在很多员工都是有实力的技术型人才，凭借专业训练和经验，比管理者更了解公司的产品、技术和客户。他们不轻易接受等级制度，因此管理者不能单凭职位来影响他们。

受裁员影响，管理者要能用更少的人手实现更多的成果，不承诺升职和长期聘任关系也能激励员工投入工作。另外，他们在努力为所在组织提升价值的同时还要提高自己对其他组织的吸引力。此外，他们还要平衡家人的事业发展，照顾孩子，帮助年迈的双亲，并努力管理好个人健康和生活品质。

> 如果你没有困惑，就不知道当下发生了什么。
> ——沃伦·本尼斯

理想的管理者要掌握什么技能？《财富》杂志的《工商管理硕士再造》一文描述了管理的理想境界：

> 每位商学院院长都知道能自信地承诺什么：未来理想的高管……全球化视野，擅长信息系统和技术，能利用多元化，有眼界，擅长凝聚团队和培训。还有，在水上行走。

虽然水上行走并非本书主题，但笔者认为对当今管理者而言，能理解和应对基本的组织和社会变化是最迫切的挑战。

表1-1总结了影响当今管理工作的趋势，但这并不意味着管理者必须完全转换为另一种思维模式，而是要同时兼顾稳定与变化、大局与细节、当下与

> 检验上等智力的方式，就是看一个人能否在思考两个对立想法的同时还能继续工作。
> ——斯科特·菲茨杰拉德

未来、程式与即兴；他们要能同时应对等级和灵活的架构，管控工作环境并释放员工潜力；创造集体身份并鼓励多元化；精心制定长期规划并迅速行动。换言之，管理者必须培养广泛的看似冲突的技能，必要时能从一种技能组合跳跃到另一种组合。

表 1-1　　　　　　　　　改变管理工作的趋势

旧有的	新兴的	对管理者的影响
稳定、可预见的环境	不断变化、难以预见的环境	从程式化转为即兴、可变、灵活
稳定而单一的员工队伍（至少员工被如此看待）	流动而多元化的员工队伍	管理风格从单一转变为多元化
资本和劳动密集型企业	技术和服务密集型企业	组织模式从机器与工业关系型转变为学习型
实体组织	实体与虚拟（或只有虚拟）组织（电子商务）	管理关系的方式从面对面转变为利用通信技术
知识和产品稳定	知识和产品迅速淘汰；大规模定制化	从强调程式化转变为强调创新
知识掌握在少数人手中	知识掌握在多数人手中（很大程度上得益于信息和通信技术的进步）	管理者的角色从专家和信息经纪人转变为集体学习环境的创建者
管理知识和实践相对稳定	新的管理知识和实践加速升级	从关注学习转变为关注学习和反学习；从无条件接受管理知识转变为精明地消费管理知识
将技术作为日常工作的工具（数据处理时代）	信息和通信技术加速升级（知识和关系时代）	技术的主要用途从处理日常工作转变为处理个人、组织和社会变化的主要领导力资源
面对面地建立关系	面对面或借助通信技术建立关系	构建关系时，网络通信从辅助性手段提升到核心地位
关注本土	关注本土和全球	风格和标准从单一转变为多元化

续前表

旧有的	新兴的	对管理者的影响
官僚政治	网络化	从指挥和控制转变为关系建设；从独立自主转变为相互依赖；组织内外界限从清晰转变为可突破
管理者是固定成本	管理者是可变成本	薪酬从固定转变为根据绩效确定
可预见直线型的事业轨迹	多份事业	从雇用转变为可雇用性
单职工家庭	双职工家庭（甚至不止两份工作）	从强调传统的家庭和工作角色，转变为强调角色可变、工作时间灵活及工作与生活相结合

本书的内容结构

本书后续 9 章将介绍相关观点与技能，帮助读者做好准备，以便在当前和未来环境下、在顺境与逆境中都能如愿获得成功。第 2～10 章分别为"培养自我认知""建立信任""有效沟通""获得并运用可持续且符合道德的权力和影响力""管理与下属、老板和同级之间的关系""管理文化多样性""打造高绩效团队""多样化团队和虚拟团队：管理差异与距离""谱写人生：美好生活指南"，每章都介绍了有研究支持的实用建议，以帮助读者提高短期和长期效率、事业潜力及整体生活品质。每章都设计了帮助读者增进自我了解的自评、反思所学知识的思考题，以及将所学知识用于日常生活的指导活动。

> 永远别把动作误当作行动。
> ——欧内斯特·海明威

作为本书作者，笔者将自己视作一个"煽动者"，希望通过本书鼓励读者沿用经得起时间考验的经验，摒弃已经失效的经验，学习有利于最大限度地利用未来事物的新经验。有时，笔者还会挑战对正常、理想和有效管理思路和行为的传统定义，鼓励读者借助常识批判性地思考每章所学内容，判断哪些对个人生活适用、哪些不适用。笔者希望读者能思考自己对每章明示和隐含的假设持赞同还是反对意见。哪些材料与你的文化、工作环境和个人目标相关？哪些不相关？哪些情况下知识有效？哪些有问题？本书对理论、观点和建议的陈述是否存在删减、失实或扭曲的现象？本书是否遗漏了有利于个人、组织与社会的其他观点？总之，笔者希望你能将本书视作一场对话而非独白、一件半成品而非对不变且万能的真理的最终总结。

本书的目的就是帮助你对组织和服务对象做出贡献，如愿实现事业成功，抽出时间陪伴你关心的人，并过上长寿、快乐和健康的生活。

> 像明天就要死去一般活着，像会永远活着一般学习。
>
> ——圣雄甘地

案例 1-1

培养专长：飞行员切斯利·B. 萨伦伯格

2009 年 1 月 15 日，一群飞鸟卷入了全美航空 1549 航班的引擎，导致飞机刚从纽约拉瓜迪亚机场起飞一分钟就双引擎失灵。意识到飞机遭遇了毁灭性的鸟击后，57 岁的飞行员切斯利·B. 萨伦伯格判断飞机无法安全返回拉瓜迪亚机场。于是，他通知空中调度员"我们要在哈德逊河迫降"。萨伦伯格冷静而坚决地要求乘客做好冲撞准备，之后凭借超凡的技术紧急迫降在寒冷刺骨的哈德逊河水中。乘客乔·哈特说，萨伦伯格平稳的降落技术"感觉和汽车追尾差不多，你只是感觉身体扑向前面的座位"。乘客和空乘人员很快从机舱撤离，在冰冷的河水中等待救援团队将他们带到安全地带。人员全部撤离后，萨伦伯格又沿着走道检查了两次，确定没人被落下后，才乘坐最后一艘救生艇撤退。飞机上的 115 人全部生还，这也成为商业航空史上最令人难忘的紧急迫降。

萨伦伯格被人们奉为英雄，但他表示自己只是在完成工作而已。他将成功归功于副驾驶员、空服人员、救援人员及高度配合的乘客，他们面对危机实现了无缝合作。提到空服人员时，他说："虽然我们当时都高度专注，非常紧张，但我的脑海里还是浮现了一个想法。我在驾驶舱里广播了一两秒后，就透过加厚的驾驶室舱门听到空服齐声高喊指令'低头，弯腰'。我知道她们在和我一起努力，我们行动一致，这令人欣慰。我有信心完成计划，因为她们知道需要做什么，并且正在完成自己的工作。"值得注意的是，空服人员希拉·达欧、多琳·威尔士、堂娜·登特都有25年以上的空服经验。

萨伦伯格的副驾驶员是时年49岁的杰弗里·斯基尔斯。他15岁第一次开飞机，在全美航空飞行了26年以上，而且有机长经验。但当时是斯基尔斯在近期完成相应机型培训后第一次驾驶空客320，因此，萨伦伯格决定在整个飞行过程中主导所有关键决策。但他认识到自己将近一年没有接受过飞行员培训了，而斯基尔斯却刚刚完成，因此，萨伦伯格判断斯基尔斯比自己更擅长应对紧急情况。他解释说："我觉得要结合两人的强项。我可以运用经验，所以就观察窗外情形决定滑翔方向，而他则继续尝试重启发动机，以便能坚持到跑道迫降，直到最后一刻他还在拼命尝试启动引擎。"这种"抛弃教科书"的做法反而成了教科书级的实践案例，让我们理解面临危机时怎么做才对，以及机组人员成功应对紧急情况要具备哪些经验、训练和合作。

纽约Wenroth Group的商业心理学家和职业管理专家阿尔法斯·罗斯曼提及萨伦伯格在整个危机中的专业表现时说道："面对灾难保持镇静是永不过时的重要技能，无论是将飞机迫降还是安然度过充斥就业危机感与职业不确定性的经济混乱时期。"萨伦伯格在水上成功迫降飞机后接受采访时说："虽然我还有时间去充分反思整段经历，但我发现自己职业生涯中的每件事似乎都在某种程度上为那一刻做准备。"

萨伦伯格是如何培养出世界级的专长，以具备应对危机所需的快速判断、出色技术和镇定心态呢？他十几岁时就拿到了飞行执照，在空军学院学习时是班里的最佳飞行员。1973—1980年，他在美国空军服役，驾驶战斗机，是飞行编队长。他学习过机组人员心理学，包括紧急情况下的机组人员心理，并且拥有空军学院和普杜大学的心理学学位。1980年，他成为民航飞行员。他还是调查飞行事故的国家运输安全委员会志愿者。2006年，萨伦伯格成立了名为"安全与可靠性之路"的顾问公司，为公司提供商业航空领域的最新技术。简言之，他之所以能成为世界级专家，（正如其同事所说）是因为他"一生不仅在开飞机，还在深入探讨解决问题的方法"。

有人问萨伦伯格在职业早期钦佩过谁，他提到了自己的第一位飞行教官，曾担任第二次世界大战时期平民飞行员训练计划教官的 L.T. 小库克。萨伦伯格说："我（在迫降后）收到了上千张贺卡，有一张是他的遗孀寄来的，上面写着：'L.T. 不会感到意外，但他一定会骄傲而欣喜。'"

References："Air and Space Interview：Sully's Tale." February 18，2009. Air Space Smithsonian，http://www.airspacemag.com/fight-today/Sullys-Tale.html；McClain, Erim. January 17，2009. "A Lifetime of Training Prepared Hero Pilot." http://www.azcentral.com/news/articles/2009/01/17/20090117planepilot0117；"Maturity Touted in Hudson River Landing." January 19，2009. http://www.upi.com/Health_News/2009/01/19/Maturity-touted-in-Hudson-River-landing/UPI-9698123238800/007/.

本章小结

这个时代充满了让管理者兴奋的机会和挑战。如今的组织越来越复杂、不可预测、高速运转。多元化、全球化与技术进步等重要社会与经济趋势从根本上改变了管理工作的性质。在这样的环境下，建立学习型导向且多角度思路的能力以及学习新技能的意愿是管理者应具备的重要素养。

脱轨指的是很有潜力的管理者希望能在某个组织中有所发展，按最初的判断也有能力实现这个目标，但最终却被解聘、降职或停滞在预期以下的水平无法突破。脱轨并不包括因为个人选择而改行、辞职或拒绝晋升以便追求其他事业或生活目标的情形。脱轨是非自愿的，通常是可以避免的。

脱轨的管理者如果回顾自身经历，就会领悟三个重要的道理。第一，智商不足以保证长期成功。第二，曾经让他们早早成功的才能，之后可能导致他们失败。第三，在他们职业生涯早期似乎并不重要的缺点和盲点，会忽然变得重要。

研究表明，成功人士具备以下几个特征：相信智商可变而非固定；通过悉心审慎的练习培养专长；认真（以成绩为导向、努力、有计划、有条理、可依靠）；积极；具备学习型目标导向；运用创造性和实践性智力；培养自我认知；具备社交能力；留意自己和他人的情感生活（情绪智商、正面情绪和耐力）；能学习对自己有用的新观点和技能，并遗忘那些阻碍自己的陈旧观点和技能。

改变行为的步骤包括相信自己可以改变；了解能带来成功的观点、特征与技能；批判性地思考所学内容而不是认为听到的所有内容都适合自己的具体情况；通过自评和征求反馈来评估自己的优缺点；练习新技能时分拆目标；向受你变化影响的人征求反馈以衡量自己的进步；熟记新行为以免陷入旧习惯，尤其在面临压力时。

思考题

1. 本章哪些内容对你最有用？为什么？

2. 根据本章所学内容，哪些是你最该改变或摒弃的？你成功改变后将给自己、他人和公司带来什么好处？本着积少成多的精神，尽可能从本周开始练习改变，然后思考自己这样做后学到或摒弃了什么。

3. 知名高管培训师马歇尔·戈德史密斯在《快公司》杂志的"制定重要方案"专栏中向读者提问："想象你95岁，就在咽下最后一口气前获得了让时光倒流的能力，并能帮助阅读本专栏的读者在事业和生活中更成功。那么，当你95岁时应该知道什么是重要的，什么有意义，什么有用，什么没用。作为智叟，你会给正在阅读本专栏的自己提供哪些建议？"回答戈德史密斯的问题，把重点放在你会给自己哪些个人和职业建议及如何定义成功上。

4. 预测成功的特征有哪些？其中哪些你比较擅长？哪些还有待进一步培养，以提升工作效率、职业潜力和整体生活品质，并取得你在第3题中所描述的成功？

5. 阅读本章飞行员切斯利·B.萨伦伯格的案例。你从他培养专长并在危机中加以应用的事迹中学到了什么？哪些内容有助于你培养个人专长？

6. 阅读本章飞行员切斯利·B.萨伦伯格的案例。除了案例所述你还学到了什么？如果再给案例加一段文字，你想写些什么？要点是什么？

7. 哪些特征可以预测脱轨？你有这些特征吗？如果有，你要怎样做才能避免在工作和个人生活中脱轨？

8. 说出当前正在改变工作环境的三个重要变化。你要培养哪些新观点和技能才能在改变后的环境下成功？

9. 本章的评估内容让你对自己有了哪些了解？具体描述自己的风格和优缺点。你认为别人如何看待你？比你的自我评价更好还是更差？

10. 介绍进入高中以来你做出的三个改变。动机是什么？结果怎样？你丢弃了哪些"沉重装备"？关于动机和策略收获了哪些经验？

11. 假设你在《聪明管理者的管理理论指南》杂志社工作。这本杂志的目的是帮助管理者梳理日渐增多的管理理论，并判断其实用性。和《消费者报告》类似，杂志也要设定一套用以衡量各管理实用性的标准。你会运用哪些标准？为什么？

12. 想象你可以从三位当代人物或历史人物中聘请一位担任你的管理顾问。你会选谁？为什么？你想向他们学习什么？

第 2 章

培养自我认知

本章将帮助你：

- 了解为什么自我认知对职业效率和生活品质至关重要。
- 了解自我意识及如何通过日常的家庭、工作和社会生活构建自我意识。
- 按照自己希望留给他人的印象建立个人品牌。
- 了解强烈的自尊心如何造成负面影响。
- 了解多样性、全球化与新技术如何改变人们思考自己、他人及关系的方式。
- 了解后现代管理者及其对管理者自我意识的影响。
- 认识到为什么建立多个自我比稳定不变的自我更有用。

我总想成为大人物。现在,我意识到自己应该更具体一点。

——剧作家简·瓦格纳,《在宇宙中寻找智慧生命体》

自我认知是高效管理者的标志。成功的管理者知道自己需要什么，以及为什么需要它们，并且会为之制定行动方案。他们了解个人风格和优缺点会如何影响实现目标的能力。他们清楚别人对自己的看法及这些看法对他们赢得支持有哪些影响。他们兼具自信、谦虚和适应能力，因此能认可别人的观点和风格，并在不明晰、不完美且通常充满压力的管理世界中迅速发展。

《财富》专栏作家沃尔特·基希勒将高效管理者和"虚有其表者"进行了比较，将后者描述为"讲求形式、风格和粉饰成功的锐气；缺少内涵、技能或管理成绩"。虽然这种管理者认为形式高于实质、自我推销高于自我认识，但并不一定毫无能力。创造性领导力研究中心的研究人员大卫·坎贝尔解释称，这种管理者可能"聪明而高效，但其工作方式可以预见且有局限性"，在当今复杂多变的环境下难以保证成功。事实上，自我认知不足的人并非只有虚有其表者而已。

研究人员罗伯特·卡普兰、威尔弗雷德·德拉思、琼·可佛迪莫斯的研究对象是"扩张型高管"。和虚有其表者一样，这种类型的领导者不认为自我认知是重要的领导技能。但与只重视自己的前者不同，他们真心为组织成功而奉献。他们给自己和他人制定了高工作标准，为达到标准付出巨大努力，一般工作时间更长，节奏也更快。扩张型高管一般有能力、有抱负，从传统意义上讲很成功——高薪、高职位、执掌大权，但他们的成功背后存在严重的问题。

卡普兰及其同事认为，扩张型高管主要通过对控制权、权威性和职业成功的无意识渴求来实现自我价值感。他们不计代价地追逐这些目标，通常会牺牲个人健康和人际关系。有时尽管做出了这些牺牲，他们的目标也仍然无法实现。毕竟，在如今复杂而难以预测的环境下，完全掌控只能是空想，而权威性在这个多变的时代也难以保持。因此，扩张型高管通常难以达到自己设定的过高标准，却仍顽强甚至是绝望地坚持一场永远没有终点也不能取胜的比赛。

从表面上看，高管设定高标准并甘愿做出牺牲对所在组织有利，但实际上并不一定如此。扩张型高管主要以对控制感、完美和地位的无意识需求（而不是组织需求）为导向，虽然他们为组织成功而努力，却因自我认知不足而无法看到自己行为的后果。例如，他们可能管得太细，过于苛刻，拒绝放权；也可能回避风险，因为这会让他们重视的控制感受到威胁。

> 胜人者有力，自胜者强。
> ——老子

虽然虚有其表者和扩张型高管在组织中很常见，但大多数管理者的行为都没有这么极端。不过二者给我们的启发很重要。和这两种管理者一样，我们所有人从某种程度上都对我们的思考、感受和行为方式如何影响我们的决策、行为和关系，甚至个人生活品质、职业效率和组织成功认知不足。其实道理很简单：如果我们不首先学会自我管理，就无法有效地管理他人。

自我认知的障碍

自我认知不足可能对管理工作造成职业危害。长时间快节奏的工作导致管理者难以抽出时间自我反思，他们还要经常面临时间紧张、工作干扰、意外危机及失业风险带来的压力。尽管在压力下学会新的观察、思考和行为方式很重要，但大多数管理者"恰恰在最需要时丧失了学习能力"。实际上，大多数人在压力下会重拾惯性思考和行动方式，即便他们的困境正是由这些习惯造成的。

除工作压力外，管理者自我认知的阻碍还有很多。他们通常是因为过去的成绩才晋升到管理级别，因此很怕打破成功公式会影响他们的效力，从而不敢主动尝试改变。管理者和下属之间的级别差异造成了距离感，即便他们征求直接下属的反馈，后者也不愿如实作答，更不愿给出负面反馈。因此，他们很难从受其行为影响最大的人那里获得有用的建议和反馈。另外，管理者招聘员工时会以自己为模板，因此下属通常会肯定他们的决策和行动，而不会提出建设性批评意见。

管理者忙碌的个人生活使其没有时间自我反思。虽然按照传统观点，家庭生活是脱离工作压力的避风港，但当今很多管理者都把工作带回家，以应对日益繁重的工作职责。他们还要平衡双职工（甚至三份工作）家庭工作时间，并兼顾未成年的子女和年迈的双亲。实际上，协调和照顾家庭的多重压力加上缺少及时反馈（孩子成年前无法知道家长的教育方式是否恰当），导致很多管理者将工作视作逃离家庭生活情感与身体压力的机会。有同事甚至周一早晨对笔者说："周末在家太累，终于能开始工作，休息一下了。"

尽管阻碍自我认知的因素有很多，但许多管理者都在增强自我了解。虽然有些人因懒惰而回避自我发展的挑战，但自助类书籍和职业发展进修项目的不断增多表明很多管理者都在积极投入时间和精力，以求提升自我认识和促进个人成长。例如，斯蒂芬·柯维的《高效能人士的七个习惯》已翻译成38种语言，在70个国家销售超过1 500万册。同时，旨在帮助管理者更好地了解自身态度、思考模式和人际交往风格如何影响生活品质与职业效能的高管培训业务也在蓬勃发展。国际教练联合会目前有10 000名提供培训服务的成员，而1999年仅有1 500名。这个行业的年收入现已超过10亿美元。

"你"品牌

管理大师建议职业人士将自己视作只有一名员工的企业并担任自己的首席执行官。人气管理作家与顾问汤姆·彼得斯在《快公司》上发表的《"你"品牌》一文意义深远，也饱受争议。他在文中建议管理者和职业人士了解自己和客户，培养独特能力以脱颖而出，必要时改造自己，重新包装后推销个人品牌。彼得斯说："如今从业者最重要的角色就是个人品牌的首席营销者……你本人是和耐克、可口可乐、百事还有Body Shop一样的品牌。"

在个人和机构之间的心理契约无法保证终身就业的时代，将自己视作独特的可销售、可移动的产品可能是合理的生存策略，但把自己当成待售产品是有代价的，会造成自我疏离、疏远他人并动摇对当前公司的忠诚度。鉴于当今文化仍建立在集体主义及对团队和组织忠诚的基础上，过于强调个人可能制造孤独和困难，最终却得不到回报。

当然，是否将自己视作品牌由你个人决定，要看你是否赞成这一想法。但毫无疑问的是，你不应该想当然地认为即便你不说，别人也会注意到你的努力和贡献。坦率地讲，不要让你的价值成为组织或行业的秘密。作为职业人士，你有责任帮助别人将你安排到贡献最大的岗位上。如果想让别人了解你在哪个岗位能创造最大价值，不妨直接告诉对方。沟通培训师佩吉·克劳斯表示："让我惊讶的是，很多人都认为只要埋头工作，他们的老板就会清楚他们的贡献和价值，就好像老板能掐会算一样。你得让领导知道你做了什么，培养了哪些技能，实现了哪些目标……不要让他们猜测。"如果想被别人注意到，首先要注意到别人。克劳斯还建议："倾听他人的意见，真诚地关注他人的目标会让这些人受宠若惊，因为他们还没有习惯。"汤姆·彼得斯建议围绕下述问题打造自己的品牌。

- 哪些做法最让我自豪？
- 我的哪些做法能创造可衡量的、可观的、突出的、独特的价值？
- 按同事和客户的说法，我最突出的长处是什么？可贵的个人特征有哪些？
- 我最近/本周做了哪些可以为公司创造价值（并且被别人注意到）的事？
- 我的做法为什么难以被他人仿效？

彼得斯还建议人们成为"眼界开阔的畅想者"，以了解组织更广阔层面的问题、挑战和机会；在问题演变成危机前加以解决；成为某个领域的专家，既不容易被效仿又能真正为组织创造价值；成为值得依靠且乐于助人的同事和团队成员；将工作视作能为组织带来可量度的价值的单个项目的集合；总是按时、优质地完成工作；在预算内完成项目。简言之，你的品牌一定有实质价值。

互联网为在网上建立品牌创造了条件甚至是优势。越来越多的猎头和大学招生人员在网上对潜在职员和学生进行背景调查。他们会利用谷歌、雅虎、Facebook、LinkedIn、Friendster和其他网站搜索更多有关候选人的信息，包括证明其判断力不足、缺乏职业精神或与组织价值观不符的"不良记录"（不当言辞和不雅照片）。这份"影子简历"由招聘和招生人员在网上找到的信息组成，会很快覆盖你的简历和面试表现。因此，在谷歌上搜索一下自己，看看其他人对你的看法，让自己的网上品牌与自己想树立的形象一致。

所有寻求自我认知和职业发展的管理者迟早会发现没有捷径可走。无论发掘自己的风格和优缺点还是打造有利于个人、他人和组织的声望，都需要投入时间和精力。要了解别人对你的看法及其如何影响你发挥效能并激发他人的最佳表现并不容易。个人与职业发展的道路漫长而崎岖，每条都涉及特定的可能性、局限和取舍。

用心良苦的管理者会做什么？

想成功实现自我提升就要首先考虑自我期望，就像修车前要先了解汽车原理一样。但我们中很多人经常在不了解自身复杂的本性和如何成长为今天这个自己的情况下就开始启动自我改善行动。后续章节会定义"自我"这一概念，探讨其形成的多种方式，并思考哪类自我概念在当今多元化、全球化、高速变化及技术驱动的组织环境下最有利于提升职业效能和个人生活品质。专栏 2-1 探讨了自尊心强的代价。

专栏 2-1

自尊心强的代价

"自尊"指的是一个人对自我价值的整体感觉。尤其是美国的很多家长和教师都在追捧培养强自尊心的好处，认为它能使生活更幸福、更成功，并能为公司和社区做出更大贡献。但很多研究人员开始质疑自尊心强是否一定是优点。自尊心强的人之所以会更快乐、更自信、有好前途，从某种程度上讲是受自我拉抬偏差（如他们认为自己比其他很多人的优点多）的影响。但自尊心强并不一定意味着成绩更高、更友善、工作表现更好、领导能力更强或更加恪守公民准则。实际上，帮派成员通常自尊心强，会通过破坏性行为来维护自尊。而和自尊心强的人相比，自尊心弱的人对自己或他人做出破坏性行为的可能性并没有更大。

研究人员詹妮弗·克罗克及其同事认为，自尊心强是否有利于个人、他人、组织和社区，取决于维护自尊的方式而不是自尊心本身。例如，如果将自我价值与学业成绩、浮华表象或物质富足过多地联系在一起，就可能造成压力过大、身体状况恶化甚至滥用药物和酗酒等问题。这种人可能利用违背职业操守或破坏性的手段实现目标。他们会为了好成绩而作弊，为了保持精力以便超负荷工作而服用药物，为了追求超出财力范围的物质享受而负债累累，或者为了修饰外表而晒太阳（尽管有充分的医学证据表明这样做会提高患癌概率）。

值得注意的是，克罗克及其同事发现，以分数来定义自尊的学生不见得能取得更高的分数，但得低分时反应更强烈——"自尊感和正面情绪明显下滑，不愿再接触成绩差的科目"。研究人员哈里·华莱士和罗伊·鲍迈斯特认为自尊心过强可能演变为自恋。有研究显示，自恋者更愿意在受到关注的项目上投入精力以获得赞美，没人注意时就会松懈。

如果想提升自尊心强的好处并降低其不利影响，我们应该专注于如何追求自我价值感，而不是自尊心的强弱。如果我们追求的是给别人的印象（分数、外表或物质财产）等外部标准而不是为别人奉献、秉持个人价值观及控制可能伤害自己或他人的行为，那么自尊心强带来积极影响的可能性不大。

克罗克与同事罗拉·帕克表示，如果家长和老师一味强调孩子"特别""完美"或"独一无二"以增强其自尊心，就是在引导其自恋，而不是强化自我价值和自尊，即便他们本意是好的。要想树立健康的自尊心，设定目标时不要局限于自我，这样才能产生强大的动力。

Sources：Bushman, Brad J., Roy Baumeister, Sander Thomaes, and Ehri Ryu. 2009. "Looking Again, and Harder, for a Link Between Low Self-Esteem and Aggression." *Journal of Personality*, 77 (2): 427; Crocker, Jennifer, Amara Brook, Yu Niiya, and Mark Villacorta. 2006. "The Pursuit of Self-Esteem: Contingencies of Self Worth and Self-Regulation." *Journal of Personality*, 74 (6): 1749; Crocker, Jennifer, Diane Quinn, Andrew Karpinski, and Sara Chase. 2003. "When Grades Determine Self-Worth: Consequences of Contingent Self-Worth for Male and Female Engineering and Psychology Majors." *Journal of Personality and Social Psychology*, 85 (3): 507-516; Park, Lora, Jennifer Crocker, and Amy K. Keifer. 2007. "Contingencies of Self-Worth, Academic Failure, and Goal Pursuit." *Personality and Social Psychology Bulletin*, 33 (11): 1503; Zhang, Liqing and Roy Baumeister. 2006. "Your Money or Your Self-Esteem: Threatened Egotism Promotes Costly Entrapment in Losing Endeavors." *Personality and Social Psychology Bulletin*, 32 (7): 881. Wallace, Harry and Roy Baumeister. 2002. "The Performance of Narcissists Rises and Falls with Perceived Opportunity for Glory," *Journal of Personality and Social Psychology*, 82 (5): 810-834.

自我概念：我思故我在

研究人员都认同，人与人之间的差异体现在很多方面，包括但不限于世界观、价值观、技能、能力，以及学习、解决问题和经营人际关系的风格。但他们就个性差异在多大程度上由先天或后天决定还无法统一意见。有可信证据表明（虽然也有争议），基因排列对某些特征（如内向与外向、认真、善于交际、热爱挑战、规避风险、乐观与悲观、强势、韧劲、易焦虑等）有一定的影响。但即便有证据表明一些倾向与遗传有关，研究人员也都认同基因无法决定命运。无论基因对个性的影响是5%还是50%，我们是什么样的人及我们的行为方式在很大程度上还是由我们在特定环境下的经历、对这些经历的认知（如"我开会时不愿和人交际是因为天性腼腆，还是因为我没有掌握可以习得的交际技能"），以及积极创造机会学习思考和行为的新方式的意愿决定的。

例如，在一项研究中，研究人员告知一组学生智力受环境影响，而且大脑在整个生命过程中会不断搭建新联系，尤其在面对智力挑战时。相比那些不知道可以通过努力改善智力的学生，知道这一点的学生明显更认真（被视为受基因影响的一个特征）。研究人员还发现，知道如何管理信仰并设法提升乐观和幸福感的群体更乐观（被视为受基因影响的另一特征）。

《华尔街日报》上"聪明的投资者"专栏作家兼新闻工作者杰森·茨威格在《你的投资性格是否写在DNA里？》一文中颇有见地地描述了先天和后天的联系。茨威格与医学研究人员合作，借助DNA测试和脑扫描建立基因档案。他通过测试发现自己的恐惧回路受基因抑制，因此对"赚钱和赌博反应强烈"，也"更渴求暴富带来的满足感"。这表明他天生比普通投资者的发财欲望更强烈。但DNA和脑测试显示，他比常人更惧怕损失。按照测试医生的说法，他有着"修禅的耐心"。茨威格解释了自己是如何形成谨慎而克制的投资风格的：

> 我的基因"原料"和行为"产品"之间的对比并不常见。也许个体间在承担风险上的差异有20%由基因决定，其余则取决于成长背景、经验、教育及训

练。因此，虽然基因导致了我容易受惊及渴望暴富的倾向，但我的实际行动方式并非如此。我持有投资项目的时间会长达数年甚至数十年；"熊市"时不惊慌，"牛市"时不放松警惕。我现在认识到，这些习惯并非与生俱来，而是多年来与基因抗争的结果。我在农场长大，双亲通晓历史，性情温和，教会我用更长远的眼光看待瞬息变化的世界，在依从本能行事之前先三思。我研究过本杰明·格雷厄姆和沃伦·巴菲特的著作和事业轨迹，因此知道不能盲目从众，并且牢记未来回报取决于今天的付出。

读者要牢记的重要经验是，基因只是可能影响能力和行为的因素之一。如果你坚信改变可行，努力培养有助于你发挥最佳表现及实现目标的新观点和新技能，并将自己置于相应的有利环境中，你就能深刻改变基本的信仰体系和行为风格。

什么是自我概念？

自我概念是每个人对自己的内在化认知，相对稳定，不易随时间、情境而变化，而且至关重要。它由我们对自己的性格、价值观、兴趣、技能、优缺点、因何与他人相似、因何与他人不同的看法组成，影响我们的日常思考和行动，包括我们看待世界的方式、对风险和机会的认知，以及决策、待人、应对压力和定义成功的方式。最重要的是，自我概念影响了我们对自己是什么样的人、应该是什么样的人、能成为什么样的人、永远不能成为什么样的人及害怕成为什么样的人的基本信念。

> 如果只以自身为榜样，就无法改善自我。
> ——奥利弗·戈德史密斯
> www.greenleafenterprises.com/quotes/s.html

我们的自我概念很大程度上是由家庭、学校、职场、社区和其他社会制度下的生活经历构建的，是一种社会产物。这些制度对我们进行社会化改造，以形成特定的思考、感知和行动方式，让我们得以在所处文化背景下自然、恰当、高效地运转。

简言之，我们基于一些习以为常的社交实践（如媒体、语言、规范、礼节及赏罚体系，其中包括法律等正式手段及同僚压力等非正式手段）来构建信念，包括我们是什么样的人、应该是什么样的人、能成为什么样的人、永远不能成为什么样的人。

笔者将在后续章节讨论文化、家庭、人际关系及所在团队会如何影响自我概念，以及自我概念如何影响日常的感知、想法和行动。如图2-1总结了影响自我概念的因素。

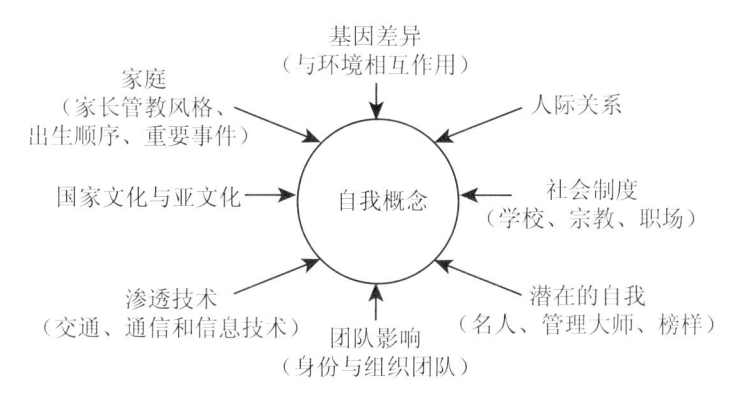

图2-1 影响自我概念的因素

文化对自我概念的影响：独立型和依赖型自我

自我认知很大程度上由社会和文化决定，因此我们对理想自我（理想管理者）的设想也自然因文化而异。从出生并主动接触他人的那一刻开始，我们一生都在努力了解自己、他人及各种关系。

> 最简单也最强大的认知，就是每个成功、快乐的"我"都依存于一个顺畅运转、高效和成功的"我们"。
> ——詹姆斯·马斯格雷夫、迈克尔·安尼斯，《关系动态》作者

人生最基本的挑战之一，就是调整基本需求，以建立与他人的联系和距离；成为他人的一部分，同时远离他人。这个调整的过程要用到非正式的文化规范和正式的文化制度。在不同的文化下，成员调整需求的方式不同。有些文化（通常被归类为个人主义）强调独立于他人；而有些文化（通常被归类为集体主义）则强调与他人互相依赖。两种类型介绍如下。

阅读本章后文内容时要牢记：(1) 对独立型和依赖型自我概念的描述不代表两者存在好坏之分——只会影响人们思考、感知、行动及理解他人行为的方式；(2) 任何提及国家文化的情形都做了概括化处理，而且并不是某一特定文化下的所有人都能反映该文化的趋向，部分原因是每个国家都存在多种亚文化；(3) 下文对独立型和依赖型自我的描述被极端化、统一化，实际上所有个体和国家都同时兼具两种类型自我概念的特点；(4) 文化只是影响自我概念的因素之一。尽管如此，下述描述仍有助于理解个体之间微妙但重要的差异。

独立型自我概念

推崇独立型自我概念的文化鼓励成员将自己视作独立于他人的个体，讲求独特、自立、自我抬高，以及免受社会束缚的理想状态。青睐独立型自我认知的文化重视自我实现和个体自由，

> 其思即其人。
> ——佛陀

而非社会责任；重视个人权利而非共同责任；重视个人幸福而非个人牺牲。在这种文化下的理想生活中，人们忠于自我，诚实地表达自我，追求梦想，渴望成为最好的自己并达到个人成功和自我实现。个人主义文化会鼓励无法独立于他人、容易受人影响、希望没人注意自己或在众人中并不显眼的人更独立，更为自己着想，更愿意袒露心声并挖掘（和提升）自己的特质。

这种文化假设行为基本上不受社会和文化背景等外部因素的影响，而是受个性、内在动力、个人技能和能力驱动。因此，私人自我（"我是谁？我需要什么？我想要什么？"）比公众自我（"别人如何看我？"）和集体自我（"我是社区的一分子"）更成熟，也更复杂。强调私人自我的群体会借助各种方式区别于他人，包括服饰、物质财产、沟通模式和其他个人风格。

研究人员希娜·S. 延加和马克·R. 莱珀在对美国英裔和亚裔儿童的研究中发现，前者（受独立型文化影响更大）在自己做选择时更有动力，表现更好，因为对他们而言，"自己做选择不仅有机会表达并遵从个人偏好，也有机会建立独特的个人身份"。相反，亚裔儿童（受依赖型文化影响更大）在收到"群体重要成员"（如

母亲或同辈）的具体指令（而不是自己做选择）时更有干劲，表现更好，因为对他们而言，听从可信成员的指令就意味着"实现和睦与归属感的机会更大"。

在独立型文化下，自我价值感来自自我表达及坚信自己拥有积极特征的能力。这种文化下的成员具有所谓的"独特性偏差"。他们会将自己的优点视作独一无二的天赋（"我考试分数高是因为我聪明"），将缺点视作由培训不足、团队成员有问题或管理效率低下等外界因素造成的他人的局限（"我没考好是因为教授教得不好"）。在崇尚独立型自我的文化中，成员通常有"自我拉抬偏差"，他们认为自己在智商、动力或人际关系能力等重要方面比一般人都强。例如，在一项研究中，50%以上的北美大学毕业生表示自己在"群际敏感度"方面能排进前10%。美国很多管理发展项目将个人"缺点"称为"发展机会"，因为这样的表述在推崇自我拉抬的文化下更顺耳。

近期研究表明，独立型文化的成员会认为大声说话是好事，因为这对他们来说是一种个人表达的方式。他们还会将大声说话与思考和学习联系在一起。而依赖型文化的成员倾向于认为安静更有助于学习和思考。例如，研究人员西君·S. 金发现，在尝试解决推理问题时出声思考会影响亚裔美国人的表现，但对欧裔美国人没有影响。这种观点差异很重要。因为将出声和思考联系在一起的人可能将沉默误认为是提不起兴趣和精神的表现，而不是解决问题时用以改善表现的策略。而认为安静和专心更有助于解决问题的人会觉得出声思考的人不成熟，注意力不集中，还干扰别人。

为什么有些文化更强调个人主义？研究表明，富裕、多元化和流动性高的文化更倾向于推崇独立型自我概念。富裕降低了对他人的依赖；对多元化的包容意味着一个人可以同时归属多个群体，进而降低了对单一群体的依赖；流动性（如为了新工作而远离家人和朋友）则要求人们自立，并愿意很快从心理和生理上加入或脱离群体。

依赖型自我概念

推崇依赖型自我概念的文化鼓励个人与他人友好相处，照顾他人的需求，创造并履行共同义务。这种人的动力来自与人交往的渴望及为所属集体的利益而牺牲个人需要、渴求与机会的意愿。这种文化下的基本价值观包括归属、互惠、共鸣、依赖他人、集体凝聚力、人际和谐及各得其所。例如，日本人的身份认同和自我价值感就是以和团队的关系为中心的。而"自己"这个词指的是"共享生活空间的个人份额"。

拥有依赖型自我概念的人可能因感觉被人孤立，在集体中表现突出、没能照顾他人需求、行动方式不符合其社会角色及未能履行其社会责任而感到不自在。这种文化将成熟定义为能自愿控制个人情感、需求和目标，以推动重要关系及整个团体前进。随意表达自我而罔顾他人需要或社会背景的行为将被视作不成熟、不负责任的表现。因此，在这种文化中，公众自我（"别人如何看我？"）和集体自我（"我是社区的一分子"）比私人自我（"我是谁？我需要什么？想要什么？"）更成熟也更复杂。集体主义文化下的成员可能养成广泛技能以融入他人，并致力于推进所属集体的整体成功。这些技能包括关注他人的意愿、注意到行为和社会背景微妙的模式和变化的认知敏锐度，以及对这些微妙暗示做出适当社交反应的洞察力。

> 别做猪圈里最壮的猪，最壮的猪先被杀。
> ——印度谚语

对依赖型文化下的成员而言，自我价值感来自在社交情境中自我控制、维护和谐、不断调整以适应群体的能力。研究表明，个人主义文化下的成员具有独特性和自我拉抬偏差，而集体主义文化成员则容易形成自我批判和自我完善偏差。换言之，他们会将个人成功归功于幸运或整个团队的能力（"我拿高分是因为所在学习小组表现出色"），将个人缺点归咎于个人能力或天分不足（"我分数差是因为我不够努力"）。在集体主义文化中，这种自我批判偏差能满足多重目的：群体成员专注于纠正个人缺陷，就能朝提升群体整体能力的方向努力；个人为失误负责，就能为团队其他成员挽回颜面，这同时也体现了个人对群体的忠诚并增强了其与群体的关系。

所有文化都认可，个人和集体生存都要依靠独立性和依赖性。我们都知道，有时必须独自行动，有时则要依靠团队。但不同的文化对两者强调的程度不同。例如，西方人更推崇独立型自我概念，而东方人则更讲求依赖型自我概念。研究人员黑兹尔·马库斯与北山忍将这一差异总结为："在美国，会哭的孩子有奶吃"，而在日本，"木秀于林，风必摧之"。

表2-1总结了独立型和依赖型自我概念的差异。你可以通过本章末的专栏2-5"自我评估20题：我是……"来评估自己更倾向于两者中的哪种。

表2-1　　　　　　　　　　　独立型和依赖型自我概念的差异

比较特征	独立型	依赖型
与他人的关系	分离	关联
关注点	内在、私人自我（如个人想法、感知和行为）	外在、公众自我（如在团队中的地位、角色、关系）
个人目标	独一无二、表达自我、满足自我需求	归属感、整齐划一、各得其所、满足他人需求
自尊的基础	理解、表达和证实自我的能力	理解并适应他人、控制自我、维护和谐的能力
情绪类型	自我关注的情绪（如骄傲、愤怒、失意）	关注他人的情绪（如惭愧、同情、人际关联）
表达情绪的方式	公开表达	隐藏可能伤害关系的情绪
成功和失败归因	利我偏差：成功时归功于自己，失败时埋怨他人或环境	利他偏差：成功时归功于团队，失败时归咎于自己
自我表达	自信地展现和表达自己的长处（如自我拉抬和自我推销）	谦卑而谦逊（如自我批判和自我改善）

Source: Adapted from Markus, Hazel, and Shinobu Kitayama. 1991. "Culture and the Self: Implications for Cognition, Emotion, and Motivation." *Psychological Review*, 98（2）: 224-253.

从文化角度看待自我概念的好处

在当今多元化全球经济背景下，从文化角度看待自我概念对提升管理效用大有裨益，因为这种视角能实现以下目的。

- 鼓励我们跳出来看待我们的文化，以更好地理解我们是谁，我们为什么会这样，从而深入对自己和他人的理解。
- 让我们更容易从他人的角度来理解对方并做出回应，从而将双方关系建立在相互理解、相互尊重的基础上，而不是一味强调对方的不同和偏差。
- 拓宽定义正常和有效行为时的思路，进而扩展看待世界的方式及对不同行为的接受度。
- 让我们质疑所谓一体适用的理论和最佳实践，进而理智地消费管理知识。
- 让我们在管理实践中尊重在特定时间下、特定文化中被视作正常而有效的不同的思考、感知和行动方式，进而提高个人和组织效率。

例如，美国高度推崇的个人赋权项目并不适用于所有文化（在美国也不是一直有效）。独立型自我概念强调个人选择、自我掌控，看重平等而不是等级。而追求这种自我概念的文化更渴求赋权。但集体主义文化强调坚守既有秩序及依赖权威人士（老板）而不是平等，因此基于个人主义的赋权在这种文化中可能并不受欢迎。当然，赋权项目在集体文化中也可能发挥作用，但其成功取决于管理者在设计、实施和评估这些项目时考虑文化背景及结合文化价值观、信仰和规范的程度。

切记，文化在不断变化！人们接触其他文化时，会不可避免地将自己对世界和文化规范的认知与他人进行比较。年轻一代在成长过程中接触的外部文化比其父母更多，所受影响也更大。切记不能单纯根据对方文化推断对方行为，因为影响人们世界观和行为的因素有很多。从文化视角看待自身的好处，主要是能扩大我们对正常人类行为的假设，帮助我们接受从不同规范中走出来的人并向他们学习，进而成为更理智、更高效的世界公民。

社会对自我概念的影响：保证自我认知与他人的看法一致

我们通过与他人的日常互动形成、维持并调整自我概念。我们每次与重要的人互动（包括父母、子女、朋友、配偶、老师、学生、同事、老板、直接下属等），都能收到对方如何看待我们的信号。这些信号可能是说明性的（"你按时完成了任务，而且没超预算"），或者是评价性的（"你有能力成为优秀的管理者"）。我们会有意或无意地解读对方的用词、手势和身体语言，以推断对方是否认为我们有趣（"我是不是看到有人打呵欠了？"）、称职（"她为什么忽略了我的上条意见？"）、有价值（"老板为什么不回我电话？"）、有影响力（"为什么没人邀请我参会？"）。我们收到的来自他人的信号及我们对这些信号的解读，都影响了我们对自己的认知。正如组织学者卡尔·维克所说:"在看到他们的做法前我怎么知道自己是谁?"

家庭对自我概念的影响

早年与家庭的关系对自我概念的影响很大。童年时期的家庭经历,尤其是父母的教育方式、愉悦的家庭经历、早年丧亲或其他悲剧、出生顺序及兄弟姐妹之间的关系,都从很多方面影响着我们的自我概念,包括胜任感、归属感及信任自己和他人的意愿。例如,我们会通过家庭内部的早期社会互动判定要自立还是依靠别人、情感依恋让人满足还是觉得危险、生活中的权威人士是慈祥的还是严苛的。父母表达爱意的程度(他们是否有距离感)、管教子女的方式(是威权型、民主型还是放手型),以及他们通过言行传承给子女的道德教育(他们是平等对待所有人,还是有所偏颇),对子女成人后的自我概念和行为影响很大。

父母的教育风格

通用电气前首席执行官杰克·韦尔奇将自己的成功归功于亡母:

> 我曾多次提到,母亲是我最好的领导力老师,虽然她从未担任过正式领导职位(事实上,她确实是街坊的领导者)。母亲教会我爱是无条件的,为我设定了高标准。这两样激励我展现出最好的自己,而我也利用这两样来激励他人展现出最好的自我。

顾磊杰现任联合国秘书长管理改革特别顾问,之前曾任麦肯锡全球董事总经理。他曾提到父亲教给他的印度瑜伽教义对自己来说有多重要:

> "你有权努力,但没权要求结果。"对我来说,这就意味着不仅要做正确的事,还要有正确的动机,而且永远都要拼尽全力。父亲第一个教会我这个道理。他从来不担心结果如何,但永远都在做正确的事。如果我因为某事失望,他只会问:"你尽全力了吗?"

雅虎前首席执行官卡罗尔·巴茨讲述了自己的领导风格是如何受鼓励自立的祖母影响的:

我在美国中西部长大，八岁时母亲去世，所以我和哥哥都是祖母带大的。她很幽默，永远不会让任何事影响心情。我经常提的一段经历发生在威斯康星州农场，当时我大概十三岁。有一天我们看到机棚的椽子上盘着一条蛇，就边跑边喊："奶奶，有蛇！"她走出来用铁锹把蛇打下来，然后一锹剁掉蛇头，说道："你们也能做到。"你知道，她永远是这个腔调：放手去做，重整旗鼓，继续前进。

安·富奇是广告巨头扬·罗必凯的前首席执行官。作为一位美国非裔女性，她的成功令人瞩目。她认为自己的成功从一定程度上得益于父母强大的榜样作用（她的母亲曾任美国国家安全局主管，父亲在美国邮政局工作）和自己成长的社区。这个社区团结且支持成员，冲淡了社会上种族主义信息的影响。

早年丧亲

对某些人而言，早年丧亲或其他家庭悲剧会成为其成功的动力。很小就经历丧亲之痛的人认为自己的生命也可能骤然停止，因此会努力尽早成功。他们的安全感可能受到冲击，因此可能希望通过财务成功来获得安全感。他们可能希望实现先父先母的期望，或者替他们在这个世界留下印记。他们可能形成慈悲、坚强和敢于冒险的性格特征，即便面对人生挫折也坚持不懈。

美国前总统巴拉克·奥巴马在一次采访中提到了母亲对自己的影响。他说母亲对自己人生的影响最大："她教给我的价值观一直是我在政界处事的准则。"他两岁时父亲离家，21岁时父亲去世，他这样阐述父亲缺席对自己的影响：

我认为没有父亲意味着你必须更快地长大，要担起责任，确保能独立解决问题，关键时刻能挺身而出，因为你只能靠自己。

对某些人而言，全心投入工作有助于抚平丧亲之痛。莫里森·福斯特律师事务所的合伙人琳达·肖斯达克13岁时母亲罹癌去世。肖斯达克说："我埋头苦读，以免自己想起母亲。此外，我养成了努力工作的习惯，而且能区分情感。我知道不是只有我这样。在哈佛法学院读书时，研究生中只有几个女生，而且这些女生大多是单亲。我从不认为这是巧合。"

出生顺序

研究人员还在争论出生顺序是否对个性有明显影响。支持这一观点的人认为子女在家里的出生顺序（如长子、次子）会影响父母对他们的投资。长子出生后，每添一个孩子都会消耗父母的资源，而每个孩子都有不同的策略来竞争资源。每个孩子都在家里为自己谋得一席之地，并养成了符合自己家庭地位的个性特征。他们早年在家庭里的角色影响了他们一生的前景和行为。

例如，科学历史学家、麦克阿瑟奖得主弗兰克·苏洛威的观点备受争议，他认为出生顺序对人们的个性有重要影响，尤其会影响人们成为领导者还是创新者、是保守还是激进。他解释称长子会通过遵守规则来赢得父母的关注，因此长大后更容易成为守纪者；而其他孩子会通过反抗规则来博取父母的关注（这时候父母的注意力要在多个子女中分配，所以变得更加稀缺），因此长大后更容易叛逆。苏洛威说：

> 大多数个性差异，包括反叛倾向，可追溯到家庭影响……一起长大的兄弟姐妹个性差异可能和在不同家庭长大的一样明显……老大自然更掌控权力和威严。他们最早降生，会利用个头和力量来捍卫自己的特殊地位，比弟弟妹妹更强势，有野心，社交中要求主导，看重自己的地位，并且防御性强。而在家庭中处于劣势的弟弟妹妹倾向于质疑现状，有时会养成"革命者个性"，会以革命之名不断挑战既定臆断。

当然，苏洛威的理论比本书介绍的更复杂，争议更大。其他研究人员认为出生顺序对个性和行为没有影响或影响很小。他们认为很难区分出生顺序和家庭生活中的其他因素的影响，其中包括父母的收入、孩子出生时父母的年龄、子女的年龄差及收养角色。

本部分内容的要点可以概括为：家庭情况和我们早年如何理解自己在世界上的位置会在不知不觉中持续影响我们的生活，包括我们作为朋友、伴侣、配偶、同事、老板和直接下属的个人与职业角色。如果你能认识到家庭状况如何影响你的信仰、价值观和行为,就可以利用那些对你有利的,努力改变那些阻碍你前进的。

他人期望对自我概念的影响

他人对我们的认知会明显影响我们的自我概念。例如,我们的胜任感会随着他人的期望而变化,这就是所谓的自证预言。20世纪60年代,研究人员罗伯特·罗森塔尔和丽诺尔·雅各布森进行了一项著名的自证预言研究,希望就此判断老师对学生的期望是否会影响学生在认知测验中的表现。他们随机挑选了某个班级中20%的学生,告诉老师这些学生有非凡的智力发育潜力。到了学年末,这些被随机挑选的学生在认知测验中的成绩进步比其他学生更大。

老师并不知道这些学生是随机抽取的,而且被要求不能向学生和家长透露任何有关智力超群的信息。那么,是什么导致学生产生差距呢?研究人员认为"教师对这些所谓'特殊'学生智力表现的预期的变化,导致这些被随机挑选的学生的实际智力表现发生了变化"。因为老师对这些"潜力大"的学生期望更高,所以会给他们微妙但有力的暗示,包括积极反应、高难度作业及更多反馈,这些都有利于提升学生的实际表现。

这一研究有力地证明了人们对他人行为的期望会引发自证预言:对方会按预期变好或变坏。管理者对他人的预期及对其行为的隐晦(或不那么隐晦)的臆断也可能影响他人的效能。

群体对自我概念的影响

我们的群体成员身份也会影响自我概念,令其不断变化。我们都属于多个认同群体(如性别、种族、国籍和宗教)和组织群体(如职业、组合和阶层)。我们通过群体内的社会化过程来相信自己的群体独特而有意义,对群体产生情感依附,并学会传承自认为群体特有的众多价值观、想法和行为。

群体成员身份对我们的影响是多重的。我们会认为那些与我们的身份一致的组织群体中的成员比其他人更像我们,认为这些成员更有能力、更可信,因此对他们更信任、更有共鸣、更愿意合作。如果我们对群体有深厚的情感联系,就会积极拥护群体主张，就像 20 世纪 60 年代美国非裔及女性（和其他男性和非非裔美国公民）热情支持女性和民权运动一样。实际上，组织群体成员也期望我们拥护群体，在我们未能达到这一期望时他们会感到失望。

即便我们觉得和某个具体的社会或组织群体没有联系，我们也会被他人视为更接近与我们的身份一致的组织群体的成员而不是其他群体成员。例如，我们认为美国人强硬，日本人重视团队，工程师逻辑感强。因此，即使我们觉得对某个群体没有依恋，其他人也会觉得我们是这个群体的成员，并鼓励我们按照能强化其刻板印象的方式行事。

简言之，我们的群体成员身份会通过我们对群体的尊重与忠诚、所遵从的群体内部压力及所遵从团队成员特征的外部压力来影响我们的自我概念。

自我概念为何重要？

自我概念之所以重要，是因为它是影响我们在日常组织生活中的思考、感知和行为方式的因素之一。了解自我概念对管理者尤其重要，因为认识自己有助于了解自己为什么会采取某些行动，以及自己的信仰、决定和行为如何影响自

> 我们看到的事情不同，对同一事情的看法也不同。
> ——社会心理学家米赫内亚·摩尔多韦亚努和埃伦·兰格

己、他人和组织——无论好坏。具体而言，自我概念能影响下述因素。

- **注意力**。我们的自我概念会将某些信息过滤进来，将其他信息挡在外面。我们会注意到对自我概念重要的事、新鲜事或挑战自我概念的事。此外，我们更容易"看到并注意（自认为）有能力解决的事情"。
- **记忆和关注速度**。我们能更快地记忆并处理与自我概念一致的信息。例如，一项研究要求调研对象阅读宣扬马基雅维利主义（"投机、爱操纵他人并受权力欲驱使的倾向"）的文章。在马基雅维利主义测试中得分高的人比得分低的人读得更快。
- **解读和决策**。自我概念提供了理解关注对象时的参考框架，影响我们对事物

的判断（相关或无关，有趣或无趣，威胁或机遇）。它还提供了我们用以理解世界的逻辑，尤其是用以组织自我世界的分类及这些分类之间联系的逻辑。研究人员西莉亚·哈奎尔解释说："例如，对为国宴选择菜单的穆斯林外交人员而言，区分犹太教徒、基督教徒和穆斯林教徒及其宗教饮食禁忌的分类系统比区分外交人员、政治家和记者的系统更适用。"

- **社会关系**。自我概念还会明显影响我们判断对方与我们相近还是不同，是否值得信任且能力出色，让我们亲近还是躲避。因此，它也能影响我们人际关系网的广度、品质和多样性，以及我们与人交往的方式和处理管理工作中重要人际关系难题（如合作与竞争、权力与影响、掌权与放权）的方式。

- **道德决策**。自我概念影响我们对是非和道德的臆断及解决道德难题的方式。心理学家卡罗尔·吉利根及其同事的研究表明，推崇独立型自我概念的群体更容易根据通用是非标准来制定道德决策。换言之，他们会认为对所有人都应采取同样的规则，不管具体情况如何。例如，独立型自我概念的群体会认为，不论什么原因，所有上班迟到的人都应该接受同等惩罚。而强调依赖型自我概念的群体更容易基于相关人员的具体情况来进行道德决策。从这一角度出发，迟到的人是否面临处罚取决于迟到的原因。因为睡过头而迟到的人要受罚，因为照顾生病的父母而迟到的人则只要补上迟到时间，不必接受处罚。

- **抗压能力**。自我概念有助于处理管理工作上的难题。健康的自我概念能提供心理资源，让我们透过当代组织生活的混乱、复杂和矛盾发掘意义；在同一化的广阔世界中建立身份认同感；在变化时保持自信；在面对道德混乱和伦理诱惑时捍卫正直；运用有效的应对策略（包括让我们在压力下积极而有序地采取行动的自我掌控感）。

简言之，自我概念之所以重要，是因为它能影响我们在管理和职业角色中的效能，决定着我们会注意到什么、忽略什么，如何解读注意到的事情，如何制定决策，如何管理工作关系，如何制定道德决策，以及如何应对复杂而矛盾的组织生活。

当代组织中的自我

无论我们来自何种文化、所处时刻的决定性问题是什么,我们都有五大基本需求:发掘生活的意义,找到归属感,建立胜任感,找到掌控感,寻求一致性。

意义

所有人都要理解自己、世界和自己在世界中的位置。每个人都在努力回答"我是谁?""什么是真实?""我的价值观是什么?""什么值得做?""我的目标是什么?"等问题。面对混乱、变化和失落时,找寻生命意义的需求尤其重要。

归属感

我们都需要别人认同我们的做法和我们自身。作为社会性生物,我们希望创造并保持建立在相互关心、情感联系和频繁互动基础上的"持久、正面而重要的人际关系"。我们的效能和福祉取决于如何构建已故精神病学家约翰·鲍比所说的"安全堡垒"。它是一种对他人无条件的情感依赖,激励我们勇敢地走出去探索世界,因为我们知道这个永远欢迎我们的情感归宿会从心理和生理上滋养我们,在我们失意时鼓舞我们,在我们恐惧时慰藉我们。矛盾的是,我们以健康的方式独立自强的能力,也在一定程度上取决于我们是否建立了基于依恋感的安全壁垒进而相信自己和他人。因此,归属感在需要自己独立负责并积极管理个人事业时尤其重要。

胜任感

我们都需要感觉到自己能胜任那些视我们为有价值的事情。这种相信自己能成功完成相关任务以推动目标实现或影响周边环境的需求被称为"自我效能"动机。工作和成绩之所以重要,是因为它们有助于我们定义身份、建立自信并发展对自己和他人重要的技能组合。

掌控感

我们都需要相信自己有能力掌控自己的人生。研究表明,对工作的掌控感有助于在工作中形成主人翁意识,激励我们关注并积极解决问题,提高对工作的满意度并改善健康。

一致性

我们都需要相信世界是统一的、有秩序的和有界限的,明天和今天基本没有差别。一贯且可预见的环境有助于我们通过总结经验、了解因果关系、判断与标准的差异,来预见局面、有效处理信息、迅速决策、达成共识及建立与他人的关系以增强协作的方式,从而影响所处的环境。见专栏2-2。

专栏2-2

家居环境整洁、有条理与成功的关系

小时候的条理性会不会预测之后的成功?密歇根大学社会研究院的研究人员对3 395名年轻人进行了研究,发现在整齐有序的家庭长大的年轻人比在乱糟糟的家庭长大的年轻人学习时间更长,薪酬也更高。在去除了父母教育、收入、社会经济背景、认知能力和其他因素的影响后,在"干净"和"很干净"家庭中长大的年轻人平均教育年限为13.6年,时薪14.17美元,而童年时家里"不太干净"和"脏乱"的年轻人平均水平分别是12年和12.60美元。造成这一差别的原因是什么?研究人员雷切尔·杜尼冯解释称:"保持家里整洁的父母会更有条理、更有效率,而这些特点可能影响他们生活的其他方面,包括教育子女……整洁的家居环境体现了在多种活动中保持条理性的整体能力和愿望……这些品质对预测下一代的成功很重要。"

Source: Dunifon, Rachel, Greg. J. Duncan, and Jeanne Brooks-Gun. 2004. "The Long-Term Impact of Parental Organization and Efficiency." In Kalil, A., and T. DeLaire (eds.). *Family Investments in Children: Resources and Behaviors That Promote Success*. Mahway, NJ: Lawrence Erlbaum, 85-118.

简言之，如果我们对意义、归属感、胜任感、掌控感和一致性的基本需求都得到了满足，我们就会相信自己做的事很重要，而且能积极影响所处的环境；我们有信心，有能力，会在工作中表现出色；我们会建立对自己和他人的信任感，进而按需要独立工作或与人合作，以实现工作和生活中的重要目标。

管理者如果能理解这些人类基本需求，就能更好地建立有利于满足这些需求的关系和工作环境，也更可能创建适当的工作环境，以激发自己、他人和所在组织展现出最好的一面。

当今管理者的挑战

深刻的社会变革（包括新技术、全球化和日益多元的员工构成）在不断挑战我们的归属感、胜任感、掌控感和一致性，以及我们理解自己、世界和我们在世界中的位置的能力。这些变化也正在从根本上改变我们构建自我概念的方式。正如本章前文提到的，我们在很大程度上通过家庭、邻居、群体成员身份和稳定的文化制度（如学校、宗教组织和工作组织）来形成对自己是谁、自己应该是谁的看法。但今天的家庭形式多种多样，我们待的地方像个地球村，大家都在网上交流，我们加入的群体越来越多。另外，我们的文化制度也在激烈地讨论谁才算成员、谁又不算，表现出色的标准以及社会制度所依存的真相和道德基础。

影响我们构建身份认同的社会环境的变化，在一定程度上是因为过去一百年中新技术的飞速发展。心理学家肯尼斯·格根在《饱和的自我：日常生活中的身份认同困境》中解释说：

> 随着无线电、电话、交通、电视、卫星传输、计算机及其他领域的进步，我们接触到大量的社会刺激。原本持久的小圈子（重要的人数有限）被庞大且不断扩张的关系网所取代……社会刺激的显著增长（朝饱和方向发展）为我们自己和他人日常经历的巨大改变创造了条件。对真和善的信仰取决于由可靠而同一的支持者群体对什么"圈子"算是可靠的直接定义。在社交饱和的情况下，原本和谐统一的圈子被瓦解；随着我们不断接触多种视角，所有信念都面临质疑。

汽车、火车、飞机、电话、智能手机、无线电、电视、电影、商业出版、互联网和其他技术缩短了人与人之间的距离，让我们更快、更经常地联系彼此并接触新视角、新选择和新行为方式。这些交流、信息和交通技术造成了格根所说的"社交饱和"——让我们在感觉超负荷和混乱的同时，也能体验激动和机会。当然，每个人受饱和技术的影响程度不同。有些人受到的影响大，有些人受到的影响小，但几乎没人能逃避以所有以上技术为媒介的社交饱和的影响。因此，我们都需要考虑信息、交流、交通及其他技术如何影响我们的自我感觉及我们构建身份认同的方式，也要考虑哪种自我概念能在全球化、多元化且由技术驱动的社会和经济环境中提升我们的管理效能和心理健康。为找到这些问题的答案，我们首先着眼于深刻影响身份认同的两大技术力量——互联网和大众媒体。

> 自大浏览：在互联网上搜索自己的名字。

互联网时代的身份认同

麻省理工学院的社会学家雪莉·特克在《屏幕上的生活：互联网时代的身份认同》这本有趣的书中表示，互联网已经成为我们重新界定身份认同和关系的"沟通门户"。通过互联网，我们能和从未谋面的人对话，获得多重身份，参与虚拟社区，并"形成比现实生活关系紧密的网上关系"。

特克还主张，电脑的用途越来越接近用以试验、玩耍和学习的玩具，而不是需要复杂技术专长的僵硬机器。实际上，大多数人不会阅读随机附送的详细而复杂的技术手册，而是通过与朋友和同事交流、在操作中尝试和即兴发挥来解决电脑问题。

特克使用"即兴拼凑"来描述在计算机和互联网环境中修补问题的行为。从事即兴拼凑的人不相信思考问题的方法只有一种，也不相信循序渐进的逻辑铺陈是解决问题最快、最有效的方式。这种人会尝试将不同的现有理念和物质资源以不同的方式组合起来（通常通过试错法），看结果如何。他们是成熟而经验丰富的"问题解决者，不会采取自上而下的套路，而是对已知材料进行组装和再组装"。

我们能通过视频游戏为自己创造新身份，和其他以网络身份示人的人交流，模拟日常行为和人生大事，并设计行为和事件发生的空间。一些研究人员表示，玩视频游戏有助于提升孩子处理信息和解决问题的能力。像《模拟人生》这样的游戏能鼓励孩子通过预见决策的多种潜在结果来提前规划并在思考后制定决策，应对网络角色和环境，评估选择的后果（及意外后果），并根据自己学到的东西设计后续步骤。为阐释即兴拼凑在网络空间的应用，特克描述了多用户域（Multiuser Domains，MUD），也就是人们用虚拟角色共同创造的虚拟空间。这些角色的虚拟人生缠绕在不断发展的虚拟史诗中，吸引用户去解决真正的问题并流露真挚情感。她解释道：

> MUD是一种新型室内游戏和新型社区。此外，文本型MUD是一种新型的共同创作的文学作品。MUD玩家既是MUD的作者，也是媒体内容的创造者和消费者。从这个角度讲，参与MUD和剧本创作、表演艺术、街头剧、即兴表演甚至艺术喜剧大同小异。但MUD还有其他特征。
>
> 参与的玩家不仅是文本作者，也是自己的创造者，因为他们可以通过社交迭代来建立新的自我……MUD的匿名性（在MUD中，玩家身份只是一个或多个角色的名字）让人们有机会表达多层面的自我（有些层面是尚未开发过的）并尝试新身份。

要体验网络世界对日常生活的影响不需要参与MUD。电子邮件、Facebook、LinkedIn和Twitter让我们要建立并维持关系的对象达到了前所未有的数量和多元化程度，它们速度更快，而且不受时间和地点的限制。我们的自我概念会随着人际关系网的变化而变化。

打理"屏幕上的生活"时，我们也在经营自我、关系及我们工作和生活的现实世界。在屏幕上假扮他人能让我们更好地审视自己是谁、能成为谁。与世

> 自我认知总是来得太晚。等我觉察时，我早已不是当时的自己了。
> ——《阿德莫拉反思：尼日利亚散文与诗歌》

界各地的其他人交流，能让我们接触不同的世界观和行为方式，进而改变自己。创

造并参与虚拟社会，能让我们思考如何应用在其中学到的东西来创建新的关系、组织和社会。

随着更多地方的更多人有条件交流并获取信息，组织和社会中的传统权力基础受到了挑战。12岁精通电脑的少年通常比50岁的资深高管能更快地接触到更多人和更多信息。在家里、单位或国家无法发声的人，可以在几秒钟给上千人发送信息，让全世界听到自己的声音。人们也因此知道自己能完成不可能的事情。中国的一位父亲被告知儿子罹患先天性心脏病，中国医生告诉他这种病无法治愈，孩子只能等死。这位父亲在瑞典人权活动家创建的网页上发帖"求全世界所有好心人救救我儿子"进行求助。美国一位女士回复后发动其他网民找到了一位愿意为孩子免费做手术的外科医生，并募集10万美元解决一家人的费用，最后还找到了愿意在孩子手术和康复期间为孩子和孩子的父母提供住宿的家庭。

当然，屏幕上的生活有利有弊。加州大学洛杉矶分校研究人员帕特里夏·格林菲尔德分析了50项有关电视、电脑、互联网和视频游戏对学习影响的研究，发现在屏幕上花费时间有利有弊。她发现多使用这些技术似乎有助于改善视觉技能和多任务处理的能力。例如，格林菲尔德介绍，一项名为"视频游戏技能可预测腹腔镜手术技术"的研究表明，最好的游戏玩家比最差的玩家的错误少47%，速度快39%。

然而，格林菲尔德也发现，使用这些技术会导致批判性思考、分析和储存知识的能力下降。一项研究发现，课堂上被允许上网的学生在随堂测验中的表现不如不能上网的学生。格林菲尔德注意到，使用纸媒（如读书消遣，这种行为越来越少）有助于提升想象力、批判性思考和词汇的掌握。她还提到，有研究发现，含有暴力内容的视频游戏会加剧人们的攻击性行为，降低对真实暴力的敏感度。

格林菲尔德得出的结论是"没有任何媒体只有好处……如果我们想培养多种技能，就需要平衡的媒体摄入量。每种媒体对技能培养都有利有弊"。我们一生中会不断使用不同的技术来沟通、学习和娱乐，在这一过程中，我们无疑会不断改变自己、关系、组织和社会。

大众媒体和名人时代的身份认同

未来学家吉姆·泰勒和华兹·瓦克尔认为，我们生活在一个因广泛接触大众媒体而得以延续的名人时代。电视、电影和商业出版让我们接触到越来越多的超级明星、管理大师和生活榜样，他们在影响我们对自己是谁、自己应该是谁（一个高效的人）、自己能成为谁（一个百万富翁）、自己永远不能成为谁（Facebook 创始人马克·扎克伯格）、自己害怕成为谁（留给读者自己填空）的看法。接触名人、管理大师和生活榜样对自我概念非常重要，因为自我概念的形成，从某种程度上说来源于自己与他人的比较。这种将自己与他人进行比较的趋势被称为"镜中的我"。社会心理学家佩内洛普·洛克伍德和姬瓦·孔达解释称：

> 超级巨星代表众人希望实现的成就高度，鼓励并激励众人努力朝更具体的成功努力，表明过程中锁定的具体目标，指向到达目标的必经之路，让众人觉得更有信心和能力获得成功。另外，如果超级巨星的成功看起来遥不可及，平凡人的勇气和士气就会受到影响。超级巨星的成功凸显了普通人的失败和不足，让他们意识到自己永远不能达到明星的高度。相比之下他们的成功显得很渺小，这让他们沮丧和自卑。

除了抬升和打压自尊外，超级巨星还会扩大我们的"潜在自我组合"，其中包括我们努力想成为的自我和不想成为的自我。黑兹尔·马库斯和保拉·纽瑞尔斯的观点很有说服力。他们认为我们对未来潜在自我的认识对我们的福祉更重要，比当前自我概念更有效。第一，潜在自我能影响我们对当前自我的满意度，引导我们对未来自我的期许。第二，潜在自我具有解放性，因为它能让我们更相信自己能改变，未来的自己可以与现在不同，可以变得更好。第三，潜在自我能激励我们创造社会上还未出现的新身份认同，就像马德琳·奥尔布赖特在克林顿和戈尔时期成为美国第一位女性国务卿一样。尼克松和福特时期的美国前国务卿亨利·基辛格向奥尔布赖特表示祝贺："你是第 64 任（美国国务卿），欢迎加入这个兄弟会。"她回答说："亨利，以后这里不能再叫兄弟会了。"当追逐和实现的自我开始挑战组织和社会标准时，人们改变的不只是自己，更是所在的组织和社会。

管理大师和管理者自我概念 管理大师对管理者形成自我概念至关重要。过去几十年间（尤其在美国），我们看到越来越多的管理大师著书、上电视、办研讨会、担任大会主讲嘉宾和企业顾问。这些大师在管理者和专业人士圈子里已经达到了名人的高度，他们的咨询服务叫价高达 5 万美元/天。

　　管理大师的人气并不单纯地来自他们解决问题的能力。我们中大多数人都很清楚，过于相信管理顾问、最新的理论或趋势是有风险的。但我们还是继续买他们的书，听他们的演讲，观看他们的视频，参加他们的研讨会，在网上搜索他们的建议，并聘请他们帮忙解决公司问题。研究人员布雷得里·杰克逊解释说，我们之所以这样做，很大程度上是因为管理顾问能帮助管理者"理清自己的生活和他们在事务格局中的位置"。

　　管理大师能提供目标感并强调管理者的道德使命（如管理者必须解决公司问题才能避免员工失业），使我们意识到自己的重要性，并对管理工作产生自豪感。此外，管理大师还能对我们"在不确定性日益增加的世界中获得一定的可预见性"及"降低管理工作中不可避免的不安感"的需求做出回应。他们为我们提供具备简单而直接的架构但能解决复杂问题的方式、"摆脱日常压力并鼓励（我们）反思自己行为"的机会以及憧憬美好未来的希望。最后，管理大师还会利用坚信事在人为的热情风格（通常被称为"寓教于乐"）来激励我们，以日常工作中少见的方式调动我们的积极性。虽然管理大师可能无法解决企业的所有问题，但他们能满足管理者的基本需求，让他们觉得自己重要，能胜任工作，能掌控日益复杂的环境，能在日常生活中找到意义，还能享受观看或聆听激情演讲的乐趣。

　　简言之，名人和管理大师为我们提供了构建自我和扮演管理、专业和个人角色的其他方式。我们可以做有大把业余时间的快乐的懒鬼，或者有大把金钱的快速进取者；可以选择平步青云，或者循序渐进；可以为大企业服务，或者自己创业；父母可以选择在外上班、当专职"奶爸""奶妈"，或者在家办公；选择的管理方式可以是到处走走（按汤姆·彼得斯的建议）或到处搞笑（按西南航空创始人兼首席执行官赫布·凯莱赫的建议）。每种选择都各有利弊。虽然意识到这些可能性的存在能让我们拥有前所未有的机会，但同时也会打开自我怀疑（我的决定是否正确）和懊悔（我原本也可以竞争）的大门，使我们无法专注地审视摆在面前的所有机会。

后现代管理者的希望、风险和自我概念

从互联网到大众媒体，技术在不断拓宽我们的视角，提升我们的某种学习速度和能力；让我们的人际关系网更广阔，更多元化；拓展我们的智力、情感和行为基础，进而帮助我们成为更高效、更负责的管理者、专家和世界公民。生活在这样一个充满刺激和信息的世界，我们会越来越担心"我们知道的和我们自以为知道的"，以及我们自认为"是谁"和我们自认为"应该是谁"之间的差距。这只是当今管理者——也就是所谓的后现代管理者——面临的难题之一。

后现代管理者必须努力理解越来越难懂的世界，在当今众多问题都难以预测其所有后果的背景下制定决策，在不断变化的世界中获取掌控感。今天的管理者要兼具技术和情商，管理全球与本地利益，推动团结的同时鼓励多元化，超越分隔群体、组织和国家的传统组织和社会界限，帮助人们在这个时代特有的混乱和无序中找到意义。后现代管理者所处的世界，既激动人心又令人心烦。心理学家罗伯特·多恩解释说：

> 成为后现代的一员可以拥有独特的优势：这个时代的限制和褊狭最少，灵活性、多元化最大；人们有足够的空间从自己的视角、记忆和意义出发谱写故事。这个时代挑战绝对权威的影响，这也是多年来相信单一说法（假设理解世界的最好方式是将其视作能拆分成多个零件的机器）的必然结果。

当然，这个时代的弊端也同样不容忽视。让上述优势成为可能的因素也会带来自由落体般（没有降落伞和安全网）的心理体验。人们可能觉得丧失了制定人生决策的基础，会因为迷失方向却没有地图而感到痛苦。

多恩的观点提醒我们，虽然现在我们面临各种变化，但有些因素仍然保持不变：我们理解世界并在其中找寻自己位置的基本需求不变；我们对归属感、胜任感、掌控感和一致性的基本需要不变。但对很多人来说，今天满足这些需求的前提是以更灵活、更复杂的方式来理解自己及自己的管理者和专家角色。

更新后的管理者自我概念

今天的管理者需要不带地图驶入未来。他们利用推崇以"最佳方式""应有方式""传统方式"解决问题的传统理论和实践来提升效用的可能性很小。从坚定不移的身份认同出发，以一体适用的方式来解决问题变得比之前更受限和令人沮丧。为了保证效用，管理者的身份认同和理解能力至少要跟上所处环境的复杂程度，而且他们必须满足以下角色需要或能力。

- 能以新方式整合现有资源以应对新形势的即兴拼凑者。
- 能帮助员工理解组织及其在组织中的作用，以团结所有员工朝着共同目标努力的管理者。
- 具有丰富的自我，这意味着可以形成符合不同需求的多种自我，而不是只有一种稳定而统一的自我概念。
- 认真思考什么时候应坚持宝贵的个人信念，什么时候应适应他人以实现重要目标。

当然，有时要完成某项工作只有一个正确答案和一种最佳方式。无论世界如何变化，我们都会坚守身份认同中的某些部分，因为它们很可贵。但大多数管理图书都在夸大管理者维持身份认同和行为不变的必要性。研究表明，拓宽审视管理者自我概念的视角能提高我们的职业效用和个人福祉。表2-2对比了有关管理者的传统观点和后现代观点。

表2-2　　　　工业时代自我概念与后现代管理者自我概念的对比

对比因素	工业时代的自我："我思，故我在"	后现代自我："我思，故我想我在"
工作环境	有形、稳定、同一、可预测	虚拟、多变、多样、不可预测
身份认同特征	一个固定的身份认同	多个自我
一体化	高度一体化、界限明显且身份认同统一	不断变化、界限不明显、有时互相冲突的身份认同
一致性	在任何时空下都是稳定的，"忠实于一个自我"	适应性强的灵活自我，"忠实于多个自我"

续前表

对比因素	工业时代的自我："我思，故我在"	后现代自我："我思，故我想我在"
问题解决	发现事实，制订计划	寻找意义，即兴拼凑
自我发展的目的	自我发觉：找到"真实的自我"	自我扩张：发展、理解并利用多个身份认同

管理者是即兴拼凑者

政治学家沃尔特·特鲁特·安德森主张，机体的存活取决于其能否适应"必要多样性法则"，即生命体要想生存，就必须像环境一样复杂。在例外的出现越发常态化的时代，当今的管理者一定要能从容应对关于自己、他人及所处环境的想法，在现场即兴形成新的思考和行为方式；要高效地应对习惯性程序的改变，打破传统界限，并以新的方式利用惯常资源（观点、材料和人力）。简言之，当今的管理者必须将自己视作即兴拼凑者。

> 有身份……是人类内心的深刻欲望之一……随着历史轨迹带领我们逐渐远离构建身份认同的旧现实和生活体验，这种需求会变得更强烈、更难以满足。
> ——政治学家沃尔特·特鲁特·安德森，《现实与以往不同》

雪莉·特克解释说，即兴拼凑者会"先尝试一件事情，退一步重新考虑，再尝试另一件事情。对规划者而言，错误是指明错误方向的道路，即兴拼凑者会通过中途修正将其绕过去"。组织学者卡尔·维克也支持这一观点，他认为即兴拼凑者"之所以在压力下仍能保持创造力，主要是因为他们平时也要从混乱的局面中寻找秩序"。因此，发生的状况对他们来说只是正常而自然的麻烦，他们会利用手头的资源加以处理。他们熟知这些资源，通常会和其他拥有相似技能的人一起，以新方式将这些资源和洞见组合起来。

管理者是意义阐释者

在这个意义变化、多重事实、各种理念虽然相互矛盾却同样合理的世界，管理者不仅要理清自己、世界及其在世界中的位置，同时必须帮助别人做到这点。因此，组织学者琳达·斯默西奇和加里斯·摩根认为，管理者一定要将自己视作"意义的管理者",其首要任务是"以能提供可信行动依据的方式建构经验,如组织、阐明和定义之前没说过或没说清楚的内容,创造愿景和意义以关注新方向,整合、挑战或改变现有智慧"。斯默西奇和摩根解释说:

> 组织中最容易被视作领导者的人,能超脱于形式结构,让组织成员感受到秩序感,即便他们每天都觉得每样东西从细节来看都有崩裂的危险。

要成为可信而高效的意义管理者,必须学会将自己视作"天生的叙事者",成为能团结并激励成员的故事叙述者。好故事对个人和组织的福祉与效用都很重要,因为它能帮助成员找到自己在故事中的位置,进而理清自己是谁。好故事能将组织中看似分散的部分联系在一起,宣扬共同的历史和未来——有时树立共同的敌人,反而能将组织团结起来。好故事能引人入胜,其中的英雄和阻碍能激励成员提升目标和技能。很多好故事还蕴含道德教育,以帮助成员鉴别并解决组织日常生活中的道德难题。

意义的管理者并不否认世界由不可变的事实、具体现实(身体、建筑与自然资源)和真实事件(人们获聘、晋升、降职、失业)构成。但他们同时也能认识到,人们会透过文化、组织和自我概念的滤镜来解读这些事实、具体现实和事件。思考下面这个例子。财务数据显示,一家组织某季度利润下滑了10%,但究竟将其视作挑战还是机遇(或两者兼有)取决于我们如何解读形势(如"我们还算不错,因为竞争对手的利润平均下滑了25%""经济萧条带来的挑战也是我们积极思考如何经营企业的机会")。

简言之,意义管理者会认真对待帮助他人解读事实和事件的重要任务,并利用这些解读来激励行动以实现组织升值。意义管理者还能认识到谱写故事对自己和他人的重要意义。一位管理者兼在职MBA学生生动地阐释了故事与个人成功的关系:"我认为成功可以被定义为能将自己置于在生活中可以谱写多个成功故事的位置,这些故事的主题包括家庭、社会承诺、宗教信仰、精神信仰、财务目标及职业目标。"

意义管理者能认识到,人类最重要的概念,包括爱、道德、效能、快乐和成功,都意义不明,随人解读。也许最重要的是,他们会关注心理分析学家M.奈特和罗伯特·多恩所说的"扭曲、失效或相互冲突的故事"及"一个故事不给其他说法留余地的固有风险"。

管理者是多个自我

20 世纪的管理学著作将高效管理者塑造成只有一个统一、稳定并可预测的自我概念。从这一角度出发，自我认知和职业发展的目的就是了解真实自我，集中精神，完美协调，在各种情况下都力求不变。这种自我观点符合"身份认同"这个词的拉丁词源（idem，意思是"相同"）。但正如已故作家阿道夫·赫胥黎所说："唯一能完全不变的人是死人。"

> 我们刚以为组装好了一个舒适的人生，就发现有个部分没有包含进去。
> ——盖尔·西莉，《转变》

不难想象，21 世纪管理者的自我概念要比以往复杂。在工业时代，组织经常被描述为机器——调试得当且稳定坚固的零件精确地组合在一起，按可预见的固定程序生产稳定的产品。在这一背景下，定义明确、界限清晰、稳定而可预见的管理者自我概念被认为是界定职业效能和心理福祉的标准。但在当今飞速变化、技术驱动的多元化社会和经济环境下，我们经常接触新人物、新理念和新环境，以及没有明确的解决方案的复杂问题。对很多人而言，这种固定不变的自我概念已经过时且失效。

今天的很多管理者会发现，做到专注、统一和保持不变越来越困难。和工业时代"坚如磐石"的理想管理者模型相比，他们的自我概念必须更复杂，更多变，更受经验影响，更依赖他人，更适应变化，更不偏执于自我，更确定行动最重要。简言之，很多管理者会发现，如果将自己视作由易变且通常分化的多个自我组成，就能更高效，也能带来心理上更大的满足感。虽然多重自我的概念在管理著作中才出现不久，但并不是一个新概念。50 多年前，社会学家欧文·高夫曼就曾主张，自我是多重角色的组合，由人们根据具体情况关闭或启动。

对很多人而言，尤其是经常要跨越多个文化和组织界限或管理复杂的个人和职业生活（完全投身于父母和工作双重角色的在职父母）的人，发展多个自我并适时切换的能力，是一项必要而有效的生存技能。历史学家 W. E. B. 杜布瓦是第一位获得哈佛大学博士学位的非裔美国人，也是 1910 年全美有色人种促进会的联合创始人。他用"双重意识"来描述同时在多个环境中生存的需求与能力。学者阿伊达·赫尔达多在描述有色人种女性的经历时，使用了"变化意识"来指代"从一个群体对社会现实的认知转为其他群体的认知，并在不丧失自我和谐感的情况下同时认知多种社会现实的能力"。在管理学著作中，组织研究学者艾拉·贝尔和玛丽·洋子·布莱农使用"二元文化"来描述同时从属并负责两个以上重要身份认同群体（每个群体都有自己的世界观、价值观、规范和期望）的人。

但拥有多个自我通常被描述成亟待解决的问题，而不是需要培养的技能。赫尔达多解释称，"无冲突且单文化的社会身份认同（被认为）更出色、更可取"，而且"理解'二元文化'的主流学者所强调的是从一个'文化世界'转入另一个文化世界的痛苦和压力……边缘化、疏离、文化适应压力等"。她注意到，如果将多个自我当作问题，人们就会努力协调自我，而这个策略需要稀释或舍弃一个或多个宝贵的自我。心理学和管理学著作还有类似的知名术语，如"角色超载"（人们在管理过多角色时所面临的压力）和"角色冲突"（人们因一个角色的需求而无法满足其他角色的需求），而多重角色的健康作用却较少为人所知。

很多研究人员将重点放在如何发展并利用多重角色来提升工作业绩、实现职业目标并改善个人福祉上。如果将多重自我视作正常、可取且有效的适应机制，人们就会积极地培养出多个自我，并且学会如何在其中切换同时更轻松地暂时搁置某个自我，之后再适时地捡起来。研究人员将这种培养并切换多种自我的能力称为"高度自我复杂性"。他们发现，人们的自我复杂程度不同。

尽管生活在多个文化世界并拥有多个自我这件事令人沮丧，有时甚至令人痛苦，但这对很多人都有利。赫尔达多解释说，拥有多个自我的人受益于从属多个群体所带来的"独特知识"，因"超脱群体成员身份的局限"而收获的自由，以及能为多个群体贡献内行与外行观点和知识的价值感。培养了多个自我的人能更好地抵制类型化和两极化，接受自己和他人的"多变人格"，更灵活地适应差异。

一位日本 MBA 学生结合自身经历总结道："拥有多个自我的好处就是能迅速融入不同环境，从内部而不是外部影响某一群体，并在不同背景下保持高效而满足的生活状态。我在家庭和工作中有多个自我，因此能轻松分离两个世界，而且保证在其中一个世界所遭遇的沮丧和压力不会被带到另一个世界。"

研究也支持这一观点:对很多人来说,"高度自我复杂性"能提供若干个人和职业的优势,包括更高的工作效率及更好的心理和生理福祉。研究人员的具体发现如下。

- 拥有高度复杂自我的人可利用更加多元化的资源(包括技能、知识、经验和关系)来提升表现,尤其在面对复杂问题时。
- 能区分不同角色的人更能关闭某一角色的需求以专注于其他角色,进而提高表现。反之,如果人们无法适时区分并关闭不同角色,就会发现自己总是一心多用,因为需要关注另一角色而无法同时专心履行某一角色的责任。
- 愿意尝试新潜在自我的人能找到更多的工作,在工作中成功的机会也更大,因为他们能从不同角色出发看待自己(因此看待工作职责时思路更宽),尝试与之前自我相异的新行为方式,并掌握提升新角色效率的特点和技能。
- 拥有多个自我的人在顺境中幸福感更强,因为他们能体验到多个自我的福祉。
- 拥有多个自我的人会发现自我复杂性是一种高效的应对机制。在一个角色下体验到的快乐可以平衡另一角色体验到的痛苦。如果一个角色遭遇问题,还可以通过其他角色汲取快乐,以便在面临挑战时也能维持福祉。即便失去了身份认同中的一个重要部分(如管理者的身份),也能从其他身份认同(如父母的身份)中获得满足感。

简言之,拥有多重身份认同能补充而不是耗费活力,能理清而不是混淆思路,能增加而不是限制机会。下述例子印证了这些好处。

> 我是希望享受平和的女人。
> ——艾丽丝·沃克,《我家族的庙宇》

研究人员贾尼斯·拜尔和大卫·汉纳在对资深工程师和其他专业人士的研究中发现,人们的身份认同越复杂,就越能胜任新工作,因为"可利用的认知材料和个人资源"更多。在另一项针对26~57岁的61名女性管理者和高管的研究中,研究人员玛丽安·鲁德曼及其同事发现,管理多个角色的女性从其上司和同僚处得到的人际关系技能和任务表现评分更高。他们解释说:

女性在个人生活中扮演的角色为她们提供了有助于提升管理效率的心理效益、情感建议和支持、多任务处理实践、相关背景、丰富人际技能的机会及有利于提升领导者角色效率的领导实践。承担多个角色和生活满足感、自尊和自我接受呈正相关关系……对某些女性而言,工作与生活有冲突的说法有些夸大其词……因为她们在生活中扮演的角色更多,积累的技能和机制(如支持机制)也更多,有利于其整合不同角色并在其间切换。

研究人员南希·罗斯巴德解释说,这种女性不是"女超人患者",而是学会了以更成熟的方式来利用多个角色带来的好处。

欧洲工商管理学院教授埃米尼娅·伊瓦拉主张,拥有"临时性自我"有助于找寻并适应新工作角色。在一项研究中,她和顾问、投资银行家谈论他们的职业发展。例如,她会问:"在当前职位上取得成功及高效率,需要做到什么?""给我讲讲你的职业生涯,你在公司经历了哪些重要事件?"很多人都讲述了自己如何转换到新角色(如通过承担新工作或尝试其他自我以判断新身份认同是否合适自己或自己能否胜任,进而从普通成员成长为领导者)。伊瓦拉表示:"通过预演这些笨拙、通常效率低下甚至有时不真实的自我,他们在认识自身组合的局限和潜力后开始决定保留、改善、舍弃或继续寻找某些要素。"为了证明自己的观点,她援引了哈佛大学教授琳达·希尔的新管理者职业发展研究项目的一位参与者的表述。

我甚至模仿他(最受欢迎的领导者)的着装,以树立自己的权威形象……(他)总能让员工干劲十足,让你乐于上班,因为他总能带来欢乐。我也希望能制造这种氛围。但猜猜我发现了什么?我发现我没有那种幽默感,也没有即兴发挥的能力。我每次搞笑都会冷场。因此我决定以另一种符合自己的方式来制造适的办公室氛围。我可以保留他的理念,但要转化成自己的语言和形式。

> 每次遇到难题,(麻省理工毕业的)莱维都会尝试他在三年级时发明的一种心理试炼:"如果我是聪明人,会怎么回答?"
> ——《财富》

在另一项研究中,伊瓦拉采访了面临职业转折的管理者和专业人士。她发现很多人物色新工作时不是通过发掘"真实呼唤"("我是谁?对我而言，什么工作才完美？"）的系统性流程，而是从更宽泛的问题开始："在众多潜在自我中，哪种最能吸引我？"她的结论是，很多成功的求职者采用了"尝试多种职责的过程：想象新职责，尝试后深化一些，舍弃其他，剔除过时愿景，接受某些职责可能消亡的事实"。

里克·布林克曼和里克·科斯纳在《面对你不能忍受的人》一书中提到了一个聪明的女性用不同的"自我"来应对"问题老板"的例子。布林克曼和科斯纳讲述了与玛吉的相关讨论：

> 我们问玛吉，要怎样对付她的老板才有效。她说自己需要更强硬。我们又问她在生活中有哪些方面是强硬的。她一个都想不起来。于是，我们又问她是否认识能治得了她老板的人。她说："凯瑟琳·赫本，她肯定不会听老板说废话。"接着，我们又让玛吉想象凯瑟琳·赫本坐在办公桌前看到老板进来会如何表现。不出意料，凯瑟琳·赫本的表现是正确的。玛吉一边看一边听，以便学习，之后把自己当作凯瑟琳·赫本又重新演绎了一遍。

营销人员也认同推销产品时承认多个自我的重要性。梅琳达·戴维斯是营销公司 Next Group 的创始人，这家公司曾帮助美国电话电报公司、康宁公司和默克公司预见未来。她解释说：

> 我们的想法变得越来越复杂。人们开始重新关注西比尔征，不是将其作为精神障碍，而是挖掘其积极价值。人们将自己分割成多个虚拟身份认同，以应对越发复杂而混乱的世界。消费者热衷于能让其随意切换身份认同的产品……这对营销人员的启示是：每个客户实际上都是契合多个细分模型的多个消费者。

如今很多人都发现，拥有多个自我（而不是单个完整的自我）能帮助自己工作更高效，事业更成功，生活更快乐，也更健康。实际上，对很多人来说，拥有多个自我是一种创新适应机制，能开辟很多不变的自我无法提供的新机

> 小心自己的伪装，因为你可能变成你所伪装的人。
> ——小库尔特·冯内古特，作家

会。当然，即便有高度自我复杂性的群体也要借助不随时空变化的内心的共同信仰和价值观，将自我的不同组成部分整合到一起。此外，拥有多个自我的人如果能选择身份认同（如兼顾父母和专业人士身份）并将其视作自身可取的部分而不是负担或表象，收获的好处会更大。

管理者是自我监督者

自我监督指有意愿、有能力关注"社会和人际情境线索"并基于这些线索调整自己的行为。自我监督程度高的人对自身所处环境中的社交和人际线索高度敏感，有意愿并有能力相应地改变自己的行为。而自我监督程度低的人对上述线索不敏感，调整行为的意愿和能力都更低。"在具体社交情境下，自我监督程度高的人会问：'这样的情境需要我成为谁？我怎样才能成为这样的人？'而自我监督程度低的人会问：'我是谁？我如何能在这一情境中继续保持自我？'"

阅读后续章节时要牢记自我监督程度的高低是没有优劣之分的——一切取决于具体情况和既定目标。另外，要记住我们每个人都兼具自我监督程度高和自我监督程度低的特点，尽管我们会更倾向于其中一种风格。究竟应该采用哪种风格，由我们的职业和个人生活目标决定。为了提升效率，我们应首先了解自己的自我监督风格及其对自己的行为和他人观点的影响，以及其是否能帮助或阻碍我们实现职业和个人目标。

自我监督程度高或低的人有何不同？研究人员发现，自我监督程度高的人对形象管理更投入；追求地位和体面的工作；制定职业计划时更依赖社交关系；对工作投入更高，对组织投入更低；在项目失败时会给自己的行为找理由并管理自己的形象；改变雇主和地域；在管理表现评估中得分更高；晋升机会更多；担任工作小组的领导者；在组织中扮演跨界角色；在组织网络中的地位更重要，拥有的关系更有用；不太关注当前的关系；更愿意在不同情境下构建新关系。

> 虽然人类必须有适应性，但我有时还是同情那些在拼布被单上精神崩溃的变色龙。
> ——约翰·史蒂芬·斯特兰奇

自我监督程度低的人其行为更可预见；对现任雇主、组织、朋友和地域投入更多；更容易在某些关系中倾注情感以保持自我；更能接受模棱两可的事物,可能自我监督程度高的人会从他人那里寻找线索以判断需采取什么行动,而自我监督程度低的人更倾向于利用自己的价值观和信仰来制定决策;他们求职时更关注自己的兴趣而不是体面;更了解自己的就业倾向,因此不需要搜集关于不同职业选择的大量信息。研究人员大卫·戴和迪尔德丽·施莱克尔对自我监督研究展开了元分析,发现"男性自我监督的分数比女性高。鉴于性别因素的影响相对较小(但稳定),应慎重解读这一发现,因为从自我监督的角度来看,同性之间的差异可能比异性之间的差异更大。但从所有组织层面来讲,这一因素对女性职业发展的负面影响更大"。

已故索尼联合创始人兼首席执行官盛田昭夫是一位自我监督程度很高的人。在《索尼的私人生活》中,约翰·内森提道:"盛田昭夫作为一位日本商人,凭什么能与最重要的西方企业和政坛领袖建立并保持有利关系?认识他的人给出的答案惊人地相似:他的特别之处在于他能了解西方人,也能让西方人了解他。"但盛田昭夫的自我监督也是努力和个人牺牲的结果。内森说:

> 但是他陪伴外国朋友时是否真像表面上那样轻松?他们认知世界和行动的方式对他而言是否熟悉?……有证据表明,盛田昭夫也需要竭尽全力实现这种熟悉感的假象……甚至有人猜测,盛田昭夫在其一生不懈努力推动索尼在西方国家站稳脚跟的过程中,经历了痛苦的挣扎,才能调和本国与外国的认知冲突……而且他永远无法如愿解决这一冲突。

针对自我监督行为对管理者事业和表现的影响的研究还很新,很多东西仍有待探讨。例如,我们还不知道自我监督程度高或低的人是否更适应某些工作,也不知道对高管层而言,前者灵活并追求地位的取向更可取还是后者较稳定的取向更可取。高管层的中心职责包括提供明确的方向、掌舵、按照需要适应环境并将组织需求放在第一位。

我们也不知道自我监督程度高或低的行为是否会影响管理者的心理健康。例如,两种人哪种更快乐?到目前为

> 每个人都必须认识到这个道理——事业是有代价的。
> ——雪莉·阿博特,《女性:在南方长大》

止，研究人员还没有发现自我监督风格与工作满足感有关系。但某些研究表明，自我监督程度高的人压力更大，因为他们在工作中经常要担任跨界角色，因此需要管理组织中不同群体的利益冲突。

随着对自我监督行为的新研究不断展开，我们将更深入地了解自我监督程度高低的某些特点如何提升或限制我们的效能、事业与福祉，以及如何通过两种行为的互补为组织创造价值（如帮助组织实现稳定和灵活之间的微妙平衡）。现在，你应该思考自己的自我监督行为，以及其是否有助于你实现重要目标。例如，你的自我监督风格如何帮助或限制你赢得他人的信任、和你明显不同的人相处、投入有意义的工作、实现重要的工作成果，以及如愿获得晋升和薪酬目标。本章末的专栏 2-6 "自我监督评估"可用来判断你的自我监督风格。

真实是"在制品"

读到这里，读者可能会问真实和对自我概念的讨论有什么联系。随着环境的变化切换自我并以不同方式呈现自我的人是真实可信的吗？在越发多元化和复杂化的世界中坚守"真我"的人是否能更有感情、更有效地回应他人的需求？

几个世纪以来，哲学家一直在探讨与自我和真实相关的问题（以后也会如此），因此我们在这里还无法完全回答这些问题。但将真实视作一种在制品而不是固定的终止状态将更有效，因为这样的想法会假设我们在不断了解自己、周围的世界及他人的需求；假设以道德的、有效的方式回应他人和环境能够促使我们思考何时充分表达自我、何时妥协以考虑他人的感受和需求，何时坚持自己的立场、何时寻找共同点以与人交往，何时坚守宝贵的自我、何时舍弃部分自我以求成长。简言之，将"真我"和"多重自我"的概念视作可选而不是对立的关系似乎更有效，因为两者都能帮助我们实现自己和他人想要的真实。

管理者的成长和发展

培养自我认知无疑对我们的长期工作效能、职业发展和个人福祉至关重要。很多人会因此而超越自我，朝着更高的目标前进。但领导力研究人员兼顾问威尔弗雷德·德拉思认为，个人成长既令人不安也令人兴奋，因为"（我们）在成长中必须放弃深刻的个人意义及了解自我并将自我与世界联系起来的基本方式"，而这两者让我们的生活和谐而可预测。

成长不是简单地以合理而坚定的步伐朝某一方向前进，也不代表频繁变化。我们的成长和发展不是稳定的，而是前进几步之后就会停滞甚至倒退。

> 不管你祖父有多高，你都得靠自己长个儿。
> ——爱尔兰谚语

有时看起来是后退，但实际上可能是必要的后撤或停滞，以提供足够的时间来吸收重要的变化。成长的步伐时快时慢。有时我们能意识到自己在学习新东西，有时则会在无意识中学习——我们只能感受到个人在成长过程中经常伴随的紧张感。

我们可以花时间自我反思，迎接挑战以迫使自己超越当下的思考和行为方式，结交形形色色的人以接触不同的待人接物方式，向他人询问他们对我们的看法及我们的行为对他人和组织的影响，进而推动自我成长。切记我们想要的自我概念和真实都是"在制品"，我们也能从某种程度上掌控自己的成长。

本章小结

自我认知会影响成功。我们越是了解自己以及他人对我们的看法，就越能认识到看待问题、思考、感知和行为的方式能影响我们的工作效能和心理健康。

应该考虑如何发展"你"这个品牌，因为认为他人会发现、了解并奖励你的贡献只是一个天真的想法。要积极地发掘、培养并"推销"我们的长处和贡献，这很重要。

网络时代意味着创建和营销的自我品牌能触及更多人。但我们要留意网上和自己相关的内容要契合自己的形象设计。

自我概念指的是每个人自我认知的内化组合，不易随时间和具体情况而变化，而且意义重大。虽然自我概念相对稳定，但遇上具备改变的动力和条件的环境与经验时也会逐渐变化。

自我概念很大程度上是社会和文化的产物，通过家庭、人际关系、身份认同、组织群体成员身份及社会制度构建。

了解自我概念很重要，因为它能影响我们关注的对象、对所见的解读、决策的方式、互动的对象和方式、制定道德决策的方式及应对工作和整体生活压力与复杂度的方式。

我们一生都要面对的重要挑战之一，就是调和对联系和独立的基本需求。我们通过文化习得来处理这种需求。不同文化调和需求的方式不同。一些文化（通常被贴上个人主义文化的标签）强调独立于他人，而其他文化（通常被贴上集体主义文化的标签）则强调互相依赖。这种自我概念差异会影响我们如何看待世界，如何理解我们的所见，如何解读自己和他人在日常生活中的行为。

尽管不同文化对自我概念的构建不同，全世界的人类都共享基本的人类需求，包括意义感、归属感、胜任感、掌控感和一致性。这些需求在我们面对变化和苦难时会变得越发强烈。

当今管理者的工作和生活环境以多文化、技术驱动、节奏快、变化快及难预测为特征，我们因此接触到越来越多的潜在自我，同时也在拓展对我们是谁、我们应该是谁、我们能成为谁及永远不能成为谁的假设。

当今管理者应该被描述为后现代管理者，他们的自我概念更复杂，更强调文化和反应，更易随经验而变化，更讲求关系，更适应改变，更加分散化，对自己更不确信，更坚定地看重做法。

在当今复杂的工作环境中，高效的管理者必须满足以下角色需要或能力。
- 能以新方式将现成资源组合起来以应对新状况的即兴拼凑者。
- 能通过帮助他人理解组织及其在组织中的角色，从而将整个团队团结起来的意义管理者。
- 具有丰富的自我，这意味着可以形成符合不同需求的多个自我，而不是只有一种稳定而统一的自我概念。

自我监督指的是有意愿、有能力关注"人际和背景线索"并相应地调整自己的行为。自我监督程度高的人会问自己："这一情境需要我成为谁？我如何成为这样的人？"自我监督程度低的人会问："我在这一情境下如何继续做自己？"虽然每个人都兼具自我监督程度高和低的特征，但我们会更倾向于或更频繁地使用其中一种风格。这种风格会影响我们求职的方式、在工作中的行事方式、是否看重层级、喜欢深化关系还是广泛维持表面关系，以及与组织生活相关的其他行为。

我们最好将真实视作在制品而不是最终状态，因为对环境变化和那些依赖我们的人的需求成功做出反应，会迫使我们从战略角度选择要表达自己的哪个部分；何时（如何）表达某个部分，何时坚持个人观点，何时寻求共同点以与人建立联系，自己想为这个世界贡献什么，他人对自己有何需求；自己哪个宝贵的部分应保持不变，哪个部分应适应改变；何时充分表达自我，何时顾及他人的感受。

个人成长并不总是一个符合逻辑的线性过程。我们学习的速度时快时慢，有时甚至根本没意识到自己在学习，但我们能创建推动个人和职业发展的环境，进而从某种程度上控制个人成长。

思考题

1. 本章哪些内容对你最有用？为什么？

2. 根据本章所学内容，选择在本周改变自己的某种行为。练习过程中注意自己获得的进步和好处。

3. 你是否认同本章一开始提出的人们应培养"我公司"和"你品牌"的观点？请解释原因。

4. 回答汤姆·彼得斯在《"你"品牌》一文中提出的五个问题，包括：哪些做法最让我自豪？我的哪些做法能创造可衡量的、可观的、突出的、独特的价值？按同事和客户的说法，我最突出的长处是什么？可贵的个人特征有哪些？我最近/本周做了哪些可以为公司创造价值（并且被别人注意到）的事？我的做法为什么难以被他人仿效？你的回答说明你的自我品牌目前处于什么状态？你需要怎样强化并推销你的品牌？

5. 完成本章末专栏2-5的"自我评估20题：我是……"评估。你的自我概念强调独立性还是依赖性？这样的自我概念（独立型或依赖型）在哪些情况下有利，哪些情况下会制造问题？

6. 什么因素（如家庭、群体成员身份、社会制度）对你的自我概念影响最大？如何影响？你目前的自我概念如何影响你的工作风格、工作效能、职业潜力及心理健康？

7. 画一条人生轨迹，标明重要人生阶段、对你有影响的事件和个人，讨论这些因素对你今天的世界观和行为有何影响。

8. 思考自己小时候学到了哪些经验法则，包括"未雨绸缪""亲自做才不出错"或"小洞不补，大洞吃苦"。找出三条今天还能用上的，说明它们如何提升你的效能和幸福感；找出三条你今天还在用却阻碍你高效、成功和快乐的经验。怎么做才能使你不再运用这些失效的经验？

9. 研究表明，人们经常低估时间带来的变化。说出你自高中以来的五个变化。说明这些变化发生的原因及带来的好处或坏处。

10. 科技、全球化和多样性给你的个人和职业生活带来了哪些变化？这些变化给你带来了哪些好处和坏处？

11. 回忆你以新方式解决问题的经历。你当时的目标是什么？你是如何做到的？这些经历可为你解决今天的问题提供哪些借鉴？

12. 你是否有多重自我？如果没有，为什么？如果有，它们为什么有用？为什么会带来问题？你如何管理多重自我？

13. 你的自我监督程度高还是低？自我监督风格给你的效能、事业和福祉带来哪些影响？切记两种风格各有利弊。基于你对自己风格的了解，你想改变或保持哪些行为？为什么？

14. 观察他人的办公室，你会因此形成哪些看法？询问对方对此的看法。你对这个人的自我认知有了哪些认识？

15. 完成专栏2-4的"自我评估性格调查表"。你有什么收获？你的风格对你解决问题的方式及他人对你的看法有何影响？你在哪些情况下效率会提高或下降？你是否认同这一评估对你的分类？为什么？

专栏 2-3

性格评估评述

从传统来看，自我评估是管理者发展的重要基石。自我评估的应用基于一系列合理的假设，包括：(1) 人们在这个世界上有习惯性的观察和行动方式；(2) 人们在这个世界上观察和行动的方式不同；(3) 这些不同的方式会影响效能和福祉；(4) 自我评估工具能揭示这些差异；(5) 个人改变是可能的，也是可取的。性格评估进一步假设，如果我们了解人们观察和行动的不同方式及其背后的原因，就能更好地从多角度理解这个世界，认可这些角度的价值，了解自己的优缺点，并学会变得更灵活。评估性格特征的工具有上百种，涉及学习风格、解决问题的风格、人际关系风格、自我监督倾向、内外控倾向、道德发展、创造力、多文化能力、情商和压力管理等方面。本章末包含了一些评估，其中一个与著名的迈尔斯-布里格斯评估类似（"自我评估性格调查表"）。本书还收录了其他评估，读者在网上也能找到很多自我评估（其中一些更可信，有研究支持）。

通过性格工具培养自我认知的好处包括：激励个人和职业成长；提升自我认知及对他人看法的理解；有利于职业选择；推动决策；通过加强沟通和解决冲突改善人际关系，提高我们对不同思考和行为风格的接受程度。

虽然性格评估能提升个人和组织表现，但它们也有局限。尽管很多性格评估通常（也有例外）基于成熟的人类行为理论，通常（也有例外）有充分的研究支持，但它们通常（有些人可能认为是一直）都有偏见。评估往往被当作普遍适用的，但事实上很多都只反映了设计评估的研究人员及研究人员研究的部分群体的文化偏见。过分强调性格评估的人可能会刻板地将人群分成不同类型，低估人们的风格随时空变化的程度，高估个性特征的作用，低估可变背景因素对行为的影响。评估对象还可能篡改答案，以获得自己或他人（如用人单位、交友中心）想看到的结果。当然，正如一位高管猎头所说："如果你通过说谎或违心作答而获得一份不适合自己或自己性格的工作，你在工作中会很痛苦。"

尽管有这些局限，妥善使用自我评估仍可以明显提升个人和组织效能，也有助于了解自己的风格、优缺点及他人的看法。自我评估还有利于鉴别哪些任务和工作最能取悦你（工作匹配），以及如何调整工作以更好地契合你的兴趣和专长。为提升评估效用，可以多做几个评估，寻找它们的共同模式。让其他人给你做评估，并将自我评估与他人的看法进行比较。解读结果时，认真思考评估是否反映了文化偏见。当评估宣称普遍适用或某些"风格"更正常、更道德或更有效时，你更要谨慎思考。此外，虽然人们的认知和行动方式相对稳定，但培训、努力、强烈的情感经历（如新生、死亡、患病、旅行或失业）或进入某一职业及融入某种文化都会给人们带来改变。最后，记住性格评估能提供有关你的一些信息，而只有你自己才能根据对自身经历、文化群体成员身份及未来职业与生活目标的了解来解读这些信息的含义。

专栏 2-4

自我评估性格调查表

我的人格类型是什么？

从 a 或 b 选项中，选出更符合你实际情况的，即便二者只有细微的差距。

1. 我更愿意（　　）。

    a. 解决复杂的新问题　　　　　　b. 从事之前做过的事情

2. 我喜欢（　　）。

    a. 自己在安静的地方工作　　　　b. 待在热闹的地方

3. 我希望上司能（　　）。

    a. 制定并实施决策准则　　　　　b. 考虑个人需求，适当破例

4. 处理某个项目时，我会（　　）。

    a. 赶紧做完　　　　　　　　　　b. 通常为潜在变化做好准备

5. 决策时，最重要的考虑因素是（　　）。

    a. 理性思考、想法、数据　　　　b. 人的情感和价值观

6. 处理项目时，我会（　　）。
   a. 反复思考再决定从何入手　　b. 马上开始，一边推进一边思考
7. 处理项目时，我会（　　）。
   a. 尽量追求可控　　b. 探讨不同的方案
8. 在工作中，我更喜欢（　　）。
   a. 同时兼顾多个项目，尽可能多掌握各项目的情况
   b. 挑个有难度的集中处理
9. 我经常（　　）。
   a. 一开始就制定清单和计划，讨厌大规模修改计划
   b. 不做计划，顺其自然
10. 与同事讨论问题时，我更容易（　　）。
    a. 看到全局　　b. 把握具体情况
11. 办公室或家里的电话响起，我通常（　　）。
    a. 觉得被打断了　　b. 不介意接电话
12. 你认为哪个词更好？（　　）
    a. 分析　　b. 同情
13. 处理任务时，我倾向于（　　）。
    a. 稳步推进　　b. 集中处理，中间休息
14. 听别人介绍项目时，我通常（　　）。
    a. 联系自身经验，看是否符合　　b. 评估并分析信息
15. 有新想法时，我一般会（　　）。
    a. 马上尝试　　b. 进一步思考
16. 处理项目时，我更倾向于（　　）。
    a. 缩小范围以明确定义项目　　b. 扩展项目以包含相关方面
17. 阅读时，我通常（　　）。
    a. 专注于阅读内容　　b. 体会言外之意，联系其他观点

18. 需要迅速决策时，我通常（　　）。
    a. 感觉不舒服，希望能有更多信息　　b. 凭借现有信息就能制定决策
19. 在会议上，我倾向于（　　）。
    a. 一边讨论一边深化观点　　b. 深思熟虑后再发言
20. 在工作中，我会花大量时间来（　　）。
    a. 思考　　b. 与人交往
21. 在会议上，我经常迁怒于（　　）。
    a. 想法草率的人
    b. 因为补充太多实际细节而拖延会议的人
22. 我是（　　）。
    a. 早起型　　b. 晚睡型
23. 我准备会议的风格是（　　）。
    a. 在会议上随机应变　　b. 准备充分，经常列出会议大纲
24. 在会议上，我希望他人能（　　）。
    a. 流露情绪　　b. 专注于任务
25. 我希望所服务的组织（　　）。
    a. 能为我提供启迪思考的工作　　b. 有能激励我奋斗的目标和使命感
26. 周末时，我会（　　）。
    a. 照计划行事　　b. 随机应变
27. 我更（　　）。
    a. 外向　　b. 爱沉思
28. 我希望老板（　　）。
    a. 有很多新想法　　b. 更实际

从以下题目中选出更符合你自身情况的词。

29. a. 爱交际　　b. 爱理论　　（　　）
30. a. 精巧　　b. 实用　　（　　）
31. a. 有条理　　b. 可变化　　（　　）
32. a. 活跃　　b. 专心　　（　　）

计分

计分方式：按下表对应项计分，每项计 1 分。

得分表

I 型	E 型	S 型	N 型
2a	2b	1b	1a
6a	6b	10b	10a
11a	11b	13a	13b
15b	15a	16a	16b
19b	19a	17a	17b
22a	22b	21a	21b
27b	27a	28b	28a
32b	32a	30b	30a

总分：

从 I 或 E 中选出得分较高者

从 S 或 N 中选出得分较高者

T 型	F 型	J 型	P 型
3a	3b	4a	4b
5a	5b	7a	7b
12a	12b	8b	8a
14b	14a	9a	9b
20a	20b	18b	18a
24b	24a	23b	23a
25a	25b	26a	26b
29b	29a	31a	31b

总分：

从 T 或 F 中选出得分较高者

从 J 或 P 中选出得分较高者

分析

这一评估与著名的迈尔斯-布里格斯指标和凯尔西-贝茨性格评估类似,将人群划分为外向型和内向型(E 或 I)、感觉型和直觉型(S 或 N)、思维型和情感型(T 或 F)、判断型和认知型(J 或 P)。这些类型可进一步组合为 16 种人格类型(如 INTJ、ENTP)。

这一评估假设人们观察世界和解决问题的方式不同,目的是测试下述倾向。

- 外向型或内向型:从内部世界(内向型)或外部世界(外向型)汲取能量的倾向。
- 感觉型或直觉型:观察世界和获取信息时专注细节(感觉型)或大局(直觉型)的倾向。
- 思维型或情感型:决策时基于系统逻辑(思维型)或价值观(情感型)的倾向。
- 判断型或认知型:以有计划、有条理的方式观察世界并迅速收尾(判断型)或灵活、即兴地观察世界并尽可能拖后决策(认知型)的倾向。

这些偏好没有好坏之分。但你的效能取决于你能否认识到自己的偏好对行为的影响,针对具体情况采取最恰当的思考和行动方式,并尊重及妥善利用别人表现出的不同风格。

了解自己与世界互动和解决问题的偏好有几点好处。首先,你能因此认识到人们解读世界并与其互动的方式各不相同,进而更加包容和鼓励差异。其次,了解和尊重风格差异还能推动你成为更高效的沟通者、谈判者、冲突管理者和团队领导者,因为你知道如何发挥自己的优势及弱化或弥补自己的劣势。

Source:D. Marcic and P. Nutt. 1989. "Personality Inventory." In D. Marcic, (ed.). *Organizational Behavior:Experiences and Cases*. St. Paul,MN:West. Reprinted with permission.

专栏 2-5

自我评估 20 题：我是……

补全下列以"我是"开头的句子来描述自己，不要向任何人展示或分享自己的回答，回答仅供自评。全部答完后再阅读下文的"我是"回答解读。

1. 我是＿＿＿＿＿＿＿＿＿＿＿＿＿＿＿＿＿＿＿＿＿＿＿＿＿＿＿＿＿＿。
2. 我是＿＿＿＿＿＿＿＿＿＿＿＿＿＿＿＿＿＿＿＿＿＿＿＿＿＿＿＿＿＿。
3. 我是＿＿＿＿＿＿＿＿＿＿＿＿＿＿＿＿＿＿＿＿＿＿＿＿＿＿＿＿＿＿。
4. 我是＿＿＿＿＿＿＿＿＿＿＿＿＿＿＿＿＿＿＿＿＿＿＿＿＿＿＿＿＿＿。
5. 我是＿＿＿＿＿＿＿＿＿＿＿＿＿＿＿＿＿＿＿＿＿＿＿＿＿＿＿＿＿＿。
6. 我是＿＿＿＿＿＿＿＿＿＿＿＿＿＿＿＿＿＿＿＿＿＿＿＿＿＿＿＿＿＿。
7. 我是＿＿＿＿＿＿＿＿＿＿＿＿＿＿＿＿＿＿＿＿＿＿＿＿＿＿＿＿＿＿。
8. 我是＿＿＿＿＿＿＿＿＿＿＿＿＿＿＿＿＿＿＿＿＿＿＿＿＿＿＿＿＿＿。
9. 我是＿＿＿＿＿＿＿＿＿＿＿＿＿＿＿＿＿＿＿＿＿＿＿＿＿＿＿＿＿＿。
10. 我是＿＿＿＿＿＿＿＿＿＿＿＿＿＿＿＿＿＿＿＿＿＿＿＿＿＿＿＿＿。
11. 我是＿＿＿＿＿＿＿＿＿＿＿＿＿＿＿＿＿＿＿＿＿＿＿＿＿＿＿＿＿。
12. 我是＿＿＿＿＿＿＿＿＿＿＿＿＿＿＿＿＿＿＿＿＿＿＿＿＿＿＿＿＿。
13. 我是＿＿＿＿＿＿＿＿＿＿＿＿＿＿＿＿＿＿＿＿＿＿＿＿＿＿＿＿＿。
14. 我是＿＿＿＿＿＿＿＿＿＿＿＿＿＿＿＿＿＿＿＿＿＿＿＿＿＿＿＿＿。
15. 我是＿＿＿＿＿＿＿＿＿＿＿＿＿＿＿＿＿＿＿＿＿＿＿＿＿＿＿＿＿。
16. 我是＿＿＿＿＿＿＿＿＿＿＿＿＿＿＿＿＿＿＿＿＿＿＿＿＿＿＿＿＿。
17. 我是＿＿＿＿＿＿＿＿＿＿＿＿＿＿＿＿＿＿＿＿＿＿＿＿＿＿＿＿＿。
18. 我是＿＿＿＿＿＿＿＿＿＿＿＿＿＿＿＿＿＿＿＿＿＿＿＿＿＿＿＿＿。
19. 我是＿＿＿＿＿＿＿＿＿＿＿＿＿＿＿＿＿＿＿＿＿＿＿＿＿＿＿＿＿。

20. 我是_____。

对你的回答的具体讨论见"我是"回答解读。

"我是"回答解读：私人、公众和集体自我概念

你可以从回答中洞察自己是偏向私人、公众还是集体自我概念。

- **私人**。回答强调自己的特征、状态或行为（如我有创造力、我是思想者、我内向、我热爱竞争、我认真），未提及与他人的联系、对他人的认知或自己所属的具体群体。这种回答更贴近独立型而不是依赖型自我概念。

- **公众**。回答强调与他人的关系和联系、对他人的认知（如我受人尊敬、我被人信任、我受人喜爱）。这种回答表明趋向于强调自己的公众自我，关注他人对双方关系的观点和体验，更贴近依赖型而不是独立型自我概念。

- **集体**。回答提及具体社会群体或文化组织（如我是亚裔美国人、我是工商管理硕士）或在群体中的身份（我为人父母、我是管理者、我是工程师）。这种回答趋向于强调在价值观和情感方面对你很重要的群体成员身份，更贴近依赖型而不是独立型自我概念。

分析：计算归属于各类型的答案的数量。你的回答虽然可能包含了私人、公众和集体型，但更凸显其中一种类型。从回答来推断，你是私人、公众还是集体自我？你是否同意这一说法？为什么？这对你在不同情境下的效能有何影响？

专栏 2-6

自我监督评估

本部分描述了你对不同情境的反应。如果你认为某一描述符合或基本符合你的情况，选 T；如果你认为它们不符合或通常不符合你的情况，选 F。请诚实作答。

T F 1. 我觉得很难效仿他人的行为。
T F 2. 我在派对和社交场合不会试图从言语或行动上取悦他人。
T F 3. 我只会支持自己确信的观点。
T F 4. 就算对演讲话题了解不多，我也能即兴发挥。
T F 5. 我想我能做场秀来触动或娱乐他人。
T F 6. 我可能是个好演员。
T F 7. 我在人群中很少成为焦点。
T F 8. 我面对不同情境和不同对象时的表现差异很大。
T F 9. 我不太擅长讨人喜欢。
T F 10. 我和表面看起来的不一样。
T F 11. 我不会为了取悦他人而改变自己的观点（或行事方式）。
T F 12. 我考虑过当艺人。
T F 13. 我不擅长猜谜或即兴表演等游戏。
T F 14. 我很难调整自身行为以适应不同的对象和情境。
T F 15. 我在派对上能让对方把笑话和故事讲下去。
T F 16. 我在公共场合表现得有些笨拙，也会尽量回避。
T F 17. （出于善意）我能直视对方的眼睛，面不改色地说谎。
T F 18. 我就算不喜欢对方也能装出喜欢的样子。

请参考下文的"自我监督：回答解读"来判断你的自我监督风格。

Source：Snyder，Mark and Steve Gangestad. 1986 "On the Nature of Self Monitoring." *Journal of Personality and Social Psychology*，51（1）. Copyright © 1986 by the American Psychological Association. Reprinted with permission.

自我监督：回答解读

带圈的回答代表自我监督程度高。如果你带圈的回答有 11 条或以上，代表你有较高的自我监督倾向；如果有 10 条或以下，则代表你有较低的自我监督倾向。切记，两种风格各有利弊，没有好坏之分。

T （F） 1. 我觉得很难效仿他人的行为。

T （F） 2. 我在派对和社交场合不会试图从言语或行动上取悦他人。

T （F） 3. 我只会支持自己确信的观点。

（T） F 4. 就算对演讲话题了解不多，我也能即兴发挥。

（T） F 5. 我想我能做场秀来触动或娱乐他人。

（T） F 6. 我可能是个好演员。

T （F） 7. 我在人群中很少成为焦点。

（T） F 8. 我面对不同情境和不同对象时的表现差异很大。

T （F） 9. 我不太擅长讨人喜欢。

（T） F 10. 我和表面看起来的不一样。

T （F） 11. 我不会为了取悦他人而改变自己的观点（或行事方式）。

（T） F 12. 我考虑过当艺人。

T （F） 13. 我不擅长猜谜或即兴表演等游戏。

T （F） 14. 我很难调整自身行为以适应不同的对象和情境。

T （F） 15. 我在派对上能让对方把笑话和故事讲下去。

T （F） 16. 我在公共场合表现得有些笨拙，也会尽量回避。

（T） F 17. （出于善意）我能直视对方的眼睛，面不改色地说谎。

（T） F 18. 我就算不喜欢对方也能装出喜欢的样子。

第 3 章

建立信任

本章将帮助你：

- 了解信任对个人和组织成功的意义。
- 定义信任。
- 学会如何建立信任。
- 学会如何修复信任。
- 学会必要时如何迅速建立信任。
- 了解如何借助正面情绪和行为建立信任并提升个人和组织效能。

想象一下没有信任的世界是什么样子,你就会清楚地意识到信任的重要性。

——罗伯特·布鲁斯·萧,《信任的力量》作者

信任为什么重要？

在我工作的办公室里，有5个人令我害怕，而他们每个人都怕4个人（去掉重合）；这20个人每人害怕6个人，这样就有120个人至少令一人害怕。这120个人再害怕另外119个人。所有这145个人都害怕一手创办了公司、现在持有并领导公司的12名高管。

这是约瑟夫·海勒经典作品《烦恼无穷》一书"我工作的办公室"一章的开头。我在本章一开始就引述海勒的话，不是因为它反映了当今的日常工作生活（虽然它完全符合某些人的现实情况，部分符合很多人的现实情况），而是因为它们体现了信任在生活中基本的重要性。

信任为什么如此重要？我们之所以需要它，是因为我们生活在无法完全了解的复杂世界中，依赖无法完全了解的他人及不仅仅为了满足我们个人需求而存在的组织。因此，我们必须相信：一些事情将保持不变；别人不会利用我们；我们倾注了未来的组织不会伤害我们。简言之，信任有助于我们面对日常生活中不可避免的风险以超越恐惧，帮助我们采取有效行动，让我们在复杂、不可预测，有时甚至充满危险的世界中谋求平静和快乐。

尽管信任对日常工作和生活很重要，很多管理者仍然只把它视作加分项，而不是必需品。哈佛教授琳达·希尔在对新管理者的研究中发现，"大多数管理者会努力证明自己的技术能力"，而不是建立信任。其中一位研究对象解释说：

前30天很关键……我得证明自己的能力。我谋求重大胜利，选择正确的切入点，从竞争对手那里抢来一家大型生产商。我还得证明自己的努力。我每天都晚走，周末也来公司加班。

但希尔发现员工的"评判标准不同，他们希望了解新管理者是否值得信任和尊重。员工肯定会评估新老板，而且他们的标准不一定是公平的"。管理者如果因强调自身技术能力而忽略了对信任的培养，就会"错过在最需要时与下属培养关系的机会"。

老板也会评判下属管理者是否值得信任。研究人员在研究了中高级管理人员后发现，脱轨的管理者在上司眼中不够可信，也不够正直。他们的老板会采取哪些标准来判断他们的可信度呢？老板重点关注的方面包括管理者将错误推给他人还是勇于承担责任，是否将个人需求凌驾于组织需求之上，是否认还是承认个人缺点。

能赢得他人信任的管理者工作表现更出色，下属员工更满意、更勤奋，关系网更坚实，工作内容更有挑战性，晋升机会也更多。具体而言，他们更擅长以下事项。

- 吸引并留住追随者，因为员工更喜欢和他们信任的人共事。
- 培养归属感，因为有归属感的员工更容易支持组织目标和价值观，全身心投入工作，对管理者和组织忠诚、热爱和感到骄傲。
- 为实现目标赢得支持，因为信任管理者的员工不太质疑其能力、善意、方向和意图。
- 提高员工产能，因为人们只有相互信任才能实现情绪稳定和自我控制，展现创造性和灵活性，并减轻压力和防御情绪。
- 激励员工超越自身职责，在其他方面为组织做出贡献。
- 提高客服质量，因为员工只有信任管理者才能乐于帮助客户，进而提升服务质量。
- 专注于增值型工作，因为他们不需要昂贵的员工管控系统，该系统会浪费管理者和员工的时间，分散他们对基础工作目标的关注，并抑制创新和合作。
- 改善沟通，因为如果员工信任老板，就会开诚布公，认真倾听，敢于讲出坏消息。
- 提高生成和分享知识的速度和效率，因为员工更愿意彼此合作以分享信息。
- 减少谈判上的冲突和成本，因为员工在面临麻烦时更愿意给予对方利益，对他人的影响采取开放、灵活和接受的态度。
- 建立更高效的团队决策流程，因为团队成员能专注于组织任务和目标，而不是抵御威胁。团队成员如果不信任老板，就难以专心工作和应对不确定性，并通过低风险行为力求自保，从而不太会支持和执行领导者的理念。
- 推动组织变革，因为员工面临复杂、含混和不确定局面时仍有安全感，仍能灵活地承担风险并有效应对。
- 跨越组织界限通力协作。
- 安然度过组织危机，因为他们能从员工那里获得真实信息，分散决策以保证员工快速应对危机，并鼓励受危机影响的组织内部各部门积极协作。
- 帮助员工接受不利信息和决策，因为员工如果信任管理者，就会相信他们已竭尽全力，做出了公平决策，并将努力扭转局面。情况越不利，越出乎意料，信任就显得越重要。例如，研究人员阿内尔·米什拉和格雷琴·施普赖策发现，信任组织的员工能更平静地应对裁员问题。

员工信任管理者能带来好处，组织内部充满信任也能带来好处。例如，管理者信任下属员工，就会积极帮助员工成功。他们会为其设定更高的期望，借助挑战来激励员工成长，给予员工权利和鼓励。团队成员如果彼此信任，团队整体表现就会更好。研究人员周丽芳及其同事发现，团队成员之间的互信有利于提升团队成果和效率，以及团队成员的个体表现，因为他们对做什么、怎么做有共同的认知。他们能预测彼此的行为，因此能更好地协作。他们更愿意分享信息、彼此合作、管理团队压力并适应环境变化。虚拟团队也能从中受益，因为相互信任的成员能更好地处理"虚拟环境的不确定性、复杂性和预期"。正因为上述原因，信任才被称为"社会润滑剂""无形资产""合作资本""隐藏财富"及"关系核心"。组织内部的信任不再被视作加分项，而是被视为竞争优势，因为建立在信任基础上的高

> 信任就像空气一样，有的时候没人注意，但没有的时候所有人都会注意。
> ——沃伦·巴菲特，美国投资人、实业家、慈善家

品质关系能为组织带来经济价值，而且因为信任需要时间培养，所以无法轻易被其他组织效仿。

例如，西南航空总能跻身《财富》杂志年度最受赞赏公司之列。自1971年首航以来，西南航空的安全性、客服、准点率及股价表现都是最好的。该公司历史上从未经历过减薪、裁员或罢工，公司领导者还支持工会。该公司的股票代码是LUV。它的成功很大程度上归功于创始人兼前任首席执行官赫布·凯莱赫出色的人

际关系及其在员工和顾客间建立信任的能力。凯莱赫提到公司成功的秘密时说：

> 无形资产比有形资产更重要。人们能从公司或柜台买到飞机票，但买不到我们的文化和精神。我们曾经邀请人们参观我们如何管控飞机（西南航空飞机进出登机口的耗时只有行业平均水平的一半）。他们一直在寻找噱头和特殊设备，但是我们取胜的原因只是人力。

虽然凯莱赫现在不再担任西南航空的首席执行官，但他建立的信任基础仍在发挥作用，激励西南航空的领导者和员工在顺境时共享公司成就，在逆境时共同解决问题。

什么是信任？

研究人员约翰·库克和托比·沃尔将信任定义为"相信他人言语或行动并认为其出于善意的意愿"，尤其当信任误导可能导致自己陷入危机时。理解信任要基于三大特征：不确定性、风险和认知。

不确定性

我们只有因无法完全掌握某人或某情况的全部信息而无法控制结果时才需要信任。如果我们能全面了解并掌控某一情况，就不需要信任，因为我们能预见成果并如愿实现成果。例如，如果我们有意愿也有能力监控员工各方面的工作行为（如通过摄像头或监听电话），就不需要依靠信任来确保员工尽职工作。但如果我们选择下放权限或组建自我管理（或虚拟）团队，就必须相信员工会专心工作并朝着组织目标共同努力，而不是借助各种方式公然或隐秘地监控他们。

风险

信任某人或组织时，我们会假设双方关系带来的好处大于坏处。实际上，只有信任的代价可能大于潜在收益时才需要信任。关于这一点，研究人员戴尔·赞德采用了一个贴切的例子：

一位家长雇用保姆照看孩子以抽身去看电影的行为就是信任行为。这一举动极大地增加了风险,因为他离开家后就不能控制保姆的行为。如果保姆辜负了他的信任,代价可能是将影响其一生的悲剧。如果保姆没有辜负他的信任,那他得到的好处就是观看电影的喜悦。

因此,决定告诉老板坏消息时,我们相信老板不会迁怒于我们;向员工提供组织机密信息以方便对方迅速决策时,我们相信他们不会将信息透露给竞争对手;通过投资顾问或公司投资时,我们相信对方会尽责地维护我们的利益。

认知

当我们没有足够的信息来了解他人的意图时才需要信任。因此,我们对他人的信任在很大程度上基于我们对对方可信度的认知,这种认知基于几个因素,包括对方的声誉、双方之前的接触及我们对对方所属群体(如性别、种族、宗教和国籍)的固化印象。研究人员米歇尔·威廉姆斯发现,我们更信任自己所属群体的成员,也更愿意与他们合作。另外,我们在时间紧迫时更加依赖固化印象来决定到底相信谁。

认知对形成信任和怀疑很重要,因为我们的认知通常会转变为自证预言。研究人员桑德拉·罗宾逊解释称,我们会寻求并关注能印证我们对他人可信度原有认知的信息,忽视或弱化挑战原有认知的信息。因此,面对怀疑的人,我们"会寻找、发现或牢记对方的不当行为——尽管是在缺少客观事实的情况下",因为这和我们的原有认知一致。我们不会对这种关系倾注情感,因为我们会怀疑自己的付出是否有回报。因此,双方关系可能会以回避、冲突或客套为特征,而每个因素都会让双方越来越不信任彼此。反之,对待信任的人,我们会"忽视、忘记或看不到对方真实的不当行为",对双方关系倾注更多情感。信任是一种认知和情感的滤镜,能影响我们对他人行为的解读,以及对对方未来行为的预期。

简言之,如果我们对某人或某组织掌握了全部信息,能完全掌控局面,准确预知结果,或不存在什么损失时,就根本不需要信任。但鉴于这种情况在日常工作和生活中越来越少见,信任他人和赢得信任的能力对我们的效能和福祉变得至关重要。图3-1详细总结了信任的前提和结果。

信任的前提

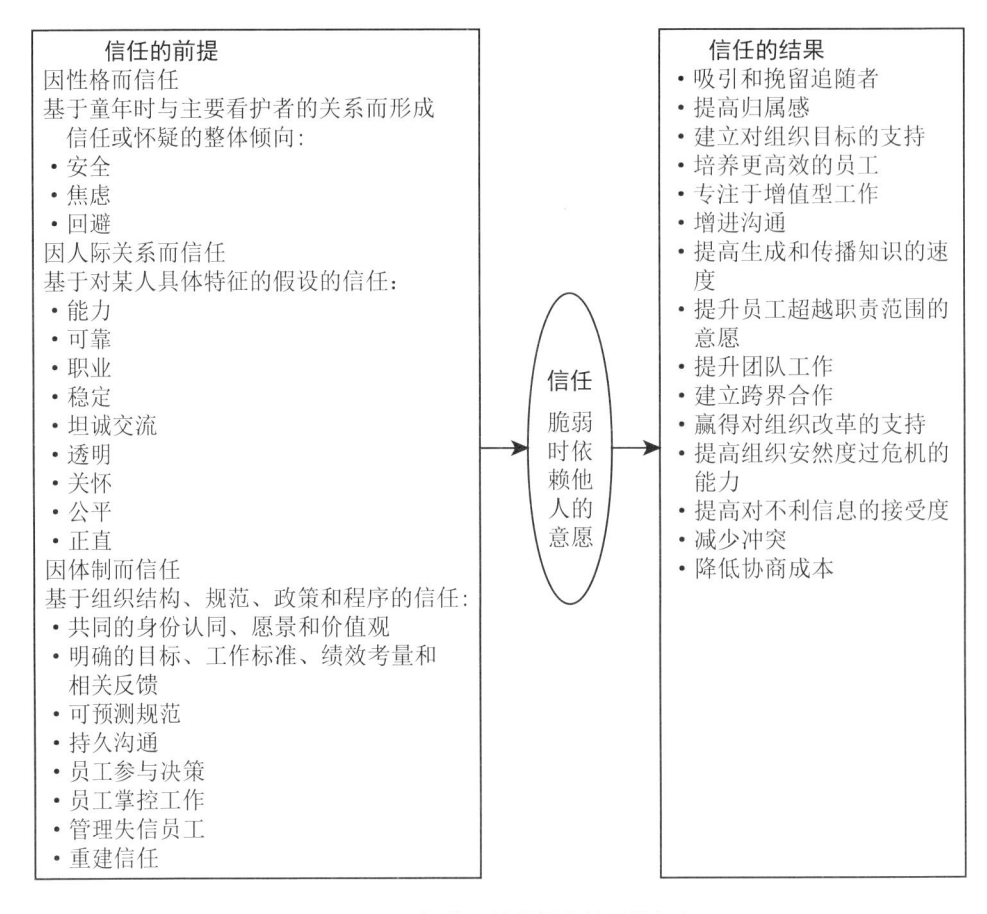

因性格而信任
基于童年时与主要看护者的关系而形成信任或怀疑的整体倾向：
- 安全
- 焦虑
- 回避

因人际关系而信任
基于对某人具体特征的假设的信任：
- 能力
- 可靠
- 职业
- 稳定
- 坦诚交流
- 透明
- 关怀
- 公平
- 正直

因体制而信任
基于组织结构、规范、政策和程序的信任：
- 共同的身份认同、愿景和价值观
- 明确的目标、工作标准、绩效考量和相关反馈
- 可预测规范
- 持久沟通
- 员工参与决策
- 员工掌控工作
- 管理失信员工
- 重建信任

信任
脆弱时依赖他人的意愿

信任的结果
- 吸引和挽留追随者
- 提高归属感
- 建立对组织目标的支持
- 培养更高效的员工
- 专注于增值型工作
- 增进沟通
- 提高生成和传播知识的速度
- 提升员工超越职责范围的意愿
- 提升团队工作
- 建立跨界合作
- 赢得对组织改革的支持
- 提高组织安然度过危机的能力
- 提高对不利信息的接受度
- 减少冲突
- 降低协商成本

图3-1 理解信任的前提和结果的框架

我为什么要相信你？让我想想原因

如果信任基于我们将自己置于不利地位（包括无法完全掌控局面且错信危害大于潜在收益的情况）的意愿，那么我们如何判断应该相信谁？我们的选择过程兼具理性决策和情感反应。正如研究人员加里·法恩和洛里·霍利菲尔德解释的："信任不仅是思考，也是感受。"

大量研究表明，我们信任或怀疑某人的倾向，来自两大根源：信任趋向（信任或怀疑他人的整体趋势）和对某人可信度的评判。

信任趋向

有些人似乎天生比他人更轻信或多疑。很多心理学家认为我们相信或怀疑他人的趋向是一个相对稳定的特征，一定程度上由童年经历决定。精神病学家约翰·鲍尔比主张，一个人在婴幼儿时期与主要看护者（包括双亲与其他依恋对象）相处的经历促成了他对待他人的总体模式，影响他在之后的人生中是否愿意相信自己和他人。

如果早年我们依恋的看护者一直给予我们关爱和可信感，我们就会形成"安全基础"，就能放心接受亲密关系并自信地承担依赖他人带来的风险。如果

> 信任让我们脆弱——但矛盾的是，如果我们无法信任他人，就无法找到爱和快乐。
> ——瓦尔特·安德森，政治学家、未来学家、作家

我们从一开始就形成了安全基础，在之后的成长中就会相信他人的善意，记住人际关系中的正面体验而不是负面经历，拥有建设性的应对能力，从而得以管理日常压力。同时，我们也会相信自己的能力和判断，从而在独立工作和与人合作时都表现出色。研究人员威廉·卡恩解释说，组织成员从某种程度上"必须真正自立""在监督不严厉时也能完成任务，团结协作以推进项目，即使项目会带来不确定性和不安感，也能安心工作。但自立的含义本身就存在矛盾：人们只有在觉得能放心依赖他人时才能做到自立"。

"安全依赖型"群体能给工作场所带来诸多好处。他们更相信自己的上级，相信管理层的沟通和行动都是出于好意。这种信任能进而激励他们为上司做出更好的业绩。有信任趋向的员工即便为不可信的上级工作也能表现出众，可能是因为他们相信自己能克服障碍、实现成果。他们还会向他人求助，以获得成功所需的支持。

相反，如果早年与重要看护者相处的经历多变（如看护者有时以关爱来回应我们的需求，有时展现的却是愤怒或漠视）或不可靠（如看护者总是疏远或惩罚我们），我们就会采取不安或回避模式来对待他人。因此，我们在成长中会认为不能

相信他人的善意，也不能指望别人有意愿或有能力来照顾我们的需求。面对各种关系，我们会采取自我保护行为，如努力取悦他人或忽视各种关系的重要性；过于依赖他人，以获得对方的认可；疏远他人，以规避失望；避免冲突或不断挑衅他人；对环境的掌控过度或不足。

另外，对他人采取不安或回避模式的群体对关系的预期刻板而狭隘，其自身的行为反而会引发其最担心的反应。例如，管理者如果不信任自己的员工，就可能管得太细，进而滋生依赖感和厌恶感，导致员工丧失主动性，对工作投入不足。而这种结果会让管理者进一步相信这些员工不可信，因此管得更细，最后形成互相怀疑的恶性循环。相反，管理者如果相信自己的员工，就会为后者提供独立行动和成功完成任务所需的信息、培训、资源及情感支持，进而形成彼此信任的良性循环。

简言之，我们信任或怀疑的种子在生命的早期就已经埋下。此外，我们信任他人的决定取决于对过往经历的情感反应及当前状况的具体特征。

对某人可信度的评判

人们评估他人的可信度时会依据三大特征：能力、善意和正直。具体而言，人们会通过下述特征决定你是否值得信任。

- **能力**。你是否取得了一系列工作成果？
- **可靠**。你能否履行诺言，以降低而不是提高他人的工作难度？
- **职业**。你在交往中是否表现出对工作投入且专业？
- **稳定**。你的行为是否因时间和状况的变化而不可预测？
- **坦诚交流**。你是否平易近人？是否愿意自由分享准确的信息并乐于接受他人的意见？
- **透明**。你是否清楚他人成功所需的条件？你是否会解释自己的决定？
- **关怀**。人们是否相信，与你分享想法、希望、感受和问题时，你愿意关切而认真地聆听？
- **公平**。你的决策是否公平、毫无偏颇？
- **正直**。你是否诚实、道德、言行一致？

图3-2能帮你评估你在提升自己的信任度方面表现如何。一个人在决定是否信任他人的过程中，各个特征的相对重要性是由具体情况决定的。例如，如果你做一个关乎生死的手术，选择医生时主要考虑对方的技术能力和稳定的成功记录。但如果你要给孩子选择日间托儿所，你就会考虑托儿所是否以照顾孩童和家长需求而著称及其技术专长如何。

1. **能力**。你是否取得了一系列工作成果？	1 2 3 4 5
2. **可靠**。你能否履行诺言，以降低而不是提高他人的工作难度？	1 2 3 4 5
3. **职业**。你在交往中是否表现出对工作投入且专业？	1 2 3 4 5
4. **稳定**。你的行为是否因时间和状况的变化而不可预测？	1 2 3 4 5
5. **坦诚交流**。你是否平易近人？是否愿意自由分享准确的信息并乐于接受他人的意见？	1 2 3 4 5
6. **透明**：	
a) 你是否清楚他人成功所需的条件？	1 2 3 4 5
b) 你是否会解释自己的决定？	1 2 3 4 5
7. **关怀**。人们是否相信，与你分享想法、希望、感受和问题时，你愿意关切而认真地聆听？	1 2 3 4 5
8. **公平**。你的决策是否公平、毫无偏颇？	1 2 3 4 5
9. **正直**。你是否诚实、道德、言行一致？	1 2 3 4 5
（1＝根本不符合；5＝非常符合）	

图3-2 关系权力：建立信任

最佳信任：是否存在过度信任？

将社交世界中的人分为无条件信任和永不信任两种是幼稚而无效的做法。过于相信他人可能影响个人及所在组织的表现，因为我们会承担不必要的风险，迟钝地忽视或轻视显示我们错信于人的信息，说出政治错误的言辞，滥用组织资源，需要时无法密切监视人员和情况，以及忽视自己的判断。而对他人信任太少，则可能导致多疑，错失冒险的机会，关系圈过于狭窄，降低自己对他人的依赖，抗拒他人的影响，隐瞒或歪曲信息，对世界充满防备，依靠成本高昂的监视活动来规范他人，而且自己也变得难以亲近。简言之，过度信任容易导致盲从和受骗，缺乏信任则会导致悲观和怀疑。两者都会影响我们的效率。研究人员安德鲁·威克斯及其同事建议管理者培养"最佳信任"，即"知道什么时候在什么事情上相信谁。"

我们最大的错误之一，就是将太多信任倾注在太少的人身上。我们倾向于相信那些平时互动顺畅而且和我们很像的人，但这样的标准会显著影响我们所信之人的圈子，因此导致的问题之一，就是我们可能过度依赖他们的分析和意见，而不向那些能从更复杂的角度看待眼前亟待解决问题的人求助。如果情况简单或问题直接，只问几个知心朋友的意见也没关系。但如果自己对所面临的复杂问题毫无经验，这样做就可能引发灾难。例如，《悦己》杂志前主编亚历桑德拉·彭尼因伯纳德·麦道夫的庞氏骗局而损失了大量积蓄。就好比相信她的精神病医生的诊疗专长是明智的行为，但相信他凭借精神病治疗方面的专长就能正确判断投资机会则是不明智的行为。

研究人员布里埃尔·苏兰斯基、罗伯特·詹森和萝塞拉·卡佩塔解释称，只信任很少的人的问题是"我们会认为可信的人永远是正确的……我们认定他了解与情况相关的诸多因素，理解影响结果的各因素之间的内部联系，也清楚相关决策人员的行动在总体上的相互影响……面对可信的提供者，我们会不明智地搁置自己的观察力和判断力"。这些趋向会导致我们对复杂的问题采取过于简单且错误的干预措施。

如何避免对少数几个人倾注过多的信任？首先，应花时间与形形色色的人建立非正式关系，这样对方在你需要时才会提供诚恳而有用的建议。其次，面对复杂问题时应采取系统性决策流程，并吸取代表不同观点的人士的意见。

制造信任：人际关系策略

高效的管理者将建立信任当作自己日常工作内容的一部分。他们能认识到，虽然信任对管理效能至关重要，但不能强制他人信任自己；信任也不能即刻形成，需要长时间的投入和维系；信任关系一旦破裂，就难以修复。建立信任有两种方式，一是培养个人可信度，二是在整个组织中创建能增进信任的工作环境。可以通过以下途径建立值得信赖的声誉。

- **提高工作能力**。确保员工了解你的专长，并找机会证明自己的能力；承认而不是否认自身局限，以便他人帮助你弥补不足。
- **明确对自己重要的价值观，并实践这些价值观**。员工需要知道你有坚持的东西，而不是局限于个人利益和实际顾虑。
- **频繁地与员工进行积极的互动**。你和员工的互动越积极，彼此熟识并相互理解的机会就越大——两者都有助于建立互信。
- **定期沟通**。对员工平易近人，持续提供信息与反馈和状况报告；告知员工决策及决策过程。
- **听取并认真对待员工意见**。员工如果觉得自己能表达意见且相信其意见能得到认真对待，就会更信任领导者，更支持领导者的决策并认真执行决策。不要迁怒于带来坏消息的人。
- **稳定而可预测**。突兀而武断地改变行为会造成混乱，导致对方不知道你想要什么，还会加剧他们的担忧。
- **主动帮忙**。花时间倾听别人的问题，提供有用的信息，即便牺牲部分个人利益也要帮助他人，决策时照顾他人的需要。
- **向员工表示理解、关心和赏识**。尊重风俗和文化差异；认同员工履行家庭义务的需求。表达感激。亚马逊创始人兼首席执行官杰夫·贝索斯说："我试着利用周二和周四来感谢他人。我做的还远远不够。这件事不着急，但很重要，要花很长时间以柔和的方式完成。"
- **履行承诺**。不要过多地承诺。

简言之，高效的管理者将与他人的每次相遇都视作建立信任的机会。一位管理者描述了对上司的信任是如何影响他实现成果的动力和能力的：

> 谦逊的人不会小看自己，而会较少考虑自己。
> ——肯·布兰佳和诺曼·文森特·皮尔，《伦理管理的力量》

领导者可信是推动我的工作效能的重要因素。我干劲十足，把时间都放在工作上，甚至会加倍努力做得更好。正是出于这份信任，我敢于表达意见，提出新方案。同时，我在团队内外都坚持坦率而诚恳的沟通协作。整个团队的归属感很强，士气高涨，提高了生成和传播知识的速度（这对高科技工作很重要）；我们很少浪费精力解决冲突。即便在关键时刻（如推出产品的最终阶段），我们也不缺完成工作的资源，主动承担额外工作的员工比实际需要的还多。

破坏信任的常见方式包括：牺牲他人利益以满足自己的利益，浮夸的自我抬升，评估员工标准不一，允许某些员工打破规则却要求其他员工遵守规则，无法迅速应对绩效问题，让长期绩效不佳的员工继续留在组织，无法给予员工成长机会，抢员工的功劳，隐瞒信息，思想封闭，不尊重他人，说谎，食言，辜负他人的信任，表现落后，言行不一。

> 道歉是可爱的香水，能将最笨拙的时刻转化为雅致的礼物。
> ——玛格利特·李·伦柏克，《给彼此的时间》

就算我们尽了最大的努力，仍然可能辜负他人的信任。有时我们是故意的，之后后悔不已；有时我们是无意的，直到别人指出才发现自己的错误。无论哪种情况，双方关系都会受到影响，对方或者不再信任我们，或者受到了伤害。因此，采取措施恢复信任至关重要。但恢复信任的前提是双方都认为这段关系值得挽回，并愿意投入时间和感情来修复关系。组织研究人员罗伊·列维奇和芭芭拉·本尼迪克特·邦克建议由导致信任破裂的"犯罪者"，也就是（被认为）行为失当的人来迈出重建信任的第一步。他们解释称：

如果由受害者主动修复关系，他们就要承担双重负担：信任破裂的后果及指出对方行为问题的社交尴尬。此外，如果由受害者完成这项工作，就表明冒犯者过于迟钝、认识不到自己行为产生的后果……否认行为的发生、声称自己的行为没有造成后果、拒绝对行为负责，或者宣称行为不重要或是对信任程度没有影响的做法，都可能让对方更愤怒，造成对信任的进一步破坏而不是修复。如果"旁观者认为"信任已经破裂，那么事实就是如此。

精神病学家亚伦·拉瑞尔表示，道歉之所以重要，是因为它是"疗伤过程的核心"。拉瑞尔解释说，道歉相当于把羞辱从被我们的行为伤害的一方转移到伤害了他人的我们身上。如果我们向对方承认自己的做法失当，就相当于告诉对方："我才是做错了的人，我迟钝而愚蠢。""你对我的信任并不是一个错误。"承认问题由我们引起，并对我们造成的伤害负责，就相当于给了被冒犯的人"原谅的力量"。

虽然道歉对修复关系很重要，但很多人都觉得道歉很难。拉瑞尔表示：

> 虽然道歉很重要，但它与取胜、成功和完美等流行价值观是对立的。成功的道歉需要考虑对方的感受并有勇气承认错误、失败和缺点。但我们总是忙于成功，以至于不能承认自己的错误。

辜负他人的信任后，对方原谅我们的意愿，取决于我们如何描述自己的错误、道歉的诚恳程度及进行补救的真诚程度。如果道歉不诚恳，受到伤害的对方在未来的互动中就会对我们更加防备，而重拾信任的道路也会变得更加坎坷。想要让自己的道歉更真诚，就要做到以下几点。

- 你要承认辜负了对方的信任。相比无法明确伤害责任的情形，人们在认为自己受到伤害并能明确归咎于冒犯者时，更容易原谅对方。
- 你的道歉应该具体而不笼统（"很抱歉我没有充分认可你在项目中完成的所有工作"而不是"我为自己的行为道歉"）。具体的道歉能证明你清楚自己的哪些行为伤害了对方。
- 你的道歉应该能表现出你知道自己的行为伤害了对方（"很抱歉我在会议上没有认可你在项目上的努力"），而且这种行为让你深感不安（"我为自己的迟钝感到失望，尤其考虑到你为项目付出了这么大的努力"）。这样做能让对方确信你的道德基础和他一样，你也为自己没有达到这一道德标准而感到失望。永远不要轻描淡写地谈论自己的行为，暗示或直接表达"本来也没什么"或"没有造成任何伤害"。
- 解释自己之前行为的原因（"我当时想赶紧结束演讲，我很抱歉因为太着急而忘了认可团队的贡献"或"我最近和老板关系不太好，我把团队工作说成自己的功劳，是为了让自己的表现亮眼一点——我这么做是错误的"）。这样做就等于告诉对方，你通常都是值得信任的，你在特定环境下的做法只是例外。

- 表达你愿意尽力修复信任，即便这会给自己带来不便（"下次会议上我一定当众认可你的贡献，我已经和老板提过了，并承认了自己的疏忽。我还建议老板，下次项目可以由你牵头，这个项目很有趣，也很亮眼"）。这样做能让对方知道，你愿意牺牲自我并为自己的行为负责，而且你在关注对方的最佳利益。

道歉时采取上述步骤，能让对方相信你能体会他们的感受，你确实感到抱歉，对方和双方关系对你很重要，双方道德观相同，更重要的是，对方未来可以放心地和你交往。

拉瑞尔警告说，"假道歉"不太可能有用。因为假装道歉的人无法表现出体会被伤害者心情的能力和对个人行为负责的态度。只是口头上说"很抱歉让你产生这种感觉"不太可能获得对方的原谅。说"很抱歉我的行为让我失去了你的信任"会更好。美国前参议员罗伯特·帕克伍德被控对办公室里的几位女性进行性骚扰时给出了假道歉："我为我被指控的行为感到抱歉。"

人们应该为自己的错误和冒犯行为道歉，因为这样做才是正确的。但有证据表明，诚恳而周到的道歉还有其他好处。医院面对医疗过失指控的传统策略是"否认和辩护"，部分目的是避免卷入诉讼。近期，一些医疗组织采取了全面披露的策略，并在医疗过失发生后马上道歉。密歇根大学医疗系统在开始公开应对医疗失当问题并与原告和律师合作后，其诉讼数量下降了55%，诉讼费用减少了50%，诉讼处理时间从1999年的20.3个月缩短到2006年的8个月。为了建立全面披露的制度，密歇根大学医疗系统和其他组织制定了下述原则。

- 在发生"病患不利事件"后马上与病人及家属明确而诚恳地沟通。
- 如因医疗失当行为造成伤害，迅速道歉，公平赔偿。
- "坚决维护处理得当的医疗行为"。
- 通过吸取教训来减少未来的病患伤害和诉讼。

这一程序的目的是以公开而合作的方式解决问题，以便：(1) 医疗事故患者的家属能感受到医院领导者和员工愿意为错误负责，并认可家庭的痛苦遭遇；（2）病人、律师和医院管理者按全面披露的策略做出公平结论和合理赔偿；（3）医院领导和员工从失误中吸取教训，从而在未来为病患提供更好的服务，这也能让家人相信，从他们亲人的死亡中吸取的教训或许能挽救他人。

原谅

原谅能重建信任，修复关系。原谅的定义是超越因对方伤害了我们所导致的负面情绪而满怀好意地对待对方的意

> 弱者从不原谅。原谅是强者的品质。
> ——圣雄甘地

愿。原谅还包括选择修复关系或不带恶意地推进关系，而不是采取报复行动，即便有时这样做是合理的。简言之，原谅是"勾销债务"。

原谅能给原谅者和被原谅者带来好处。愿意原谅他人的人社交关系更广泛，患病更少，压力更小，抑郁比率更低。例如，老人学家尼尔·克劳斯发现，无条件地原谅他人（和自己）并且平静地面对个人过往的老年人比心怀仇恨或不愿原谅他人的老人更健康（抑郁更少，对健康的担忧更少，对生活更满意）。

原谅是有效的应对机制，因为它能带给原谅者更大的掌控感。研究人员卡尔·阿基诺及其同事解释称："原谅并不容易，不应与妥协混淆……原谅以控制而不是逃避为目的，因为它关乎受害者改变对冒犯者的感受和行为的积极努力。这不是简单地回避或否认问题。原谅并不是忘记错误曾经发生……而是有意改变对冒犯者的想法、感知和行为，即便从道德角度看受害者有权发起报复并满怀愤怒和怨恨。"

原谅能让我们从负面情绪和报复欲中解脱，还能帮助我们以更练达而不是非黑即白的方式来看待这个世界。不能

> 怨恨就好像自己饮下毒药，却等着对方死亡一样。
> ——凯瑞·费舍，演员、作家

原谅的人使用的应对策略效用不高，如疏远他人，或者以可能同时伤害自己、他人和组织的方式来寻求报复。关系对相关人员及其所在组织和服务对象越重要，原谅就变得越重要。

制造信任：组织战略

人际信任是打造高信任度组织的必要但不充分条件。除了相信同级、下属和老板外，员工还要相信组织。为了奠定信任的基础，员工必须相信组织的策略是恰当的，相关负责人知道自己在做什么，组织的政策和流程都是公允而道德的，工作设计以帮助员工实现组织目标为目的。高效的管理者设立了维系信任的机制（制度规范、政策、流程和结构），以便在整个组织内推进信任。下述做法有益于打造增强信任的工作环境。

- **培养集体身份认同**。通过明确阐述共同愿景、推动共同价值观、制造共享产品、强调员工间和部门间的相似点及差异的好处，给予员工互动的机会，培养相互之间的义务和依赖，鼓励促进合作的规范来推动员工从心理上团结在一起。
- **提供明确的目标、工作标准、绩效衡量方法和相关反馈**。员工需要知道自己如何创造价值，哪些是自己的工作职责、哪些不是，知道评估工作表现的方式和标准，以及自己行为的后果。
- **提供可预测程式**。员工需要有在日常工作生活中遵守的共同的程式、习惯和仪式。尤其在面对变化时，员工更需要"由可预测性提供的避风港"以获取稳定感，增强集体记忆，促进员工间的合作与协作。
- **保持信息一致**。无论光景好坏都做到言行一致，以尽可能减少混乱、怀疑和流言。
- **鼓励员工参与决策**。如果员工感到自己能参与决策，而且自己的意见会得到认真对待，他们就会相信决策过程是公平的，从而更支持领导者、组织和具体决策。
- **让员工能掌控自己的工作和时间**。在对员工的工作表现设定明确的预期后，给予他们决定日常工作细节的自由、信息和培训，包括如何平衡工作和生活。记住，信任能换得信任。
- **留意辜负了信任的员工**。监督对象包括能力和干劲不足、缺少职业道德、欺骗成性，以及管得太细和质疑太多从而让人对组织产生负面态度的员工。对这些员工进行培训。如果他们没有变化，就开除他们，或者让他们至少不要阻碍那些努力推动组织前进的其他员工。

- **修复对组织的信任**。如果员工信任遭到了破坏，要马上设法重建信任。首先要确定造成不信任的原因（如果自己是原因之一，要敢于承认），明确自己和他人需要采取哪些行动来重塑信任，并换掉造成不信任的人。

简言之，增进信任的工作环境要能给予员工共同的方向、有能力和可依靠的同事、彼此互动的机会、明确的工作框架和任务预期、可预测的程式和在一定范围内控制自身环境的自由。难以预测或不稳定的工作环境会破坏信任，因为它威胁员工预测和控制环境的基本需求。如果无法满足这些需求，员工在面对自己的管理者、客户、工作及组织时就会采取防备的态度，而不是建设性的方式。

如何判断不信任情绪正在蔓延？费尔南多·巴托洛梅在《没人相信老板》一文中提出的几个问题，能帮你判断信任是否正在流失：

> 帮助他人最好的方式，就是让他负责，让他知道你信任他。
> ——布克·T. 华盛顿

员工与你沟通及彼此沟通的频率是否减少了？员工是否不愿告诉你坏消息？员工是否逃避会议？一些员工是否很少在会议上发言？士气是否在下滑？员工是否缺少热情并越来越多地抱怨工作量太大？缺勤率和离职率是否增加？员工是否将问题归咎于他人和部门？

如果你的回答是"是"，就要考虑你自己或工作环境（而不是员工）是否出了问题。为了重建信任，你要把重点放在听取第2章的建议以改变自己的行为或工作环境上。

组织架构和快速信任

在今天的组织中，组织成员更分散，工作更加以项目为单位，短期工作关系更常见（如与分包商、顾问和临时工的关系），工作小组已成为常态而非例外。因此，我们的职业效能和成功取决于我们迅速、称职地与不熟悉甚至没合作过的人协作以应对复杂问题的能力。

面对这种情况，我们必须依靠组织学研究人员黛博拉·梅尔森、卡尔·维克和罗德·克雷默所说的"快速信任"。这种信任是在"没时间通过常见的建立信任的活动，以更传统和更持久的方式培养和维系信任时"形成的。梅尔森解释说，在这种情况下培养快速信任很重要，因为"如果不能迅速信任，可能永远不会信任"。

思考新产品开发团队、急救医疗团队及飞机机组人员等临时团队的例子。临时团队是之前从未合作（未来可能不再合作）但需要依靠彼此才能迅速成功地完成复杂工作的具备不同技能的个体的组合。高度互信是必需的，因为他们的工作成果是不确定的，他们只有依靠彼此才能实现成功；如果团队失败，每个人都要承担严重的后果。例如，如果全体成员无法高效合作，新产品开发团队的产品可能无法推向市场，急救医疗团队的病人可能死亡，飞机机组人员所在的飞机可能坠毁。

但临时团队成员没有时间书写有助于培养信任的共同经历。为了取得成功，他们必须假定每位成员都可信。这一假定的依据是什么呢？临时团队成员的互信建立在相信团队运作体系，而不是个人关系和共同历史的基础上。研究人员罗宾·道斯解释说：

> 我们信任工程师是因为我们相信工程科学，相信工程师接受的训练就是如何应用工程学原理；我们每天能看到飞机飞过，这就是这些原理可信的证据。我们信任医生，是因为我们相信现代医学；我们看到抗生素和手术治愈了患者，这些就是现代医学可信的证据。

简言之，临时团队很大程度上依靠"去个人化的信任"。高效临时团队的成员信任彼此，因为他们相信彼此在一系列问题上的标准运营流程和预期是相同的，这些问题包括如何定义和解决问题、解决问题需要哪些信息和工具、谁有权制定某些决策并采取特定行动、如何处理常规及非常规事件、哪些行为合适而哪些行为失当、应采取怎样的责任制以及如何定义成功。这种信任不仅要通过人际关系培养，还要借助所属组织的文化、政策和流程。

研究人员罗伯特·基耐特以飞机机组人员为例，阐述了组织内信任建立机制的重要性：

即便某个机组的特定成员之前从未共事，他们走到一起后也会立即进入已有的"外壳"（哈克曼，1986a；基耐特，1987）。这一外壳定义了对团队的预期，它不仅包括背景和设计元素，也包括对机组中每个人角色的预期。一切就好像在任何个体加入这一团队之前，机长、副机师、工程师和其他机组人员（在一定程度上也包括整个团队的界限）都事先定好了一样。

简言之，可信的系统和可信的人际关系同样重要，尤其在员工需要迅速组成快速运作的临时团队来处理日常程式和潜在的意外紧急情况时。

> 思想有自己的位置，可以一念地狱，一念天堂。
> ——约翰·弥尔顿

信任之上：正面情绪与成功

研究人员认同感觉好和做好事都能带来好处。能感受和表达正面情绪的人工作更高效，事业更成功，更快乐，更健康，更长寿。你可能想："如果我工作好，老板好，赚得多，没有健康问题，我感觉到的肯定都是正面情绪。"但研究人员发现，重要的不是你有什么，而是你是否感激自己得到的一切并和他人分享善意。很多人的工作、薪酬、物质财富、健康状况、机会和不幸遭遇类似，但有些人一早醒来就感激自己拥有的一切，而有些人醒来是却觉得痛苦，即便他们已经拥有了很多东西。

正面情绪和行为如何催生职业成功和福祉

喜悦、希望、热爱、激情、慷慨、感激、乐观、自豪、平静和谅解等正面情绪有很多作用。我们在这些正面情绪下思路更开阔，更有创造力，更积极地寻求新信息和新体验，行动更灵活，更相信自己和他人的能力，更执着，更快地脱离负面体验和情绪，并且更能给予和获得解决问题和实施方案所需的社会支持。反之，恐惧、愤怒、嫉妒、愤恨、失落、担忧、愧疚和羞耻等负面情绪会让我们眼界狭隘，灵活度下降，通常在最需要时限制我们的选择。例如，恐惧会让人逃避或霸占资源；愤怒让人攻击或报复；愧疚和羞耻让人后退而不是积极参与。弗雷德里克森解释说，负面情绪会限制我们进行复杂思考和行动的能力，而正面情绪能扩展这些能力并制造一个短期或长期内提升效能和福祉的螺旋式上升。

为了解正面情绪对问题解决能力的影响，研究人员爱丽丝·艾森及其同事设计了一个简单的实验，以判断正面情绪如何影响医生的决策能力。他们给一组医生一小包糖，然后让他们分析肝病患者的案例。和没收到糖的医生相比，他们能更快地组合事实，因不成熟的结论而停滞不前的概率也更小。研究人员总结称，即便像给糖这样简单的善意之举也能助长正面情绪，从而提升效能。另有研究表明，表现出正面情绪的员工从主管那里得到的评价更高、薪酬更高，从主管和同事那里得到的支持也更多。在一项针对工商管理硕士的研究中，那些表示经常体会到正面情绪的研究对象在决策模拟中更谨慎，在团队讨论中被认为更高效。还有研究表明，正面互动明显高于负面互动的团队（正面与负面互动的比率接近5.5）在利润水平、客户满意度及老板、同级和下属评价方面的表现都好于其他团队。正面互动包括"支持、鼓励或赏识"，负面互动则包括"反对、讽刺或怀疑"。

很多研究表明，正面情绪不仅有利于效能和事业成功，还能帮我们走出不幸，增强免疫系统，长寿而快乐。特别是，能在人生困难阶段体会到正面情绪的群体更能忍受痛苦，生病后复原更快，抑郁的概率也更小。例如，从积极角度看待失去至亲的人在一年后制订长期计划且状态更好的概率更大。在针对老年修女的一项著名研究中，那些年轻时在论文中表达了更多正面情绪的修女在几十年后罹患老年痴呆症的概率更小，而且平均寿命比其他人长10年。想了解有关这一研究的更多信息，请登录 www.nunstudy.com。

尽管本书一直在强调正面情绪，我们也不应认为正面情绪永远能带来成功，负面情绪永远导致不利结果。例如，成员思维过于正面、没有必要工作冲突的团队容易陷入群体思维和功能障碍，阻碍团队表现。研究人员发现，如果团队正面互动和负面互动的比率提高到11.5，团队就会开始丧失效能。有大量研究表明，虽然乐观有助于提升表现和成功概率，却不能激发所有人拿出最佳表现。朱莉·诺勒姆通过研究发现，一些人，尤其是相对焦虑的人，会采取一种防御性悲观的方式来提升表现。他们会担心出现问题，会过度准备，并为小细节而担心。虽然悲观可能导致一些人失去行动力，但防御性悲观者会妥善管理焦虑，进而达到更好的效果。他们做最坏的准备，抱最大的希望，以此取得成功。如果建议他们放松或"往好处想"，反而会影响他们的表现。

正面情绪如何催生组织效能

整体而言，正面情绪对个人和组织都有益。研究人员发现，能表现正面情绪的组织领导者也能鼓励下属成员感受到正面情绪。如果员工能体会到正面情绪，就会设定更高的目标，发现并更正错误，对自己的能力更自信，解决问题时更有力，行动起来更灵活，对工作更满意，对组织更忠诚，不局限于职责范围，更频繁地与他人互动，提供并接受社会支持，更合理地解决冲突和谈判，更快地从障碍和危机中走出来。

研究人员金姆·卡梅隆发现，近期裁员的企业的员工如果认为领导者是"品德高尚"（热情、宽容、乐观并愿意相信他人）的，企业的"生产效率会更高，产品质量会更好，员工流失率更低"。这种企业的员工还相信，与竞争对手相比，自己的企业利润更高，产品或服务更优质，维系客户的能力更强，员工薪酬更高。组织忠诚度为什么重要？正如《麻省理工学院斯隆管理评论》中一篇关于全球组织忠诚度的文章所述："真正忠诚的员工采取的行为能推动公司成功——他们努力工作，很晚睡觉，尽全力取悦客户，推荐朋友到公司就职……而高风险员工在工作期间则会浏览 Monster.com（招聘网站）。"

> 下属对领导者的信任，也反映了领导者对下属的信任。
> ——保罗·弗莱雷

正面情绪如何帮助管理组织危机

面对危机时，正面情绪尤其重要，因为它能引导员工注意周围环境，即兴采取行动以提高成功度过危机的概率，扩大而不是限制选择，照顾可能受危机影响的其他人，而不是只顾自己。管理者和员工在危机中的反应通常显露了其对组织的真实情感。正如下述例子所示，在危机中，热情和共鸣等正面情绪能展现人们的品德和能力。

> 我从来不相信别人说的，我总是观察他们做的。
> ——安·莱德克利夫，英国作家

2001年9月11日纽约双子大楼（世贸大厦）毁于恐怖袭击后，附近一家星巴克门店的员工得到店长通知，可以离店以保障个人安全。但员工和店长还是选择留下来，将受到惊吓的路人迎进店里，给他们食物和饮品及情感支持，并避免其被建筑残骸砸到。《华尔街日报》的苏·雪琳芭格表示，在"9·11"悲剧期间，"员工相信自己能看清老板的真面目。他们根据所见得出的结论或让他们更忠诚，或让忠诚破裂且无法修复……芝加哥一家顾问公司的高管要求员工当天回来正常工作。该公司的一名顾问说：'我们需要停下来，深吸一口气，再认真思考……我永远都记得当时的情形及公司的处理方式。'"雪琳芭格总结称："危机中蕴藏着修复忠诚的机会。而忠诚度影响了员工的选择，包括在哪儿工作、工作多长时间、努力程度、是否全情投入。"美国运通公司首席执行官肯尼斯·切诺尔特就保证了员工和客户在"9·11"期间能感受到所需的爱护和关切。《商业周刊》介绍了他的领导事迹：

> 美国运通帮助56万名受困持卡人回家，甚至包机和包车将他们送往全国各地。公司免去了因开支推迟而拖欠卡债的持卡人数百万美元的滞纳金，并上调了现金紧张的客户的信用额度。更感人的是，切诺尔特于9月20日将5000名员工召集到纽约的派拉蒙剧院，召开了一次群情激昂的大会。会上，切诺尔特展现了自己一路升迁所需要的镇定、同情心和决断。他告诉员工，他曾被绝望、悲伤和愤怒掌控，不得不去看心理医生。他两次冲向人群拥抱悲伤的员工。切诺尔特宣布，公司将为美国运通遇难者家属捐出100万美元。"我代表的是全世界最好的公司和最好的员工，"他总结说，"实际上，是你们给我力量，我爱你们。"这一刻是切诺尔特的个人发挥，却令人印象深刻。美国运通董事会成员查伦·巴尔舍夫斯基同时也是Wilmer Cutler & Pickering的合伙人。他在观看视频后表示："他掌控局面的方式，对受惊听众的安抚和指引，都是罕见的。"

在2009年那场危机中，贝斯以色列女执事医疗中心首席执行官保罗·莱维在谢尔曼礼堂对员工讲话，希望调动他们的同情心：

> 我希望推行由你们提出的一个重要想法，我希望得到你们的回应……我想尽可能保护那些低薪者——运输、清洁和餐饮人员。他们中大多数人工作努力，我不希望增加他们的负担。如果我们要保护这些人，其他人就要做出更大的牺牲，放弃更多的薪酬或福利。

听到这里，员工开始鼓掌。等掌声平息后，他请求员工提供能帮助医疗中心度过经济危机的建议，之后收到了大量电子邮件。有员工建议每周少工作一天，还有人愿意放弃加薪、奖金、休假、病假和部分福利。

无论顺境还是逆境，正面情绪和行为都能在组织内形成螺旋式上升，因为它们具有"传染性"，使人们模仿彼此的情绪。另外，如果员工因得到的善意而心怀感激，就会更努力地回报这份善意，并将其扩散给同事、客户和其他人。因此，组织的正面情绪是一种竞争对手无法轻易复制的竞争优势。那么，如何在工作场所培养这种正面情绪？

- 经常在工作中表达正面情绪——感激、慷慨、乐观和信任。在会前诚恳地表达感谢；四处走动，观察谁在工作，他们在做什么工作，为什么要感谢他们；对你所服务的客户表示感谢；帮助他人；记住正面情绪会传染，尤其当它由直属主管和组织领导表达时。
- 采取正面的异常举动。给予员工意外惊喜，在他们想不到时帮助他们。如果你的正面情绪和行为出现在不合常理的时刻，惊喜和勇气就会形成强大的榜样力量，不仅能让他人对你更信任，同时你的以身作则也会让他人努力效仿。
- 帮助他人发掘日常工作和生活中的正面意义，即便面临的是平凡、难过或危机的时刻。帮助员工发现他们的工作与更高目标的关系，以及他们的工作能帮到哪些人。
- 为员工创造帮助他人并感谢他人帮忙的机会。
- 庆祝小进步，从而保证员工体会到持续成功及相关的正面情绪。

- 面临危机时，让员工有机会体验和表达挺身而出的感受，并发掘他们之前从未注意到的能力和资源。
- 下次遇到有人打招呼时，可以听取他们的意见。

结　　论

高效的管理者知道，自己最重要的工作之一，就是赢得员工、同级、老板、客户和其他人员的信任。他们还注意到，创建能从企业所有层面增进信任的组织结构和流程也同样重要。他们清楚，信任是管理日常互动的必要条件，是推动组织改革和应对危机的重要条件。更重要的是，伦理研究人员拉吕·霍斯默表示，他们发现组织人员开始关注"什么是正确、公正、公平的"，而不是局限于效率、效能和实用性。

在当今全球化、多元化和技术驱动的经济环境下，赢得信任并创建能增进整个组织信任的工作环境的能力变得尤其宝贵。管理者必须能帮助来自不同文化背景（或者其文化以彼此仇恨和怀疑为特征）的员工学会有效合作以实现组织目标。他们必须能帮助联合、并购、收购行为涉及的员工迅速建立信任并相互依赖。他们必须能推动彼此很少见面的虚拟团队成员互相信任与尊重。他们必须能给予员工足够的信任和充分的培训、资源和支持，让员工得以独立采取行动，从而保证组织是灵活的、迅速的、积极回应的。近年来，媒体的主要话题被企业和政治丑闻占据，管理者必须更加努力地建立信任。在当今的工作环境中，信任无疑是必需品，而不是加分项。

本章小结

信任是组织的竞争优势。建立在信任基础之上的优质的内外部关系网能给组织带来经济价值，需要长时间培养，无法被其他组织仿效。

能催生信任的管理者效率更高，关系网更强大，晋升机会更多。他们更善于吸引和挽留追随者，增强员工的忠诚度和归属感，为个人目标赢得支持，培养高产员工，专注于增值型工作而不是成本高昂的员工管控系统，改善沟通，减少冲突，降低谈判成本，鼓励员工超越个人职责来服务组织目标，增强团队决策，鼓励跨界合作，推动组织改革，安然度过组织危机并帮助员工接受不利决定。

成员之间彼此信任的团队比没有信任的团队表现更好。信任关系能让团队成员在更短的时间内实现更好的成果，因为他们有共同的价值观，能预测彼此的行为，相互协作，分享信息，管理团队压力并适应不断变化的环境。虚拟团队也明显受益于成员之间的相互信任，因为这让他们能更好地处理虚拟环境下的不确定性和复杂性。

如果我们信任某人，就愿意相信对方是好意，相信他们善意行事的能力。我们是否相信某人可信，影响了我们如何面对对方、工作和组织。

我们只有在面对脆弱、风险和不确定性时才需要信任。如果我们能完全预测和掌控某一情况，或者我们对某人或组织的善意或行动即便认定有误也不会造成损失，我们就不需要信任。

信任的意愿还基于对某人或组织可信度的看法。这些看法取决于对方的声誉、我们之前与对方打交道的经历以及我们的刻板印象。这些看法很重要，因为它们能转变为自证预言。

我们信任或怀疑他人的趋向，受我们早年经历的影响。如果我们从主要看护者（父母、日间看护员和其他重要的人）身上感受到了关爱和可靠，我们就容易信任和依靠别人。如果早年的主要看护者是不稳定的或难以依靠的，我们在成长过程中就会认为无法依靠他人的善意，不能指望他人来照顾我们的需求。我们和看护者之间的早年经历还会影响我们在之后的人生中相信自己的技能和判断的能力。

我们决定是否相信某人还取决于对其能力、善良和正直程度的评估。具体而言，我们会判断对方是否有能力、可信赖、专业、稳定、乐于沟通、透明、决策公平、关注我们的福利且行事正直。

培养最佳信任（知道什么时候该相信某些人，什么时候该谨慎对待他们的判断）很重要。将过多的信任放在太少人身上是不明智的。如果给我们提供意见和支持的人太少，就会限制我们对问题和解决方案的认知，从而影响我们制定和执行高品质决策的能力。为了基于最佳信任做出决定，我们要：(1)建立广泛的信任网络，以便从不同的角度审视情况和解决问题；(2)制定系统性决策流程，结合并评估不同观点的优缺点。

当我们辜负了他人的信任时，可以通过真诚道歉和做出补偿来修复信任。道歉很重要，因为它能让受到伤害的对方相信我们由衷地感到抱歉，彼此的道德与价值观类似，在未来可以继续信任我们。原谅也很重要，因为它能推动关系的发展，改善原谅者的心理和生理健康。

信任的意愿还取决于我们所处的组织环境。高度信任的组织能在员工之间形成集体身份认同，创造员工互动机会，设定明确的工作架构和流程及可预测的程序，让员工有机会掌控自己的工作环境，并决定自己的日常工作。

明确的结构和流程对经常需要依靠临时团队的组织尤其重要，因为这些团队的成员彼此并不熟悉，也没有时间建立互信。因此，他们必须依靠"去个人化的信任"、共同的目标、信息、运营举措和绩效标准来迅速成为高效团队。

无论在顺境还是逆境，正面情绪和行为都会在组织内形成正面的螺旋式上升，因为它们具有"传染性"，使人们模仿彼此的情绪。正面情绪能拓宽人们的视角，提高人们的决策能力并增强灵活性。另外，如果员工因其收到的善意而心生感激，他们就会更加努力地回报这份善意并将其扩散给同事、客户和其他人。因此，组织的正面情绪是其他组织无法轻易复制的竞争优势。

思考题

1. 本章哪些内容对你最有用？为什么？

2. 根据本章介绍的个人策略（和图3-2），你可以采取哪些做法来提高自己的可信度？多加练习，练习过程中注意自己获得的进步和好处。

3. 信任对个人和组织成功有何帮助？

4. 写出自己信任和不信任的两个人，然后罗列导致你信任或不信任对方的原因。总结你从中学到的三条经验。你不信任的人如何才能赢得你的信任？

5. 作为管理者，你能采取哪些具体的组织干预手段来创建一个更能鼓励信任的组织环境（如增进员工、客户和其他各方之间的信任）？

6. 想象下述情形。你上周无意在会议上提到一位同事正在进行化疗，这位同事几周前私下和你谈起自己的病情和化疗情况。当他听说你在会议上公开提起他的病情时很生气。今天，这位同事来办公室找你讨论这一辜负了他的信任的做法，并提到了几点担忧，其中包括他的子女还不知道自己患病，现在可能从相熟的其他员工那里获知这一消息。你觉得有必要向对方道歉。请说明你会如何道歉。具体而言，你会和这位正在进行癌症治疗的同事说些什么？你会怎样做来修复这位同事对你的信任？

7. 在YouTube上观看名人的道歉视频，如职业高尔夫选手老虎·伍兹因出轨道歉，丰田章男为忽视安全问题道歉，马里昂·琼斯因在奥运会上使用类固醇道歉，之后又加以否认。说明：（1）你认为他们的道歉是否符合诚恳致歉的标准；（2）你认为他们的道歉是否可信，原因是什么；（3）你从道歉视频中学到了哪些能用于个人生活的经验。

8. 思考自己要感谢哪个人。给这个人写张便笺表达感谢，说明他们做了什么让你感激的事情。

9. 写下今天让你心怀感激的五件事。在接下来的一周都这样做，看看这能否改善你的整体情绪和行为。

第 4 章

有效沟通

本章将帮助你：

- 了解沟通对管理效能的影响。
- 学会积极倾听的技巧。
- 学会如何给予并获得有效反馈。
- 学会如何让 360 度反馈有效。
- 提高你的跨文化交流能力。
- 了解语言如何反映并维系组织中的层级和权力差异，了解包容性沟通的策略。
- 理解故事为什么是动员他人的最有效方式之一，了解如何通过故事来吸引并引导他人采取行动。
- 了解如何借助简单的检查清单来避免代价高昂的错误。
- 学会如何有效地使用电子邮件。

我是否真正触动了我的聊天对象?

——杰拉尔丁,莉莉·汤姆林塑造的话务员角色沟通是一项接触性项目。沟通能带来安慰或伤害、影响或抵触、和谐或混乱、团结或分裂、显露或隐匿。我们经常担心自己的表达是否简明清楚，却忽视了语言拥有改变自己、关系和组织的力量。

不是说简明清楚的表达不重要。事实上，研究人员和商界人士认为，表达清晰的人在组织中更高效、更被重视。努力让表达变得简明、清楚的过程能让我们厘清思路、避免误解，并确保员工将注意力集中在重要的组织目标和问题上。但传递明确而简洁的信息的能力，只是用于提升个人和组织表现的众多沟通能力中的一种。为了更好地理解语言在组织中的力量，请思考下述观点。

- **沟通能创造并反映现实**。伟大的领导者能通过沟通改变人们对现实、真理、正义、价值和可能性的看法。苹果电脑公司和皮克斯电影公司的创始人史蒂夫·乔布斯、民权主义者马丁·路德·金、印度独立运动领导者圣雄甘地、女权主义者葛罗莉亚·斯坦能都利用言语的力量创造新的现实，让他人相信这些现实值得争取。

- **沟通是管理者的本职工作**。《财富》对必能宝公司1 000名员工进行的一项研究发现，"84%的受访员工（表示）每小时被信息打断的次数超过三次；71%的受访员工表示他们觉得被信息'淹没'了。被调研的人员表示，自己平均每年收到178条信息和文件。面对沟通的洪流，很多员工表示要等到下班或周末才能完成'本职工作'。"虽然信息对某些员工而言是对其"本职工作"的干扰，但这是管理者的本职工作。研究人员总结称，高效的管理者将大部分时间都用在非正式和计划外的沟通上。他们没有将其视作干扰，而是依靠这种沟通来及时获得信息、建立关系并为自己的观点赢得支持。

> 语言，我热爱它！在很长一段时间内，我一直将我自己、我的整个身体都当作耳朵。
> ——玛雅·安吉罗，美国作家

很多人受到的教育是，沟通是一个线性过程，我们的目标是向倾听者明确传递信息，并让对方按照我们的意愿理解这一信息。《财富》500强企业的沟通顾问罗伯特·霍兰德更真实地描述了复杂组织中的沟通：

鉴于沟通是一种人类行为，难免会出现混乱。现实情况是，我们无法控制信息，尝试这样做的人一定会失望。唯一明智的做法，就是管理和沟通信息……管理就是生成信息，评估可用媒体，评定各媒体的优势和风险，决定使用哪种媒体，然后监督结果，并做出相应反应。这听起来似乎没什么问题，但正如我们都知道的，还有上百种可变因素可能导致我们的最佳计划陷入混乱。

简言之，组织沟通介于秩序和混乱之间，需要不断调整和适应。即便能让一切都清楚，我们真的希望如此吗？并非永远如此：沟通模糊为新解读、创新思考和实验留下了空间，所有这些都是个人和组织革新、改变和成长的基础。

虽然沟通不可控，但能够管理，也应该被管理。本章重点关注有助于提升效能的沟通技巧。首先从两条至今仍然有效的经典沟通技巧——积极倾听、给予和获得反馈（包括360度反馈）——入手。之后探讨当今在组织中愈发受重视的五种沟通技能：采用激励性语言；跨文化沟通；认识到沟通是如何巩固和改变权力动态的；通过讲故事来创造意义并动员行动；通过电子邮件及其他技术沟通。笔者还会介绍一种当今越来越有效的工具，它能避免犯下代价沉重的错误甚至挽救生命——一份简单却被忽视的检查清单。见专栏4-1。

专栏 4-1

说什么？沟通的重要时刻

读写能力

教孩子阅读，他就能通过识字测验。

——乔治·W. 布什总统

> **清晰**
>
> 美国国家航空航天局因火星气候探测者号距离火星太近而损失了这一价值1.25亿美元的卫星，导致这一损失的原因是同一项目的两组工程师之间的沟通失误。来自丹佛的洛克希德·马丁公司的一组工程师制造卫星时使用的是英制单位（磅、英尺），但来自加州帕萨迪纳市的国家航空航天局推进器实验室的一组工程师控制卫星时以为所有的计量单位都是公制。这一失误导致探测者号距离火星过近，最终导致烧毁解体。
>
> **机密性**
>
> "小心！我不希望这份文件流散出去。我强烈建议永远不要将其中的内容总结为书面文件。"泰科国际的一位外部律师在管理者要求其编制的一份内部备忘录的空白处写下了这样的批注，敦促他们"编造故事"来支持会计决策。这份备忘录及空白处的警告在调查中被发现，并用以指控公司高管共谋、严重盗窃和伪造营业记录。
>
> **电邮**
>
> 国防承包商洛克希德·马丁遭遇了六小时电邮系统崩溃，而造成这一代价高昂的失误的原因，是一位员工给六万名同事发送了一封关于全国祈祷日的非工作邮件。这名员工最终被辞退。

积极倾听

瑞士精神病学家保罗·杜尼耶写道："人类对被认真倾听、被认真对待及被理解的需求，怎么强调都不过分。"但在"你品牌"经济下，能推销自己被当作核心技能，而倾听的价值似乎没得到充分的尊重。实际上，"谈论的反义词不是倾听，而是等待谈论的时机"的说法越来越常见。但《华尔街日报》专栏作家哈尔·兰卡斯特警告称：

> 是时候停止推销自己，开始聆听了……为了实现自己的事业目标，停止高

谈阔论，转而开始聆听和观察吧。不要再积极地推销自己，而要去了解其他人如何沟通、如何处理信息、他们的需求是什么。

> 常有人将倾听和等待说话机会混淆。
> ——佚名

无论你的事业刚刚起步还是已到达成功的顶峰，倾听他人并让对方感到被尊重、被理解都是一项重要的管理技能。你越能倾听他人的声音，就越能了解员工完成工作所需的条件及客户需求，越能发掘好想法、获知坏消息、避免错误并创建更有力的关系。研究人员峰山幸子及其同事研究了主管积极倾听对员工心理压力的影响。他们发现，积极倾听能力分数较高的主管，其下属员工表示得到的支持更大，对工作的可控感更强，而且压力更小。

不倾听他人声音的管理者无法获得重要信息，尤其是有助于管理高风险情形的警示信息或坏消息。耶鲁大学一位心怀不满的员工编写了一个段子来公开

> 要说的都说了。但因为没人听，所以还得重说。
> ——安德烈·纪德，诺贝尔文学奖得主

谴责前任校长本诺·施密特："本诺不听；听了也听不进去；听进去了也不理解；理解了也唱反调。"批评者认为，美泰公司前任首席执行官吉儿·芭拉德应为20世纪90年代末公司股东收益急剧下降负责。虽然他们认可芭拉德的营销意识，也肯定她将芭比的品牌价值从20世纪80年代中期的2.5亿美元提升到十年后的17亿美元这一成绩，但他们认为芭拉德因芭比品牌的成就而过分自我膨胀，以至于"无法接受不同意见"，最终导致美泰高管不敢反对她，客户和经销商觉得她从来不听他们的意见。反之，安·富奇出任扬雅公司的首席执行官时，有人问她上任后会怎么做，富奇回答说："我要做的第一件事就是倾听。"《华尔街日报》对她的评价是"闻名的联盟创造者，能集结对自己忠心的队伍"。由于富奇听取各方声音的出色能力，美国前总统巴拉克·奥巴马于2010年任命她牵头两党组织——财政责任与改革委员会。

为什么倾听如此之难？对此有几种观点。哈佛大学的约翰·科特表示"成功者有自我膨胀的问题，这会碾压所有其他不同的声音，造成阻隔沟通的高墙"。巴西的教育学家保罗·弗莱雷这样理解："没有谦卑就没有对话。如果我总觉得他人无

知，也无法认识自己，我怎么能（建设性地与他人交谈）？"心理学家卡尔·罗杰斯主张，倾听他人的声音之所以困难，是因为这需要勇气："如果你能以这种方式了解他人，如果你愿意走进他的世界看看他眼中的生活而不进行任何评判，你就可能改变自己。"

日常对话中阻碍积极倾听的因素有哪些？有时，我们对对方的印象或刻板的观点会影响我们解读对方言谈的方式。我们可能强调其中的某些部分，弱化其他部分。有时，我们被自己的观点控制，甚至在对方没说完时就开始思考自己该如何反应，而不是专心倾听对方的表述。有时，我们的情绪会影响我们，尤其在艰难的对话中。有时，对方还在讲话，我们的思绪却早已飘走了。正如一位管理者最近说的："如果每次我根本没注意听对方在说什么就点头都能得到一美元，那我如今已经是百万富翁了。"

"积极倾听"指的是倾听以理解对方的观点，不评估、不评判对方的看法。这个过程需要共鸣，而共鸣是一种认知和行为技能。作为认知技能，共鸣

> 我们的际会可以持续一生；即便你和某个人永远不说话、不见面，你还可以在心中重温彼此共同度过的时光。
> ——贝尔·胡克斯，《教导逾越边界》

意味着认识到每个人的世界观都不同，接受对方的视角与自己不同，并尊重这一差异。作为行为技能，共鸣意味着回应对方的方式要能够印证对方的观点。卡尔·罗杰斯提出"积极倾听"这一说法近50年后，《高效能人士的七个习惯》的作者斯蒂芬·科维解释说："要先争取了解对方，然后才是被了解……如果对方觉得被理解，就会觉得被肯定、被尊重，就会降低防备，双方也自然有机会诚恳交谈，相互理解。"积极倾听的好处如图4-1所示。

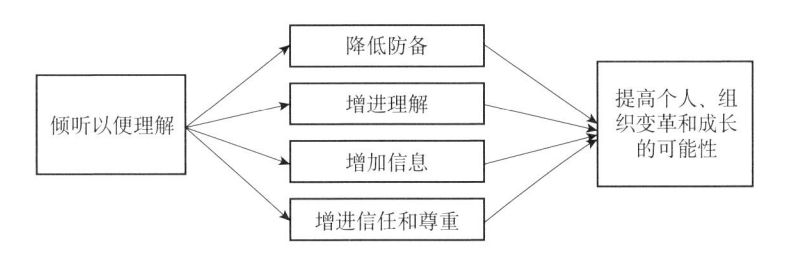

图4-1 积极倾听的好处

道格拉斯·斯通和哈佛大学谈判小组的其他同事在《艰难对话》一书中解释称，大多数对话，尤其是艰难的对话，实际上有三个对话同时发生。有些对话听得见，但其他对话却在参与者的大脑和心里发生。"发生了什么事的对话"重点在于对事实的认知——谁对谁做了什么？何时？为什么？谁是对的？意图是什么？谁得到了表扬？谁应该被责备？"感觉对话"侧重于情绪——我对此感觉如何？对方感觉如何？我应该如何维护对方的感觉？我应该表露还是隐藏自己的感觉？"认同对话"重点在于本次讨论对参与者认同和自尊的影响——我称不称职？他人对我的看法如何？我处理这一对话的方式对我的未来有何影响？积极倾听对方的声音，你就能获取对话各层面的宝贵信息，这有助于你和对方挖掘最佳效果。要做到积极倾听，下述几点至关重要。

1. 专注地倾听。给予说话人全部注意力，这意味着要做到以下几点。

- 杜绝一切干扰。手机关机，不看电脑屏幕，不看手表。
- 不要想当然地认为话题无趣或不重要。
- 不要只听自己想听的。
- 不要提前思考自己接下来要说什么。
- 不要打断对方或说太多，让对方把话说完。
- 不要采用作假技巧，如明明没有专心听却不停地点头、说"明白"或微笑。
- 不要让对方的层级、外表或讲话风格干扰你对信息的关注。

2. 产生共鸣。尝试从说话者的角度来理解信息。共鸣不一定是同意对方，而是尊重对方的观点和感受。

- 终止可能干扰你关注说话人观点的思绪（如反驳、刻板的印象和偏见）以及感受（如防备）。
- 不要无论听到什么都联想到自己的亲身经历，如"这让我想起有一次……"
- 倾听时同时关注感受和内容。
- 注意对方的身体语言，以判断说话者的顾虑和情绪状态。

3. 表示接受。表现出你抱着开放的心态倾听。

- 避免使用终止对话的表述，如"你在开玩笑吧""这永远行不通""没错，但是……"这样的回答是在贬低和轻视对方的思想与感受。专栏 4-2 还列举了其他表述。

专栏 4-2

终止对话的表述

老狗学不来新把戏。

别找麻烦了。

这永远行不通。

别傻了。

老板（或员工）永远不会支持这样做。

人们不想改变。

我们之前就试过了。

你在开玩笑吧。

证明看看。

没坏就别修它。

你一定是开玩笑！

现实点！

没错，但是……

补充其他类似的表述：

_____

_____

_____

- 避免评判性的身体语言。轻蔑的冷笑、翻白眼和上述表述的作用是一样的。
- 使用鼓励性的口头语言和身体语言。

4. **为全面性负责**。鼓励说话者提供全面信息。

- 提出开放式问题，如"你认为重点问题有哪些？""你为什么这么认为？""其他人有什么想法?""你还有哪些选择?""你认为这对你未来的选择有什么影响?"及"你是否还有其他顾虑?"。

- 复述自己听到的内容,总结要点并询问说话者你的总结是否与其想表达的观点一致,以便确认你理解正确。这样做能确保你真的了解信息,给说话者澄清观点的机会,并让说话者知道你想了解主要问题的诚恳意向。

5. 保持真实。谈话时要表现自然,不要变成强迫性的、虚伪的或过于造作的积极倾听者。记住,积极倾听建立在开明、尊重和学习等真诚态度的基础上,它不是一套僵硬的技巧。

建立出色倾听者的声誉有多重要?研究人员彼得·迈耶及其同事对高管晋升情况进行研究后,发现"成功晋升者最常见的特征,就是被视作愿意倾听的人"。耶鲁大学的本诺·施密特和美泰公司的吉儿·芭拉德可能也倾听了相关各方的声音,但对方没有觉得他们在听。

> 新想法很脆弱。某个人的一声冷笑或一个哈欠、一个笑话或一次皱眉,都可能扼杀它。
> ——查尔斯·布洛瓦,美国广告公司高管

那么,人们如何判断某人是否在倾听呢?他们会考虑这个人花费了多少时间倾听,是否针对听到的内容提问,是否会打断自己说话,其身体语言是否表示他在认真倾听,以及这个人是否根据听到的内容采取行动。

给予和获得反馈

简单来说,反馈就是"能回答'我表现如何'这一问题的任何信息"。最好的反馈能回答员工的问题,设定明确的期望,减少不确定性,鼓励期望的行为,帮助员工学习新技能,提升员工表现,它是教练的必要组成部分。

研究人员发现,虽然获得反馈是重要的发展机会,但管理者通常抗拒给出反馈。一项世界大型企业联合会研究发现,参与研究的欧美公司中,有60%"发现表现反馈不当或不足,是造成绩效缺陷的主要原因"。为什么管理者抗拒反馈呢?哈

佛大学教授师露·巴尔内斯认为：

> 组织中最大的问题就是过度谨慎。我们因为"不想伤害对方"而没有告诉他们怎样做才能让其行为更高效。最终，问题遗留下来，当人们被解雇、降职或突然获知自己对组织的价值不如自己所想时，受到的伤害更大。

如何在组织中推动有效的反馈？首先，要创建一个有利于反馈的工作环境；其次，要推广有效的反馈技能。

创建有利于反馈的工作环境

记住，如果员工觉得征求反馈的做法不会得到负面评价且有助于提升自己的表现，就会这样做。想要创建这种工作环境，要做到以下几点。

- 设定明确且可量度的绩效标准，使员工得以自己判断是否达到了绩效标准。
- 持续提供反馈，而不局限于在评估期间或有问题时。
- 找机会给予正面反馈。《一分钟管理者》的作者斯宾塞·约翰逊和肯·布兰查德称此为"抓住做好事的人"。
- 设定开明的基调。让员工明白给予反馈（不仅是从管理者到下属，也可以从下属到管理者，或者从同僚到同僚）是工作的重要组成部分。
- 确保组织的管理者和领导者是征求反馈和给予反馈的典范。
- 确保管理者了解有关潜在歧视、性骚扰或其他非法活动的反馈政策。给予（或不给予）这种反馈的方式有法律影响。
- 针对部门、行业竞争和行业绩效为员工提供持续反馈，从而从制度上建立反馈流程。可以采取公司内网的方式，让员工可以随时看到这一反馈。

推广有效的反馈技能

给予反馈。有效反馈的动力来自真诚地想要帮助他人、改进关系或为组织做出贡献的意愿。为了最大限度地提高反馈的作用，反馈应能让接收方理解和接受信息，并采取相应的行动。下述建议有助于提高给予反馈的效用。

- 选择适当的时间。总体而言，反馈在对方愿意听取时（不忙、不累、不沮丧）、接收方征求信息时及事情发生后马上提供才最有用。

- 选择适当的地点。有一条指导方针很有用（虽然不总是适用）：公开表扬，私下批评。但要记住，某些文化倾向于公开接受正面反馈，而有些文化倾向于私下进行。

- 采用适当的沟通风格。了解自己和接收方的沟通风格，调整信息以尽可能贴近对方的风格。例如，如果对方关注数据，提供反馈时就强调数据；如果对方喜欢着眼于大局，就强调对组织目标或更高利益的影响。

- 说明反馈的目的，以及它和组织整体目标的联系。例如，"我这个月收到了客户的两起投诉，想和你讨论一下。你也知道，客户满意度是公司为你们部门设定的前五大质量指标之一"；或者"我注意到你负责的板块对比上季度利润上涨了5%。鉴于利润率是公司重要的成功指标之一，我希望你能知道我非常感谢你及你下属员工的努力"。如果问题有些敏感，你也不知道该如何组织语言，可以坦白地说："我不知道应该怎么说，但我们应该讨论一下这个问题，因为……"

- 专注于主要绩效问题、接收方能处理的问题，每次只挑一两个问题。如果接收方要面对太多信息、与工作无关的顾虑或无法掌控的情形，就会感到更加失落。

- 内容要具体，不要宽泛。提供近期能观察到的事例。避免使用宽泛的表述，如"你总是"或"你从不"。不要将观点说成事实，不要将个人意见说成所有人的意见。

- 采取描述性而非评估性表达。如果可能，用图表来展示数据。这样做能为未来讨论提供"容易理解的对比基准"。例如，给对方看月度数据，然后说："正如数据所示，六个月前，客服部员工流失率最低的部门。但现在，这个部门流失率已经达到了整个事业部最高水平，并且已超过行业正常水平。"避免"糟糕"或"更糟糕"等能挑起对方防备情绪的评估性语言。例如，不要说"你们部门的员工流失率太可怕了"。
- 提供正面反馈，不要一味地批评。例如，"我注意到虽然员工流失率提高了15%，但客户满意度也上升了10%。你有什么看法？"
- 如果合适，描述自己的感受。例如，"我很担心客服部门留下不适合工作的名声，我担心最好的人才都不会选择在这里工作。"
- 检查接收方接收的反馈与我们想表达的意思是否一致。让接收方重述其听到的内容。
- 鼓励对方回应。提出开放式问题，如"你认为是什么情况""你认为要如何遏制员工流失"及"我能帮忙吗"。
- 给予对方反应的时间。如果对方变得防备或情绪化，允许对方做出反应。你甚至会因此而发现新信息，进而能更好地帮助对方找到有效的解决方案。
- 鼓励接收方向他人核实你的反馈是否准确。这只是你个人的印象，还是其他人也这么认为？
- 以鼓励性话语收尾。讨论组织将如何因接收方的改变而受益，并表示相信接收方的能力。让员工知道你愿意帮忙，并询问对方需要什么资源。这其中可能包括培训、设备、人员、信息或额外资金。
- 跟进反馈。留心接收方行为的变化并表示认可。避免坚持固有印象，而忽略其行为的变化。

最后，如果你给予反馈（尤其是负面反馈）的对象是组织中级别较低的员工，要注意对方可能对信息极其敏感。例如，你可能觉得该员工整体效率不错，但其中一个方面还有进步空间。而对方可能错误地将你的反馈扩展到其他方面，误以为你对他的整体表现都不满意。于是，他没有专心改善这一方面，而是决定另找工作，这样你就因为误会而流失了一个宝贵人才。因此，要能认识到职位的力量，帮助员工（尤其是职位比你低的员工）正确理解反馈。

接收反馈。有效的反馈是重要的发展机会，但大多数人都不会积极寻求反馈。原因可能是担心这样做会让人注意到他们的弱点，让他们看起来"不安、不确定或

> 只有两个人能告诉你真相——心平气和的敌人和真心待你的朋友。
> ——安提西尼

没能力"。研究人员苏珊·阿什福德和格雷格·诺斯拉夫特认为,这样的担忧并非毫无根据。在对中层管理者进行研究后,他们发现被认为表现出色的管理者征求反馈(尤其是负面反馈)时,他们的老板和下属对他们的印象变得更加正面。但被认为平庸或平均水平以下的管理者征求反馈(尤其是负面反馈)时,对方的印象会变得更加负面。这表明虽然后者也能通过负面反馈取得进步,但需要敏锐地考虑应如何获得反馈。

那么,你应该征求反馈吗?当然。获得反馈是不容错过的重要成长机会。记住,当寻求反馈时,你是在管理印象,也是在寻求能改善自身绩效的信息。很多人能提供有用的反馈,包括老板、同级、下属、客户、朋友和专业培训师。因此,要谨慎选择反馈提供者,多找几个人提供反馈。你还可以通过观察自己所处的环境来推断自己的绩效。例如,你可以关注客户或员工满意度调查的走势,关注大家找你帮忙或向你征询意见的频率与之前相比是多了还是少了,将自己的关键绩效指标和同级加以比较。

另外,记住谨慎选择征求反馈的时机。阿什福德和诺斯拉夫特警告称,如果你在尝试一项需要坚持的高风险任务时,应回避征求反馈,至少在一段时间内如此。他们认为,回避策略是"为了维持一定水平的自信,从而保证能将任务坚持下去"。

一旦决定征求反馈,下述建议能帮助你最大限度地利用反馈。

- 向你信任且对你真诚的人征求反馈。
- 如果反馈太宽泛("你干得不错"或"还有改善空间"),要求对方提供近期的具体事例。
- 即便听到批评也不要抵触、找借口或责备他人。认真倾听,让对方把话说完,尝试理解对方想传达的信息。即便不同意对方的反馈,你也能从中学到新东西。例如,你可能发现你需要更好地管理他人对你的观点,更加明确自己的需求或成绩,或者改变管理风格以提升效能。
- 对反馈不要反应过度或反应不足。要认识到自己可能反应过度,尤其在提供反馈的人是你老板或比你权力大的情况下。同样，如果提供反馈的人的级别比你低，你可能不会认真对待反馈。
- 一旦反馈结束，要总结对方的观点，从而确保你对要点的理解是正确的。要求对方提供（或共同制定）明确的绩效标准，让双方都能评估未来的绩效。感谢对方的担心和意见。
- 说明自己将针对反馈采取哪些行动，然后实施这些行动，评估这些行动对绩效的影响，之后让反馈提供者了解成果，尤其当你能证明自己的绩效有所改善时。
- 跟进反馈提供者，让对方了解你未来会怎么做。

多评估者反馈的效用

我们通常认为反馈是一对一的过程。但《财富》500强企业基本都会使用多评估者反馈，它们会花费数百万美元来执行多评估者反馈项目。最常见的形式就是360度反馈，对下属、同级、老板和他人（如客户和供应商）进行匿名问卷，以获取关于某个管理者各能力范围（如有效沟通、提供明确方向、表达关心和关注及激发创造力）绩效的信息。对人力资源管理者协会会员的一份研究表明，360度反馈几乎只用于管理者评估，最常用于高管及中上层管理者。

这种调查通常包含自我评估，以便管理者用来与他人的观点进行比较。研究人员发现最高效的管理者给出的自我评分更接近他人的评分，这说明了正确认识自己的能力和出色表现之间的关系。自我评分明显高于他人评分的管理者表现欠佳。另有研究发现，他人评分明显低于自我评分的对象，比评分差距小的对象认为反馈不准确和没效果的概率更大。还有研究发现，自我认知与他人认知之间的差距越大，被评分者认为反馈无效或因此灰心的可能性就越大。

组织领导者之所以愿意花费大量时间、精力和财力来开展多评估者项目，是希望帮助管理者改善工作绩效，进而提高组织业绩。这一假设从直观上看很有吸引力，同时基于若干其他假设。第一，由经常与管理者互动的多位人士提供反馈，可以更全面、更准确地评估其在能影响组织业绩的多个具体方面的表现。第二，因为反馈一般是匿名的且与其他来源相结合，所以有理由相信评估者会安心地诚实作答。第三，一旦管理者清楚他人对自己的看法，就会受到触动，从而改善自身绩效，进而提升组织利润。

360度反馈如果能被有效执行，管理者能借此了解自己在哪些方面表现出色、哪些方面仍需改进。一旦掌握了这种信息，管理者就可以朝着扬长避短的方向努力，进而为老板、同级、下属提供实现最佳绩效及达成工作目标所需的条件。研究显示，360度反馈能提供准确的反馈。还有研究表明，反馈接收者如果评分较高，则其在年评中得到的评分也更高，按客观标准整体表现得分更高（如工作效率和创收水平），而且对应的员工满意度和客户忠诚度更高、服务质量和薪酬更高、员工流失率更低。遗憾的是，研究人员发现，多评估者反馈推动管理者绩效改善的案例只占1/3～1/2，在其他案例中没有影响甚至是负面影响（无论管理者获得的评分高低）。虽然多评估者反馈有可能改善绩效，但这一点无法保证。这种干预手段能否成功取决于反馈接收者的特征及实施反馈流程的方式。

哪些群体对360度反馈做出积极、正面反应的可能性更小？研究表明，如果获得的反馈极其负面，人们就会心灰意懒，没有改变行为的动力。此外，多疑、愤世嫉俗、情绪不稳定及过于维护自我的人也会对反馈做出负面反应。如果接收者能做到下述几点，实现个人改善的概率就更大。

- 正面对待反馈流程。
- 方向性（如积极征求并认可反馈）和认真度（如有计划、可依靠、负责任、有条理、以成果为导向）高，对经验持开放态度，并视自己为持续学习者。
- 自我控制力强，相信个人改变是可能的。
- 在获得反馈后跟进评分者。
- 设定可实现的、有意义的自我发展目标。

如果你在组织中使用360度反馈，你要怎样做，才能提高360度反馈带来行为改变、业绩改善和利润增长的概率呢？

- 将评估标准设定为与利润相关的技能。
- 选择在恰当的时机开展360度反馈，以保证流程成功。例如，避免在员工抱着质疑的态度或组织正经历重大的、存在潜在威胁的转变时征求反馈。

- 让反馈提供者做好准备。解释清楚反馈流程涉及的内容，要求对方诚实作答，保证匿名性，让对方知道反馈的用途并解答对方有关流程的任何问题。
- 告知自我评估的参与者，提高分数并没有什么好处。温和地提醒对方，虚报分数会导致无法了解他人的看法，进而导致无法达到最佳绩效。
- 告知对方评分的用途。如果他们认为评估可以用来推进个人发展，而不和升职、加薪挂钩，就会给出更积极的反应。
- 帮助对方解读反馈。尽可能简明地解释，并强调具体技能（如"看起来员工希望你多放权"）而不是个人特征（如"你总管得太细"）。反馈的表述方式不要伤害对方的自我概念。你可以询问反馈接收者，反馈提供者是否说明了如果让自己做出最佳绩效需要他提供什么条件。例如，下属是否明确表示需要更多的方向、授权或针对工作绩效的反馈？
- 帮助反馈接收者制定一份以发展具体技能和可量度的结果为主的目标设定计划。计划重点集中在个体希望发展的方面。计划要尽可能简单。
- 提供相关技能方面的培训和发展机会（包括辅导）。
- 鼓励反馈接收者跟进反馈提供者，解释自己有哪些收获，以获得更多的意见和支持。
- 重复 360 度反馈流程，以确定是否有需要改善的地方。

能激励员工的管理语言

大量研究显示，管理者的沟通风格能影响员工的忠诚度、积极性、压力程度、工作满意度及工作绩效。有助于激励他人的管理沟通分为三类。

- **指引方向并降低不确定性**。使用能将员工职责和任务歧义最小化的语言，包括明确目标、任务、绩效标准及奖励。
- **建立关系**。运用能培养与员工之间情感联系的语言（如分享感受、表示关怀和担忧、表达赏识）。
- **创造意义**。使用能解释组织愿景、价值观、文化、结构、挑战和机遇（组织的工作、工作方式及原因）的语言、故事和个人示例，以便员工理解组织及其在组织中的位置。这种做法在组织进入新领域、经历变革或不确定时期时至关重要。

> 语言作为符号，在很大程度上决定了体验的性质和品质。
> ——索尼娅·约翰逊，《驶进客厅的船》

能在与员工的日常互动中运用以上三种沟通方式的管理者更容易建立能激励并推动员工实现最佳绩效的工作环境。专栏4-3的"激励性语言的等级"中的评估罗列了一系列问题，以帮助员工判断你的沟通方式能否激发团队最佳绩效（或者你的管理者的沟通方式能否激励你）。

专栏4-3

激励性语言的等级

下述示例代表老板与你（或你与员工）沟通的不同方式。选出最符合你情况的答案，每个问题只能选一个答案。

根本不符合	几乎不符合	有些符合	很符合	高度符合
VL	L	S	A	WL

能够指引方向并降低不确定性的语言

1. 解释我要完成哪些工作　　　　　　　　　　VL L S A WL
2. 指导我如何开展工作　　　　　　　　　　　VL L S A WL
3. 工作指示简单易懂　　　　　　　　　　　　VL L S A WL
4. 提供有关如何改善工作的有用建议　　　　　VL L S A WL
5. 明确指出要想得到奖励必须符合的条件　　　VL L S A WL
6. 提供有关如何解决工作相关问题的明确指示　VL L S A WL
7. 给出有关评估方法的具体信息　　　　　　　VL L S A WL
8. 提供能影响我个人工作的未来变化的相关信息　VL L S A WL

9. 提供能影响我个人工作的过去变化的相关信息	VL	L	S	A	WL
10. 分享有关组织业绩和财务状况的新闻	VL	L	S	A	WL

共鸣性语言

11. 表扬我在工作中的出色表现	VL	L	S	A	WL
12. 鼓励我努力工作	VL	L	S	A	WL
13. 关心我对工作的满意程度	VL	L	S	A	WL
14. 支持我的职业发展	VL	L	S	A	WL
15. 询问我的职业福祉	VL	L	S	A	WL
16. 信任我	VL	L	S	A	WL

能够创造意义的语言

17. 介绍组织的主要历史事件	VL	L	S	A	WL
18. 提供官方渠道无法获知的有用信息	VL	L	S	A	WL
19. 讲述组织中备受景仰的人物的故事	VL	L	S	A	WL
20. 讲述组织中努力工作的人物的故事	VL	L	S	A	WL
21. 建议我在组织社交活动中应如何表现	VL	L	S	A	WL
22. 建议我如何融入组织其他成员群体	VL	L	S	A	WL
23. 讲述离职员工的故事	VL	L	S	A	WL
24. 讲述在组织中受到褒奖的员工的故事	VL	L	S	A	WL

Source：Mayfield Rowley, Jacqueline, Milton Ray Mayfield, and Jerry Kopf. 1998. "The Effects of Leader Motivating Language on Subordinate Performance and Satisfaction." *Human Resource Management*，37（3）：235，248. Used with permission.

你是否能获知足够的坏消息

无法迅速、准确洞察问题的管理者"在当今日益复杂和快节奏的世界中"无疑将"面临不利条件"。高效的管理者可以通过那些愿意频繁地提供真实信息（包括坏消息）的员工来发现问题。但遗憾的是，员工通常不愿提供不利信息。

例如，早在比尔·克林顿总统任期伊始，政治分析家就表示"克林顿团队中没人有境界、有勇气、有意愿在总统判断失误时阻止他"。研究人员沃尔特·斯科特说："我们每个人都有傻主意。有人在我们将其付诸实践之前提醒我们，这是好事。"《财富》杂志的沃尔特·基希勒三世的表述更直白："高层不能孤立自己，或者只听下属唯唯称是。"

管理者无法从下属处获知坏消息的原因有很多。研究人员费尔南多·巴托洛梅解释说：

> 坦诚的基础是信任。在等级分明的组织中，信任有很多天然的障碍。受等级影响，权微者对揭露弱点、错误和失败极其小心——尤其在权重者有权评估并处以惩罚时。信任会避开权威，也会避开审判者。

> 当士兵不再和你分享问题时，就意味着他们不再接受你的领导。他们或者不相信你能帮上忙，或者认为你不在乎。无论哪种情形，都是领导者的失败。
> ——科林·鲍威尔将军

在组织等级制度下，员工倾向于报喜不报忧。即便最和气的老板也不一定能获得所需的坏消息。为什么？员工可能不想打扰忙碌的老板；可能因为老板喜欢听好消息、对坏消息过于敏感因而选择保护他；可能试图自己解决问题或希望问题会慢慢消失。或者，组织内部等级过于繁杂，阻碍了由下至上的沟通。最终，小问题发展成了大问题，最终让老板措手不及。

等级制度对员工行为有深刻的影响。因此，管理者必须积极地鼓励员工传达坏消息。最重要的就是建立愿意接受坏消息的名声。这样做需要时间，但是你可以通过下述举措加速它的建立。

> 这世上的诸多不幸，都来自迷惘和没说出口。
> ——陀思妥耶夫斯基

- **易接近**。周围不要布满阻隔。请员工吃早餐、午餐或晚餐。亲自造访员工工作区，并设定与员工沟通的固定时间。
- **好相处**。创建一个能让员工轻松吐露心声的环境、避免让人敬畏的环境。

- **身边聚集独立思考者**。很多组织都在提拔坚持现状、不挑战现有模式的人，即便他们有办法提升效率。那些因表现出色而不担心丢饭碗的人通常愿意提供坏消息，所以可以先问他们。
- **会议上鼓励独立思考和真诚反馈**。不要先给出观点；创建能确保所有观点都能得到表达的流程；设定一个"唱反调"的角色；时不时地提问"你怎么看？""有没有人发现或听说任何问题？""这件事会不会适得其反？""能不能从其他角度看待此事？"；公开支持那些表达反对意见或带来坏消息的员工。
- **为信息提供者保密**。不要辜负员工的信任。建立员工匿名提供信息的机制，包括意见箱、问卷、在线留言板及360度反馈。
- **不要迁怒于信息提供者**。很多员工从亲身经历中认识到带来坏消息可能被惩罚。如果有人告诉你坏消息，你应在大部分时间里保持聆听，不要说话。沃尔特·基希勒建议，管理者听到坏消息应该说三句话：能不能再多提供点儿信息？你认为我们该怎么做？谢谢你愿意告诉我。当然，之后管理者还要针对听到的内容采取相应的行动。

跨文化沟通

很多人都听过好笑的、尴尬的甚至代价高昂的跨国沟通错误。例如，可口可乐软饮料最初进入中国市场时，"瓶身上的汉字读起来像蝌蚪啃蜡"。而肯德基最初将"吮指美味"的宣传语引入中国时，被翻译成了"吃掉手指"。

在不同的文化下，即便同样的词语也可能表达不同的意思。我们经常听说"虽然英美两国都说英语，但这不代表两国的语言相同"。例如，如果美国人说希望"把想法放到桌上"，就意味着要暂时搁置，而英国人这样说则表示要马上处理。不同文化下手势和身体语言的意思也不同。例如，英裔美国人会通过眼神交流和使用"嗯""明白"等语气词来表示专心聆听。而在很多文化中，谈话通常并不涉及眼神交流或语气词。一个国家的人使用的手势（在美国常用于问候或"到这儿来"的手势）在其他国家可能被视作猥琐的表现。

> 任何语言都无法包含全部的人类智慧，也没有任何一种语言能表达所有形式和程度的人类理解力。
> ——艾兹拉·庞德，《阅读入门》

一位管理者这样描述他所理解的日本与北美国家在沟通风格上的差异："日本人永远不会多嘴。我们也一样，不需要像你们那样说那么多。我们说一个词，就会理解十个。而你们说十个，才能理解一个。"表4-1介绍了各国文化间最常见的沟通差异：低语境和高语境沟通。

表4-1　低语境和高语境沟通差异

低语境	高语境
信息主要由词语承载（"注意听"）	信息主要由非文字信号和情境线索承载（如地位）
沟通直接（"直奔主题"）	沟通不直接
沟通的主要目的是交换信息	沟通的主要目的是建立关系
冲突与人无关，能把人和问题分别对待	冲突更加个人化，保留颜面很重要
业务关系迅速开始和结束，不需要信任	业务关系慢慢建立，以信任为基础

高效的管理者增进跨文化沟通的方式，不是通过引用刻板的印象，而是关注沟通中可能出现的文化差异，这样做能表示尊重，避免误解，建立共同点。下述指导意见有助于在使用不同语言时增进跨文化沟通。

- 说清楚，使用广为人知的词语和短句，不要采用高人一等的态度。
- 避免难以理解的术语、行话、流行语和缩写。
- 避免嘲讽，谨慎使用幽默。不要批判民族或其他文化。
- 不要因对方的说话方式而评判对方本人或其观点。
- 做好功课，了解对方偏好的沟通风格，包括身体语言。
- 不要认为"是"和"不"是直接的回复。"是"可能表示"我懂了"或"我说是，是为了照顾你的颜面，但你应该能从我的身体语言中看出我实际上并不认同"。
- 学会破译沉默。
- 尽量灵活，尤其对时间，考虑关于节奏和守时的规范。
- 学会所要拜访国家的一些词语。

- 学会得当的问候。例如，学会正确读出对方的名字；明确他们希望别人用正式头衔、姓还是名称呼自己；判断他们见面时是否喜欢握手、鞠躬或其他问候方式。
- 如果不确定怎样的正式程度才合适，宁可太正式。初次见面要正式着装、严格守时。在某些文化中，要先问候位高者和年长者。不要询问个人问题。
- 注意重要的社交礼仪。例如，在某些文化中，人们希望开门见山；而在其他文化中，人们会先培养关系再谈生意。美国人把副驾驶座看作贵宾之座，而在日本则是后座更尊贵。
- 如有疑问，效仿来自其他文化的人。

造成沟通差异的原因不仅仅是文化。很多研究人员主张，男性和女性会使用不同的沟通风格，但有人认为这种差异很小，有人则认为很明显。例如，研究表明：

- 男性会直接表达，而女性会采用间接方式。换言之，男性可能说"明天把报告交上来"，而女性会说"明天能交报告吗？"，但两人都希望明天就见到报告。
- 女性沟通时更强调建立关系，而男性更看重提供信息和展开辩论。沟通研究人员黛博拉·坦纳将这一差异总结为"和谐对话"和"公事对话"。
- 女性倾听他人时给出的语言和非语言信号比男性多，如眼神交流、点头称是、微笑。而男性倾听时则没有这些信号。
- 男性和女性一般都不会打断男性，而男性比女性更容易打断女性，这一模式在儿童和成人中都存在。研究人员霍利·克雷格注意到，"这一模式不仅存在于同龄人对话中，男孩会打断和自己年龄相仿的女孩，也会打断成年女性"。
- 男性发送的邮件更容易包含中性或负面情绪，这会导致收信人的感受比他们想象中的更负面。

概括文化模式时，要注意这一重要告诫：我们的沟通风格和偏好是多种因素的综合结果，不只是国籍、性别或任何其他文化类别。性格、精力、训练甚至家庭情况，都会影响我们的沟通风格。例如，一位女士解释称："我们会提醒新朋友注意，我们家把对话当成竞技项目，想先喘口气的人就只能做倾听者。"

总结这些差异模式的目的不是要让你形成刻板的印象。男性和女性在对话中的共同之处明显多于差异（换言之，男性并非来自火星，女性也不是来自金星）。也就是说，要注意可能导致沟通误会的潜在差异，以便双方都能传达自己的本意。

文化、语言和权力

已故人类学家爱德华·萨丕尔曾说："总而言之，可以说语言的重要功能之一，就是不断向社会展示所有成员的心理位置。"换言之，我们通过在家庭、社区和工作场合的沟通方式传递并维系我们对阶层和权力的假设。

> 最后让我们记住的，不是敌人的话语，而是朋友的沉默。
> ——马丁·路德·金

我们在组织中可以看到这些假设变成现实，具体体现为有人发言次数更多，有人因理念而获赞，有人打断别人而有人被打断，有人的意见被认真对待而有人被忽视，有些说话方式代表信心和能力，而有些则不然。

改变我们的沟通方式是影响我们对权力和地位的假设的有力手段。当然，改变来之不易。例如，在20世纪70年代，有美国人质疑使用男性名词和代词统一指代男女的惯常做法（如"管理者应确保所有员工都定期与**他**沟通"）并推广性别包容性语言（如使用 chairperson 而不是 chairman）。研究人员温蒂·玛蒂娜注意到，推行无性别偏颇语言的努力遭遇了重大阻力。批判者将这种努力称为"热血女汉子"或"娘娘腔"。《时代》杂志称之为"女性主导"，一位专栏作家称之为"语言疯癫"，而哈佛大学的语言学教员称之为"代词嫉妒"。很多人辩称使用男性名词和代词统一指代男女只不过是一种语言习惯，没有任何排斥或冒犯的意思。使用"他或她"而不是"他"听起来就是别扭，而且"与传统相悖"。他们认为推广性别包容性语言的人过于敏感，对不公平和不平等的指控纯属无中生有。

但研究表明，使用男性名词和代词统一指代男女的行为确实能巩固那些导致不平等的文化观念（如认为男性比女性更应该成为管理者和高管）。例如，研究人员桑德拉·贝姆和达里尔·贝姆在一项针对男性和女性对招聘广告的反应的研究中发现，如果广告文本使用的是男性代词而不是无性别偏颇的代词（如"应聘者应有工商管理学位。另外，他还要有出色的沟通能力"），则女性申请传统观念中属于男性职位的可能性就更小。

除了可能滋生不平等，性别歧视语言还会导致歧义，尤其是考虑到越来越多的女性或男性进入之前由单一性别主导的职业领域。例如，"如今的商人/男商人（businessman）退休更晚"描述的对象不知道仅指男商人，还是也包括女商人。性别歧视语言有时候听起来很傻。玛蒂娜列举的例子很独到：

> 无名者不应被视作不存在。
> ——凯瑟琳·麦金农，《职场女性性骚扰》，1979 年

"痛经是导致（男性）人力（manpower）流失的重要原因"或"作为哺乳动物，（男性）人类（man）用母乳喂养孩子"这样的表述经常让人失笑。如果听到妇科医生因"服务于（男性）人类（fellowman）同胞"而荣获医学奖项，我们也要认真想一下才明白。

商业刊物和学术界正在越来越少地使用性别歧视语言。例如，美国大多数商业沟通教材、《哈佛商业评论》、《华尔街日报》、《纽约时报》、《快公司》杂志、《美国管理学会学报》、美联社、美国心理学协会及众多法律和文学期刊目前都要求使用性别包容性语言。工作上使用无性别歧视语言有什么好处？比尔·戴利和米里亚姆·芬奇在《商业视野》上的一篇文章中解释称：

无性别歧视语言强调角色和工作，而不是性别。管理层可利用摒弃性别差异这种有效方式来表达这些差异是不必要的，更是不恰当的。大多数员工，无论男女，都会认可这种公开的立场，并依此行事。无性别歧视语言还有助于员工充分发挥潜力……（因为）这种语言不会将知识、技能和能力与性别差异关联在一起。无性别歧视语言还有助于建立友好的工作环境……如果性别歧视语言广为使用，管理层就会误以为所有人都支持或至少接受这种做法。即便员工没有对此表达不满，也会间接地发泄情绪，如悄悄中断支持或合作。如果使用支持所有员工而非某些员工的语言，这种类型的反抗就可以避免。无性别歧视语言能团结而不是分化员工。

表4-2提供了使用性别包容性语言的指导。笔者注意到，很多读者（甚至大部分读者）已经在使用这种语言了，但还有很多人虽然想这么做，却觉得过于困难，因此希望能得到建议。另外还有很多人（你曾在电视上见过，或者读过他们的文章或著作）觉得性别包容性语言没有必要。对于后者，玛蒂娜指出，哲学家、心理学家威廉·詹姆斯曾说过一个新理念要经历三个阶段："最开始被批判为愚蠢至极；之后被认可是正确的，但很浅显且微不足道；最后被视作非常重要，反对者也会宣称这是自己发现的。"

表4-2　　　　　　　　　使用性别包容性语言的指导

不该做……	该做……
不要使用既表示"男人"又表示"人类"的词语来指代男女，如"让我们找到这项工作的最佳人选（man，男性）"	使用只表示"人"或"人类"的性别包容性语言，如"让我们找到这项工作的最佳人选（person，人）"
不要用"他"或"他的"这种统称来指代两种性别	● 使用"他或她"，如"所有员工都应该每天查阅他或她的邮件" ● 使用复数。例如，"所有员工都应该每天查阅他们的（their）邮件" ● 轮换使用"他""她"。如一段话中使用"他"，下一段中使用"她"。 ● 干脆避免使用代词，如"应每天查阅邮件"
不要使用表明性别的前缀或后缀，如"商人"（businessman）、"主席"（chairman）、"工作者"（workman）、"劳动力"（manpower）、"制造"（man-made）及"工时"（man-hours）	● 使用性别包容性前后缀，如"商人"（businessperson）、"主席"（chairperson）、"人工工时"（person-hours）或"工时"（work hours） ● 使用"员工"（employees）而不是"人力"（manpower），或"制造"（manufactured）而不是"制造"（man-made）等词语
不要将"man"用作动词 ["假期期间办公室也得安排人（man）"]	使用通用说法 ["假期办公室得留人（someone）"]
不要使用非并列语言，如"我要为大家引荐金先生（Mr.）和苏珊"或"我们今天和收发室的男人（man）和女孩（girl）一起吃午饭吧"	使用并列式语言，如"我要为大家引荐鲍勃·金和苏珊·帕克"或"我要为大家引荐金先生和帕克女士"，或"我们今天和收发室的男人们和女人们一起吃午饭吧"

续前表

不该做……	该做……
不要陷入对职业的成见，如"医生写处方时，他应该保证字迹清晰"	使用性别包容性语言，如"医生写处方时，医生应保证字迹清晰"或"医生写处方时，他们（they）应保证字迹清晰"
不要使用强化成见的修饰语，如"男秘书"或"女首席执行官"	使用适当的头衔，如"秘书"或"首席执行官"
不知道对方性别时，书信或电话留言的开头不要用具有性别偏颇的问候语，如"尊敬的先生"或"我想给史密斯先生留个口信"	使用性别包容性的问候语，如"尊敬的客户""尊敬的读者"或"我想给客服代表史密斯留个口信"

通过沟通实现动员

高效的管理者会通过创造意义来鼓励集体行动，而不是以制造恐惧的方式来动员员工冲破职责范围的局限。正如第 2 章中组织研究人员琳达·斯默西奇和加里斯·摩根所示，高效的管理者通过下述方式影响他人：

……以能提供可信的行动依据的方式建构经验，如组织、阐明和定义之前没说过或没说清楚的内容，创建愿景和意义以关注新方向，整合、挑战或改变现有智慧……组织中最容易被视作领导者的人，能超脱于形式结构，让组织成员感受到秩序感，即便他们每天都觉得每样东西从细节来看都有崩裂的危险。

创造意义对初入组织、经历变革或遭遇危机的员工尤其重要。高效的领导者如何激励他人？他们使用激励性语言、形象和故事。

使用激励性语言

研究人员比较了国际上魅力型和非魅力型领导者的讲话，发现前者在讲话中更多地提及以下内容。

- 共同的历史及过去到现在的延续。
- 共同身份认同，很少提及个人利益。
- 追随者个人和群体的价值与效能。

- 领导者和追随者的相似之处，以及对追随者的认同。
- 价值观和道德合理，很少提及实际结果和工具性合理。
- 远大的目标和遥远的未来，很少提及短期目标和不久的将来。
- 希望和信仰。

普杜大学研究人员辛西娅·埃姆里奇及其同事在研究总统措辞时发现，美国总统在重要讲话中使用的说辞越形象，其魅力和伟大程度评分就越高。研究人员解释称："能通过语言唤醒图像、声音、气味、味道和其他感官的领导者比只关注跟随者智力思维的领导者更能直接触及跟随者的人生经历。"通过调动跟随者的感官而不是思想，领导者的信息会更直接、更真实且更有吸引力。形象的措辞能吸引人们注意，帮助他们理解并记忆关键点，调动他们的情绪，因此更有效。但是，如果人们只使用"抽象、概念性措辞，就可能造成传达的信息'左耳朵进右耳朵出'，或者导致传达者陷入'感官剥离的状态'"。

想象一下马丁·路德·金 1963 年在华盛顿林肯纪念堂前发表的《我有一个梦》演讲，这是呼唤民权的华盛顿大游行中的基调演说。他没有说"种族主义不好，我希望下一代人能消灭种族主义"，也没有用幻灯片来总结以下要点。

- 种族主义不好。
- 我们所有人都置身其中。
- 让下一代人消灭种族主义。

但他提醒人们，所有人都应该以品格而不是肤色接受评价。他勾勒了希望各种族的所有孩子都能像"兄弟姐妹"一样玩耍的梦想。他表达了人们都对未来怀有这种"希望"的信念。

正如埃姆里奇解释的，金博士在演讲中也可以反复强调"我有一个想法"，但这样做能否赶得上使用"梦想"一词所产生的触动和历史影响，值得怀疑。在这一演讲中，金博士运用了强有力的措辞，包括勾勒未来的图像、提到上帝及听众作为美国公民共享的权利和责任，并将种族平等描述为共同希望。注意，他还使用了押韵、对称和反复等修辞方法，这些都有助于吸引听众和加深印象。

讲故事

故事的意义不仅是为了娱乐或逃避现实。我们讲故事、听故事，是为了理解世界及自己在其中的位置。故事能帮我们牢记过去，理解当下，创造未来。有些故事告诉我们自己是谁，或者能成为谁。有些故事告诉我们什么该做，什么不该做。有些故事帮我们让这个过于复杂的世界变得简单。还有些故事让我们可以超越日常生活的细节，感知这个世界有多么特别。《培训与发展》杂志的奇普·贝尔解释说：

> 我们在成长过程中听到的故事，决定了我们会成为什么样的人。
> ——钦韦祖，《20世纪非洲的声音》

> 人们都喜欢故事，既喜欢讲也喜欢听。真正的好故事能让篝火畅谈、鸡尾酒会和团聚变得有意义。故事能带来泪水和欢笑。好故事能带给我们同样的触动，并且让我们对生活、世界和自己都有了新了解。

高效的管理者知道大多数人很难记住事实和数据，却擅长记忆并传播有趣的故事。太多管理者和专业人士都想当然地认为事实本身就能激励人们采取行动。但斯坦福大学研究人员奇普·希思提醒，所有人都需要留心"知识的诅咒"（即臆断外行人能了解内行人的信息），因为它会妨碍我们采用让对方易懂的说话方式。

> 人们做决定时不需要事实。他们需要的是能带来心灵满足感的情绪，而不是一大堆事实。
> ——罗伯特·基斯·莱维特

学术人士的语言通常让圈外人难以（甚至无法）理解。例如，沟通领域研究人员黛博拉·坦纳在美国语言学学会年会上的演讲题目是《诱导、对话性与前文：会话话语的声音选择》。虽然坦纳传达的信息对我们的日常生活很有价值，但她使用的语言只有一小部分学者才能理解并认可。坦纳既能采用研究界的传统方式演讲和写作，也擅长对所有类型的听众讲话。她的畅销书（她在书中打破了知识的诅咒，将研究结果转化为所有人都能理解的语言）包括《对话朝九晚五：职场男女》《我不是这个意思：传统风格如何缔造或破坏关系》及《我这样说是因为我爱你：彼此成年时与父母、伴侣、兄弟姐妹和孩子的谈话》。

艾拉·M. 莱文是工作场所创新顾问公司的管理合伙人，曾任安永会计师事务所加州企业变革实施行动的负责人。他说，很多公司的愿景都被描述为"潮词、流行语和管理者语言……就好像车贴一样……稍加修改就能适用于任何一家公司"。他表示，如果愿景描述的是关于组织未来憧憬的简单故事，就更能打动人心。一些公司还用故事来开发并推广产品。巴塔哥尼亚在设计产品时会听取顾客的户外冒险故事。金佰利在了解家长教会学步婴儿便溺的故事后，发明了好奇拉拉裤，缔造了一个 5 亿美元的市场。Body Shop 的社会活动家及创始人、已故的安妮塔·罗迪克通过故事来向顾客展示公司的产品凝聚了社会责任，值得购买：

> 我们带着热情沟通——只有热情才有说服力。我们灌输并教授，教育并告知。但我们不会以卖货为目的培训员工。我讨厌高压的销售技巧，也讨厌每个人从店铺离开时都要买点儿什么的想法。我们更倾向于为员工提供产品有关信息、公司历史逸事及配方的故事，还鼓励他们分享自己如何加入 Body Shop 的趣事。我们希望和顾客展开对话，而不是恫吓他们购买商品。

故事为什么有效？故事是人类用以储存、理解及传递信息的"认知单元"。故事给了我们明确的开头、中间和结尾，因此能帮我们简化复杂的世界，在混乱中找到理性、秩序和可预见性。它们还能让我们得以表达原本无法诉说或理解的恐惧、欢乐和梦想。它们能帮助我们走进别人的视角，获得新认知。它们让我们相信我们看不到的东西，进而保留了这个世界的奇妙感和神秘感。故事之所以有效，一部分原因是它们能从情感上触动我们，而情感比逻辑更能影响我们的思维和行为。正是这个原因，使得我们即使知道"电影只是电影"，还是会被恐怖片吓到。

> 最令人痛苦的，就是心怀故事却无法倾诉。
> ——佐拉·尼尔·赫斯顿，《路上尘土飞扬》

鉴于故事对思维和行为的巨大影响，它们无疑在员工社会化、组织变革及公共关系中扮演重要作用。故事对描述和解释复杂情况尤其管用。虽然故事是人类理解和寻求动力的核心，但我们的正式管理教育会"去故事化"，这种文字上的巧合幽默作家已经注意到了。笔者最喜欢的一篇《纽约客》漫画描绘了在工作面试中面对面坐着的魔鬼和食尸鬼。魔鬼问食尸鬼："我要的是擅长折磨艺术的人。你了解 PowerPoint（可直译为'力量要点'）吗？"我们被引导着依靠事实、理论、数字、要点和执行摘要，逐渐忘记了故事在日常工作生活中的力量。在后续章节中，笔者希望能重新点燃读者在工作中讲述故事的意愿和能力。

创作有力的故事

最有力的组织故事能给员工提供信息，并激励他们采取行动。有力的故事不一定要复杂。实际上，有些好故事内容短小精悍。阿姆斯特朗国际公司创始人之孙大卫·M. 阿姆斯特朗表示："讲故事不需要工商管理硕士学位，理解故事也不需要。"思考下面这个在亚马逊公司流传的故事。

> 一位老妇人给亚马逊发邮件，表示自己虽然喜欢该公司的服务，但要等到侄子来才能把包装打开。贝索斯重新设计了包装，在为商品提供同等保护的同时，节省了拆包装的力气。

首席执行官杰夫·贝索斯常用这个一句话就能讲完的故事来强调"亚马逊无条件照顾客户要求"的重要性，以及亚马逊是"地球上最以客户为中心的公司"的个人理念。而 IBM 员工有时会提起前任首席执行官小汤姆·沃森的故事：

> 一位年轻高管的决策为公司造成了几百万美元的损失。被沃森叫到办公室时，他以为自己肯定会被开除。于是他一进办公室就说："我想在犯了一连串的错误后，你一定想开除我。"沃森回答说："不会，年轻人，我们刚花了两百万美元来教育你。"

沃森的故事体现了 IBM 对员工的承诺——员工只要能从错误中吸取教训，就可以犯错。这是真事吗？没人知道。很多有力的故事并不一定建立在可核实的事实的基础上。组织和社区一样，都有秘密。随着时间推移，故事的细节可能改变，有些部分被夸大，有些被遗忘。但如果故事寓意听起来很真实且与员工、顾客和其他各方相关，其精髓就会被保留下来。但一旦其寓意失去了真实性和相关性，故事就失去了力量。强大的组织故事应具备部分或全部下述特征。

- **简单**。听众不会被细节淹没。
- **相关**。故事主旨对组织成员有意义，能反映组织的理念、价值观或目标，或者能帮助组织成员理解复杂或混乱的情况。
- **包容**。所有组织成员都能在故事中看到自己的影子。所有人听了之后都能说"这讲的就是我们自己人的故事""这是我的故事""我也可以用这个故事取悦客户"。
- **实在、世俗，以行动为导向**。故事中有面临待克服障碍或待解决难题的主人公，有一系列与事件有关的因果关系，而且事件不断发展，有高潮和问题的解决，人们能从故事中发现对日常工作和生活有启示的寓意或道理。
- **情感化**。故事能从情感层面刺激、愉悦或触动听众。有力的故事不是按逻辑顺序串联的一系列事实。研究人员发现，最能带来情感触动（正面或负面）的故事流传得更广、更远。
- **出人意料**。它们能通过出人意料的转折让听众惊讶，吸引注意力并加深印象。
- **友好，不悲观**。即便悲伤的故事也应该给听众留下希望、欢乐或满足感。
- **宣扬独特性**。它们能让组织成员感受到组织及其成员从某种重要层面而言是特别的、不同的，如"我们是地球上最以客户为中心的公司""我们是最具创新精神的组织"、"我们帮助顾客的方式独一无二"。即便故事所描述的特征并不是组织独有的——实际上其他组织的故事也类似，它还是能让人觉得自己所在组织从重要层面上来说是独特的。
- **众口相传**。有力的故事足够有趣和重要，在组织内部被反复转述，还会流传到新人和外部人士那里。

什么样的故事能风靡？在人群中被迅速反复传播的故事有三个共同点。第一，故事越能触动情感，越会流传下去。第二，如果能让讲故事的人觉得自己在帮助他人，故事得到转述的机会就更大（如"我举例说明这家公司为什么是个不错/糟糕的工作选择"）。第三，有"引子"的故事得到传播的概率更大。例如，如果有人提到史蒂夫·乔布斯备受争议的领导风格，就会引发苹果公司的员工传播自己因其古怪的领导风格而受到威胁和启发的故事。

当斯坦福大学教授鲍勃·萨顿告诉人们他正在写《拒绝混蛋法则：建立文明工作场所及在非文明场所生存》（该书后来成为畅销书）时，很多人马上提到史蒂夫·乔布斯的故事。萨顿说："人们一听说我写有关混蛋的书，就找我分享史蒂夫·乔布斯的故事。硅谷人惧怕乔布斯的程度难以想象。他让人们觉得糟糕透顶，甚至想大哭一场。但他总是正确的。即便有时出错，他的创意想法仍然令人惊叹。"

讲述有力的故事

讲述好故事时要清楚自己想表达什么寓意，预测听众的反应，并利用修辞方法让对方能听进去。要想实现这一目的，需要做到以下几点。

- **清楚自己讲这个故事的原因，以及想表达的主要理念或价值观**。不应该让听众怀疑"主旨是什么？""为什么讲给我听？"和我有什么关系？"等。
- **清楚想带给听众的感受**。你希望对方担心竞争？对成绩抱着谦虚或骄傲的态度？结交组织其他部门的人员？面对危险时坚定、自信而灵活？善于适应改变？
- **了解自己的听众**。克莱斯勒前任首席执行官解释称："交流时要使用对方的语言。如果你擅长这么做，对方会说：'他说的正是我想的。'"调整主题或语言，让对方觉得"我们都置身其中"。
- **可信**。让人们相信故事合理，其内容反映的不仅是领导者或小部分人的观点，还包含跟随者和其他人的观点。
- **交代背景**。保证画面感，让听众能看到故事在脑海中铺展。（"五分钟后，我就要上台演讲，面对300名愤怒的听众。我紧张到手心出汗，却发现演讲稿落在了飞机上的行李箱里，而飞机已经返回新加坡了。"）
- **张力**。综合使用恰当的停顿和多样的手势，并模仿角色的声音或动作。慢慢铺陈到高潮或警句，制造神秘、激动、讽刺、幽默、愉悦或温暖的效果。
- **避免细节过多**。留给听众想象的空间。原则上在故事开头运用较多细节设定背景，然后随着故事的展开逐渐少用细节。思考要夸大和润色哪些内容，以及弱化或删除哪些内容。

- **不要过度解释**。故事要足够清楚，不需要解释故事的意义和相关性。
- **不要说教**。记住，最好的故事"不会告诉听众要思考什么，而是留下思考的空间"。

组织内部的故事和故事叙述是否真的如此简单？是，也不是。它们确实能简化复杂的世界，帮助我们表达组织价值观，在组织社会化方面发挥重要作用。但和组织生活的大多数方面一样，我们无法按自己的想法控制故事。

> 历史终将对我友善，因为我打算自己书写历史。
> ——温斯顿·丘吉尔爵士

研究人员发现，组织中会同时流传多个故事；这些故事并非都源自管理层和高管，也并非都有利于宣扬组织的理念、价值观和目标。另外，我们讲述的每个故事，无论措辞多么谨慎，都可以有多重解读，具体取决于听众（如阶层或文化）及特定背景，而且会随时间而改变。

研究人员大卫·博耶列举了以讲故事著称的迪士尼乐园不同版本的故事。迪士尼乐园的员工能讲出的关于沃尔特·迪士尼的故事，与公主和王子、巨人和小矮人的故事一样多。沃尔特·迪士尼的有些故事是迪士尼本人创作的官方版本，他在故事中将自己塑造成给数百万人带来欢乐的动画先驱；而员工讲述的一些故事，则将其塑造为抢占收入微薄的动画师创意的自大的"暴君"。

哪些故事才是真的？沃尔特·迪士尼公司是一个快乐的王国还是一个压抑的工作环境？沃尔特·迪士尼是否真说过"我爱米老鼠胜过任何女人"？如果真说过，这是他的真实感受吗？或者只是为了表达一种想法？我们可能永远都不知道全部事实；但我们知道，每个故事的寓意都是为了塑造体验，每个故事都可能夸大或剔除某些元素，多个故事组合在一起比单个故事展现的画面更复杂、更全面。要评定某个故事是真还是假，可以登录专门的调查网站：snopes.com。

聪明地听故事

上文讨论了如何通过讲故事赢得对方支持。本部分将讨论被好故事蒙蔽的风险。如果听到的故事措辞精巧，以赢得你的支持为目的，你如何判断是否应该支持故事表达的思想？加州大学研究人员金柏莉·埃尔斯巴赫对经常收到编剧宣传书的好莱坞制作人进行了研究。埃尔斯巴赫发现，呈现理念的方式比理念本身的品质更重要（这可能也是很多低级电视节目得以播出的原因之一）。

> 权力在很大程度上体现为能决定讲述什么故事。
> ——卡罗琳·赫尔布伦，
> 《书写女性的生活》

她解释说："我们都认为别人会按照我们的品德认真而客观地评判我们。但实际上，他们会急于将我们划入某个类别——他们以成见来评判我们……收到宣传书的人无法以正式、可核实或客观的手段来评估难以捉摸的特质——创造力……因此，（他们）从一开始就会采用一套主观且通常不准确的标准，从那一刻开始，他们就定下了基调。"换言之，好莱坞制作人在见面的几秒钟内，就已经评判出某个人是否有创意、可靠等。接着，制作人会基于自己的已有想法抱着开放或封闭的态度听对方介绍。埃尔斯巴赫提醒说，我们"应该意识到自己对已有想法的依赖。我们很容易被最终无法成行的宣传书所折服，也容易错过那些能让想法变成现实的创意人士"。

我们都很忙，经常要凭借有限的信息迅速做出决策。因此，我们很容易被好故事——以及对故事叙述者的已有想法所征服，转而支持没有价值的理念或想法不错但执行力欠佳的人。要想降低这一风险，可以采取以下几种方式。首先，你要能认识到自己很容易被故事叙述者的已有想法诱导。其次，如果发现自己被好故事、有魅力的叙述者或有吸引力的演讲所吸引，应要求对方提供支持其理念的数据，以及相关领域的经验证据，或者能证明他们曾经深入贯彻该理念的已完成项目。询问对方过去曾遭遇哪些失败和阻碍、他们从中学到了哪些教训，以此了解事情发展偏离计划时他们会采取哪些做法。要求和之前与他们共事的人对话。了解那些对成功、创意及职业精神抱有不同看法的其他人的观点。

检查清单：被低估的救命沟通工具

和故事的丰富性不同，检查清单是一种简化机制，在复杂的情况下尤其有用。

但是，大多数人都低估了检查清单的作用，将其归为无聊且不重要的例行工作。

内科医生彼得·普罗诺弗斯特是约翰·霍普金斯大学医学院的一位重症监护专家。他通过一项研究来评估医院用以降低感染和死亡率的检查清单是否有效。他很关注插管感染（因给病人静脉插管以注入药剂和营养液时操作不当而造成的感染）在医院里相当常见这一现象。普罗诺弗斯特制定了一个简单的五步法检查清单，用以确保护士和内科医生给病人插管时遵循固定的规程。这份清单包含下述步骤：(1) 用肥皂洗手；(2) 用氯己定（一种杀菌剂）清洁患者皮肤；(3) 病人全身用无菌罩覆盖；(4) 佩戴无菌口罩、帽子、外罩和手套；(5) 插管后，在插管区罩上无菌罩。

虽然这些步骤是医学界的常识，但普罗诺弗斯特发现内科医生跳过其中至少一项关键步骤的情况约占1/3，可能导致患者感染甚至死亡。一家医院采用这份检查清单一年后，11天感染率从11%下降到0%，15个月内只发生了两例插管感染。研究人员计算，在此期间，这份清单避免了43例感染和8例死亡，为医院节省了200万美元的成本。密歇根重症监护单位在采用这份五步走检查清单的18个月里，插管感染现象基本消失，挽救了1 500条生命，节约了1.75亿美元。采用这一检查清单的重症监护单位在降低因静脉插管不当导致的感染和死亡案例方面的表现好于全国90%的同行业单位。

检查清单为什么有效？因为在当今复杂的世界中，犯错是难免的，无论我们的教育程度和经验如何。它们有效，是因为它们能帮助我们记住要做的重要（通常无聊）事项；能帮助我们确保稳定的表现，避免因仓促和情况复杂而产生盲点；能帮助不同人员协调行动；能避免我们因无知（不知道怎么做）、笨拙（知道怎么做但忘了）和自大（认为自己很聪明，即便不按适当流程行事也没有问题）而犯错。

如果像检查清单这样简单的东西能改变医护工作、拯救生命，那么请试想，如果能妥善运用检查清单，将给工作带来多大的改善！

谈话与技术

1943年，IBM创始人汤姆·沃森声称："我认为全世界只需要5台电脑。"1977年，数字设备公司创始人肯·奥尔森预言"家庭不需要电脑。"1981年，比尔·盖茨说："640K可以满足所有人的需求。"事实证明，他们关于计算机技术对日常生活影响的预测是错误的。今天，75%以上的美国家庭能上网。在至少有一人拥有学士学位的美国家庭中，90%以上能上网。澳大利亚的互联网普及率刚过60%，欧洲国家刚过50%，拉美国家约为35%，中东国家约为30%，亚洲国家只有20%，非洲国家只有11%。从全球来看，2010年互联网家庭普及率接近29%。近3/4的千禧一代（1980—1995年出生的人）每天都在使用社交网站，而上几代中这一比例只有40%。

显然，通信技术正在显著地改变我们的沟通体验。例如，皮尤研究中心的一项研究发现，80%的千禧一代表示睡觉时会把手机放在床上或床边，而X一代（出生于20世纪60年代中期至70年代末的人）的这一比例是68%，婴儿潮一代（"二战"结束后，1946年初至1964年底出生的人）为50%。除了通信技术的日益普及，我们能通过越来越多的沟通渠道与越来越丰富的受众沟通。如果想说点儿什么，我们可以面对面交流，可以打电话、发邮件，使用聊天技术，发短信，或者使用Twitter、Facebook、Skype、次日送达的邮件或"蜗牛邮件"（传统的手写信）。

> 我们淹没在信息的海洋中，却缺乏知识。
> ——约翰·奈斯比特，《未来主义者》

这些沟通技术催生了"多重沟通"行为，也就是使用不同通信技术同时展开多组对话。例如，你可以一边打电话一边查阅电子邮件。多重沟通是否能提升效率？不一定。一方面，你可以查阅电子邮件以获得更多的谈话相关信息，电话另一端的人可能意识到你查阅邮件的目的是寻找相关信息。另一方面，你可能同时加入两个完全不同的对话，电话另一端的人可能好奇为什么你这边常有意外的沉默及少有社交提示（如"我明白"或"嗯哼"）。第一种情形能提高电话沟通的效率，因为你能迅速从邮件中获取相关信息。第二种情形可能导致效率低下、疑惑和失误，因为当你同时参与两个无交集的不同对话时，可能因此而分散注意力。想象一下：你是否希望内科医生在和同事讨论你的病情时进行多重沟通？这可能要取决于这名医生这样做的目的是寻找和你病情相关的更多信息，还是在同时使用两种不同的沟通媒体讨论两个不同的案例（或者在讨论你的病情同时规划孩子的足球比赛）。

毫无疑问，人们在通信技术如何影响彼此的社交联系方面有浓厚的兴趣。皮尤互联网和美国生活研究项目发现，使用手机并参与多种上网活动的美国人的核心社交网络更广泛、更多。此外，研究还发现互联网的使用对人们是否参与当地社区几乎或根本没有影响。实际上，研究表明上网用户去公园或咖啡厅的概率要比其他人高40%。研究还发现，研究对象觉得能与其"讨论重要事宜或将其视作生命的重要组成部分"的人员人数，从1985年到现在减少了大约1/3。但是，研究同时发现，这与手机和互联网的使用都无关（研究人员并未假设造成这一下滑的原因）。最后，研究发现，"人们将手机而不是固定电话作为与亲友保持联系的主要手段，但面对面的联系胜过所有其他方法"。

当前有好几种技术正在改变着我们沟通和打发时间的方式，但笔者在后文将重点关注电子邮件，因为它已经成了很多组织日常工作生活中习以为常的组成部分。电子邮箱之所以普及，因为其简单、好用、相对便宜，并且能为组织沟通保存书面记录。我们能同时发邮件给很多人，克服时间、距离和身残带来的障碍，在家（或在海边、山区或飞机上）灵活而高效地办公。

批评者认为电子邮件不一定只有好处，比如无限的信息导致信息超载；全天候的预期可能导致对员工工作时间提出不合理的要求；互联网运行的速度可能造成时间感扭曲。杰瑞·里福清表示：

> 电脑引入的时间框架主要以纳秒来量度时间，而一纳秒是十亿分之一秒。虽然我们能从理论上认知时间，但要想体验它是不可能的。人类对时间的管理在此之前从未超越人类意识。

沟通顾问大卫·安塞尔认为，互联网还让我们对地域产生了不真实感。他解释说：

只有经历 18 小时飞越一万英里到亚洲，在下飞机的一刻感受到迎面扑来的湿热的气息，你才知道自己到了异地，要进行适当的调整。但如果你坐在办公桌前发邮件，或者一拐弯走进视频会议室，你根本就没有离开自己的文化空间。

电子邮件引发的其他担忧更广为人知。大多数人都意识到，互联网为那些窃取公司机密的网盗，导致组织信息和沟通系统瘫痪的黑客，因垃圾邮件激怒网民并拖累计算机网络的电脑营销人员，利用公司提供的电脑和上网服务在上班时间购物、玩网络游戏、下载色情片、发送个人信息、物色其他工作或自己创业的网络偷懒者敞开了大门。《华尔街日报》报道，"纽约招聘网站 Vault.com 调研的 1 244 位员工中，90.3% 承认曾登录与工作无关的网站，其中一位受访对象将这一行为描述为'千禧一代的抽烟休息时间'。"

尽管使用电子邮件带来了风险和烦恼，大多数人仍看好其便利性和速度。和所有通信工具一样，只有慎用电子邮件才能发挥最大效用。

实现高效的电子邮件沟通的法则

法则 1：根据信息选择合适的媒体。如果想建立关系、影响他人或处理敏感话题，电子邮件不如当面沟通有效。信息越重要，面对面沟通也就越重要。

- 向个人、团队或大量受众传递或索取简单信息时使用电子邮件。
- 为实现功能性目的（如安排会议、发送日程或跟进行动方案）时使用电子邮件。
- 想保留沟通记录时使用电子邮件。
- 涉及敏感话题、复杂沟通、紧急留言或机密信息时不要使用电子邮件。

法则 2：考虑好再按"发送"键。发送信息之前，考虑如果信息被发布在公开平台、发送给错误的收件人或收件人转发给他人会造成什么后果。如果担心后果，那就采用更隐秘的沟通方式。

- 检查所有收件人。
- 在获得发件人允许之前，不要转发任何邮件。
- 不要给所有联系人转发笑话或励志信息。

法则 3：专业化。使用电子邮件传递信息迅速而便利，但可能导致滥用、草率或正式性不足的问题。为了克服这些问题，应做到以下几点。

- 谨慎传播。只发送相关邮件，不要过度传播。如果觉得大多数人都对信息感兴趣，可以选择在网上发帖。
- 简要。邮件主题应简要且目的明确。一封邮件只能有一个主题，并尽可能简短。使用短小的段落，如有必要，在每段设定一个标题以方便速读。
- 明确。使用常用语言。如果使用首字母缩写和行话要事先定义。避免使用缩写。明确自己要对哪封邮件进行回复。提要求时明确自己需要什么、需要的形式及时间。
- 注意风格。使用正确的语法、拼写和标点。发送之前认真阅读邮件。不要全都使用大写字母，以免让对方觉得你在咆哮。
- 尊重对方。如果不确定，宁可正式一点也别犯不够正式的错误。带着情绪回复邮件前认真思考。生气时不要发邮件。使用幽默时要谨慎，不要讽刺。不要发送或转发任何含有性别歧视、种族歧视、政治性或其他可能被他人视为不当的评论。
- 对电子邮件的情绪基调保持敏感。注意邮件的语气。研究人员发现，收件人可能将中性语气理解为负面语气。同样的研究还发现，收件人对带有负面情绪的邮件理解的负面程度比发件人以为的更严重。
- 注意文化。如果存在疑问，使用正式称谓。留意时差、工作时间和假期。照顾非母语收件人。不要想当然地认为各文化都使用相同的表情符号。例如，北美人使用:-)代表笑脸，而日本人（将表情符号称作 kao maaku，意思是面具）使用^-^表示微笑。
- 易接近。定期查阅邮件。让他人知道你查阅邮件的频率（如你是否会在晚上或周末查看邮箱）。尽快回复邮件。让别人知道你什么时候不在办公室，以及你不在时还可以找谁。
- 注意职权问题。记住，给下属发邮件时，他们可能曲解你的意思。例如，如果你在给下属的邮件里说"明天下午两点到办公室来找我"，对方可能担心这次会面的动机，即便你原本只想给对方一个升职或加薪惊喜。

- 使用签名档。列示你的姓名、职务及联系信息。

法则 4：条理清楚。

- 给想留存的邮件创建文件夹。
- 邮件读完后删除或存档。

法则 5：谨慎。

- 假设所有邮件都像明信片一样公开。
- 不要给任何人你的邮箱密码。
- 选用最好的杀毒软件并定期使用。更新软件以发现新病毒。
- 不要点击任何不认识的人发送的附件，它们可能含有病毒。
- 如果附件并不是发件人添加的（如幽默或连锁信）或邮件主题太笼统（如"附件内包含重要信息"），要小心附件。
- 不要回复营销邮件（垃圾邮件），否则对方就知道有人用这个邮箱。使用反垃圾邮件软件或通过互联网服务提供商勾选垃圾邮件。
- 在网上填写邮箱地址或个人信息时要慎重。查阅网站的隐私政策。
- 如担心隐私问题，可考虑删除"cookies"（网页在硬盘上留下的用以追踪你上网习惯的小数据文件）。它们虽然大多无害，但也可能带来隐私问题。注意，清除 cookies 可能导致一些网站无法使用。

法则 6：制定并发布电子邮件的官方组织政策。

- 明确电子邮件能用来做什么，不能做什么；员工能否发送个人信息、笑话和其他非工作相关信息；组织批准的传播政策（如使用布告板还是直接使用电子邮件）。
- 明确哪些互联网用途获准，哪些被禁止（如网购、玩游戏或浏览色情网站）。
- 告知员工组织是否监测电子邮件信息并监控网络使用情况。确保员工了解与电子沟通隐私相关的法律。当前，雇主可监控互联网使用情况，无须征得员工同意即可撤销并阅读员工未经雇主允许擅自发送的已保存和删除的信息。
- 告知员工违反组织电子邮件政策的后果。

法则 7：了解新技术。

- 软件开发商会定期开发新产品以解决与电子邮件相关的问题，包括"远程碎纸机"；能阻拦复制、打印或转发信息给他人的技术；不允许收件人将信息转发给组织局域网以外或许可名单之外的收件人。

参见专栏4-4和专栏4-5。

专栏4-4

管理语音邮箱的建议

1. 每天更新问候语。

● 包括姓名、日期及何时能给对方回电。

● 指导如何联系他人或给你发邮件。

● 请对方留一个简短的口信。

● 语速缓慢，吐字清晰，尤其在交代电话号码或姓名时。

2. 让对方知道你何时不在办公室、何时回来、他们在此期间可以联系谁。

3. 不在办公室时将电话直接转接给其他人。如果分身乏术，将呼入电话直接转到手机邮箱系统，它在电话铃响一声后就会启动。

4. 及时回电，如有必要，即便不在办公室也要查看信息。

5. 给自己打电话，注意听问候语是否明确、简洁，以及听起来是否友好而放松。

6. 不要过度依赖语音信箱以避免与人互动。

7. 在语音信箱留言时，应在致电前就准备好留言，做到留言内容全面且清晰简练，让对方知道你需要他在听到语音邮件之后做什么。记住，你的语音信息会影响对方的反应。不能让对方还得再找你要更多信息。交代你和组织的名称；表述致电的原因；告知对方你需要他做什么；所有姓名、电话及地址（包括电邮地址）都要放慢语速；重复一次；如有必要，提供相关信息的具体拼写。

8. 语音信息永远不要带有怒气或批评对方。记住，语音信息也可以被收信人转发给他人，因此要确保自己不介意他人听到信息。

专栏 4-5

员工在沟通中的反抗手段

员工总能找到巧妙的方式来抵制组织权力以行使自己的权力。看看下面的例子。

流行词"宾果游戏"

流行词在组织内被越来越多地使用。为表达由此产生的挫败感，有些员工在玩一种新的"流行词宾果游戏"。玩家首先绘制一个宾果表格（如 4×4 矩阵），在每个格子中填上常见的流行词。他们开会时会带上表格。如果听到会上有人使用某个流行词，员工就会看这个词落在哪个表格里，找到后在表格内画线。当水平或竖直方向所有表格都画线之后，表格持有人就会喊"宾果"！《培训与发展》杂志的比尔·埃利特解释说，这种游戏是"推广明确沟通的善意尝试"并"能增添乐趣"。他还表示，员工还会利用这一游戏来对抗对权力的不当使用。"流行词通常是一种沉默的权力货币：'我知道这是什么意思，但你不知道。因此，我比你更重要。'流行词有意排外……（而且）可以粉饰空虚。"

应急键和其他伪装手段

Dilber Web 等网站目前设置了"应急键"。当发现上司、同事或客户靠近时，用户可以点击应急键，之后屏幕上会出现假图表、新闻报道或其他看起来正式的假材料。

结　　论

组织沟通无疑会变得越来越复杂。当今的管理者必须与来自其他语言和文化的人沟通，团结不同的员工朝着共同的组织目标努力，并形成各种沟通媒体间的协同效应。虽然今天的管理者需要面对新的沟通挑战，但是沟通的基本道理仍保持不变,未来也将如此。员工仍然希望自己被听到、被理解、被尊重。他们希望知道自己应该做什么、为谁做、什么时候做好。他们希望了解自己应该怎么做,以及自己所在的位置。他们还希望在工作中寻求意义,感受到自己的时间和精力投入在有价值的事情上。

专栏4-6介绍了严肃对待组织沟通并借此实现组织目标的最佳做法。

专栏4-6

沟通中的领导艺术

研究人员玛丽·扬和詹姆斯·波斯特根据他们对以出色的员工沟通著称的十家美国公司的研究,总结了沟通中的最佳领导力实践。

1. **他们支持沟通**。他们经常亲自与员工沟通。作为沟通者,他们的成功不一定取决于他们的风格。一位高管虽然"面对电视镜头显得有些木讷",但因为愿意"经常亲自沟通,表现出愿意回答质疑、认真倾听并迅速对敏感话题做出反应"而获赞。

2. **他们有明确的员工沟通策略**。他们系统地综合运用不同的沟通方式,包括演讲、电视、在线视频、新闻栏、问答环节、电子邮件和网络直播。

3. **他们强调面对面的沟通,尤其在面对不确定性和变化时**。他们迅速而坦诚地沟通,即便消息出乎意料或不利。他们不仅会解释发生了什么事,还会交代谁、为什么、何时、何地及如何等要素。他们不会告诉对方应该对消息产生何种感受。一位管理者说:"告诉对方面对变化应该有何感觉这一做法太侮辱人了。"他们会支持不同的观点。

4. **他们会管理坏消息与好消息的比率**。他们确保自己能听到失败、失误及客户投诉。这种组织的员工知道好消息和坏消息同样重要。

5. **他们致力于双向沟通**。他们安排会议、非正式午餐和互动性网上会议,定期征求并奖励向上反馈,目的是掌握重要信息、倾听新理念、鼓励汇报坏消息。在最佳组织中,员工会使用这些沟通方法并认真加以对待。

> 6. **他们言行一致。**他们知道，如果员工发现管理者言行不一，就不会再听话了。
>
> 7. **他们了解自己的受众。**他们熟悉不同的员工团队、客户及其他各方。他们知道各方想获知何种信息，以及需要的时间和形式。他们会根据手头的需求和风格来调整内容和表述。
>
> 8. **他们分派与员工沟通的责任。**他们要求所有管理者经常亲自与员工沟通。
>
> Source：Adapted from Young, Mary, and James Post. 1993. "Managing to Communicate, Communicating to Manage: How Leading Companies Communicate with Employees." *Organizational Dynamics*, Summer: 31-43.

本章小结

沟通是管理者的实际工作。高效的管理者大部分时间都花在非正式和计划外的沟通上。这种沟通能让他们及时掌握信息、建立关系并为自己的主张寻求支持。

积极倾听指的是倾听以理解对方的观点，对对方的看法不评估、不判断。积极倾听包括专注地倾听、产生共鸣、表示接受、为全面性负责、保持真实。记住，积极倾听是一种开明而尊重的诚恳态度，而不是一套生硬的技巧。

员工希望得到反馈，以便了解自己的表现。反馈能回答员工的问题，设定明确的期望，减少不确定性，鼓励期望的行为，帮助员工学习新技能，提升员工表现。反馈是教练的必要组成部分。高效的反馈应能让接收方理解信息、接受信息并采取相应的行动。

管理者要能迅速、准确地发现问题，以便在事态恶化前采取行动。但员工通常不愿汇报坏消息。为鼓励员工分享坏消息，管理者要做到易接近、好相处，身边聚集独立思考的人，安排鼓励独立思考和真诚反馈的会议，为消息来源保密，而且"永远不要迁怒于信息提供者"。

高效的管理者知道如何进行高效的跨文化沟通。他们注意词语、表达方式、身体语言（如眼神交流是否合适）和沟通风格（如高语境和低语境）方面的差异。

很多研究人员发现，男性和女性的沟通风格不同。具体而言，他们认为男性比女性更直接；女性更强调建立关系，而男性更强调提供信息；女性在倾听时会给出语言和非语言信号；男人和男孩更容易打断女性和女孩。此外，男性的邮件内容在情绪上更加中性，但可能"被解读为负面情绪"。

沟通行为不断强化有关权力差异的假设。我们在组织中可以看到这些假设变成现实，具体体现为有人发言机会更多，有人因其理念而获赞，有人打断别人而有人被打断，有人的意见被认真对待而有人被忽视。改变沟通方式能有效地改变有关地位和权力的假设。很多管理者、组织和商业刊物都在通过使用性别包容性语言来打造一个包容的工作环境。

高效的管理者能认识到，通过创造意义来动员员工行动是其工作的重要组成部分。他们知道仅靠要点总结和执行摘要还不够。他们会使用有影响力的语言和有煽动性的故事来创建共同愿景、鼓励集体身份认同、激励朝向共同目标的协作和努力。故事很有效，因为它们既有说服力，也令人难忘。它们是人类用以储存、理解和传递信息的"认知单元"。另外，它们能帮助人类简化复杂的世界，管理含混和矛盾，在混乱中发掘秩序，关注他人的视角，并从中收获新认识。令人难忘并能激励人们采取行动的故事具备下述特征：简单、相关、实在、世俗、以行动为导向、情感化、出人意料、友善而不悲观、宣扬独特性。

广为流传的故事有三大特征：首先，越能触动情感的故事越容易传播；其次，要能让讲述者觉得自己是在帮助他人；最后，有"引子"的故事得到传播的概率更大。

检查清单是管理复杂情形的有效工具。它们之所以有效，是因为在当今复杂的世界中，犯错是难免的，无论我们的教育程度和经验如何。它们有效，是因为它们能帮助我们记住要做的重要（通常无聊）事项；能帮助我们确保稳定的表现，避免因仓促和情况复杂而产生盲点；能避免我们因无知（不知道怎么做）、笨拙（知道怎么做但忘了）和自大（认为自己很聪明，即便不按适当流程行事也没有问题）而犯错。

电脑技术，尤其是互联网，正在显著地改变着我们在工作中的沟通方式，并催生了"多重沟通"，也就是说人们会同时使用不同的技术与不同的受众沟通（如在参加电话会议的同时查阅邮件）。

电子邮件的优势在于简单、普及、划算，与会议或电话会议相比，它造成的干扰较小，而且能保留组织沟通的书面记录。因为电子邮件也会被滥用，所以高效的使用者清楚其优点和风险，并采取能提高邮件效率的做法。

思考题

1. 本章哪些内容对你最有用？为什么？

2. 根据本章介绍的个人策略，你如何提高自己的沟通效率？练习并留意你得到的好处和效果。

3. 高效沟通对个人和组织成功有何贡献？

4. 与人沟通时有意识地运用积极聆听。你有什么感觉？结果如何？对方如何反应？哪点你喜欢？哪点你不喜欢？

5. 回想一下对方没有认真听你讲话的情形，描述具体情况和后果。讲述你可以如何改善当时的局面。你从这种情形中学到了哪些道理，从而帮助你成为更好的管理者？

6. 想象柏特·布纳菲斯特是你的下属。柏特是网上图书销售商客服部门的主管。你从他的两位下属那里获知，这个部门的工作量在过去两个月内激增，给柏特干活儿越来越累、越来越难。他们还告诉你，柏特每周都有几天的午休时间超长，每周五还早退。他们表示对自己努力工作而柏特多休息的现状很反感。两人都很负责，但他们表示如果你无法解决这个问题，他们就会跳槽到竞争对手的公司。你觉得有必要针对员工的顾虑给予柏特反馈，并了解实际情况。你要如何与柏特沟通？

7. 观察团队会议或课堂讨论，记录自己观察到的沟通模式。例如，谁发言最多？谁最常被打断？谁最安静？谁能得到最认真的对待？人们如何表达观点？这些沟通模式是否体现了权力形态？这种模式可能造成什么后果？如果你是沟通顾问，你会提出哪些建议以改善团队或班级表现？

8. 与来自另一文化的成员讨论两种文化下的沟通差异。哪些差异最有趣？这些差异如何引发误解或阻碍效率？

9. 回想组织中流传的故事。这些故事的寓意是什么？是否有其他故事支持或质疑这一寓意？

10. 回想自己听过的励志演讲。你为什么觉得它励志？你是否因此采取行动？如果是，你采取了哪些行动？

11. 想象你是一名叫弗兰的管理者。你在查看邮件时发现了一封对方不是要发给你的邮件。某位员工不小心把发给同事的一封邮件抄送了你："你相信吗？克里斯不想干了。弗兰根本不了解情况，而且总是干扰我们。"你会不会告诉发件人你收到了邮件？为什么？如果你决定和发件人谈谈，你会怎么说？你还会采取哪些行动来处理这一状况？

12. 麻省理工学院的诺贝尔奖获得者罗伯特·索洛曾说："电脑无处不在，但它们不被计算在生产力数据里。"回想一下组织对电子邮件的使用。邮件如何提高了产能？对产能有哪些干扰？你如何提升自己使用邮件的效率？

13. 很多员工使用单位的网络进行购物、浏览网站（如园艺、婚恋或影评网站）、给亲友发送信息。这是放肆的"网络偷懒"，还是合理的"千禧一代的咖啡时间"？为什么？员工使用组织的网络来找工作或推广个人业务是否合适？为什么？

14. 思考哪种活动对复杂工作很重要，而且能用检查清单来帮助你和他人执行重要流程。这些流程有哪些？检查清单如何提升你和他人的效率？

第 5 章

获得并运用可持续且符合道德的权力和影响力

本章将帮助你：
- 定义可持续且符合道德的权力。
- 了解拥有可持续且符合道德的权力的人有哪些特征。
- 学会解读并适应他人的风格，以便影响不同类型的人。
- 学会如何运用（并抵制）六种不同形式的影响。
- 了解符合道德的组织政策如何提升组织效率。

"权力"是美国最后一个脏词。谈论金钱和性，都比权力要容易。

——罗莎贝斯·莫斯·坎特

第 5 章 获得并运用可持续且符合道德的权力和影响力

从出生时的第一声啼哭到临终遗愿和遗嘱，我们都在试图影响周围的世界。从学步时起，我们就尝试通过使用"不"这个词来行使权力。很快，我们发现，以微笑和赞誉（"你是我最好的朋友"）来影响他人效果更好。长大后，我们会通过自己的着装和谈吐给倾心的对象留下深刻的印象。成年后，我们要努力说服孩子完成作业，表现礼貌，步入大学；还要说服我们爱的人照顾好自己，说服他人以更低的售价将圆梦的房子卖给我们。搬进房子后，我们还会说服邻居不要在周日早上 7 点就开始用割草机打理草坪。

在工作中，我们要努力向招聘人员证明我们就是组织需要的人才。我们要说服老板向我们提供培训、指导和备受瞩目的任务，以帮助我们积累宝贵的经验并获得晋升、加薪等职业发展。我们要努力鼓励下属员工拿出最好的工作绩效，必要时不要局限于自身工作职责。我们还要努力说服不受我们管辖的同事和他人关注我们的想法，在需要时支持我们。

虽然所有人一生都在努力影响他人，但大多数人并没有花时间来学习获得权力和影响力的艺术与学问，其原因有三。第一，有人误以为只有有官衔的人（如管理者、董事、主事人、内科医生）才有权力，但其实有几种权力和影响力与组织中的正式职务无关。第二，有人没有意识到研究人员四十多年来一直在研究获得和运用权力及影响力的最佳做法。第三，有些人对权力抱着矛盾的态度，这种矛盾某种程度上是由于人们对权力的错误和狭隘的认知，他们认为权力天生有腐化作用。虽然也有滥用职权的案例，但也有更多以符合道德的方式运用权力进而改变个人、组织和世界的故事。

> 不是权力腐化了人，而是人腐化了权力。
> ——威廉·盖迪斯，作家、记者

总有人以不道德的方式获取并运用权力，但这并不妨碍你以道德的方式理解并使用权力。如果你回避权力和影响力，就相当于将这个世界置于滥用权力的人手中。实际上，哈佛大学教授琳达·希尔解释称，无权也有腐化作用。当权者能影响自己周围的环境，而无权者"注定被这一环境塑造和影响。我们经常听人说自己因为'没能力改变惯常的行事方式'，才'别无选择'地参与一些不道德行为"。

擅长影响他人的人受益良多，包括在工作中更快地实现更多成果、实现职业目标、享受更好的福祉，因为他们更能获得所需的支持和资源。而没意愿、没能力影响他人的人可能为欠缺影响技能而付出昂贵的代价。除了限制工作效率和事业潜力外，认为自己无法影响周边环境的想法也不利于身心健康。例如，研究人员发现，觉得自己能掌控最重要的人生目标的人更长寿。研究人员还发现，觉得无法掌控工作和工作环境的人倍感压力，罹患心脏病和对工作不满的概率更大。缺乏影响技能还会影响你的收入。例如，卡内基梅隆大学的管理学教授琳达·巴布科克在《华尔街日报》上发表文章称："忽视或搞砸一项谈判就可能遭受重大损失。22岁的女性在第一份工作的薪酬谈判中，如果无法在 25 000 美元的基础上再多争取 5 000 美元，到 60 岁就会损失 568 000 美元。"。

有些人天生就擅长推销想法，赢得他人的支持，在合适的时间出现在合适的地点。不过，那些没有这一"天分"的人也能掌握获得并运用权力和影响力的学问。本章会帮你学会有助于获得可持续并符合道德的权力和影响力的技能。运用这些技能，你能更好地实现对本人、组织、社区以及其他相关者重要的目标。你还能在工作和家庭中运用这些技能，无论你是管理者、个体工商户、员工、顾问还是小时工。本章末将讨论组织政策如何提升组织效率，以及如何以道德的方式参与政策以实现预期成果。

可持续、有道德的权力和影响力的基础

权力指的是个人或团队影响他人的态度、信念和行为，以争取对方支持个人或团队的重要目标的意愿和能力。简言之，权力能让人们得以影响周边环境并完成工

作。注意，只有在利益、目标或实现这些利益或目标的方式存在真实或潜在冲突时，才有必要使用权力。

虽然我们经常将一些人或团队描述为"有权力"的，但权力并不是个人或团队的稳定特征。

- 权力必须积极争取并不断补充。
- 一段关系中的权力是协商而来的。只有对方认为你有他想要或需要的东西，你才能掌控对方。
- 权力视情境而定。你可能在一种情境下有权，在另一情境下无权。例如，你可能在办公室担任负责人，但在进行根管治疗时要由牙医来掌控。

因此，为了拥有凌驾于特定时间、职位和地点之上的可持续权力，你必须掌握对方需要或想要的多种资源，了解获取他人支持的多种技能，并根据情况调整策略。

获取和运用权力的方式可以是符合或不符合道德的。符合道德的前提有以下几个。

- 明确告诉对方你要实现什么，以及为什么。
- 至少将他人和组织的利益放在与个人利益相当的位置上，适当时，要将他人利益放在个人利益前面。
- 尊重他人，公平管理组织政策和程序，不要滥用权力或剥削他人。
- 合理、开明地接受他人的影响。
- 以真实的支持性数据来支撑自己的请求。

我们为什么需要权力和影响力技能

很多人认为，只要每个人都专注于自己的工作并遵守标准的组织程序，能力最突出的人就会升职，最好的理念就会浮现，所有人都能彼此协作以便为了更高的利益执行最佳决策。还有人认为，组织决策一般源自对所有可得信息的理性分析，并得以系统地执行。但组织世界从未如此运行，未来也将如此。原因如下。

我们周围的环境日益复杂。 今天的组织及其运作环境如此复杂且飞速变化，以至于几乎没有任何岗位描述和组织政策能兼顾每个机会和问题。因此，严格遵守岗位描述和标准运行程序，将阻碍个人和组织更高效地利用资源以便最优质地实现重要目标。具有影响技巧的人，能在更短的时间内、使用更少的资源、承受更小的压力，实现更佳的成果，尤其在艰难时期。

人们的理性有限。虽然我们希望将自己视作理性的决策者，但所有人都"理性有限"，是"懒惰的信息处理者"。人类的思想无法吸收眼前的全部信息，记住学到的所有东西，从每个认知角度解读信息。更复杂的是，我们认为必须处理的信息数量不断攀升。劝导领域的研究人员罗伯特·莱恩提醒道："如今（我们信息处理能力方面）的负担是前所未有的。近期研究估计，一周的《纽约时报》承载的信息，比 16 世纪一个人一生吸收的信息还要多。"因为无法在制定决策前处理所有所需信息，我们常常：（1）"牺牲"——寻找凑合的答案，而不是最佳答案；（2）使用认知捷径来判断自认为该选择的路线。换言之，我们没有系统地收集并梳理所有相关信息，而是基于"我们之前怎么做的""谁最有经验""其他人怎么处理这一问题"及"我应该相信谁的建议"等问题来制定决策。这些认知捷径有时有效，有时无效。无论好坏，知道这些捷径的人会利用这一信息来表述自己的请求，以寻求通过捷径获取支持。

不确定性。在日益复杂的世界，我们无法预见采取不同行动路线的全部后果，也无法精确预测错失机会所造成的损失。即便我们掌握了制定最佳决策所需的全部信息，我们还是无法预测未来事件对决策后果的长期影响。拥有影响技能的人能让他人以支持其目标的方式来理解信息——即便关于未来的信息并不确定。

相互依赖。人们通常必须与他人共同制定和执行组织决策，但这些人的利益、观点、价值观、工作风格和目标都存在差异。虽然这些差异能激发创意、创新和更优质的决策，但也能导致误解、冲突和抵制。具有影响技能的人更善于将所有人团结在一起，朝着共同的组织目标协同努力。

资源有限。只有一部分项目能落实资金，只有一部分人能升职，只有一部分问题能进入组织领导者的考虑范围。因此，组织成员有时必须彼此竞争以表达自己的想法并赢得支持，以实现自己的组织和事业目标。具有影响技能的人知道如何彼此支持，以帮助更多的人和团队实现自己的目标。

简言之，我们需要了解如何影响他人，因为我们要在不确定的世界中与决策能力有限且有利益冲突的人（我们通常没有管理他们的正式授权）竞争有限的资源。另外，我们的岗位描述和组织政策也不足以支持我们帮助组织处理这个日益复杂和飞速变化的世界带来的所有重要机会和问题。

有权者的特征

具有可持续权力（凌驾于特定时间、职位和地点之上的权力）的人能以其行事方式说服他人，使对方相信自己的想法值得一听、有道理，应该得到支持。和战场或恶霸式的权力形象不同，具有可持续权力的人能意识到，他们无法通过积累或威吓的方式获得权力；相反，这些人获取并运用权力的方式是微妙的、充满尊重的。他们会关注其他人忽视的问题，从不同的角度审视局面，调整自己的行为以便在不同背景下获得成功，花费大量时间来理解并支持他人，让他人感受到自己的权力。一位管理者这样描述他的老板：

> 如果老板要求，我们大多数人都会光着脚从热煤上踩过去。他非常善于做意义非凡的小事。例如，他今天在垃圾邮件中发现了一则广告，介绍的是我的一个下属无意中提到要买的东西。于是，他直接把邮件转给了这位下属。虽然只用了15秒钟，但对方很感激。再举个例子，两周前，他听说采购经理的母亲去世了。当晚回家的路上，他就去了殡仪馆。我们的采购经理当时肯定在那儿。我打赌，他很长一段时间都会记得这次慰问。

上述例子说明，可持续权力是通过长时间微小却重要而真诚的举动积累的。虽然人们积累可持续且有道德的权力的方式各不相同，但也有很多共同之处。具体而言，他们都以成绩为导向，政策上有手腕，能力突出，有自我认知，有社交技巧，人际关系上能影响他人，交际广泛，且值得信任。

- **以成绩为导向**。他们以行动为导向，专注于实现自认为重要的目标。他们相信自己能影响周边的环境，并会制定相应的战略手段。

- **政策上有手腕**。他们知道获取影响力的策略,也愿意借助官方政策、程序及命令链条以外的非正式组织来实现自己的目标。他们游走于灰色地带,而不是非黑即白。凯瑟琳·里尔登在实用书籍《秘密握手:掌握商界内部的政治》一书中提道:"他们的世界并不能明确地区分可做或不可做,而是充满了无限可能的通道。"他们适应力强。虽然他们也在持续关注目标,但实现目标的方式非常灵活。
- **能力突出**。他们有能力、有经验,能出色地完成工作,也能履行自己的职责和承诺。
- **有自我认知**。他们清楚自己的风格、优缺点和在别人眼中的形象。他们会利用自我认知来理解自己能给他人何种支持,以及他人对自己的看法对其提供支持的意愿有何影响。
- **有社交技巧**。他们能敏锐地观察人类行为,具备扎实的社交能力。他们对他人的需求表现出真挚的兴趣和敏锐度。他们是出色的倾听者。他们知道要停下来开始倾听才能掌握信息、观察他人反应并了解他人的观点。
- **人际关系上能影响他人**。他们善于沟通,能结交各种人。他们讨人喜欢,知道如何让对方感觉舒服。他们愿意灵活地从他人的观点出发组织自己的请求,从而让自己的想法得到倾听、理解和支持。
- **交际广泛**。他们积极地与众多同事和有影响力的人建立互助型联系,以便相互支持。他们会利用这些联系来实现成果。
- **值得信任**。他们正直,这一特征能使他们建立信任,在工作中表现出色并具有当领导者的潜质。因此,他们被视作真诚而乐于给予的,而不是善于操纵他人和自私自利的。

致力于实现目标的人都可以采取相应的思考方式并掌握相应的技能,以帮助自己获取可持续且有道德的权力。本章接下来的部分将侧重于三种沟通技能:(1)读懂他人,并调整自己的信息,以获得理解和支持;(2)运用六种影响;(3)培养政治敏锐度。图5-1总结了这些影响策略。在阅读后文之前,想出自己希望影响的三个人,并确定希望对方做什么。在表5-1中写下他们的名字及你想让他们做的事。

接着，在阅读后文的过程中，写下能用以赢得他们支持的几条策略。

影响力技能

有道德的影响的基础

- 明确地告诉对方你要实现什么、为什么
- 至少将他人和组织的利益放在与个人利益相当的位置上，有时将其放在个人利益前面
- 尊重他人，公平管理组织政策和程序，不要滥用权力或剥削他人
- 合理、开明地接受他人的影响
- 以真实的支持性数据来支撑自己的请求

培养人际交往的灵活度：
- 调整自己的沟通风格，从而使不同风格的人更可能理解和支持你

使用六种影响形式：
- 报答
- 承诺和一致性
- 权威
- 社会认证
- 稀缺性
- 喜爱

培养政治敏感度：
- 使用个人资源（专长和过去的成果）
- 使用关系资源（有策略性拜访他人、与人沟通，以建立关系）
- 使用结构性资源（职务、自主权、工作重要性、网络集中度及合作）

有道德、可持续的权力和影响力

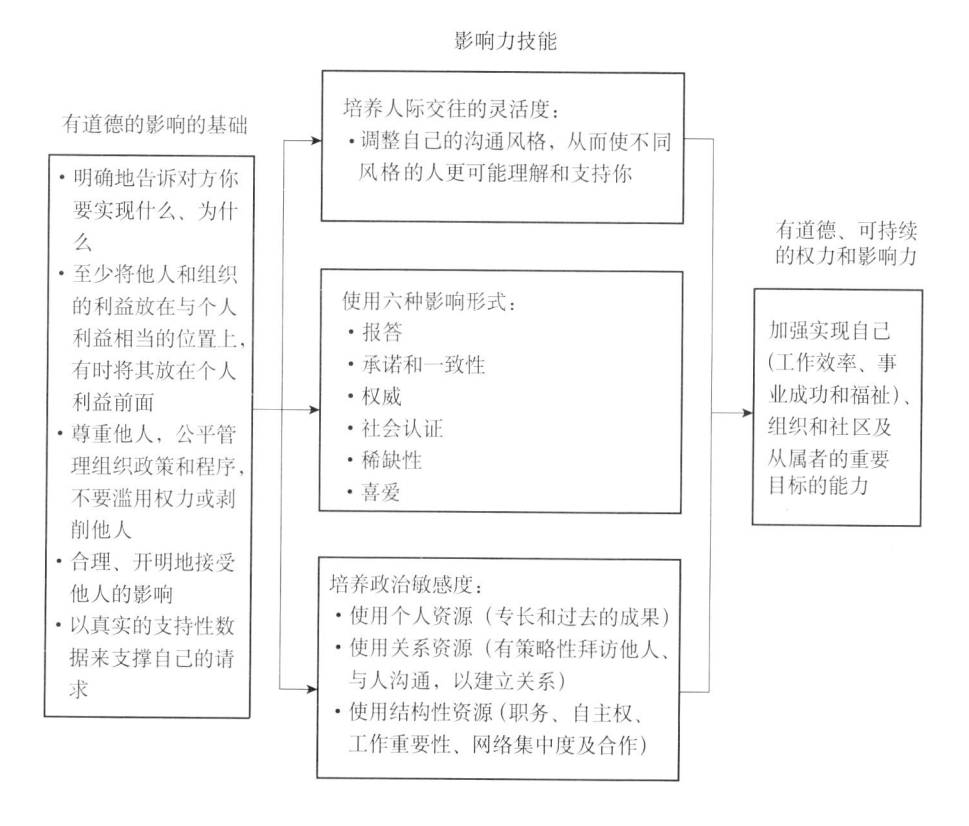

加强实现自己（工作效率、事业成功和福祉）、组织和社区及从属者的重要目标的能力

图 5-1　培养有道德且可持续的权力和影响力

表 5-1　　　　　　　　　　实施影响战略

你想影响的人	你希望对方做什么	可用于影响对方的策略
1		
2		
3		

培养人际权力：读懂他人的利益和风格并进行相应的调整

有影响力的人拥有成熟的社交技巧。他们喜欢观察他人，了解其行事背后的原因。他们明白看似无理的人可能只是因为目标、观点和说理方式不同。他们知道人们更愿意倾听、理解和支持自己信任的人和对自己好的人。他们通过求同存异，团结不同利益朝着共同的目标努力，并以他人能理解的方式表达心愿，与他人积极互动。

> 你能改变他人听你说话的方式。改变沟通的方向，能改变你的今天、明天，甚至职业方向。
> ——凯瑟琳·凯利·里尔登，《秘密握手》

本部分描述的模型，有助于你理解并适应不同风格，从而更好地实现互利目标。具体而言，你需要做到以下几点。

- 了解能鉴别四种不同类型行为风格的社交风格模型。
- 确定自己偏好的行为风格及其优缺点。
- 了解别人如何看待你的风格，以及这些看法如何影响他人支持或抵制你。
- 制定影响具有不同风格的人的不同策略。

社交风格模型

社交风格模型提供了一个理解自己和他人偏好的有效框架。这一模型假设：(1) 我们的行事方式都是可预见的、被忽视的，包括我们如何制定决策、与他人互动及解决冲突；(2) 如果我们了解自己和他人偏好的风格，就能避免因不同风格的人互动时产生的误解、冲突和挫败而引发的问题；(3) 如果我们以相互理解和尊重为基础建立关系，则影响他人的可能性就更大。

注：继续阅读后文之前，请先完成本章末的"社交风格"评估。

社交风格模型侧重以下两个维度。

- **果断型与探究型**：指一个人是强硬地迅速推行自己的理念（果断型），还是耐心地从他人或认真的数据分析中提炼观点（探究型）。

- **高反应型与低反应型**：指一个人是强调理性、客观和以任务为中心（低反应型），还是强调情绪表达、本能和关系（高反应型）。

从这两个维度出发，通常可将社交风格划分为四类：驾驭型（果断型和低反应型）、表达型（果断型和高反应型）、平易型（探究型和高反应型）和分析型（探究型和低反应型）。表 5-2～表 5-6 介绍了每种风格的共同特征、各风格的潜在优缺点、他人对各风格的看法及不同风格的人在压力下的反应方式。表 5-7 描述了针对各风格的影响策略。使用社交风格以便更好地了解自己和他人时，要牢记下述几点。

- 人们思考和行动的复杂程度，是社交风格模型（及任何相关模型）无法囊括的。
- 风格描述应作为了解行为和建立互助关系的指导，而不是用以根据成见将人们划分为僵硬而简单的类型模板。
- 各风格之间无好坏之分。所有风格都包含重要的观点和技能，以及盲点和局限。
- 每个人都会在不同时期使用四种不同风格。但我们更倾向于某种风格并最常使用它，尤其在处于压力下。
- 一个人的社交风格会随时间变化。
- 成功人士会尊重并善用各种风格的优势。
- 每个人都能学会如何更灵活地使用四种风格。

表 5-2　　　　　　　　　　各社交风格的总体特征

分析型	驾驭型
强调事实、数据和程序	强调目标和利润
有条理	果断而直接
系统、有逻辑、客观	鼓励冒险
谨慎、细致、自律	喜欢竞争
保守	欠缺耐心
有保留	使用公事对话（事实和信息）
使用公事对话（事实和信息）	说话快，爱打断人

提出问题	关注内容而非风格
谨慎措辞	使用大胆的手势和直接的眼神接触
关注内容而非风格	身体前倾，声音可能较大
使用的手势和面部表情有限	可能不会夸赞他人
决策小心而缓慢	可能正式
可能要求正确	可能不喜欢别人告诉自己做什么
平易型	表达型
强调合作	强调未来的积极愿景
善于倾听，平易近人	热情、精力充沛，觉得万事皆有可能
使用亲切对话（建立关系）	使用亲切对话（建立关系）
努力发掘他人的视角	喜欢思考时说出来
有共鸣	乐观、情感炽烈、随性
提问	鼓励创新和冒险
希望包容所有人	爱社交、爱玩乐，和大多数人相处融洽
偏向共识	身体前倾，使用大胆的眼神接触
喜欢例行公事	使用生动的手势或面部表情
通常安静、慢节奏、沉稳	语速快
随和而谦虚	表达情绪和顾虑
使用开放而从容的手势	喜欢成为焦点
可能不会直接给出表述或意见	喜欢泛泛而谈
可能避免制定重大决策	可能不会寻找数据来支持直觉

表 5-3 各社交风格的潜在优点

分析型	驾驭型
有计划	积极主动
善于分析	迅速完成

有条理	屏蔽干扰
保证准确	专注成果
坚持原则	果断
遵循流程	
平易型	表达型
相处融洽	激发热情
倾听他人的心声	公开演讲
提供服务	建立联盟
耐心而可靠	赢得支持
赢得信任和合作	激发想法，形成突破性解决方案
履行承诺	

表5-4　　　　　　　　　　各社交风格的潜在缺点

分析型	驾驭型
可能看不到大局	可能不耐烦
可能想当然地认为数据自己会说话	可能过于独立
可能在细节上花费太多时间	可能觉得自己的答案最好
可能有不合时宜的完美主义倾向	可能低估建立关系的必要性
可能做决定很慢	可能太吓人，以至于人们因惧怕而从命，必要时也不愿汇报坏消息
可能不愿分享信息	
可能低估建立关系的必要性	
平易型	表达型
可能总是犹豫	可能没有条理
可能无法有效使用时间	可能冲动或不可预测
可能做决定很慢	注意力持续时间可能很短
可能太依赖人	可能有拖延症

可能难以表达意见或异议	可能忽略数据和细节
可能被果断型人所利用	可能根据过少的信息进行概括和归纳
可能承诺太多	可能低估执行现实
	可能不遵守时间期限

表 5-5　　　　　　　　各社交风格压力下的潜在行为

分析型	驾驭型
回避	好斗
爱挑剔	可能专横而有控制欲
偏执，沉迷于细节（分析麻痹）	可能喜欢叫嚷，但咆哮可能比进攻可怕
可能追求过度完美	可能忘记初始生气的原因
平易型	表达型
回避	好斗
可能隔绝自己或寸步难行	受到质疑时可能反击
可能被动地等待他人主导事务	可能不可预测
	可能跟太多人说太多话（言多必失）

表 5-6　　　　　　　　各社交风格在他人眼中的缺点

分析型	驾驭型
挑剔	独裁
犹豫	鲁莽
慢性子	不可预测
爱说教	霸道
古板	害怕，让人难以亲近
太爱批评	不感恩，不敏感

平易型	表达型
过于顺从	不自律
不确定	冲动
欠缺独立思考	自大
过于优柔寡断	爱操纵人
过于情绪化	肤浅

表 5-7　　　　　　　　　　针对不同社交风格的影响策略

分析型	驾驭型
动力来源：通过准确、精确、一致性和关注过程来获得控制感和安全感	动力来源：权力、控制、胜任、成就、获胜（第一名）、独立、竞争、改变、正确、结果、行动、升职、加薪
惧怕：失控、批评、突变或无法掌控的变化、尴尬、错误	惧怕：不是第一，被视作"软弱"，被占便宜，陷入常规，不遵守期限
不喜欢他人的特质：缺乏可预见性、不实主张、欠缺条理、情绪过度	不喜欢他人的特质：缺乏动力、软弱、犹豫、无作为
影响方式：正式、系统、细致、直接、精确、有条理；提供事实、数据和示例以支持主张；解释做事方式；表明计划如何契合现有政策、实践和程序；征求对方的意见；关注流程；安排额外的会议实践；支持个人原则；解释需要加速的原因	影响方式：果断、指示、控制、自信、高效；强调即时行动和可衡量的结果；解释需做什么；支持个人优先权；关注未来的胜利；安排短期的、直接的会议；被视为取得成效的人
为获取成功需由领导者提供的条件：提供截止日期；将大型项目分解成小步骤；适当地重新调整蓝图；在强调日期流程的重要性的同时，强调速度和取得成果的重要性	为获取成功需由领导者提供的条件：即使对方未要求提供，也要提供公正的反馈；不要在意别人的苛责（他们过于简单而不够圆滑）；适当地与他人合作的同时保证独立性；在强调速度和取得成果的重要性的同时，强调关系和流程的重要性
平易型	表达型
动力来源：归属感、接受、参与、稳定、安全、关注过程	动力来源：意义、梦想、积极变化、改变、人气、认可、声望、赞誉、掌声、批准
惧怕：冲突、被人厌恶、突变、风险	惧怕：丧失威望、无法见证行动、隔绝、被人厌恶、公开羞辱、陷入常规

不喜欢他人的特质：迟钝、不守承诺、咄咄逼人、挑衅、冲突制造者	不喜欢他人的特质：缺少热情、无视价值观/人才、唱反调、悲观、缺乏愿景
影响方式：友好、平易近人、具体；温和地推进；解释原因；表现出对人和感觉的关心；支持参与的需求；专注于决策流程	影响方式：激励、热情、有创意、启迪、乐观、灵活；解释还需要谁加入；支持者的期望和成就；注重结果；关注情感和遥远的未来
为获取成功需由领导者提供的成功条件：提供展示主动性的机会；设定明确的可交付成果和最终期限；提供时间管理方面的帮助；在强调关系和流程的同时，强调速度和取得成果	为获取成功需由领导者提供的条件：提供结构和规矩；设定明确的可交付成果和最终期限；在强调愿景和突破性想法的同时，强调流程（关注细节和数据）

这几个表有助于理解各风格的优缺点、他人对各风格人群的看法，以及可用于影响各风格人群的策略。读完所有表后，回到表5-1，看看自己如何描述要影响的三个对象各自的社交风格？根据你对社交风格模型的了解，写下可用于影响每个对象的策略。记住，人们会给出相应的线索，暗示他们怎样才会被影响。如果你能花时间寻找这些线索，你影响他人的成功概率就会更高。例如，你可以提出问题（如"你认为组织内部最重要的问题有哪些？你认为我们应该如何解决？"），观察对方的反应（包括身体语言），并认真聆听他们说话的方式。你可以关注他人说话的内容及他们在会议上的互动表现，可以观察他们如何组织演讲内容（是强调愿景、业绩、数据还是人才），还可以请了解你要影响的对象的其他人来描述他们的风格和偏好。了解自己和了解他人同样重要。因此，你可以使用社交风格模型来挖掘自己的优缺点，看看哪种策略对自己有效、哪种无效，哪种环境能激发你的最佳表现。如果你好奇他人对自己的看法，也可以请其他人以你为目标完成本章末的社交风格评估，以便帮你了解你的自我认知和他人的看法是否一致。

使用六种普遍形式的影响力

虽然人类在很多方面都不同，但其基本需求相同。如果能认识到这些共同需求并帮助人们满足这些需求，成功影响他人的可能性就更大。社会心理学家罗伯特·

西奥迪尼在查阅了数十年的研究后得出结论，"只有以可预见的方式诉诸根深蒂固的有限人类动力和需求，劝导才能发挥作用"。在见解深刻且实用的《影响力》一书中，西奥迪尼归纳了能超越性格和文化的六种普遍形式的影响力。

- 互惠：人们觉得有义务回送从他人那里获得的礼物、恩惠和帮助（他人若投我以桃，我将报之以李）。
- 承诺和一致：如果人们觉得某项请求符合其之前做出的承诺（尤其是公开或书面承诺）或者采取的行动，就更愿意应允。
- 权威：人们倾向于听从被视作权威和专家的人。
- 社会认同：当人们知道有其他人支持某个观点时，他们就更愿意支持这个观点，尤其当他们发现其他人和他们很相似时。
- 稀缺：人们想得到在其看来独特、稀少或有限的东西。
- 喜好：人们会支持自己喜欢的人。

西奥迪尼解释称，这些形式的影响力之所以有效，是因为作为认知捷径，它们能帮助我们绕过益发复杂而代价高昂的决策过程。正如前文所述，我们无法为每个决策搜集全部所需信息，也无法从每个可能的角度解读搜集的全部数据。因此，我们使用认知捷径来帮助自己做出日常的大小决定。例如，对方上周帮助了我们，所以我们也会帮助他（互惠）。我们每年都向同一个慈善组织捐款（承诺和一致）。我们购买某品牌的牙膏，因为广告里说，90％的牙医都推荐这款牙膏（权威）。我们同意一个高成本提案，因为会上每个人都似乎赞成（社会认同）。我们因为"限时抢购"而买下某种商品（稀缺）。我们选择某位内科医生，因为我们信任的人推荐了她（喜好）。

我们在特定情形下更容易使用认知捷径。这些情形包括：我们感到困惑、不确定、惊讶；面对的信息过多或过少；承受压力；我们相信对方需要我们的支持。西奥迪尼提醒我们，今天人们对认知捷径的使用程度是前所未有的。他解释称：

> 有证据表明，现代生活越来越快的节奏和信息拥挤在未来将导致这种欠缺考量的情形变得益发常见。可能问题太复杂，时间太紧张，干扰因素太强，情绪激发太炽烈，或精神上过于疲劳，以致我们的认知状态无法让我们深思熟虑。

西奥迪尼补充说："所有这些因素带来了一个令人不安的预见：人类这一物种利用复杂的脑力工具称霸世界，我们建立的环境如此复杂、快节奏、信息泛滥，以至于我们反而越来越需要以动物（我们在很久之前已经超越了它们）的方式来处理问题。"

"触发因素"会启动这些认知捷径。"白大褂"这个触发因素会让我们相信对方是科学家，是可信的专家，进而更愿意满足对方的要求。听到某本书上了畅销书排行榜，或者看到了推荐书评，我们就会受到触动把书买下来。毋庸置疑，那些了解这些触发因素的群体比不了解这些触发因素的群体影响力更大。

要注意，即便简单而适宜的用词也会触发遵从心理。心理学家埃伦·兰格及其同事在试验中要求研究对象使用不同的用词策略在复印机前插队。有些人说："抱歉，我只有五页纸，可以先用吗？因为我很急。"排队的人中有94%会同意。有些人说："抱歉，我只有五页纸，可以先用吗？因为我需要副本。"在这种情形下，93%的人会同意，即便要插队的人并没有给出具体原因。只是因为使用了"因为"这个词，即使没有给出真实原因，似乎就能触发人们遵从的行为。注意，如果研究对象没用"因为"一词，只有60%的人会答应他先使用复印机。兰格及其同事解释说，面对某些触发因素，我们通常盲目地做出反应——就好像自动驾驶仪一样。而理智则意味着我们在行动前要先思考，而且以复杂的方式思考。

自动对认知捷径做出反应通常没问题，但有时也会造成问题。如果你了解这六种普遍形式的影响力，并且留意触发它们的因素，你不仅能更有影响力，而且面对他人施加的影响，也不会轻易地沦为自动驾驶仪或首选目标。

> 你应该思想开明，但也没必要开明到丧失智慧。
> ——雅各布·尼德曼，哲学家

有些读者认为自己善于抵制他人的影响。如果你也这样，请牢记研究人员的发现——觉得自己不容易被影响的人可能更容易受影响，因为他们不太防备。他们经常误认为人们在试图影响他人时是明显而莽撞的，并没有认识到高效的影响者会采取不易察觉的间接方式。广告评论家琴·基尔孟表示：

几乎所有人都误认为自己不会受广告影响，广告不会影响他们的态度，也不会定义他们的梦想……我在全国讲课的过程中，最常听到的就是"我不会关注广告。我会直接关掉……所以广告对我没影响"。当然，最常这么说的是戴着百威帽子的年轻人。

本章后续部分将更详细地介绍六种普遍形式的影响力。你将了解它们如何发挥作用、使用各种形式的具体策略，以及避免不经思考就听从各影响策略的应对策略，以便决策时更深思熟虑。在阅读过程中，回顾表5-1，写下可用于获得三个影响对象支持的其他策略。

注意，每种形式影响力的使用方式都可能是道德或不道德的。有道德的劝导者会自问："我如何真实地以更容易获得他人顺从的方式表述自己的观点能带来的真实好处？"他们不会提供虚假信息或故意夸大好处，不会伪装成权威或专家，不会虚伪地吹捧，不会随便承诺。记住，不道德地运用影响力或许也能达成短期目标，但长期看会影响个人及所在组织的信誉。正如西奥迪尼所说："时间会治愈一切。"

互惠原则

简单来说，互惠原则就是：你给了我什么——帮助、恩惠、信息、礼物、支持、让步——我会觉得有义务给予回报。你今天帮我买午餐，我觉得将来也该给你买；你送了我生日礼物，我觉得也该送你；你送了我节日贺卡，我觉得也该送你；你邀请我的孩子到你家里做客，我觉得也应该邀请你的孩子来家里；你在今天的会议上支持我的观点，我觉得在之后的会议上也应该支持你的观点；你应要求向我提供信息，我觉得在你要求时也应该给你信息；你参加我主办的活动，我觉得也应该去参加你主办的活动；你在协商过程中做出了让步，我觉得我也应该让步。

> 如果你不参加别人的葬礼，你的葬礼也不会有人来。
> ——尤吉·贝拉，名人堂棒球选手，纽约大都会队前任经理

因为所有文化都遵从互惠原则，所以研究人员认为它在某种程度上基于一种普遍的生存本能。只有人类相互合作并在需要时彼此帮助，个人和社会才能存活下去。因此，我们之所以愿意支持他人，是因为长远来看，当我们有需要时会（有意

识或无意识地）依赖他人。已故哲学家埃里希·弗罗姆解释说，人类相信并认可"所有人都需要帮助。今天是我，明天是你"。不分担社交中礼尚往来这种相互义务的人，当其需要别人的支持时也不太可能得到。

几十年以来，研究人员通过实验证明了互惠原则的力量。研究设计一般都是某人先给点儿小恩惠，再向对方求助，看其给予行为能否提高对方听从的机会。社会心理学家丹尼斯·里根的一个实验广为流传：

> 里根要求研究对象两人一组完成一项艺术鉴赏的假任务。其中一个自称安迪的对象实际上是一名扮演里根助理的演员。休息时，安迪走开几分钟，回来时给一半的研究对象（礼物组）带了可乐："我问他（实验人员）能不能买瓶可乐，他说可以，所以我也给你带了一瓶。"而另一半（对照组）则没有收到礼物。安迪之后要求研究对象帮忙。他说自己为高中学校卖彩票，销量最好的人能拿到奖金。实验对象是否愿意买张彩票？之前收到免费可乐的人买的彩券是没收到可乐的人的几乎两倍。这清楚地证明了互惠理论。

关于互惠的力量的大多数例子发生在实验室之外。在美国内战时期，护士克拉拉·巴顿在前线提供医疗援助，她照顾伤员，帮忙寻找失踪的士兵，并建立红十字中心。后来，克拉拉·巴顿积极支持妇女选举权活动。在助选过程中，她向曾参加内战的士兵呼吁："你弱我强时，我为你辛劳。现在你强我弱，我需要你的帮助，我要为自己和女性争取投票权。之前我坚定地支持你，现在我祈祷你也能支持我。"

2002年巴厘岛遭遇恐怖袭击后，澳大利亚政府捐赠了两座医疗中心，以感谢当地人在遭遇袭击后照顾澳大利亚公民。《南华早报》发文《感恩的回报》，如此描述了这份礼物：

> 澳大利亚总理约翰·霍华德昨日为两大医疗中心剪彩，感谢巴厘岛人在一年前的爆炸案中照顾澳大利亚公民。霍华德先生正式为桑格拉医院的重症监护室和烧伤中心揭幕，大多数伤员都曾在这家医院接受治疗。澳大利亚为在建的重症监护室捐款450万澳元，并另出资294万澳元组建小型专科医院巴厘巴纪念眼科中心并购置设备。霍华德先生表示，"这是我们对巴厘岛人民表达感谢

的最实际、最具体的方式。"

并非所有的互惠行为都是高尚的。虽然股市分析师应保持客观,但研究人员詹姆士·韦斯特法尔和迈克尔·克莱门特研究了数千名分析师后发现,大约63%的研究对象曾经从首席执行官、首席财务官和其他高管那里收受恩惠。高管在公司表现不及预期时,更会加码。研究人员发现,至少两次收受恩惠的分析师在公司发布不利的盈利报告后下调其评级的概率,只有没收受恩惠的分析师的一半。韦斯特法尔和克莱门特发现,这些恩惠包括将分析师引荐给另一公司的高管、提供行业信息、主动与分析师的客户见面、提供职业或个人建议、推荐工作、帮助分析师获得私人俱乐部或非专业组织的会员身份。克莱门特提醒说:"结论就是,给分析师恩惠的行为明显非常普遍,这种现象似乎正在影响这些专家向投资者提供的指导的价值……虽然无法简单地解决这一问题,但我们的发现表明,这一问题应被严肃对待。"

责任感是极为重要的影响因素,其作用不会随时间减弱。下述几个示例证明了人们在几十年甚至几代后,还觉得有义务回报他人的恩惠。1956年,国际救援委员会帮助一位名叫安德拉斯·格洛夫的20岁年轻犹太人移民到美国,以逃避匈牙利十月事件的镇压和迫害。格洛夫初到美国时,因幼年时罹患猩红热而使听力严重受损,同时还有严重的牙齿问题。国际救援委员会的一位工作人员给他出钱修牙,还给他一张空白支票让他去买助听器。到美国不久后,格洛夫改名为安迪·葛洛夫,之后成为世界上最成功的微处理器公司之一英特尔公司的首席执行官兼总裁。2001年,葛洛夫将《游向彼岸:回忆录》一书的全部收入都捐给了国际救援委员会,以感谢对方40多年前的帮助。

药业巨头默克公司是在20世纪80年代初进入保护主义严重的日本制药市场的第一家非本土公司。为什么默克成功了?因为"二战"结束不久后,默克为日本提供了免费的医疗援助。领导学研究者兼教授迈克尔·尤西姆在《领导时刻》一书中,对默克进入日本市场的经过进行了如下描述:

> "二战"后,日本紧接着爆发了肺炎,战后的一片废墟意味着很少有人能买得起有效的默克药品——链霉素。公司最终决定向日本民众捐赠大批药品。这

份雪中送炭的恩情让日本记住了默克的慷慨。公司1983年试图进入日本本土市场时，日本当局罕见地批准了默克以3亿美元收购日本第十大制药商Banyu公司50.02%的股份。该交易当时是这一以封闭著称的市场上最大的一笔外商直接投资。（默克前首席执行官）瓦格洛斯回忆说："我们当时在申请首例交易获批时，得到了日本政府的帮助。"默克如今是日本最大的美国制药公司。

2009年，美国记者李承恩和凌志美在朝鲜被禁，美国政府马上采取行动，争取让他们获释。面对形形色色的外交人员，朝鲜政府最终选择和前总统比尔·克林顿会面。一位朝鲜官员解释说："克林顿先生担任总统期间，曾在金先生父亲金正日去世时来信悼念……对金先生而言……释放女记者是人道的回报。"

西奥迪尼解释称，让步也会触发互惠的愿望。例如，想象自己找老板要求加薪，老板拒绝了。这时不要马上离开办公室，抓住这个机会，利用互惠原则。你体谅地接受对方的拒绝，可以视作你的让步。你应该利用这个机会巧妙地要求对方也做出让步。如果无法加薪，可以以其他有价值的互惠代替：新的笔记本电脑、亮眼的工作或针对新技能的培训，以便让你下次获得加薪（即便明年也没有加薪，至少你的市场竞争力提高了）。《华尔街日报》介绍了一位年轻女性在接受人事经理职位时巧妙谈判的例子。"波士顿市郊区的一家生物技术公司在聘请人事经理时拒绝超出10%的涨薪幅度。但公司同意马上支付全部费用，以便让这个女孩完成研究生课程。根据官方政策，这位女孩入职六个月后，公司就可报销部分学费。而且她还有学习时间。'（她说）这对我们来说是双赢。'"

互惠原则最重要的道理就是：如果想获得可持续的影响力，就必须愿意给予，并抢先给予。进入新环境——新的邻居、工作单位和学校时，你的本能应该是了解他人的需求，并帮忙满足这些需求。

如何利用互惠原则

- 慷慨而真诚地给予，主动给予。
- 记住，礼物、恩惠、帮忙和让步只有被接收者视作真诚而有价值

> 投我以桃，报之以李。
> ——中国谚语

（而不是无端、暗含心机或微小）时，才能产生最大的影响力。
- 记住，给出去的还会回来。如果你主动给出了善意、恩惠、帮忙和让步，得到回报的可能性会更大。如果你在他人求助时不愿帮忙，他人在你需要帮助时也不会帮忙。
- 不要否定帮忙或让步的价值，不要说"没什么"或"没问题"。这种表述暗示着你什么都没给，所以也不应该期待有回报。别人认可你给予的东西（如恩惠或帮助）时，直接回答"谢谢"或"很高兴能帮上忙，我很乐意帮忙"。
- 记住要享受大方给予、不期回报的快乐。

如何抵制回报原则
- 接受恩惠时，将其视作免费赠予的，不涉及任何责任，尤其是面对广告或营销时。
- 如果觉得有义务回报，记住，你可以选择偿还恩惠的时间和方式。只要回报就好了。

稀缺原则

人们更重视独特、稀有或供应有限的东西。稀缺原则之所以有效，是因为这种想法能唤起我们的恐慌情绪和"机不可失，失不再来"的思考方式，导致我们渴求看似缺货的东西。正因为如此，广告商才会定期使用"一次性优惠""限量""24小时减价""一生难得的机会"和"只有15件存货"等表述。

加拿大公司太阳马戏团的创始人盖·拉利伯特利用稀缺原则来为其以华丽的布景、炫目的服装及天才演员著称的先锋派马戏表演制造需求。拉利伯特出生在加拿大魁北克城的一个中产家庭，18岁离家在欧洲当街头艺人，为学习喷火、踩高跷和其他马戏技能，经常勉强糊口。如今，他的身家已经达到数十亿美元，他还创立了一滴水基金来帮助发展中国家解决饮水和脱贫问题。全球9 000万名以上的观众曾经看过至少一次太阳马戏团的表演。该公司年收入估计在8亿美元以上。《新闻周刊》报道称，拉利伯特很担心过度曝光：

> 尽管马戏团人气高涨，他还是严格地坚持稍微吊胃口的经营政策。拉利伯特将这一策略与恩佐·法拉利比较，说"恩佐·法拉利推出新车型时，先问能

卖掉多少辆……如果是250辆，他就会说：'好吧，那么我们只生产249辆。'每次表演，我都希望至少有一位观众因票已售罄而被拒于门外"。

这一商业策略可称得上巧妙，不过《新闻周刊》的记者遗憾地表示，"谁说开马戏团只是要给孩子们带来欢笑？"

服装营销人员也会利用稀缺原则。美国一个全国服装连锁店策划了一场缺货活动——先给一件198美元的夹克疯狂地打广告，将品牌塑造成热门抢手商品。《华尔街日报》报道称："公司希望能将这一产品打造成'时尚时刻'，于是在秋季广告中大力宣传，并给它镀上时尚的光环。接着，公司将出货量限制在5 000件，几乎是正常情况下的一半。结果就是等待购买的顾客名单变得超长，但公司并没有因此增产。（该服装连锁企业的一位执行副总裁）说：'卖完了就是卖完了，这样反而能提升吸引力。'"

上述例子阐述了一些企业如何利用稀缺原则来刺激客户需求。但这些例子也说明了这一策略存在的问题，如果人们认为自己受到操纵，这一策略反而会产生负面影响。而且伪造稀缺价值的人还会导致组织因此失去所需的公信度和支持。

如何利用稀缺原则

- 凸显真实（而非伪造）的独特好处、稀缺性和专属信息。
- 凸显真实（而非伪造）的稀缺性。
- 指明独有特征。
- 强调专属信息。

如何抵制稀缺原则

- 不要因压力或稀缺说法而受"恐慌情绪"影响，导致匆忙地做决定。花时间搜集事实，使用系统的决策流程，确定其他行动路线，并权衡匆忙做决定的代价和好处。

权威原则

大多数人幼年时就被教导要服从权威人士（如家长、老师、宗教领袖、老板和社会领袖）。因此，成年后，我们更容易满足权威人士或专家的要求。虽然我们以为自己能辨别天性和专长，但还是倾向于通过职位和着装风格（如白大褂、正式服装）、对方的说法、学历和名字中代表权威或专家的头衔等线索来评估对方的专长。专栏5-1中的示例说明，如果没有这些线索，我们将难以对专长进行准确的判断。

专栏 5-1

认知捷径的力量：约夏·贝尔的地铁站案例

为了测试着装和其他线索对人们评估才华和专长的影响，《华盛顿邮报》记者金·温加滕邀请世界著名小提琴家——39岁的约夏·贝尔在华盛顿特区的朗方广场地铁站穿着牛仔裤、T恤、戴着棒球帽演奏古典音乐。2007年1月的一个早高峰，贝尔小心地从琴盒里拿出安东尼奥·斯特拉迪瓦里在1713年制作的一把小提琴（这是全球现有的最珍贵、价值最高的小提琴之一）。他将琴盒放在自己面前，往里面扔了几美元，鼓励其他人为自己的地铁演出掏钱。接下来，他开始演奏一些优雅的古典名作。

在地铁早高峰期间，贝尔看起来就像其他街头艺人一样，而不是几天前刚在波士顿和北贝塞斯达交响乐厅举办票价100美元演奏会的艺术大师。贝尔的名声如雷贯耳。当作曲家约翰·科里利亚诺因为电影《红色小提琴》的配乐斩获奥斯卡奖时，他特意提到贝尔"演奏时就好像神一样"。地铁实验的几天后，贝尔获得了艾弗里·费雪奖，这是美国音乐界的最高荣誉。但因为没有表现其专长的外部信号（如燕尾服或音乐厅）来告诉他人贝尔是全球闻名的音乐大师，1070位乘客中只有7位停下来听他演奏。在此过程中，贝尔脚边的琴盒里只投了大约37美元。温加滕的试验证明了人们在缺乏常见的外部线索的情况下无法评估一个人的专长。实际上，温加滕因其刊登在《华盛顿邮报》上的文章《早餐前的珍珠》获得了2007年的普利策新闻奖。你可以阅读《华盛顿邮报》上的这篇文章，并且观看贝尔在地铁站演奏时人们匆匆走过的在线视频。

Source：Weingarten, Gene April 8, 2007. "Pearls before Breakfast." Washington Post. http://www.washingtonpost.com/wp-yn/content/article/2007/04/04/AR2007040401721，html.

出于对权威和专家的信任，我们经常希望管理界泰斗能告诉我们应该如何管理自己的公司，希望财务顾问告诉我们该如何投资，希望餐厅评论员告诉我们该在哪儿吃饭。我们对专家和权威人士的依赖有时候很管用，但听从权威人士并被专家征服的意愿也可能造成负面影响。权威人士和专家作为人类也会犯错。有些人会谎称自己是专家；一个领域（如工程设计）的专家可能在另一个领域（如了解客户需求）算不上专家。我们可能因倾听权威人士和专家的意见而忽视了自己的天性。研究人员斯坦利·米尔格拉姆在服从权威的经典研究中设计了一个实验。一位"科学家"（实际上是一名穿着白大褂的演员）假装自己正在研究惩罚对学习的作用，要求不知情的研究对象电击另一个人（研究对象不认识的另一位演员，实际上并没有遭到电击）。超过一半以上的研究对象都听从了权威人士的电击指令，即便受害人在实验中尖叫着求他们住手，并且表明自己有心脏病。米尔格拉姆得出的结论是，研究对象服从权威的意愿，超越了停止对备受折磨的受害者电击的意愿。

另一个例子也说明，如果对方越是使用我们听不懂的行话而不是容易理解的语言，我们相信对方专家身份的可能性就更大。

研究对象被要求评估一名原告起诉公司使其接触危险化学品从而导致其患癌的证词。一些陪审员（实验组）听了证人生化教授托马斯·法隆博士的证词。他深入浅出地介绍了问题化学品如何引发原告罹患的癌症类型。例如，法隆解释说，之前有研究发现，该化学品"会引发肝部疾病甚至肝癌……及免疫系统疾病"。还有一些研究对象（对照组）听到法隆博士以复杂甚至无法理解的语言描述了风险。他解释了该化学品如何"引发肿瘤、肝肿大、肝炎及脾脏和胸腺的淋巴退化"。研究发现，如果法隆博士被描述为资历深厚的专家且使用难以理解的术语时，陪审团被说服的概率，几乎是他使用简单而直接的语言时的两倍。研究人员的结论是，如果证人用词简单，陪审团就会根据证词来评估。如果证词难以理解，他们就不得不依靠思维捷径，在没有可理解的事实的情况下借助证人的头衔和声誉来评估。这也揭示了另一矛盾：当我们听不懂专家的话时，专家才最有说服力。

研究人员还发现，只有当有相应的头衔和资历来支持可信的专家身份时，使用含义模糊的语言才行得通。在同一个模拟陪审团实验中，如果法隆博士的资历欠佳，使用术语时说服陪审员的概率比使用直白的方式时要低。这说明，虽然我们决策时经常依靠他人的专长，但我们并不总是擅长判断专长。

如何利用权威原则

- 培养被他重视、需要和渴求的某一领域的真正的专长。
- 不要想当然地认为自己的权威和专长是众所周知的。如果有头衔，就要利用起来。如果有学位和奖项，就要公布。如果你是某一领域的专家，要让他人知道这一点。如果有人能证明你的专长，请他们这样做。
- 表明级别更高的知名专家也支持你的理念。
- 树立专业的形象。

如何抵制权威原则

- 记住，信任权威人士和专家通常有效，但也不能盲目信任。
- 合理谨慎地对待专家的说辞。检查资历以判断那些自称专家的人在你需要建议的领域是否真算得上专家。
- 小心光环效应。要认识到一个领域的专家在另一个领域不一定是专家。

社会认同原则

很多人在成长过程中都被父母问过类似的问题："如果每个人都跳崖，你也跳吗？"他们想提醒我们注意一个普通趋向：即便违背自己的利益也会盲目从众。这也是研究人员多年来的研究课题：不管好坏，我们在决定如何行事时会效仿他人，尤其在不确定、想得到他人认可（如我们想融入某个群体）及我们相信选择某一方向的人和我们相似的情况下。父母有理由担心同伴的行为对青少年的影响，因为研究人员发现，同伴喝酒的青少年喝酒的概率更大。

电视制片人在情景喜剧中加入笑声，因为他们知道人们容易跟着别人一起笑。酒保在上班一开始就会在小费罐里投入几美元，以鼓励顾客给小费。管理团队成员在会议上支持决策，以鼓励其他与会成员这样做。他们使用的都是这一原则。因此，要想说服自己的老板、同级、员工、邻居、父母或子女接受你的想法，如果能让他们知道他们尊敬的人已经支持了这一想法，那么你成功说服他们的可能性就会更大，尤其在他们认为自己与支持这一想法的人相似的情况下。

研究人员针对社会认同的力量设计了一个有趣的研究。他们说服一位酒店经理在随机抽取的客房中放置两份不同的标示，要求客人重复使用毛巾，以降低不必要的洗烫从而达到环保目的。有些客房放置的标示是"请帮忙拯救环境"，其他房间放置的标示是"和其他客人一起拯救环境"。看到后一种标示的客人，重复使用毛巾的概率要比看到第一种标示的人高26%。在后续研究中，研究人员发现，看到"前任房客中有75%重复使用毛巾"标示的客人中重复使用毛巾的概率要比没看到该标示的客人高33%。因为我们无法（有时是不愿）深入分析每种情形，所以我们会观察他人，以期做出最佳（至少是不错的）决策。这一原则通常行得通，因为我们跟从的大多数人都不会朝着伤害自己和他人的方向前进。但受这些认知捷径的影响，从众可能导致我们走上错误的道路，就像伯纳德·麦道夫骗局中的受害者一样。

如何利用社会认同原则

- 表明已有人支持你的想法或要求。
- 请满意的人提供证词，尤其在对方是专家或与你想影响的对象相似时。
- 表明其他人按你的要求（或类似要求）行事已取得成功。

如何抵制社会认同原则

- 认识到自己在自认为与他人类似、想融入某个群体或者面对不确定性时，更容易选择从众。
- 记住，"物以类聚"后容易成为骗子的目标。

承诺和一致原则

我们都希望能维持正面而稳定的自我概念。因此，我们都希望相信我们的行动和我们的价值观一致；人们能指望我们履行承诺；一旦我们选择了某条路线，就会坚持走下去。如果我们相信这些承诺是自由选择，而非被强迫的结果，就更会如此。因此，一旦我们自主地表明我们坚定于某一信念，我们就会以支持这一信念的方式行事。一旦我们自主地选择了某条路线（如为某个政党投票或支持某个慈善组织），我们就会延续这一路线。

承诺和一致原则作用很大。一旦我们开始朝着某个方向前进，我们就不太可能停下来或改变路线，即便有证据表明我们在犯错。研究人员将这一现象叫做"加大对必败之路的投入"。例如，即使双方不再相爱也要结婚，因为他们已经公布了婚讯、举办了订婚派对、购买了婚礼礼服、预定了接待厅，并聘请了餐饮服务商；即使工作已经无法带来满足感，还是有人继续做下去，因为他们投入了大量的财力来获得相应的学位并且已经在这一行业工作了几年；个人和团队制定的商业决策即便无法让组织受益也会被贯彻，因为他们已经在这个项目上投入了大量资金；政府坚持错误的路线，有一部分原因是为了支持之前对这些路线的投入和投资。

这一原则的影响很明确。如果你希望某人能采取某条行动路线，那么如果你将自己的请求和你公开的自主承诺联系在一起，你将更可能成功。充分利用一致性原则的另一种方式是先获取他人对你的一些小要求的承诺，然后逐渐加码（这就是人们所说的"登门槛策略"）。餐厅推出免费开胃菜，因为它们知道一旦人们进店用餐，就可能点整个套餐，包括昂贵的饮料和甜点。如果你能让他人将承诺形成书面文字，承诺和一致原则就会更有效。在西奥迪尼介绍的实验中，"一个小组的大学生被要求填写一份打印好的表格，声明自己自愿参加公立学校的艾滋病教育项目。而另一个小组的学生虽然也自愿参加同一个项目，但没有填写表明自己不想参加的表格。几天后，参加活动的志愿者中，74%来自填写表格许下承诺的小组。"

西奥迪尼解释说，"人们会履行自己写下的内容"。因此，如果希望团队遵守某一期限，可以要求他们书面签下同意满足期限要求的承诺。如果希望某位员工达到更高标准或培养某项新能力，可以要求对方给出书面承诺。如果想实现某一目标（饮食更健康、找到新工作或为人更和善），就将承诺形成书面文字并贴出来提醒自己——更好的方法是和他人分享自己的承诺。但是记住,只有承诺是重要的而且是自愿的,承诺原则的劝导作用才能发挥出来。如果人们觉得自己是被强迫许下承诺的或对承诺根本不在乎,这条原则就不太可能有效。

如何利用承诺和一致原则

- 将自己的要求与自愿承诺、公开表明的信念和现有行为联系起来。
- 从小要求入手,逐渐积累到大要求。
- 让对方主动将承诺形成书面文字。

如何抑制承诺和一致原则

- 谨慎承诺,因为你要为承诺负责。
- 不要因为自己许下的小承诺而觉得有义务满足更大的要求。
- 记住,你随时都能解除承诺,不管你已经在这条路上走了多远。学会说"我改变主意了""我现在想法变了""我有了教训""我当时错了"。记住沃伦·巴菲特的高见:"如果发现自己掉到了坑里,最好的方法就是别再往深挖了。"
- 你也能帮助他人脱离必败之路,帮助他们保留颜面,并提醒他们,与一开始走上这条路时相比,他们现在掌握的信息更多;帮助他们将转变和之前的公开承诺联系起来。

喜好原则

喜好原则基于一条最简单的法则:我们倾向于亲近我们喜欢的人,远离我们不喜欢的人。这条原则很有效,因为人类会迅速判断对方的好坏、能力、动力、强弱及诚信。实际上,英文中大约有 18 000 个用于描述彼此的形容词是赞美性的(如"有能力""诚实"或"有干劲")或非赞美性的(如"无能""不诚实"或"懒惰")。我们对对方得出正反面评价的倾向影响了我们倾听或忽略的对象、互动或回避的对象、提拔或忽视的对象,以及我们支持或抵触谁的观点。

我们支持自己喜欢的人,至少有三个理由。首先,我们认为自己喜欢的人也会对我们友善,与我们合作,不会伤害我们。因为我们相信对方的善意,所以更可能征求并听从对方的建议，支持对方的利益并同意对方的请求。例如，研究人员估计，在选择内科医生、选择影片和实行重要购买行为时，会征求他人意见的美国人所占比例分别为70%、53%和91%。其次，我们希望取悦吸引我们的人，以期得到对方的喜爱。最后，我们希望能与他们建立联系。正因为如此，青少年才会花大价钱购买知名体育明星和流行偶像代言的服装。

> 如果要掌握一门最有效的个人沟通技巧……那一定是讨人喜欢。我称之为"魔术子弹"，因为如果受众喜欢你，他们就会原谅你的全部错误。如果他们不喜欢你，即便你所有原则都对也没用。
> ——罗杰·艾尔斯，美国前总统罗纳德·里根和老乔治·布什的公关顾问

怎样才能讨人喜欢？我们会被那些能给我们带来某些好处的人吸引。我们喜欢能让我们更自信的人，积极关注我们的人，让我们感到舒服、快乐、意见得到尊重、有能力、成功、自豪、强大和安全的人。已故的玫琳凯创始人兼首席执行官玫琳凯·艾施对此做了简单的总结："每个人脖子上都挂着一个看不见的牌子：'让我感受到自己的重要性。'"我们不喜欢那些打起交道就像一种惩罚的人。因此，我们会回避或抵触那些让我们感到不适、不快、意见没有得到尊重、无能、失败、不重要、尴尬或恐惧的人。值得注意的是，一些研究人员发现，北美人尤其看重三种回报类型：关注、认可和成功。

小举措也能提升好感度。例如，看到别人微笑会让我们收获好心情。成功的服务生的大部分收入来自客人的小费，他们尤其擅长讨喜。例如，他们知道展露笑容就能多拿小费。研究人员做了一项研究："测试鸡尾酒侍者的笑容对小费的影响"。在该研究中，侍者服务了48位男顾客和48位女顾客。虽然卖出的饮品数量不受笑容影响，但小费金额受影响：笑容明朗能换来23.20美元，而浅笑只能换来9.40美元。成功的侍者还会借助一些小举措，如站在同一战线（"我看看能不能不加钱就给你添饭"），复述客户的订单以便让对方觉得自己的意见得到了尊重和理解（"我要确认下对了单。你说你要一个大份比萨，要红辣椒，而不是绿辣椒，对吧"），在支票上写下"谢谢"，递账单时给顾客一块糖。所有这些小举措都在表达对客人的喜爱，而作为回报，客人也会更慷慨地感谢这些侍者。

研究人员还发现，魅力、积极互动、距离近、相似性和称赞都预示着我们是否喜欢对方，以及对方对我们有多大影响。每种预示喜爱程度的因素如下所述。

> 不爱笑就别开店。
> ——中国谚语

有魅力的外表。我们容易被外表有魅力的人所吸引。但这种形式的影响力很短暂，例如，在某一背景下有魅力不一定在另一背景下依然如此。西装革履的男士在华尔街会得到正面评价，但在另一讲求谦逊的环境中可能被视作做作、浮夸、不可信任。纤瘦在某些文化中可能被视作魅力指标，但在其他文化中，可能有点儿重量才会被视作财富和健康的象征。一些文化歌颂青春，而其他文化则看重年龄。魅力的另一点限制就是虽然被认为有魅力的人能更快地发挥影响力，但专长、效用和互惠等其他特征会迅速超越魅力的影响。

正面体验。我们倾向于喜欢与我们共享正面体验的人。我们喜欢容易接近的人，与我们合作、帮助我们、喜欢我们、贴心、开明、真诚且自然的人。讨喜的人的行事方式会让人感到舒服。点头示意、温暖的笑容、几句认可的话及包容的语气，都能让人觉得自己受到了关注、倾听和认可。我们还会喜欢与我们共享愉快体验的人。例如，我们吃饭时会有好心情，所以我们会将这种正面情绪转移到和我们一起吃饭的人身上。不一定要共享同样的经历才会感受到彼此之间的联系。例如，同一所大学的校友通常会彼此帮忙，即便他们入学的时间隔了几十年。

距离近。我们离彼此越近，就越可能被彼此吸引。距离近让我们有机会搜集彼此的信息，并获得相同的经历。因为社交礼仪要求我们礼貌且乐于助人，与距离近的人互动产生正面经历比负面经历的可能性大——这会提升我们对对方的好感度。另外，如果我们在工作和生活中接近某人，或者参加相同的社会活动，很可能彼此高度相似（如文化、收入、教育程度、态度），而相似性也能增加好感度。

可感知的相似性。我们容易被态度、价值观、地位、工作风格、性格特征、外表、着装、文化和生活经历等特征与我们相似的人所吸引，原因有很多。第一，我们希望保护并强化自我形象，因此认为与我们相似的人具备积极特征。第二，我们愿意帮助与我们相似的人成功，因为我们相信这样做也能提升自己的成功机会。第三，我们希望接近与我们相似的人，因为我们相信这样更容易收获善意、轻松互动及预测对方的行为。

研究人员发现，连三岁小孩都会受相似性的影响。在一次有趣的实验中，他们发现三岁的小孩倾向于选择饮食喜好和外表与自己相似的玩偶，也更喜欢与自己的玩具喜好类似的小孩玩。在其他研究中，研究人员发现主管给自己喜欢而且认为与自己相似的下属打分更高。

实验证明了可感知的相似性的力量。在一项实验中，研究人员为研究对象设置了这样一个情形：车子停在山上，手刹已经拉好了，但司机不知道刹车线失修。研究对象获知，这辆车"冲下斜坡，撞上商店的橱窗，造成一名小女孩轻伤，店主住院一年"。当研究对象获知驾驶员的特征"和自己高度相像"（而不是"和自己完全不同"）时，他们对事故的责任裁量更轻，量刑也更宽大。

> 商誉是一项、也是唯一一项竞争对手无法毁灭或通过压价胜出的资产。
> ——马歇尔·菲尔德（1834—1906），美国商人

了解喜好原则在影响者与被影响对象呈现不同人口特征时尤其重要。在一项研究中，研究人员发现"相较于之前的研究，人口特征不同的群体被证明能更好地控制自己给他人留下的印象"。在人口数量上占少数的群体容易受固有偏见的拖累，但如果他们能表明自己与人们固有的印象不同，能经常互动、沟通个人信息，以巧妙或直接的方式解释自己是什么样的、不是什么样的，强调自己对共同目标和共同使命的承诺，并着眼于与联系对象之间的相似之处，就更可能打破成见并有机会建立联系。研究人员发现，群体中的少数派如果能采取行动将自己与人们固有的印象割离开来，他们获得更高的评价、与群体联系紧密、获得满足感并且表现出色的可能性就更大。

称赞和奉承。西奥迪尼解释说，称赞"不仅能制造魅力，还能让人卸下心防"。大多数人面对奉承都会做出积极的回应，因为所有人都希望自我感觉良好。因此，我们倾向于支持能肯定我们良好自我感觉的人并被他们吸引。如果奉承针对的特征是我们在乎的（你称赞我的演讲比声称喜欢我的袜子更让我印象深刻），并在我们

需要提升自信时（当我一整天都不顺心时更需要赞美）或怀疑自己的能力时（新手在设计创意网站时比这方面的专家更希望得到人们对其才能的赞赏）到来，我们更容易被奉承所感动。但实际上，如果我们知道自己哪方面不行，就会更尊重那些能真诚给予反馈而不是反馈失实的人，因为我们可能认为后者居心不良或缺乏判断力。

关于喜好原则，有一条重要告诫：虽然喜好是一种高效的影响力形式，但互惠的作用似乎更大。例如，研究人员希望通过实验来判断实验对象更容易支持喜欢的人还是帮过自己的人。在实验中，他们让不知情的研究对象"无意"中听到一位同伴（知情人）在电话中以令人喜欢或令人倍感屈辱和讨厌的方式交谈。该实验设定了三种情境。在第一种情境下，同伴离开房间后拿回来两瓶饮料，说自己正好有时间买饮料，所以也给实验对象带了一瓶。在第二种情境下，实验员给研究对象和同伴送上饮料。在第三种情境下，同伴和实验员都没有给研究对象带饮料。临近实验结束时，同伴要求研究对象帮自己搜集调研用的数据。在实验员或同伴都没给带饮料的情况下，实验对象满足和蔼（更讨喜）的同伴的要求比满足讨人厌（不太讨喜）的同伴的要求的概率更大。但在实验对象接受了同伴饮料的实验情境下，他满足同伴要求的概率更大，无论同伴在电话交谈中表现得和善（讨喜）还是令人讨厌（不讨喜）。换言之，回报恩惠（帮忙搜集调研用数据以回报免费的饮料）的义务感，超越了魅力这种影响力形式。

如何利用喜好原则

- 友善、真诚并尊重所有人。
- 使用能表达认可和兴趣的身体语言。
- 创造与他人正面合作互动的机会。
- 将自己从他人的固有偏见中割离，着眼于与他人的相似之处，尤其是处于少数的情况下。
- 通过从相似性出发，提供真诚赞美，创造正面互动机会，并使用表达善意的身体语言的方式来弥合受损的关系。

如何抵制喜好原则
- 将自己对他人的喜爱与他所具有的优点分开。
- 扩大自己对魅力和关系网多样性的认识,以避免过于依赖少数人或者少数群体的信息、观点、资源或影响。重要的是,一些研究表明,一个人"心理上越有安全感",其超越与相似的人结交的趋向、与不同群体结交的可能性就越大。

对六种普遍形式的影响力的总结

如果你了解了六种普遍形式的影响力,就更容易实现为自己、组织、社区和依靠你的人设定的目标。是否花时间思考向他人表述观点的策略,决定了你会赢得还是丧失对方的支持和意愿。西奥迪尼解释说:"多一次呼吸、多几个字、措辞谨慎的请求,都能提升对方同意的意愿。"

此外,如果你能意识到这些影响力形式,你对他人的影响行为做出盲目反应的可能性就更小。记住,面对时间压力和不确定性,缺少关键信息,以及感到分心、压力或疲惫时,使用认知捷径的可能性更大。为避免对他人的影响行为做出盲目反应,应在做决定前留点时间,以便:(1)通过从多种不同来源搜集更多信息让问题更明朗;(2)识别观点的优缺点及其他选择;(3)考虑服从的好处和代价;(4)使用系统的流程来搜集信息并制定决策;(5)记住自己有权优雅地说"不"。劝导研究人员罗伯特·莱文提醒说,当"你反应的激烈程度超过了情况表面上的重要性"时,要尤其小心。莱文还补充道:"小心那些想满足你预期的人,他们也在制造预期"。拥有本杰里奢华冰激凌品牌的公司,同时也拥有 Slimfast 健康饮食品牌。

最后,记住,符合道德的影响力基于**诚实地**告知他人你要实现什么,诚恳地表述观点的真正优势,并且坚持履行自己的承诺。罗伯特·恰尼蒂尼和诺亚·戈尔茨坦揭示了有道德地使用六种普遍形式的影响力的重要性:

> 有必要强调,知道社交影响力的基本原则并不意味着有权肆意使用这一信息。为说服他人,可以以符合道德的方式表明自己的真实专长、准确的社会认同、真实的相似性、真正有用的互惠、合理的稀缺性和做出的承诺。欺骗或诱

导他人服从的人会给自己带来双重灾难——违背道德和被法律制裁的风险，这可能导致自我概念受损和未来利益受创的不良后果。

图5-2总结了六种普遍形式的影响力。

- 互惠：人们觉得有义务回送从他人那里获得的礼物、恩惠和帮助（他人若投我以桃，我将报之以李）。
- 承诺和一致：如果人们觉得某项请求符合其之前做出的承诺（尤其是公开或书面承诺）或采取的行动，就会更愿意应允。
- 权威：人们倾向于听从于被视作权威和专家的人。
- 社会认同：当人们知道有其他人支持某个观点时，他们就更愿意支持这个观点，尤其当他们发现其他人和他们很相似时。
- 稀缺：人们想要得到在其看来独特、稀少或有限的东西。
- 喜好：人们会支持自己喜欢的人，并倾向于喜欢有魅力、与自己相似、距离自己近、有共同的正面体验及称赞自己的人。

图5-2　六种普遍形式的影响力

Adapted from：Cialdini，Robert. 2006. *Influence：Science and Practice*. New York：Harper.

培养政治头脑

温斯顿·丘吉尔在1920年说过："政治和战争一样激动人心，一样危险。在战争中，你只能被杀一次，但在政治中，你可以被杀很多次。"丘吉尔的表述反映了众人对组织政治的感觉。虽然很多个人和组织都奉行组织政治中"不杀人就被杀""不吃人就被吃"的观点，成功人士会以更符合道德和效率的方式参与组织政治，从建立互惠出发，旨在推动组织效率和个人成功。

> 有政治手腕的人能认识到，在他人对待自己的方式上，自己至少要负75%的责任。
> ——凯瑟琳·凯利·里尔登，
> 《秘密握手》

组织内部的政治行为指的是：(1) 人们用以影响重要个人或组织成果的行为；(2) 未写入正式职责描述的行为；(3) 不通过官方和明确表述的组织政策和程序来执行的行为。政治行为通常被称为"熟悉内情""钻系统空子"及"润滑关系"。组织内部的政治行为如果不走极端，而是以符合道德的方式来服务于组织和个人目标，则能提升效率。很多研究人员主张，政治行为是组织生活中无法回避的积极部分，因为它不受正式岗位描述和标准组织流程的约束，有助于更快、更好地完成工作。另外，研究人员还发现，某些形式的政治行为能提升组织的创新能力。

岗位描述和标准程序虽然也是必要和有效的，但都有两个局限。首先，它们不够细致或灵活，无法囊括员工面对复杂而混乱的组织生活现实要处理的所有情形。因此，高效的员工知道有些时候必须跳过正式的岗位描述和组织程序才能尽全力完成工作。其次，岗位描述和标准程序所基于的假设是：人类总能理性地思考和行动；环境不会随时间变化；目标和资源上的冲突是微小的。然而，虽然人们的意图是好的，但很难做到理性；大多数组织都在不断变化；多项主张与有限的资源意味着冲突注定是组织现实的一部分。

因此，了解组织中非正式和非书面规则且工作能力出色的人，比那些不了解这些规则的人成功的概率更大。一位资深政治玩家说："组织中有一套正式的规则和一套非正式的。你需要了解这套非正式的，否则你永远只能在半场玩儿。"

《商业周刊》的一篇文章介绍，MBA 毕业生都很懊悔在商学院没有接受有关管理组织政治的足够教育，因此在面对真实的组织世界时会觉得没防备、没技巧。

最强烈的抱怨来自当面对管理政治和挑战时觉得自己准备不足的毕业生。很多人表示，学校应该强迫他们多学习一些组织行为课程。40 岁的查尔斯·W. 布里尔在取得 MBA 证书后大多数时间都在西北航空工作（现供职于达美航空）。他表示："这就像逼人吃菠菜一样。"但真实的办公室政治是社会学、个性和企业文化的微妙组合，存在于所有工作场合。它能让商学院理论变成笑话。布里尔表示，自己最困难的阶段就是管理 12 名员工时。"我希望至少有人告诉我这将是个大挑战，然后给我一些建议。"

不懂也不参与组织政治能继续生存吗？或者，对组织政治没有基本的了解也完全不参与，能成功吗？不太可能。正如《财富》杂志所说，"如果你只遵守规则，出色地完成工作，然后等着升职，你可能要等很久。"大量研究都证明了这一观点。如果你选择按具体的工作指引行事，只和与工作直接相关的人打交道，你可能无法充分发挥潜力。如果你是管理者，这样做还会阻碍下属的表现。为什么？因为你没有所需的影响力为下属提供相关的关系、信息和资源，从而使其更好地完成工作，以及获得任务、升职和加薪的机会。

因为政治行为在组织中发挥重要作用，所以一些组织会聘请培训师来教授有潜力的新员工，如何利用非正式组织来更好、更快地完成工作。光辉国际是全球最大的高管猎头组织之一。该公司会在六周内集中教授新员工内情门道，费用1万美元。《华尔街日报》报道，光辉国际最大的挑战之一，就是帮助新员工回答下述问题："你如何带来改变，以便证明公司雇你是正确的（改变也不要过于剧烈，以免威胁近期工作）？"无法达到适当的平衡往往会让新员工脱轨。纽约行业心理学家本·达特纳说，"该公司过于强势，过于迅速，采取的方式过于生硬。要先了解你所在的组织有什么样的文化，然后设计相应的策略，而不是一开始就全速推进。"

本章后续部分将帮你了解哪些政治策略可能有效、为什么有效，以及如何规避不良组织政治。笔者还会讨论有政治头脑的人的特征、获得政治影响力的技巧，以及管理者最大化降低不良组织政治的方法。

有政治头脑的人有哪些特征

研究人员罗伯特·史坦伯格在《为什么聪明人办傻事》一书中讲述了杰克和欧文的故事。杰克以让别人意识到自己犯傻为乐，他的戏弄目标欧文则巧妙地实现了自己的目的。

> 杰克认为自己是全班最聪明的，欧文是全班最笨的，他总是喜欢捉弄欧文。他把朋友汤姆拉到一边说："汤姆，你想知道'愚蠢'的含义吗？看着。嗨，欧文，这里有两枚硬币，你想拿哪枚都行，给你了。"欧文看了看面前的5美分和10美分硬币，然后拿起了5美分的硬币。杰克笑了："拿着吧，欧文，

给你了。"于是欧文拿着体积更大的硬币走开了。一个成人在远处看到了这一幕，走过去温和地告诉欧文 10 美分硬币虽然比 5 美分硬币小，但更值钱，欧文刚刚少拿了 5 美分。欧文答道："我知道。但如果我拿了 10 美分的硬币，杰克就永远都不会让我选了。而如果我拿 5 美分的硬币，他就会一再尝试这个把戏。我现在已经从他那儿赚了 1 美元了，而我要做的只是选 5 美分的硬币。"

杰克自认为聪明，愚弄了欧文。但实际上，欧文才更聪明、更成功——尤其是考虑到他的目标是利用杰克的恶趣味来赚钱。欧文比杰克更精明，是初露头角的政治玩家。能精确地调整政治技巧的人知道如何在不同情境下管理自己的言行举止，以提升自己实现目标的概率。他们当然不会让其他人看起来很蠢，他们在出手前会花时间审时度势。他们知道自己要实现什么，并从目标出发来决定哪场战役要打、哪场战役要躲，以及什么时候让步。他们还会决定什么时候直接对抗，什么时候采取不易察觉的形式，什么时候全线撤退。他们知道时机很重要。欧文可能最终会告诉杰克自己知道 10 美分比 5 美分更值钱，但不是现在，因为他还希望能通过杰克愚蠢的霸凌行为再赚点儿钱。

政治上精明的人，其标志性特征就是致力于理解人（其风格、需求和需要）和形势，然后利用这一信息来设计策略，以帮助自己、他人和组织向前推进。南加州大学教授凯瑟琳·里尔登在实用而有趣的《秘密握手：掌握商界内部的政治》一书中提道："政治上精明的人不会臆断——而是评估。他们从相关的好处出发，评估每个重要情境。他们对简单的答案抱着健康的怀疑态度，研究人性。他们不是业余的观察者，而是职业的。"

常见的误解是，如果想在组织中出人头地，有时必须参与违背个人利益、本性或价值观的活动。精明的政治玩家能意识到，找机会与他人互动、建立关系、寻找共同点、获取信息及展现自己的方式有很多。因此，即便他们选择不参加某些活动，也不会觉得因此受限。他们能认识到，如果不想玩高尔夫或网球，那就不玩，不想喝酒就不喝，也没必要错过孩子的足球赛，或者参加违背自己利益和价值观的活动。里尔登解释称：

政治上精明的人知道解决问题的方法不止一种；如果一种方法不行，他们会换另一种方法。他们知道，处理任何情形都不只一种方法。每所关着门的房子都有后门和窗户——甚至烟囱。

有政治手腕的人可以通过多种政治策略来实现目标，他们不会简单地臆断自己要实现目标的话必须做什么。如果他们觉得做违背其价值观的事情会让他们感到有压力，那么他们脱离这一环境另找工作的可能性更大，因为他们看重的是无须牺牲基本价值观就能成功的工作环境。

政治上精明的人会利用三种资源帮自己、他人和组织实现目标，分别是个人资源、关系资源和结构资源。个人资源指的是树立个人声誉和可信度所需的特征，包括专长、经验、教育、工作年限、讨喜程度和职业活动等。关系资源指的是与广泛的多元化群体建立互助关系的意愿和能力。结构资源指的是其在组织等级中的正式职位（如小时工、管理者、高级管理者、总裁）或在重要的组织网络中的非正式地位。本章后续部分将详细介绍各种资源。在阅读过程中，请考虑有哪些机会可以让你提升你在组织中的政治影响力。

个人力量

精明的政治玩家会确保自己具备他人关注的有价值的知识、技能和经验。哈佛大学教授约翰·科特建议说："管理者成绩越好、越显眼，能积累的力量就越大。"因此，如果你是某个领域的专家，若能展示如何利用自己的专长为组织贡献大量价值，你在组织中就能掌握更大的权力。

有些人将太多的时间浪费在政治谋划和推动事业上，以至于忘记关注可衡量的成果及帮助他人。高管猎头与发展公司海德思哲的高级主席加里·罗奇解释说：

我们公司有400名猎头，他们都想"出头"。有个人去参加一场有关职业发展的为期五天的会议，但在此期间他没有查阅办公室的语音信箱。一位非常重要的大客户一整周都在试图联系他，却越来越失望。最后，这位客户怒气冲冲地给我打电话："这家伙到底怎么回事？"当他结束五天的职业发展会议回公司后，我把他叫到办公室，认真地向他解释了事情的经过："不要再担心你的事业了，先把你的破电话都给回了。"

其中的道理是：不要一心想着出头，以至于忘记要照顾好手头工作和依靠你实现目标的其他人。如果担任新职位——不论是新工作、近期升职，还是在新任务中担任团队或项目负责人，你都需要建立自己的声誉，及早地让人知道你的专长能为你带来实际价值。哈佛大学教授迈克尔·沃特金斯在《创始人：新管理者如何度过第一个90天》一书中建议读者应通过看得到的有形成绩获得早期胜利。他说："（要想获得早期胜利）最好选择能以有限的成本迅速解决那些能带来看得见的组织运营或财务好处的问题……最多确定三个重点领域以实现迅速改善。"图5-3总结了建立个人声望进而形成个人力量要专注的重点领域。具有这些特征的人能获得认可的可能性更大——无论顺境还是逆境，因为人们能指望他们为组织带来看得到的、有意义且可量度的成果，而且他们也会帮助别人做到这一点。

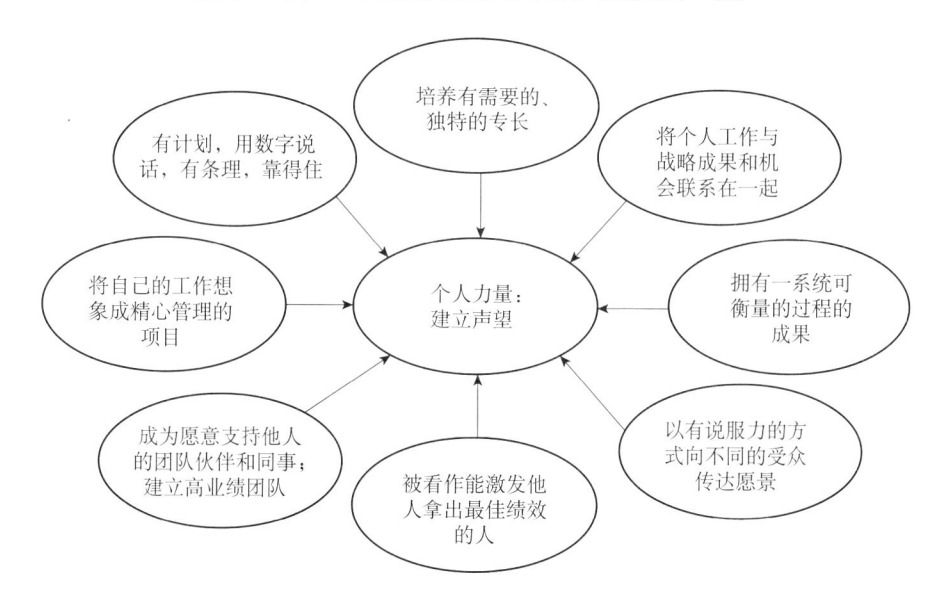

图5-3 个人力量：建立声望

关系力量

如果你是某个领域的少数几名专家之一,你就具备了显著的优势。如果你有社交手腕,而且愿意为他人成功而努力,你就几乎是不可替代的。政治上精明的人了解他人,并利用这份了解来培养互助关系,借助这些关系来实现个人和组织目标。他们发展这些关系的方式是策略性地识别能帮助自己实现目标的人并与之互动,以及用能拉近他人接受自己和自己观点的方式与其交流。

战略性地结识他人。精明的政治玩家似乎有雷达,能在适当的时间出现在适当的地点,结交适当的人。但正如里尔登解释的:"要做好准备工作才能建立雷达。他们会在开会和用餐前了解与会人员名单,这样等开会时就知道要安排和谁会面或来个'战略性偶遇'。真正的人物在任何场合的表现都很聪明。别人还在四处转时,他们已经开始结交想补充到其关系网中的对象了。"但里尔登警告说,"只有你所接近的人认为你可靠、稳定而且专业时",这种关系才能发挥作用。

一位成功的员工表示:"我每天都逼自己站起来几次,去和其他人聊聊。我总是说点儿什么或问点儿什么有趣的事情,然后看情况决定要待多长时间。我要在别人都没做这件事之前先下手。"她经常和工作领域以外的人交流,借此了解组织的不同部分,掌握其他同事的兴趣和技能,建立共同点,搞清楚自己能如何帮助他人,让大人物注意到自己的存在,确定谁愿意帮她、谁不愿意,并且能在未来需要时获得帮助。见图5-4。

与他人沟通。精明的政治玩家与他人沟通不光是为了提供和获取信息,还为了建立关系、了解局面,并以提升他人理解和支持自己观点的可能性的方式推广理念。他们知道,每次与人沟通都有机会建立联系或深化相互之间的承诺。里尔登解释说:"要想建立有价值的联系,需要向他人传递你真正注意到对方的感觉……有政治手腕的人总能发现对方身上有能吸引他的地方……而且会尤其注意未来能帮上忙的人。他们会打听对方的信息,了解对方的意见,寻找能促成双方愉快交谈的共同兴趣,并且给出双方交换名片以便未来互动的充分理由。"

警告：你要确定自己的专长和声望不会带来不利影响。能力出众并且以结果为导向的职业人士常抱怨自己的老板不给其升职。这些老板明示或暗示过"你现在的岗位不能交给其他人"或"我觉得你虽然贡献很大，但不是当领导的料"。面对这种情况，有以下几种应对方式。

- 帮老板物色能胜任你目前职务的人，这样即便你升职也不会造成专长"断代"。
- 请老板指出，如果你想再升一级需要满足哪些具体要求。理想情况下，让老板把建议写下来，或者将其作为你绩效评估的一部分，因为老板也希望自己的行为和书面承诺一致。例如，老板可能说你需要展示深厚的技术才能、演讲技能，或者培训和辅导、激励他人、领导团队及巧妙应对政治环境等领导技能。
- 确保让老板和其他部门有影响力的人知道你想升职，想承担新的工作职责。
- 获得别人的注意，并创造机会同组织各部门人员积极沟通与合作，以便在讨论升职机会时有人会想到你。
- 确保领导和其他有影响力的人看到你有当领导的潜力，而不仅仅是一位个体贡献者。这就意味着你要：
  - 掌握相关领导（而不仅是技术）技能；换言之，要能创造一个环境，激发其他人做出最佳绩效。
  - 被视为具备能预测成功的特征的人，包括认真（努力而可靠）、积极（"万事皆可能"的态度）、人际关系的敏感度、适应性、社交技能和正面情绪（如充满希望、乐观、顽强）。
  - 让组织的其他领导认识并了解你，并与其愉快地相处。如果对方因为对你的成见而影响对你领导潜力的评估，则努力消除成见。
  - 主动牵头项目，与其他部门的客户和人员互动，辅导新成员，参加其他能展示你的领导潜力并能获得关注的活动。
- 如果上述几条你都做了，仍无法在部门或组织内升职，你可能需要辞掉现在的工作，在新的工作岗位上重新建立自己想要的声望和机会。

图 5-4　升职：当专长变成不利因素

有政治头脑的人在沟通时会采取有助于弄清局面的方式。他们听取不同观点以全面审视局势，征求高管、一线员工、不同部门人员、定期互动的组织外部人员及产品或服务用户的看法，这样不仅能获得所需信息，还能同时建立联系。研究人员迈克尔·沃特金斯建议接受新工作和新项目后要和组织内外不同领域的人沟通，询问相同问题以全面审视局面，包括：组织目前或不久后面临的最大挑战是什么？形成这些挑战的原因是什么？最有希望的新增长机遇有哪些？如果你是我，你会关注哪些方面？

有政治头脑的人还知道通过表述理念的方式赢得对方的理解和支持。虽然他们不会歪曲理念的真实好处，但会根据受众的兴趣调整表达方式。例如，他们会根据受众最看重什么来强调诱人的未来愿景、利润、以数据为导向的决策或对员工和顾客的关怀。

结构力量

位置，位置，还是位置！有政治头脑的人会出现在影响力最大的地方。他们了解组织内外复杂的关系网，能认识到自己影响他人的能力部分取决于自己在这个关系网中的位置。这种力量虽然部分源于他们在组织中的正式职位（如担任管理者或主管，因而能掌控信息、决策和资源），但很大程度上是由在组织内外非正式社交网络中的位置决定的。获得结构力量的五条途径包括：职位、自主性、重要性、中心性和联合。

职位。权力和在组织中的特定职位相关，担任这一职位的人因而也被赋予权力。组织中级别越高的人掌握的官方权力越多，因为他们能掌控低级别人员看重的资源。例如，管理者能控制的资源包括信息、预算及培训机会、抢眼的工作、升职和加薪等重要的职业福利。另外，大多数社会成员在社会化过程中都被灌输了"阶级权力即合理"的观念，因此人们可能因为你的职位而服从你。职位权力有两个重要局限。首先，职位能赋予你掌管下属的权力，但不一定能赋予你掌控直接指挥体系以外的资源和成果的权力。第二，一旦你离开了相关的权力岗位，就会同时丧失与之相关的权力（虽然曾经担任这个职位的事实也能为你赢得尊重，尤其在你有能力、有威望的情况下）。

自主性。那些被允许在工作岗位上自主判断何时、何地、如何完成工作的人有更多的机会发挥和展现个人能力、培养新人才，并与其他部门的不同人员互动，以获得信息、机会和支持。相反，每天只完成惯常工作、判断有限，或者没机会发展新技能或与他人互动的人更容易被取代。

重要性。所从事的工作直接影响组织绩效或构成工作流程重要环节的人比从事边缘化工作的人更有影响。

中心性。在重要组织网络中占中心地位的人能获得并掌控很多组织资源及其他员工实现目标所需的信息、资金和其他资源。提升个人中心地位有很多方式。你可以承担掌控他人所需资源的工作，也可以让办公地点临近业务发生地，以及时掌握信息并让别人能注意到你。你还可以多结交组织内外的人员，将不同的人联系在一起，提供建议和支持，管理不同人员和地点之间的信息流动。

联合。联合是共同努力以推动对自己而言重要的事项的非正式群体。联合成员支持彼此的目标，并为彼此提供有助于实现目标的信息、资源和联系。要

> 永远不要怀疑一小群有思想、意志坚定的公民能改变世界。事实上，一直都是如此。
> ——玛格丽特·米德，人类学家

想获得非直接领导的人员的支持，"影响网络"尤其重要。当一个人或少数人的声音不足以影响有能力改变做事方式的人时，联合则能发挥作用。例如，如果组织中有几个人要求弹性工作时间，可能不会得到回复。但如果组织中有上百人提出这一要求，得到回复的可能性就更大。新来的专业人士和管理者常犯的错误就是他们在组织内上下级方面花费过多的时间，用于与能帮助他们实现共同目标的同事及其他各方建立联合的时间太少。

培养个人、关系和结构力量时要牢记：你的力量很大程度上取决于你控制他人看重的资源的能力。别人越依赖你的专长、关系、获取信息与财务资源的渠道，你的力量就越大。你实现目标时对他人的依赖越小，你的选择和灵活性就越大，力量也越大。要认识到，有权力的人不一定是职位高或最受关注的人。最有权的人是掌控他人所需资源的人，与职务头衔无关。

记住，如果想实现自己、组织、社区及依赖你的人所看重的目标，要兼顾**多重权力基础**。依赖有限的几种权力来源是错误的。例如，今天对组织重要的工作，明天可能就过时了；现在急需的专长，再过六个月可能就淘汰了；今天支持你的导师，可能离职或降职；组织或行业重组会改变网络结构及你在其中的位置。有政治头脑的人会尊重明智而简单的建议："不要把所有鸡蛋放在同一个篮子里。"见图5-5。

最大限度地降低失灵的组织政治

有些人在参与组织政治时会感到不自在——有时也有充分的理由。如果过于极端，参与组织政治可能变成维护自己的利益，干扰工作，最终以政治为目的。但明智而有道德地参与组织政治能鼓励创新，提高灵活性，加速决策和执行，在组织内外建立互助关系，并帮助组织适应日益复杂的环境。

虽然组织内的某些政治行为是不可避免的、必要的，但过多的政治行为会导致不道德且影响组织运行效率的障碍性行为。在过于政治化的组织中工作，会导致将太多时间、精力和资源浪费在自我保护的政治活动上，而忽略服务客户、创造优质产品及提升股东价值。政治化环境容易滋生"以我为先"的思考模式，造成缺乏信任、四分五裂、秘密决策、信息流通有限、不敢给出诚恳建议和负面反馈、不愿帮助他人的局面。最终，高度政治化的组织会缺乏合作、灵活性和创新。

如果你在高度政治化的组织中担任管理者（或者如果你想避免组织因政治化而陷入失灵的境地），你可以采取措施来降低障碍性政治行为。当组织目标和绩效评估不明确、组织决策流程（包括与职业晋升相关的决策）不透明、员工觉得无法参与影响自己的决策及对人员和组织流程缺乏信任时，人们才容易参与政治行为。你可以采取如下措施来尽量降低障碍性政治行为。

- 提供明确的目标、绩效评估和反馈，以便让员工专注于工作，并将自己的行为与组织的重要目标联系起来。
- 对个人和团队取得的个人、部门及组织整体成果进行奖励。
- 对能赢得升职、加薪和其他形式职业提升的态度和行为提供明确指引。

目标：你是否明确了自己在单位、职场和生活中希望实现的目标？

个人影响：
- 你有组织重视的专长吗？
- 你有一系列已实现的过往的成果吗？
- 你有他人实现目标所需的东西吗？
- 如何让别人注意到自己？考虑主动参加工作小组和抢眼的工作，参与组织支持的社区服务，出席专业会议，发表文章（包括在互联网上发表文章及创建个人网站），在会议上择机发言，发表讲演，和人碰面而不是发送电子邮件，帮助他人实现目标，发送表示感谢和祝贺的短信。即便像佩戴铭牌和重逢时重新自我介绍等看似不重要的事情也可能让对方记住你的名字。

理性影响：
- 战略拜访：你是否已确认需要谁的支持、谁会支持你、谁会抵制你？你是否已计划拜访这些人以开始建立互助关系？你是否曾询问别人自己能如何帮助他们实现目标？
- 战略交流：你是否已确定他人的风格、需要和需求以帮助他们实现目标，并以能赢得对方支持的方式描述自己观点的优势？

结构影响：
- 职位：你的阶级地位是否能控制他人获取信息、联系、预算、培训和发展机会、升职或涨薪等资源？
- 自主性：你是否能在工作中实现自主，从而更自由地决定工作的时间、地点和合作对象？
- 重要性：你是否能确认自己的工作对组织工作流程至关重要？你是否能衡量自己对组织重要成果有何贡献？多少人依靠你完成工作？你所在部门是否对组织成功有关键作用？你的工作所需知识和技能有多专业？你和部门其他人员是否容易被取代？如果组织遭遇危机，你是否能帮助组织摆脱危机？
- 中心性：他人是否征求你的意见？他人能否通过你接触其他人或获得有助于工作完成的资源？你是否能通过掌控信息、专长、联系和人们实现目标所需的其他资源来提升自己对组织网络的重要程度？你能否加入对组织目标有中心作用的项目和团队？
- 联合：你可以加入和创造什么联盟来推动共同利益？

还要记住：掌握几种控制策略，而且要根据具体情况而非自己的偏好来运用策略。

图 5-5 提高政治力量

- 针对如何展现这些态度和行为提供培训——并以这些特征为依据透明地提拔人才。
- 制定职业晋升等重要组织决策时采取系统而透明的流程,确保员工了解制定决策的方式。
- 提供参与决策的机会及制定和实施有效决策所需的信息。
- 明确表明对障碍性政治行为零容忍,尤其是过度的自我抬升、圈占地盘及其他影响员工、部门、客户、股东或组织目标的行为。
- 鼓励批判性思维和汇报坏消息,不让员工因恐惧而沉默。

结　　论

有些人更善于获得并运用权力和影响力。但表面上的天分和街头智慧实际上是细致而系统的、以获得他人的资源支持为目的的日常努力的结果。成功人士能认识到必须将自己智慧、专长和经验转化为对他人有价值的资源。他们知道权力不是自己固有的,而是必须每天通

> 我不再惧怕暴风雨,因为我正在学习如何开船。
> ——路易莎·梅·阿尔科特,作家

过有助于建立信任和支持的小举措培养并发展的。能发展符合道德且可持续的权力的人,知道别人服从自己应该出于自愿,而不是被迫的。

无论你在组织中担任什么职务,你都有可利用的资源来获得他人的自愿支持,以提升效率和职业潜力。有些人无疑在更有意识地寻求权力和影响力。但如果你担任了领导或管理职位,了解如何影响他人以帮助那些依靠你的员工实现自己的目标就不是一种选择,而是你的责任。

记住,无知和滥用政治的人都会自我毁灭,前者是逐渐的,后者是猛烈的。不懂政治的人认为自己没有权力,也没意识到自己有很多资源可以提供,因此他们不会尝试影响他人。他们不太可能发挥自己的潜力,因为他们的技能、努力和贡献可能不会获得注意和认可。另外,他们无法全力支持需要依靠他们的影响力和政治手腕去实现目标的员工。滥用政治的人容易将他人视作对手而非同盟,专注于获取而非给予,一心想着正确而忽略了效率,通过暴力或欺骗来获得服从,而非通过诚信

手段赢得支持。他们的影响力通常很短暂，因为他们无法获得长期成功所需的持续支持。他们的策略终将造成不利影响——或早或晚。

笔者希望读者能通过阅读本章内容避免陷入政治无知或滥用政治的陷阱。通过使用本章所述的获取并运用符合道德且可持续的影响力的策略，你将能更好、更明智且有道德地获取并运用权力和影响力，从而实现你本身、组织、社区和依赖你的人所看重的目标。见专栏5-2。

专栏 5-2

社交风格

领导力发展协会授权使用，佐治亚州坎顿，770-479-8643。

说明

从数字1~7中选出最符合被评估者（可以是你本人，也可以是他人）的数字，只在例外情形下选择1或7。

指导："1"代表我从未或很少看到被评估对象有这种行为；"4"代表这种行为的发生为平均频率；"7"代表经常或总是观察到这种行为。"3"和"2"代表介于平均和鲜少之间的不同水平；"5"和"6"代表介于平均和经常之间的不同水平。

测试开始前，先勾选你与被评估者之间的工作关系。

☐本人　　☐下属　　☐他人　　☐上级　　☐同级

这个人

1. 看重短期目的与目标 ················ 1 2 3 4 5 6 7
2. 以细节为导向 ···················· 1 2 3 4 5 6 7
3. 能着眼大局 ····················· 1 2 3 4 5 6 7
4. 看起来很友好 ···················· 1 2 3 4 5 6 7
5. 很有条理 ······················ 1 2 3 4 5 6 7
6. 能很快交到朋友 ·················· 1 2 3 4 5 6 7

7. 很健谈 ······	1	2	3	4	5	6	7
8. 经常很快做决定 ······	1	2	3	4	5	6	7
9. 很率性 ······	1	2	3	4	5	6	7
10. 容易相信别人 ······	1	2	3	4	5	6	7
11. 讲究方法 ······	1	2	3	4	5	6	7
12. 有时间意识 ······	1	2	3	4	5	6	7
13. 比起观点和本能，更倾向于事实和逻辑 ······	1	2	3	4	5	6	7
14. 能体谅他人 ······	1	2	3	4	5	6	7
15. 想象力丰富，能创造性地思考 ······	1	2	3	4	5	6	7
16. 做决定时不愿征求他人意见 ······	1	2	3	4	5	6	7
17. 喜欢独自工作 ······	1	2	3	4	5	6	7
18. 配合度高，很容易与其共事 ······	1	2	3	4	5	6	7
19. 喜欢成为焦点 ······	1	2	3	4	5	6	7
20. 积极追求目标 ······	1	2	3	4	5	6	7
21. 在决策过程中会考虑他人的意见和感受 ······	1	2	3	4	5	6	7
22. 做决策时很仔细 ······	1	2	3	4	5	6	7
23. 表达强硬的观点 ······	1	2	3	4	5	6	7
24. 可能缺乏耐心 ······	1	2	3	4	5	6	7
25. 对朋友和组织都很忠诚 ······	1	2	3	4	5	6	7
26. 做决定前希望掌握所有事实 ······	1	2	3	4	5	6	7
27. 有时仓促地做决定 ······	1	2	3	4	5	6	7
28. 喜欢掌控一切 ······	1	2	3	4	5	6	7
29. 温暖而讨人喜欢 ······	1	2	3	4	5	6	7
30. 善于说服他人 ······	1	2	3	4	5	6	7
31. 不允许情感影响决策 ······	1	2	3	4	5	6	7
32. 谨慎地考量各种想法和建议 ······	1	2	3	4	5	6	7
33. 追求目标时可能给人以不够体贴的印象 ······	1	2	3	4	5	6	7

34. 对人表现出感兴趣	1	2	3	4	5	6	7
35. 能开明地接受新理念或新变化	1	2	3	4	5	6	7
36. 有时似乎在沉思	1	2	3	4	5	6	7
37. 可能太吵,太闹腾	1	2	3	4	5	6	7
38. 喜欢事实、数据和利润成果	1	2	3	4	5	6	7
39. 认真,不开玩笑	1	2	3	4	5	6	7
40. 容易相处	1	2	3	4	5	6	7
41. 表述清晰、切题	1	2	3	4	5	6	7
42. 安静而拘谨	1	2	3	4	5	6	7
43. 思考和表达都很宽泛	1	2	3	4	5	6	7
44. 容忍度高,容易原谅他人	1	2	3	4	5	6	7
45. 顺从改变	1	2	3	4	5	6	7
46. 审视局面时很敏锐	1	2	3	4	5	6	7
47. 采取实用的方式	1	2	3	4	5	6	7
48. 可能很顽固	1	2	3	4	5	6	7
49. 喜欢竞争	1	2	3	4	5	6	7
50. 寻求以和解来解决或回避冲突	1	2	3	4	5	6	7
51. 就事论事	1	2	3	4	5	6	7
52. 很难承认错误	1	2	3	4	5	6	7
53. 善于适应变化	1	2	3	4	5	6	7
54. 有时很生硬	1	2	3	4	5	6	7
55. 有远见	1	2	3	4	5	6	7
56. 善于表达观点	1	2	3	4	5	6	7
57. 是讲理的人	1	2	3	4	5	6	7
58. 喜欢辩论	1	2	3	4	5	6	7
59. 有策略	1	2	3	4	5	6	7
60. 对负面评价很防备	1	2	3	4	5	6	7

61. 能尊重他人 ·· 1 2 3 4 5 6 7
62. 难以同意他人的观点 ································· 1 2 3 4 5 6 7
63. 总批评他人 ·· 1 2 3 4 5 6 7
64. 接受变化时很慢 ·· 1 2 3 4 5 6 7
65. 很灵活 ··· 1 2 3 4 5 6 7
66. 总是从黑与白、是与非的角度来评判事情········ 1 2 3 4 5 6 7
67. 本来是自己的不足却总怪别人 ··················· 1 2 3 4 5 6 7
68. 寻求通过妥协解决问题 ····························· 1 2 3 4 5 6 7

分数统计——第一部分

在相应位置填入1~44题的分数。

	Ⅰ	Ⅱ	Ⅲ	Ⅳ
	1. _____	3. _____	2. _____	4. _____
	8. _____	7. _____	5. _____	6. _____
	12. _____	9. _____	11. _____	10. _____
	16. _____	15. _____	13. _____	14. _____
	20. _____	19. _____	17. _____	18. _____
	24. _____	23. _____	22. _____	21. _____
	28. _____	27. _____	26. _____	25. _____
	31. _____	30. _____	32. _____	29. _____
	33. _____	35. _____	36. _____	34. _____
	38. _____	37. _____	39. _____	40. _____
	41. _____	43. _____	42. _____	44. _____
总得分	_____	_____	_____	_____
(加减求和)	(-2)	(+1)	(+2)	(-6)
净得分	_____	_____	_____	_____

风格解读

得分最高的象限代表你的主导风格，得分最低的象限代表你最不常用的风格。两个或两个以上象限得分相同代表相应风格程度相当。

将各列得分填入相应象限。

Ⅲ_____	Ⅰ_____
分析型	驱动型
ⅳ_____	Ⅱ_____
平易型	表达型

分数统计——第二部分（多面性量度）

A列　　　　　　　　　　　　　　B列

45._____　　　　　　　　48._____
46._____　　　　　　　　49._____
47._____　　　　　　　　52._____
50._____　　　　　　　　54._____
51._____　　　　　　　　56._____
53._____　　　　　　　　58._____
55._____　　　　　　　　60._____
57._____　　　　　　　　62._____
59._____　　　　　　　　63._____
61._____　　　　　　　　64._____
65._____　　　　　　　　66._____
68._____　　　　　　　　67._____

总分 _____

将各列分数加总，将总分填入相应空白处，计算各列总分差值。如果A列之和大于B列之和，将差值标在数轴左侧相应的位置。例如，如果A列之和比B列之和高15分，在数轴左侧"高"上方对应数字15的位置画一个箭头；如果 B 列之和比 A 列之和高 15 分，在数轴右侧对应数字 15 的位置画一个箭头。多面性高的人更善于"阅读"并适应不同社交风格。

35 _ 30 _ 25 _ 20 _ 15 _ 10 _ 5 _ 0 _ 5 _ 10 _ 15 _ 20 _ 25 _ 30 _ 35 _
　　高　　　　　　　　中　　　　　　　　低

本章小结

权力指的是个人或团队影响他人的态度、信念和行为以争取对方支持个人或团队重要目标的意愿和能力。

只有在利益、目标或实现这些利益或目标的方式存在真实或潜在冲突时才有必要使用权力。

权力并不是个人或团队的稳定特征，而是必须要积极争取并不断补充的；一段关系中的权力是协商而来的（只有对方认为你有他想要或需要的东西，你才能掌控对方）；权力视情境而定，因为你可能在一种情境下有权，在另一种情境下无权。

具有可持续权力（凌驾于特定时间、职位和地点之上的权力）的人能以其沟通和行事方式说服他人，使对方相信自己的想法值得一听、有道理，应该得到支持。

你需要掌握权力和影响力技能，因为你经常要从不归自己管理的人那里获得支持。如果掌握了这方面的熟练技能并能够做出业绩，你就能更好地实现自己、组织、社区和依赖你的人看重的目标。

为了拥有凌驾于特定时间、职位和地点之上的可持续权力，你必须：（1）掌握对方需要或想要的多种资源；（2）了解获取他人支持的多种技能；（3）根据情况调整策略。

你有很多机会去影响他人，因为人类的理性有限。这个世界充满不确定性，我们很少有充足的信息做出理性决策，也无法记住或弄清楚面临的所有复杂信息。有影响力的人能帮助他人用支持自己目标的方式审视环境并制定决策。

有道德地获取并运用权力的前提是：明确告诉对方你要实现什么、为什么；至少将他人和组织的利益放在与个人利益相当的位置上，适当时将他人利益放在个人利益前面；尊重他人，公平管理组织政策和程序，不要滥用权力或剥削他人；合理、开明地接受他人的影响；以真实的支持性数据来支撑自己的请求。

虽然拥有可持续权力的人各不相同，但也有很多共同之处：他们专注于实现自认为重要的目标；以行动为导向，希望能影响周边的环境；有能力、可靠，有出色完成工作所需的专长；做好准备工作，制定获取支持的系统性战略；愿意利用官方政策、流程和命令链以外的非正式组织来实现目标；敏锐地观察人类行为且有出色的社交技巧；积极掌握信息，愿意倾听并保持开明的态度；能认识到管理认知至少和管理现实同等重要；他们表述要求的方式不会改变观点的优势，但能尊重对方的视角，从而为自己的观点赢得理解和支持；灵活思考和行动；虽然持续专注于目标，但愿意采用灵活的方式实现目标；正直。

社交风格模型提供了一个理解自己和他人行为偏好的有效框架。这一模型假设：(1) 我们的行事方式都是可预见的、被忽视的，包括我们如何制定决策、与他人互动及解决冲突；(2) 如果我们了解自己和他人偏好的风格，就能避免因不同风格的人互动时产生的误解、冲突和挫败而引发的问题；(3) 如果我们以相互理解和尊重为基础建立关系，则影响他人的可能性就更大。社交风格模型侧重以下两个角度。

● 果断型与探究型：指的是一个人是强硬地迅速推行自己的理念（果断型），还是耐心地从他人或认真的数据分析中提炼观点（探究型）。

● 高反应型与低反应型：指的是一个人是强调理性、客观和以任务为中心（低反应型），还是强调情绪表达、本能和关系（高反应型）。

从这两个角度出发，通常可将社交风格划分为四类：驾驭型（果断型和低反应型）、表达型（果断型和高反应型）、平易型（探究型和高反应型）和分析型（探究型和低反应型）。你可以利用这一模型来理解他人、他人看待你的方式、你和他人在压力下的行事方式，以及如何影响不同风格的人。

虽然人类在很多方面都不同，但其基本需求相同。如果能认识到这些共同需求并帮助人们满足这些需求，成功影响他人的可能性就更大。社会心理学家罗伯特·西奥迪尼表示："只有以可预见的方式诉诸根深蒂固的有限人类动力和需求，劝导才能发挥作用。"按照西奥迪尼的说法，普遍的影响力形式有六种。

- 互惠：人们觉得有义务回送从他人那里获得的礼物、恩惠和帮助。
- 承诺和一致：如果人们觉得某项请求符合其之前做出的承诺（尤其是公开的或书面的承诺）或采取的行动，就更愿意应允。
- 权威：人们倾向于听从被视作权威和专家的人。
- 社会认同：当人们知道有其他人支持某个观点时，他们就更愿意支持这个观点，尤其当他们发现其他人和他们很相似时。
- 稀缺：人们想得到在其看来独特、稀少或有限的东西。
- 喜好：人们会支持自己喜欢的人，并倾向于喜欢有魅力或在重要方面与自己相似的人，以及有共同的正面体验、距离自己近、称赞自己的人。

这些形式的影响力之所以有效，是因为作为认知捷径，它们能帮助我们绕过益发复杂而代价高昂的决策过程。我们在特定情形下更容易使用认知捷径，这些情形包括：感到困惑、不确定、惊讶；面对的信息过多或过少；承受压力；相信对方需要我们的支持。"触发因素"会启动这些认知捷径。

自动对认知捷径做出反应通常没问题，但有时也会造成问题。如果你了解这六种普遍形式的影响力，并且留意触发它们的因素，不仅能让你更有影响力，而且在面对他人影响时也不会轻易地沦为自动驾驶仪或首选目标。

每种形式影响力的使用方式都可能是道德或不道德的。有道德的劝导者会自问："我如何真实地以更容易获得他人顺从的方式表述自己的观点能带来的真实好处？"他们不会提供虚假信息或故意夸大好处，不会伪装成权威或专家，不会虚伪地吹捧，不会随便承诺。

为避免对他人的影响行为做出盲目反应，应在做决定前留点时间，以便：（1）通过从多种不同来源搜集更多信息让问题更明朗；（2）识别观点的优缺点及其他选择；（3）考虑服从的好处和代价；（4）使用系统的流程来搜集信息并制定决策；（5）记住自己有权优雅地说"不"。

组织内部的政治行为指的是：（1）人们用以影响重要个人或组织成果的行为；（2）未写入正式职责描述的行为；（3）不通过官方和明确表述的组织政策和程序来执行的行为。

组织中的政治行为如果不被带入极端，而是以符合道德的方式来服务于组织和个人目标，则可以提升效率、创新性、灵活性和速度，因为它能帮助人们摆脱正式岗位描述和标准组织程序的约束。

如果过于极端，参与组织政治可能变成维护自己的利益，从而干扰工作、制造恐慌、激发自保行为，造成四分五裂、信息流通有限、不愿帮助他人的局面。因此，高度政治化的组织会缺乏合作、灵活性和创新。

当组织目标和绩效评估不明确、组织决策流程（包括与职业晋升相关的决策）不透明、员工觉得无法参与影响自己的决策及对人员和组织流程缺乏信任时，员工才容易参与政治行为。

你可以通过如下措施来尽量降低障碍性政治行为：提供明确的目标、绩效评估和反馈；对个人和团队取得的个人、部门及组织整体成果进行奖励；对能赢得升职、加薪和其他形式职业提升的态度和行为提供明确指引；针对如何展现这些态度和行为提供培训——并以这些特征为依据透明地提拔人才；制定职业晋升等重要组织决策时采取系统而透明的流程；提供参与决策的机会及制定和实施有效决策所需的信息；明确表明对障碍性政治行为零容忍，尤其是过度的自我抬升、圈占地盘及其他影响员工、部门、客户、股东或组织目标的行为；鼓励批判性思维和汇报坏消息，不让员工因恐惧而沉默。

有道德地使用政治技能可以给组织创造价值。如果你选择按具体的工作指引行事，只和与工作直接相关的人打交道，可能无法充分发挥潜力。如果你是管理者，这样做还会阻碍下属的表现，因为你没有所需的影响力为下属提供相关的关系、信息和资源，从而使其更好地完成工作，以及获得任务、升职和加薪的机会。

政治上精明的人会利用三种资源来帮自己、他人和组织实现目标，分别是个人资源、关系资源和结构资源。个人资源指的是树立个人声誉和可信度所需的特征，包括专长、经验、教育、工作年限、讨喜程度和职业活动等。关系资源指的是与广泛的多元化群体建立互助关系的意愿和能力。结构资源指的是其在组织等级中的正式职位、工作自主性、工作重要性、工作中心性及联合成员身份。

培养个人、关系和结构力量时要牢记：你的力量很大程度上取决于你控制他人看重的资源的能力。别人越依赖你的专长、关系、获取信息与财务资源的渠道，你的力量就越大。你实现目标时对他人的依赖越小，你的选择和灵活性就越大。

记住，如果想实现自己、依赖你的人及所属组织和社区看重的目标，要兼顾多重权力基础。过于依赖有限的几种权力来源是错误的。

有些人更善于获得并运用权力和影响力。但表面上的天分和街头智慧实际上是细致而系统的、以获得他人资源支持为目的的日常努力的结果。他们知道权力不是自己固有的，而是必须通过每天有助于建立信任和支持的小举措培养并发展的。能发展符合道德且可持续的权力的人，知道别人对自己的服从应该出于自愿，而不是被迫的。

思考题

1. 识别在你看来有可持续并符合道德的影响力的人。这个人如何培养并维系权力和影响力？如果可能，采访这个人，并询问：(1) 如何培养影响力；(2) 关于获得可持续并符合道德的影响力有何建议。

2. 识别自己掌握的三种权力来源，以及它们分别何时有效。识别能使你对环境产生更积极的影响所需的三种权力来源。

3. 借助社交风格评估来识别自己的主要社交风格。之后回答下述问题：(1) 什么样的工作环境能激发我做出最佳绩效？(2) 我能给工作环境带来哪些优势（我如何运用这些优势）？(3) 我能给工作环境造成哪些劣势（我如何管理这些劣势）？(4) 别人如果想影响我，需要怎么做（如对方会使用什么措辞和表述）？(5) 什么样的措辞和表述不会影响我？(6) 哪首歌反映了我的风格？

4. 找出自己希望施以影响的人。

   a. 利用社交风格模型来识别影响对象的主导风格；确定三条影响策略，并制定实施这些策略的行动方案。一周后审核进度，一个月后再审核。你是否获得了想要的支持？为什么？

b. 依照六种普遍形式的影响力，确定三种影响策略，并制定实施这些策略的行动方案。一周后审核进度，一个月后再审核。你是否获得了想要的支持？为什么？

5. 未来几天中观看电视广告并阅读杂志广告，尽量识别其中使用了六种普遍形式的影响力中的哪些（互惠、权威、稀缺、社交认同、承诺和一致、喜好）。

6. 回想你最近一次做了不想做的事的情形。你为什么做了这件事？是否是六种普遍形式的影响力作用的结果？如果你当时知道自己容易受影响，是否能更好地抵制影响？写出四条以上保护自己不盲目被人影响的对策。

7. 回想自己目前或将来需要对方帮助，但彼此关系有些棘手的人。确定三条以上为这段关系建立互信和尊重的策略，并制定实施这些策略的行动方案。一周后审核进度，一个月后再审核。实施上述策略后，你和对方的关系是否有所改善？在设法改善关系的过程中，你有哪些收获？

8. 喜好是最有效果的影响力形式。列出五条以上提升好感度的方法。记住，人类会亲近让他们自我感觉良好的人，疏远打击其自我感觉的人。魅力、积极互动、距离近、相似性和真诚的赞美都能提升吸引力。

9. 如果你目前在某一组织工作，确定六条以上能在未来六个月提升个人政治影响力的举措。

10. 设想自己和另一位同事都对一项抢眼的任务有兴趣。整体来看，你们二人的技能组合、教育背景和入职时间没有差别。根据从本章学到的知识，你该如何提高得到这项任务的可能性？

第6章

管理与下属、老板和同级之间的关系

本章将帮助你：

- 理解管理与下属、老板和同级之间的关系对你的效能、职业成就和福祉有何影响。
- 理解权力关系对你与老板、下属之间的关系有何影响。
- 创建一个赋予员工权力和激励的背景。
- 了解组织背景如何刺激员工展露最好和最差的一面。
- 改善与老板（包括苛刻的老板）之间的关系。
- 提高自己指导和建立人际关系网的能力。
- 了解建立优质关系并被他人视作网络中的能量来源的重要性。
- 了解印象管理在日常工作和生活中的作用。

最终，你还是要靠人力，而不是策略。

——拉里·博西迪，联合信号前首席执行官

针对组织效率的数十年研究得出了同一个结论：与下属、老板和同级的关系直接影响工作效率、职业成就（体现为升职、加薪和工作满意度）和个人福祉。例如，研究人员发现了下述几点。

- 社交技能比技术能力更能预测高管成功。在组织阶层中的层级越高，对社交技能的需求就越大。
- 员工对主管的忠诚度比其对组织的忠诚度更能预测他们的效率。
- "与管理者建立良好互信关系"的员工绩效评分更高。
- 有意愿、有能力了解他人需求并相应地调整自身行为的群体升职机会更多，薪酬更高，导师更多。
- 关系网深厚的群体更快乐，更健康，更长寿。

经营与下属、老板和同级的关系，对你自身、他人和组织而言都是最重要的事情之一。实际上，作为管理者，你的职责就是积极、系统地管理自己的关系，因为管理者的工作是与他人共同或通过他人完成工作。但优质关系的受益者不仅限于管理者。研究人员发现，关系网强大的技术专业人士薪酬更高，因为当今问题的复杂程度即便最聪明的人也无法独自解决，而且大多数工作的设计都强调相互依赖。但遗憾的是，很多人都忙于关注日常工作的技术细节，而没有足够的时间与有助于提升效能的人建立关系。

本章重点关注如何与下属、老板及同级建立优质关系。无论向上、向下还是同级关系，都要牢记下述两条有关人际关系的假设。

- 优质关系建立在信任、尊重和互惠的基础上。
- 人类都有不足，无论职业发展、职场成功还是个人福祉，我们都要彼此依靠。

请带着这些假设继续阅读本章的后续部分。我们首先关注如何培养对老板-员工关系的态度，以及这些态度对效能的影响。接着，我们重点关注管理与老板和下属之间关系的策略。接着，我们会探讨无论对向上、向下还是同级关系都有效的三种技能（辅导、人际关系网络经营及印象管理）。

工作中的权力关系

虽然总有人谈组织扁平化、参与性管理和放权，但层级在当今大多数组织中仍然存在。事实上，高效的管理者总结的最重要的经验之一，就是他人透过"权力关系"来解读他们的日常行为。换言之，我们对老板-员工关系的假设影响着我们关注什么（谁）、我们如何解读关注的对象（什么或谁），以及我们对彼此行事的方式。我们培养权力态度的方式至少有两种：我们在组织架构中的位置（如我们在工作中是老板还是下属），以及我们的性格特征（如早年无意识中形成的权力态度）。

组织架构与权力关系

研究表明，组织中权力较小者（如你的下属）会更多地关注级别较高者的行为，并对其做出复杂的解读。而老板不太关注级别较低者，对对方行为的解读较为简单，不太注意下属之间的个体差异，通常也意识不到自己的行为对级别较低者的影响。下属对老板的态度、感觉和行为的热切关注是可以理解的，因为老板对下属的效率、职业发展、工作满意度和心理福祉都有重要影响。当然，下属也能影响老板的上述方面，但《问题老板的界定与应对方法》一书的联合作者、心理学家马蒂·格罗特解释称，如果一段关系出现了问题，"权力最小的人受伤更多"。

哈佛大学研究人员琳达·希尔表示，老板尤其注意不到"下属如何审视和放大自己的日常行为"及"小举措为什么有大影响"。想象老板叫员工来自己的办公室，却没做任何说明（"史密斯，明天上午11点来我办公室"）。史密斯不知道会发生什么，因此可能设想很多原因（"我做了什么""我是不是有麻烦了""是不是要裁员？我会不会被裁员"）。事实上，管理者让史密斯来办公室可能只是为了通知他升职、交代高难度的任务或者奖励其出色的工作表现。但如果史密斯事先不知道见面的目的，肯定会设想一些最差的情形。虽然管理者本人可能第二天早上才会考虑会面的问题，但史密斯可能因此而失眠。

虽然下属的正式权力比老板少，但他们也会低估老板对自己的依赖程度，以及自己对老板-员工关系的影响。研究组织权力的人解释称，组织阶层中的所有群体都有权力，只是种类不同。级别较高者有权定义组织现实（通过设定组织方向、规定、政策、流程和质量标准）；而级别较低者有权支持或抵制这一现实（通过提供或不提供支持，心理上或生理上从组织中抽离，加入工会，参与公开抗议）；中层人员有权将级别较高者和较低者团结在一起或把他们疏离，通常是通过过滤信息和资源的方式。值得注意的是，中层人员能从让上述双方疏远中获利，因为如果双方知道彼此如何高效地合作，就会削弱中层人员的权力。事实上，中层人员的安全感通常来自于让上下级之间保持距离。

> 没有人像我们想象得那样强大。
> ——艾丽丝·沃克，《寻找母亲的花园》

简言之，组织架构在不同级别群体内部及之间建起了心理和生理上的边界，并影响了高、中、低级别的人对不同级别的成员客户和其他外部人员施加影响的方式。研究人员罗伯特·萨顿常提到《金钱》杂志作家杰森·茨威格讲的一个故事：

> 几年前，（杰森）在纽约办理登机手续时站在一位怒气冲冲的旅客后面。这名旅客不断侮辱机场人员，而对方面对辱骂仍能保持镇定、冷静和专业的态度。这一场面给他留下了深刻印象。杰森口头讲述此事后还通过邮件确认：虽然事情已经过去了几年，但"她的话我永远都记得：'哦，他去（洛杉矶），但他的行李会被运到内罗毕。'她笑容中微妙却明显的坚定让我意识到，她是认真的，这一面让我兴奋，一面让我心底发凉"。

切记，我们的组织阶层地位影响了我们在群体内部思考和行动的方式，以及对待别人的方式，尽管我们可能将自己与他人的行为归结为性格所致。成功的管理者清楚自己与他人的阶层地位如何影响各自的观点和行为，并据此从更复杂的角度解读他人的行为，更有效地做出回应。

性格与权力关系

我们进入职场前就早已养成权力态度，并将其代入每一段老板-员工关系中。心理分析学家主张，我们通过与最早期权威人士（父母和主要看护者）之间的经历培养对权威的观点。在我们的一生中，这些经历潜移默化地影响我们对权威人士善意和可靠性的看法，进而影响我们与权威人士的关系。

- **互相依赖**。如果早年的主要看护者能回应我们的需求，我们可能会认为自己值得对方善待，也能指望对方来照顾我们。因此，我们对权威人士的态度可能是对方值得信赖和依靠，除非另有证明。无论我们是老板还是员工，都可能将权威关系视作建立在互相尊重和负责的基础上（"我们共同面对""我们如何互助"）。卡恩和卡拉姆主张，相互依顿的态度能带来最高效、最令人满意的老板-员工关系。

- **依赖**。如果主要看护者照顾我们的行为不稳定（如有时容易接近、很有爱心，有时又疏离而冷漠），我们可能认为自己有时能指望权威人士，有时则指望不上。因为看到看护者至少有一段时间能照顾我们，我们会将其表现不一的行为归结为自我价值所致，而不是对方照顾我们的意愿和能力。换言之，我们相信看护者不回应是我们的错。因此，我们会花费大量时间和精力来获得对方的关注和喜爱。成年后，我们对权威人士的态度可能是依赖对方。我们会设法取悦权威人士，以赢得对方的善意和支持。无论我们是老板还是员工，我们都认为老板的工作就是照顾好员工，而员工的工作则是服从并取悦老板（"老板说了算""老板永远正确"）。

- **反依赖**。如果主要看护者在我们早年经历中缺席（包括生理上或心理上），我们可能认为不能指望权威人士来照顾我们的需求，只有靠自己才能获得想要的东西。因此，成年后，我们可能将权威人士视为不相关或需要克服的障碍。无论我们是老板还是员工，我们都可能抗拒权威，认为老板的作用无关紧要，或者老板不该挡员工的路,即便员工可能需要老板的支持("你不能靠老板完成工作""你不需要老板帮你实现目标")。

简言之,我们在成年后还会无意识地将童年时形成的权威态度代入老板或员工的角色中。因为我们认为某种权威关系(相互依赖、依赖或反依赖)是正常的,所以可能以能形成预期权力关系的方式来行事。例如,如果我们对权威的态度是依赖型,可能表现得更加无助,指望老板来照顾我们;如果我们自身就是老板,可能鼓励下属依赖我们,通常通过不提供员工获得独立所需的重要信息、培训和主要资源的方式。

如果我们对权威的态度是反依赖,就可能抗拒老板的权威,让彼此之间的关系更加紧张。如果我们是老板,就可能抛弃自己对员工的权威和责任,即便员工需要帮助,也不提供任何支持和援助。如果我们对权威的态度是相互依赖,我们的行事方式可能会发挥老板-员工关系的最大优势。图6-1阐释了对权威的不同态度。

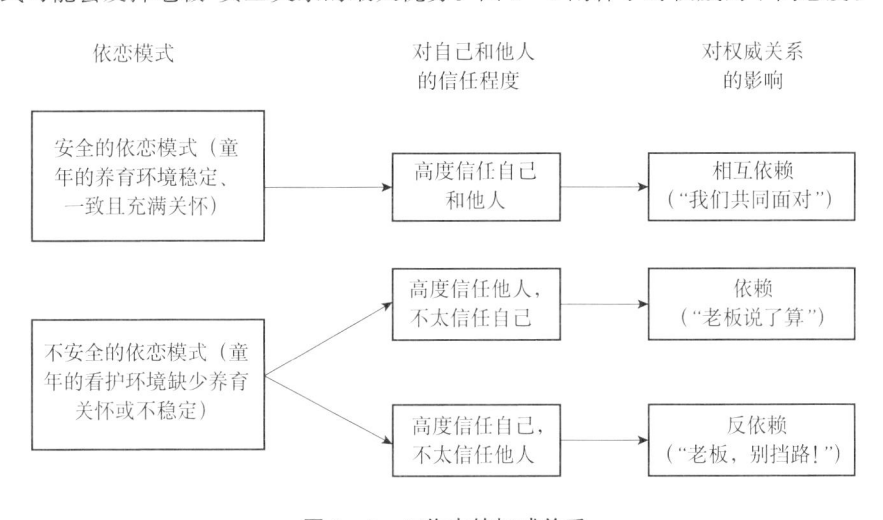

图6-1 工作中的权威关系

Source: Model based on Kahn, William, and Kathy Kram. 1994. "Authority at Work: Internal Modles and Their Organizational Consequences." *Academy of Management Review*, 19 (1): 17-50. Reprinted by permission of *Academy of Management Review*; Bernerth, Jeremy, and H. Jack Walker. 2009. "Propensity to Trust and the Impact on Social Exchange." *Journal of Leadership and Organizational Studies*, 15 (3): 217-226; Simmons, Bret, Janaki Gooty, Debra Nelson, and Laura Little. 2009. "Secure Attachment: Implications for Hope, Trust, Burnout, and Performance." *Journal of Organizational Behavior*, 30: 233-247; Kahn, William. 2002. "Managing the Paradox of Self-Reliance." *Organizational Dynamics*, 30 (3): 239-256.

简言之，我们的性格和在组织阶层中的地位在很大程度上影响了我们能注意到什么、如何解读自己注意到的事情，以及在老板和下属面前如何表现。为了避免陷入失灵的老板-员工关系，牢记下述几点。

- 老板-员工关系是两个都有缺陷的人之间的合作关系，双方要依靠彼此的专长、支持和善意，才能获得职业发展、事业成功和心理福祉。
- 我们在组织阶层中的位置（低、中、高）及童年对权威的态度可能让我们陷入无意识且通常有误导性的假设和行为，进而破坏我们和老板、下属的关系及组织的效能。
- 老板和下属在关系中都有权力。事实上，我们在组织中的级别越高，就越要依靠他人来完成工作。

与老板和下属建立高效的关系，最好的方法就是了解并认可工作中的权威关系；能认识到自己对权威的态度及其对你与老板建立高效关系的影响；学习有助于提升你与老板和下属关系的策略；在日常工作和生活中系统地运用这些技巧。

管理并激励下属

能升任管理者角色的人首先是出色的个体贡献者。换言之，他们是高效的工程师、营销人员、销售人员、教师、护士、社工等，他们能周到、全面而迅速地完成自己的日常工作。但升任领导岗位后，他们通常会惊讶地发现，有助于个体贡献者成功的技能，不足以支撑他们在管理岗位上取得成功。他们必须实现从亲自完成工作到与他人共同或通过他人完成工作的转变。他们经常发现，最大的挑战就是和员工建立高效的工作关系，并创造能让下属成功的工作环境。

> 你必须真心喜欢和尊重服从于你的人，因为无论喜欢还是尊重都无法伪装。
> ——本杰明·戴维斯

刚升职的管理者会关心"我应该如何激励下属"。本章传授的最重要的经验之一，就是你不能激励他人，因为每个人都必须自我激励。你的工作是创造一个让员工有动力、有能力做出最佳绩效的工作环境。注意，创造这样一个高绩效环境并不意味着增加成本，而是要认识到员工的动力来源（如意义、归属感、胜任感、掌控感和一致性），并创造机会让他们在工作中发挥动力。另一个重要的道理，就是直接管理者或主管（而不仅仅是高管或组织文化）是决定员工投入和产出的最大因素。换言之，作为管理者，你能通过自己的日常行为帮助员工为企业创造价值，即便你和团队并未从你的管理者那里得到全部支持。

有些人仍然在管理岗位上挣扎，有些人却在不断壮大。帕特·克里根是一名汽车工厂主管，这位成功的管理者曾在公立学校担任心理医生。她介绍了自己对管理者工作的理解：

> 我得承认，我从来没有造过一个零件，也没有计划去做，因为这不是我的工作。我的职责就是创造一个环境，让制造零件的员工能带着责任感和自豪感一次就做出成本低廉的合格零件。要达到这一目标，我并不需要了解如何制造零件……我的作用是支持、推动和赋权。

金考的创始人兼荣誉董事长保罗·奥法里呼应了克里根的观点。奥法里的父母是黎巴嫩移民。因为患有严重的阅读障碍，他经常被学校劝退，在高中 1 200 名毕业生中排名倒数第八，勉强读完大学。他承认，即便现在，他也无法顺畅地阅读，对机械不敏感，也不太知道怎么用电脑。1970 年，他拿着 5 000 美元贷款在南加州大学附近一个 100 平方英尺的地方开办了一家公司，取名金考（奥法里的乳名，意思是卷发）。奥法里 52 岁卸任金考首席执行官一职，当时已拥有 2.25 亿美元的身价、23 000 名员工并因企业责任感而闻名。金考被《财富》评为"美国 100 强企业"，被《福布斯》评为"全球 500 强私人企业"，被《职业妇女》评为"最适合母亲工作的企业"。他将成功归结于自己对员工和客户的无尽关怀、化繁为简的能力，以及聘请好员工、为其创造条件从而精心服务于客户并提供自由的魄力。

帕特·克里根和保罗·奥法里这样的高效管理者如何确保员工有意愿、有能力做出最佳绩效，从而为组织贡献价值？虽然他们的工作风格及优缺点不同，但都能建立让员工表现出色的工作环境。他们了解人类对意义、归属感、胜任感、掌控感和一致性的基本要求，也知道每个人都有独特的兴趣、需求、生活状况及对成功的定义——只有将这些因素都照顾到,才能让员工投身组织并保证效率。

为了照顾员工不断变化的独特需求,成功的领导者在认知和行为上都很成熟。他们不会采用"一刀切"的管理风格,而是从不同角度分析问题,针对各种情形确定最合适的管理风格,并相应地调整自己的行为。根据具体情况的需要,他们可以是鼓舞人心的远见者、以细节为导向的政策制定者、放权者、亲自动手的技术顾问、参与型管理者、"到此为止"的决策者。

本节将介绍两种领导力模型,其背后的假设是高效的管理者能判断最适合某一情境的管理风格,并调整自己的管理风格以符合情况需要,进而激发他人实现最佳绩效。这两个模型分别是保罗·赫塞和肯·布兰佳提出的情境领导力模型、丹尼尔·丹尼森的丹尼森领导力发展模型。

情境领导力模型

情境领导是著名的以员工为核心的领导力模型。《财富》500强企业中有400多家将其纳入培训项目,100万名以上的管理者接触过它。按照情境领导力模型,管理者的目标是培养员工,以提升其工作能力和信心,削弱其对技术和心理支持的依赖。简言之,情境领导力就是通过适当程度的放权来培养员工。为判断适当的放权风格,赫塞和布兰佳建议管理者关注以下三大指标。

> 不要让自己不可取代,因为这样你就永远不能升职。
> ——佚名

- **领导风格**。高效的管理者通过工作导向型和关系导向型行为来培养员工。前者反映"对产出的关注"(如明确表述任务目标、程序、政策或绩效指标),后者则体现对人的关注(如表扬及表达个人关怀)。两种行为都对高效完成工作至关重要,但在特定时期可能更适合其中一种,具体取决于员工的发展程度。
- **员工准备度**。员工必须在心理上有意愿(积极并自信),在技术上有能力(具备必要的技能、知识和经验)才能独立、高效地完成任务。员工第一次处理工作时需被告知做什么、如何做及何时做;一般还需要培训、帮助和跟进。随着员工对独立完成工作的信心和能力提升,其对技术帮助(工作行为)的需求将逐渐减少，对鼓励（关系行为）的需求将逐渐增加。

- **工作特点**。每项工作都有特定的需求。每个人都擅长某些工作，需要他人协助才能完成某些工作，或抗拒某些工作。例如，善于研究的教授可能不太会教书，而善于教书的教授可能不太精于研究；擅长写技术报告的工程师面对非技术人员可能无法令人信服地表达观点；销售人员可能擅长让客户下单，但无法准确、及时地交付订单。因此，管理者需要根据员工从事某一具体任务的意愿和能力来调整自己的风格。

简言之，每位员工的发展需求不同，还会随情况变化。如果员工有能力也有意愿高效地完成某项工作，管理者就该给予对方足够的独立性。而如果他没能力也没意愿，其独立性就要相应减少。赫塞和布兰佳根据员工完成某项任务的意愿和能力总结出以下四种管理风格。只要运用得当，每种风格都很有效。

- **告知或指导**。这种风格下的关系行为少，工作行为多（如告知员工做什么、怎么做、何时做，并密切监督和跟进员工表现）。如果员工缺少特定技能，也没有信心或动力独立完成某项任务，则这种风格效果最好。但这并不意味着管理者不提供关系行为，只是关系行为只占次要地位。如果员工没意愿也没能力完成某项工作，提升其士气、信心和技能的最好方式，就是教会他如何出色地完成工作。如果管理者提供的框架和方向不够，员工就可能犯错，达不到标准，进而质疑自己的能力。
- **劝导或教练**。这种风格下的工作行为和关系行为都多，最适合员工具备一些相关技能但仍需技术支持和跟进，而且需要不断积累能力和动力的情形。在这种情形下，员工需要鼓励才能维持信心，尤其在管理者开始鼓励其独立的情况下。
- **参与或支持**。这种风格下的工作行为少，关系行为多，最适合员工有经验、能胜任，但在管理者不提供帮助或心理支持的情况下没信心成功完成工作的情形。例如，员工能出色地完成准备材料并向高级经理演示的工作，但还需要经理参加演讲以示支持，并在演讲后提供反馈。
- **授权**。这种风格下的工作行为多，关系行为少，最适合员工有意愿也有能力在无须管理者帮助或跟进的情况下独立完成某项工作的情形。事实上，员工可能比领导者更擅长这项工作。管理者提供技术或心理支持的干预手段，可能被视作管得太细或是一种干涉。

如何判断员工是否有意愿、有能力成功完成某项任务？评判能力时要查明对方是否对工作有必要的了解。例如，他是否知道要干什么？为什么？从哪儿获得适当的资源和支持？谁该参与？质量标准和适当的业绩指标是什么？这个人是否具备无须监督就成功完成项目的技能和经验？需要时他是否能主动寻求帮助？他在这类工作中的表现是否一直出色？记住，擅长一类工作并不意味着擅长其他工作。对方是否一直遵守截止时间？基于这些问题的答案，你认为员工的能力是高还是低？

评估意愿时，判断员工是否表现出对这项工作负责的信心和动力。例如，对方是否主动询问截止日期、质量标准和其他业绩指标，并主动为工作负责？基于这些问题的答案，你认为员工的意愿和信心是高还是低？

情境领导力模型简单且富有直觉魅力，因此成为管理培训中最受推崇的著名模型之一。很多研究人员认为，这一模型适用于管理新进人员及中低准备度的员工，对高准备度员工则不太有效。研究人员一般认为，情境领导力模型的价值在于提醒管理者规避"一刀切"的管理风格，根据员工的需求和具体情况调整自己的领导力风格，把握机会培养下属的技能和信心，更重要的是认真对待自己作为老师和培养者的身份。

丹尼森领导力发展模型

研究人员丹尼尔·丹尼森对1 000家组织和40 000名个人进行了超过25年的调研，并从调研结果中总结出：高效的管理者能从不同角度分析局面并相应地调整自己的行为。另外，他们还专注于建立能激励并促成高绩效的组织文化。他主张管理者通过关注四大重要领域来创建高效的组织文化，包括：传达明确而有吸引力的使命；通过明确的政策、流程和规范来确保一致性；鼓励员工参与；推崇适应性。他发现，关注上述四个方面能显著提升产出、质量、利润和增长等绩效指标。

如图6-2所示，高效的管理者兼顾内部组织（一致性和员工参与）和外部环境（使命和适应性）。他们还推进稳

> 管理事，领导人。
> ——格蕾丝·默里·霍珀，
> 美国海军上将

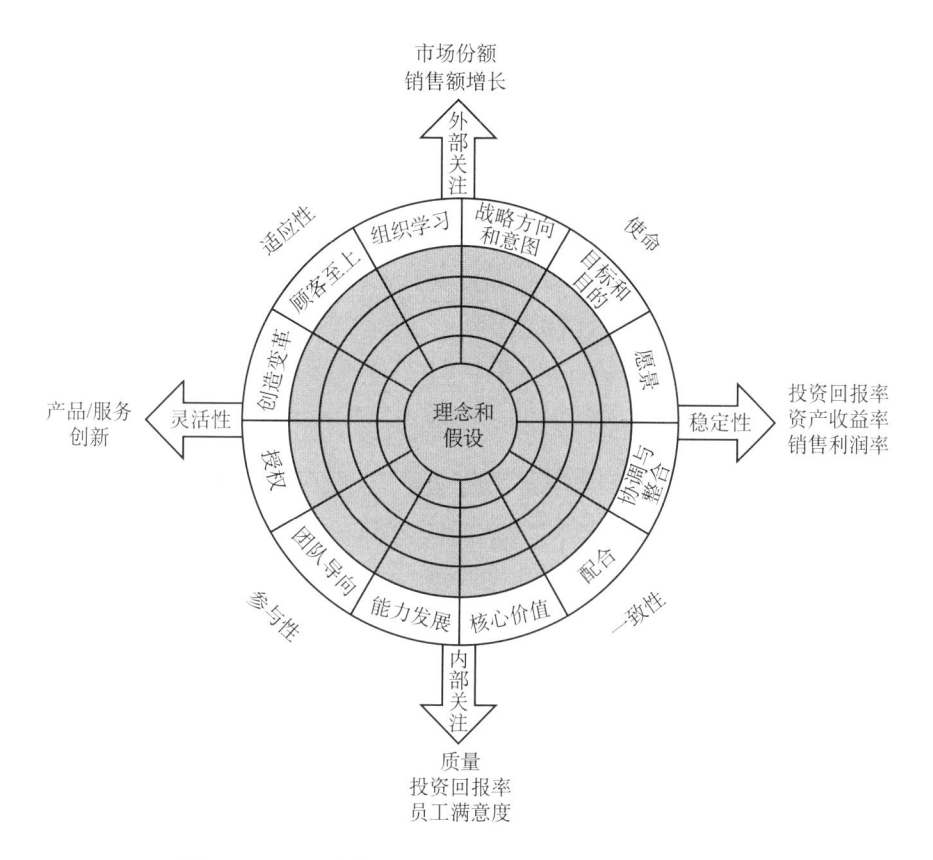

图 6-2　丹尼森模型：构建文化和领导力与业绩的联系

Source: Used with the Permission of Daniel Denison and William Neale, creators of the Denison Leadership Development Survey. See www.denisonculture.com.

定性（使命和一致性）和变革（员工参与和适应性）。这四个重要方面再分别分为三种技能。

使命。能传达明确而有吸引力的使命的管理者知道人们在日常工作和生活中需要目标和意义。使命能提供方向，让工作变得有价值。高效的管理者清楚每位员工都需要看到自己对组织使命的贡献。相关技能包括以下三种。

- 界定战略方向和意图，具体方式是向所有员工传达组织的长期策略，以向其展示组织的行进方向、背后原因及其贡献。
- 关注目标和目的，具体方式是表述模糊但现实的目标，确保员工了解目标和目的的重要性，并相应追踪进度以便员工看到努力成果。

- 创造共同愿景，具体方式是推崇组织对未来预期的美好愿景，使员工为未来而激动，能看到短期成果与实现长远愿景之间的联系。

一致性。推崇一致性的管理者明白员工在日常工作生活中需要可预见性和掌控感，这在变革时期和需要组织不同部门协作时尤其重要。管理者通过明确沟通价值观、操作方法和职业操守来指导员工的日常决策，进而推动一致性。通过提供明确的流程、政策、价值观和规范，高效的管理者能推进可预见性、对环境的掌控感、业务操作的独特方式以及全组织协同。相关技能包括以下三种。

- 通过明确沟通并遵守组织价值观来界定核心价值。
- 努力推动组织内的不同群体和部门达成一致，具体方式是创造有凝聚力的文化，鼓励不同的观点，支持建设性冲突，以及推崇双赢的解决方案。
- 管理协调与整合，具体方式是鼓励组织不同部门的人员朝着共同的组织目标努力，并提供明确的政策、流程和价值观来指导日常决策。

高参与性。创建高参与性文化的管理者明白，如果员工在组织中有掌控感，并有机会实现个人发展和影响组织，则员工会对组织投入更多。这样的

> 记住，只有让受到影响的人参与规划，变革才能最成功。
> ——沃伦·本尼斯，《为什么领导者不会领导》

管理者强调员工参与、自主和成长，从而提升员工的主人翁意识和推动团队成功的责任感。创建高参与性工作环境的相关技能包括以下三种。

- 赋权，具体方式是分享信息，鼓励对方参与组织决策，强化员工能给组织带来改变的信念。
- 建立团队导向，具体方式是鼓励（组织部门内部及跨部门的）团队协作，为共同目标合作，以及培养实现目标的集体责任感。
- 培养组织实力，具体方式是持续投资于员工知识和对技能的培养，下放权力以便员工能运用自己的技能制定并实施决策，将员工能力视作重要的竞争优势。

适应性。推崇适应性的管理者知道组织的生存和成长取决于能否确保内部政策、实践和规范与外部环境相契合。因此，高效的管理者会关注客户、竞争对手及其他重要的相关方，并相应地调整内部政策、实践和规范。相关技能包括以下三种。

- 通过鼓励灵活性、反应性、持续改善、适应性和跨部门合作实现变革。
- 通过让所有员工都关注客户需求、了解客户需要并迅速对客户意见做出反应来突出以客户为中心的导向。
- 通过鼓励并奖励创新和冒险、将失败视作学习的机会、跨部门分享信息来推广组织学习。

丹尼森从研究中总结出，善于创建使命、一致性、高参与性和适应性的管理者能树立对业绩有正面影响的组织文化。这四个方面都与资产收益率正相关。使命和一致性能正面影响资产收益率、投资回报率和销售利润率等财务指标；一致性和参与性能正面影响产品和服务的质量（残次品与返工情形减少，高效使用资源）、员工满意度及投资回报率；参与性和适应性则对收入、销售利润率和市场份额有正面影响。

> 例行程序不是组织，就好像瘫痪不是秩序一样。
> ——阿瑟·赫尔普斯爵士，英国历史学家

丹尼森的领导力发展模型强化了高效管理者在认知和行为上更成熟的假设。他们能从不同角度审视局面，判断具体情形下的需求，并相应地调整自己的行为。最重要的是，这一模型提醒管理者，他们的效率取决于创建激励高绩效工作文化的能力。专栏6-1问题清单能帮助读者判断在四个关键方面（使命、一致性、参与性和适应性）的表现。

专栏6-1

丹尼森领导力发展模型：创建激励高绩效工作文化的效能

以下选自丹尼森领导力发展研究，该研究总共包含96条。

使命特质：创造共同愿景

1. 我帮忙创建了共同的组织未来愿景。
2. 我将这一愿景转变为现实，指引员工行动。
3. 我鼓励他人的方式能让对方接受并投入。

一致性特质：定义核心价值

1. 即便不受欢迎，我还会做"正确的事"。
2. 我言行一致。
3. 我信守承诺。

参与性特质：赋权

1. 我保证尽量由最低层做决策。
2. 我创造的环境让每个人都觉得自己的努力能带来改变。
3. 我下放权力，以便他人能高效地工作。

适应性特质：推崇以客户为中心

1. 我鼓励与客户之间的联系。
2. 我积极征求客户的反馈。
3. 我迅速而高效地响应客户的反馈。

对赋权的注释：不仅是感觉

如今很多人都在谈赋权，但很少有管理者知道赋权的含义及如何为赋权创造条件。能感受到权力的员工认为自己能影响工作环境，这一信念激励他们行动起来影响环境。他们还会表现出主动、灵活、创新和愿意接受变革的特征。他们致力于帮助组织实现目标，即便超出自己的工作职责。

研究人员格雷琴·施普赖策和罗伯特·奎因在分析了几项赋权研究后得出结论：能感受到权力的员工都对自身及其工作秉持以下四种信念，这得益于管理者和组织领导者的培养和支持。

- **意义**。员工认为组织的使命与目标是重要,是与自己的价值观和行事偏好一致的。能在工作中发掘意义的员工在乎自己的工作,希望工作具备挑战性。他们明白自己的工作能如何推动使命和目标的实现。
- **胜任感**。员工相信自己有能力完成相关工作。他们具备基本技能,相信自身的成长能力,希望学习新技能以迎接新挑战,并从鼓励他们在错误和成功中学习的管理者那里获得支持。
- **自决权**。员工相信自己备受信任,而且能自由选择完成工作和实现目标的方式,进而在管理者设定的明确界限内(如明确的目标、里程碑、绩效指标、质量标准和反馈流程)周到并迅速地制定决策,采取相应行动。为支持员工独立,管理者会提供信息、培训、技术及其他资源,以使其出色地完成工作。这些界限和资源能让员工在独立行事(而不觉得领导者管得太细)的同时确保工作与管理者和组织目标保持一致。
- **影响**。员工相信自己能影响工作环境,相信管理者和组织领导者会倾听他们的意见,并邀请他们参与决策。因此,员工觉得自己能影响其自身、组织和服务对象看重的组织决策、行动和成果。

> 太上,不知有之……悠兮,其贵言。功成事遂,百姓皆谓"我自然"。
> ——老子

以上这些信念有助于形成主动(而不是被动)的取向,推动员工努力影响其工作角色和所在组织。

专栏6-2的"赋权评估"能帮助读者评估自己所处岗位的赋权程度,也可用于评估之前的岗位。

专栏 6-2

赋权评估

用数字表示对自己与工作场所关系的相关说法的同意程度。
1=强烈反对 2=反对 3=中立 4=同意 5=强烈同意
a. ____我对自己的工作能力有信心。

b. ____我从事的工作对我很重要。

c. ____我能自主决定如何完成工作。

d. ____我对部门的影响很大。

e. ____我的工作活动对我个人来说意义非凡。

f. ____我能充分掌控所在部门。

g. ____我能决定如何完成自己的工作。

h. ____我有机会独立并自由地决定工作方式。

i. ____我已掌握工作所需技能。

j. ____我做的工作对我很有意义。

k. ____我对所在部门有显著影响。

l. ____我确信自己有能力完成工作活动。

计分说明：赋权工具的分数统计需要简单的算数，请使用下表依序填写分数。

意义
b. ☐ +
e. ☐ +
j. ☐
____
☐ 总分(各项得分加和)

胜任感
a. ☐ +
i. ☐ +
l. ☐
____
☐ 总分(各项得分加和)

自决权
c. ☐ +
g. ☐ +
h. ☐
____
☐ 总分(各项得分加和)

影响
d. ☐ +
f. ☐ +
k. ☐
____
☐ 总分(各项得分加和)

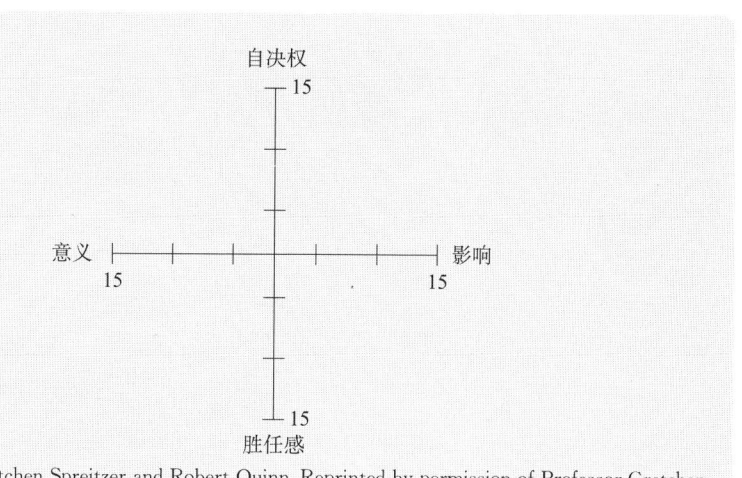

```
                         自决权
                          │15
                          │
                          │
                          │
    意义 ├────┼────┼──────┼──────┼────┼────┤ 影响
         15                │          ·          15
                          │
                          │
                          │15
                         胜任感
```

Source: Gretchen Spreitzer and Robert Quinn. Reprinted by permission of Professor Gretchen Spreitzer.

我们能否强硬地对员工放权？答案是否定的。放权不能强迫，但你能创造适当的条件和工作关系，以提升员工感受权力并相应行事的可能性。施普赖策的研究表明，激发员工的权力感需要以下六个条件。

- **低模糊度**。明确的界限、目标和绩效指标及定义清晰的任务和责任线，能提升员工对工作环境的掌控感，进而降低可能阻碍行动的不安感和压力。施普赖策发现这一条件与权力感的关系最强。

- **老板管理范围宽泛**。负责管理多个员工的老板可能无法管得太细，因此员工也能更自由地独立制定并实施决策。

- **社交政治支持**。认为自己"融入推进组织工作的主要政治渠道"的员工觉得自己对组织的影响更大。

- **获取信息**。员工能获取信息时，会觉得自己的决策更出色，对成功影响环境的努力更自信。

- **参与性部门文化**。认为自己的看法被征询和重视的员工觉得自己能直接影响工作环境。

- **教育和培训**。员工接受与工作相关的培训时，会觉得组织愿意为自己投资

(也重视自己),进而觉得(表现得)更有能力、有意愿承担风险,以影响自己的工作环境。

施普赖策等人总结出,获得大量信息与赋权的关系不大。苹果、微软和金考在车库或其他条件匮乏的环境当中起家的故事印证了这一点。事实上,感受到权力的人会将缺少资源视作需要巧妙应对的挑战,而不是对业绩的阻碍。

> 对领导者的最终考验,不是其能否英明地决策和果断地采取行动,而是能否教会他人成为领导者,并建立一个即使没有他们也能延续成功的组织。
> ——诺尔·迪奇,《领导力引擎》

谁来负责创造条件,以激励员工实现最佳工作绩效?盖洛普在调研了36家公司近8 000个业务部门的100 000多名员工后,发现直接管理者或主管比高管或企业文化更能影响员工是否致力于为组织创造价值。他们还发现,员工对下述六个问题给出肯定答案的组织,更有可能提高客户满意度、产出和盈利水平并降低员工流动率。

我是否知道组织对我的工作表现的预期?我是否有妥善处理工作所需的材料和设备?我是否每天都有机会去做自己最擅长的?在过去七天里,我是否因为表现出色而获得认可或表扬?我的主管或其他人是否在乎我这个人?是否有人鼓励我发展?

上述研究表明的另一个要点是,你不能赋权任何人。你只能创造条件,以帮助员工感受权力,进而影响他们对组织的投入程度,以及他们积极努力提升自身价值的意愿和能力,见图6-3。

图6-3 史考特·亚当斯的呆伯特漫画

Source:Dilbert © Distributed by United Features Syndicate. Reprinted by permission.

重要提醒：服从权威

大多数权威人士（如管理者、教师和家长）都担心如何才能让员工、学生和孩子服从自己。但很少有人担心同样令人困扰的问题：人们可能会屈从于权威人士，即便这样做有违道德和良知。

20世纪60年代，耶鲁大学心理学家斯坦利·米尔格拉姆进行了一次著名而且令人不安的人类行为实验。米尔格拉姆出生于1933年，经历了"二战"。和很多同时代的心理学家一样，他想了解为什么那么多正常人愿意听从希特勒的命令，对数百万名犹太人和那些不符合希特勒未来理想愿景的人展开系统的监禁与屠杀。为了寻找答案，米尔格拉姆进行了一系列实验，以了解权力服从问题，并将实验描述如下：

> 为了更细致地审视服从行为，我在耶鲁大学设立了一项简单的实验。该实验最终包含1 000多名参与者，并在几所大学重复实验。实验一开始的设想很简单：一个人走进心理实验室，被要求完成一系列违背良知的行为。问题主要在于，参与者在拒绝按要求行动前会服从实验者指令的程度。

米尔格拉姆通过报纸广告和邮件召集了1 000名参与者。每名应招者进入实验室后，都会遇到一名"实验员"和另一名等待参加实验的"应招者"。实验员穿着专业的灰色实验室大褂，问候应召者后会介绍说他们参与的是一项关于记忆力和学习的研究。而回复广告和邮件的应招者并不知道实验员和另一位应招者都是假扮的。实验员是一位47岁的爱尔兰裔白人会计，受训后扮演温和讨喜的角色；另一位应招者是一位31岁的高中教师，扮演严厉而公正的角色。该研究的真正动机是判断多少真正的应招者会遵从实验员的指令，强硬地伤害另一个人。

实验员告诉不知情的应招者和假应招者，两人在实验中分别扮演"老师"和"学生"的角色。但应招者不知道所有应招者都演老师，而假冒者永远演学生。接着，实验者介绍老师的目的就是测试学生对一组词语的记忆能力（如"蓝盒子"和"好天气"）。例如，老师说"蓝"，学生要答"盒子"。老师听到正确答案后就跳到下一组词语，听到错误答案（如正确答案是蓝"盒子"，但学生说成了蓝"天"）时，老师则会收到指令，不断调高电击伏特数以惩罚学生。

介绍老师的任务后，实验员将双方带到没有窗户的小房间，学生在整个实验中都要待在里面。接着向双方展示"电击机器"。他要求学生坐在椅子上，将其手臂绑缚到机器上，以"防止动作幅度过大"，并将电击棒固定在学生的手腕上。实验员接着将老师带到另一房间，展示惊人的"发电机"，"水平线上的30个按钮从15伏到450伏，以15伏为单位递增"。每个按钮都对应从"轻击"到"危险——重击"的标签。学生回答正确时，实验员会要求老师迅速转到下一个问题。如果出错，老师将按下适当的按钮，对学生实施电击，最开始强度最低，之后随着犯错次数增多而逐渐升高。实验员接着对老师进行电击演示，使其体验学生的感受。

老师并不知道学生（实验中的假冒者）不会真的遭受电击，他们只是在假装而已。每次给出正确答案前，学生会说错约三次，对各强度电击的反应也是事先安排好的。例如，75伏时学生会嘟囔，120伏时喊疼，135伏时痛叫，150伏时要求退出实验，180伏时高喊"我疼得受不了"，270伏时疼得惨叫，300伏时不再回答问题，330伏时高喊"放我出去，我心脏受不了"，330伏以上则沉默。

米尔格拉姆邀请一组精神病学家预测，到什么强度教师会拒绝继续进行实验。预测结果是大多数教师会在150伏时叫停（学生开始要求退出实验的节点），而不到1/10的试验对象会采用450伏电击。但实际结果显示，约65%的老师到了450伏还在继续电击学生。平均最高电击强度是350伏，最早叫停的强度是150伏。为什么这么多教师都愿意按照实验员的要求对学生施以痛苦甚至可能有危险的电刑？米尔格拉姆给出了下述解释：

> 人们通常认为，使用最高电击程度的实验对象都是魔鬼，是社会边缘的虐待狂。但考虑到几乎2/3的参与者都选择了"服从"，且代表了来自工人、管理者和专业人士阶层的"普通人"，上述主张就站不住脚……也许，这才是该研究最根本的发现：普通人虽然本身没有恶意，但也可能成为非常具有破坏性的活动的媒介。即便其行为的破坏力已经很明显，即便被要求采取的行为与基本道德标准相悖，仍然很少有人有所需资源来反抗权威。

> 物理有相对论，而道德没有相对论。
> ——阿尔伯特·爱因斯坦

记住，"科学家"并没有使用高压手段（如惩罚、威胁）来确保老师服从。任何研究对象都能随时退出实验。"科学家"只是简单地介绍了实验和参与者的角色，然后用礼貌但坚定而冷漠的表述敦促老师继续实验，如"实验必须继续""继续，老师""继续是必要的""你没有选择，必须继续"。他还保证"虽然电击很疼，但不会造成永久性组织伤害"。米尔格拉姆和其他研究人员认为，微妙却强大的力量在其中发挥了作用。

- **正当性陷阱**。实验看似正当，"科学实验"的语言令人信服。米尔格拉姆实验中的实验员总是穿着灰色实验室大褂、说话权威的白种人。实验室永远整洁而专业。

- **强调互动中的技术而不是人员层面**。实验员一再强调"程序"的技术层面，鼓励老师尽快执行程序。实验员称学生为"学生"，而不是直呼其名，从而剥夺其个性。通过不带情感的行为和对程序的专注，实验员让互动变成技术行为，而不是附带后果的人际互动。

- **免除个人责任**。系列实验中最讽刺的互动，是其中一名教师在电击痛呼的学生前询问实验员，如果出了事谁负责。实验员回答"我负责"后，老师继续按要求电击学生。后续分析显示，执行电击强度最低的老师会认为他们本人（而不是学生或实验员）要对自己行为负更大责任。

- **群体效应**。在一次变异实验中，米尔格拉姆发现，如果老师是群体中的附和者（如另一位"老师"在实验对象身旁按下了电击机器的按钮），就会参与电击。他还发现，如果群体中有人拒绝服从，老师拒绝服从的可能性更大。

- **与权威人士和受害人的距离**。在另一次变异实验中，米尔格拉姆发现，实验员距离老师越远，对方服从的可能性越低。例如，当实验员从另一个房间发出指令时，服从率会明显下降。米尔格拉姆还发现，老师距离学生越近，服从实验员指令的概率就越小。

- **文化规范**。一项针对澳大利亚公民的实验发现，他们的服从率（28%）明显低于美国公民（62.5%）。研究人员认为，这一差异可能反映了"各国在导致服从或挑战权威倾向的服从意识方面的差异"。

- **性格**。一些研究人员认为，性格特征和"持久的信念"可能对服从权威也有影响。这些特征包括社交智能、对敌意的倾向、对权威人士的态度、内外控制倾向及对科学的信念。

研究人员托马斯·布拉斯认为，自我意识能降低违背良知而服从权威的风险。他解释说：

> 米尔格拉姆在其实验背景中设置的主要条件都在抑制而不是强化自我意识。对象的关注点朝外而不是向内，沉浸在程序的机械化细节中。实际上，操作电击机器需要大量身体行为，这就人为地削弱了对象的自我意识……其他干扰性因素包括实验人员的命令和学生的回答与抱怨的协同……米尔格拉姆类型的服从实验，其特征都不能提升自我意识。

适用于日常工作生活的经验

米尔格拉姆实验最重要的发现之一，就是所有人都比自己想象的更容易屈从于合理权威。权威人士在场、正当性标志、组织管理及同僚行为等情境压力对我们的行为影响很大。美国国家安全运输委员会发现，25%的空难因盲目屈从权威而发生。了解米尔格拉姆实验的结果后，这样的数据可能就不会令人惊讶了。1993年12月，西北联营航空公司的班机因降速过快在明尼苏达州希滨机场坠毁，机上16人全部遇难。美国国家安全运输委员会判定"机长操作不当，缺乏'成员协作'；副驾驶没有妥善监督并提醒机长下降有问题（而是接受了权威人士对情境的定义）；机长令副驾驶畏惧；机长有威吓副驾驶的记录，但航空公司没有尽到监督责任；FFA没有对航空公司尽监管义务……机长与副驾驶之间的沟通大多是纠正或指令"。美国国家安全运输委员会认为，如果副驾驶能更认真地监督机长的决策并质疑其不当决策（尤金·塔诺称之为"服从优化"），就能避免至少25%的空难。

幸运的是，总有人面对不道德情形坚持正义。还有领导者会确保员工在他们走错路时有勇气质疑组织政策。有些措施有助于尽可能减少盲目服从权威带来的风险。例如，如果你代表权威，假定人们都会认真对待你和组织的权威，一定要注意自己对他人的要求（或追随者认为的你对他们的要求，即便你没有公开表示），因为即便你的要求有违道义、法律和良知，他们仍然可能听命。事实上，研究人员发现"主管的行为对道德行为的影响最大，大于同僚甚至个人道德框架的作用"。此外，你还可以：

- 尽可能减少权威标志。
- 定期鼓励员工表达想法，质疑现状。
- 奖励质疑或反抗令人讨厌的要求或行为的员工，奖励勇敢的小举措，以便员工在必要时能参与勇敢的大动作。
- 创造推崇自我意识和"服从优化"而不是盲目服从的工作环境。

如果你是追随者：

- 注意自己对权威的态度及这种态度对你的行为的影响。记住，权威人士也是会犯错的人，你在任何情形下都有更多潜在选择。
- 认识到你自己，而不是其他人（不是领导者或组织），要对你的行为负责。
- 准备好脱离或揭露不道德情形。
- 面对不道德情形，寻找同伴帮助自己。人们在看到他人反抗时更容易反抗。
- 如有可能，抽离情境，从客观的角度审视情境。确保有存款支持自己在必要时放弃工作或脱离情境。
- 做些勇敢的小举措。彼得·威尔教授表示："面对心理挑战时，勇气是维系认同和价值观的能力和过程的基石……一个人如果没养成勇敢面对局面的习惯（无论多么渺小和平凡），就不知道如何勇敢地面对大状况。"

值得注意的是，米尔格拉姆实验对人类行为的深刻洞见广受赞誉，但他也因为实验可能对参与者（尤其是事后知道自己愿意强硬地伤害其他人的参与者）造成影响而备受指责。有人主张，米尔格拉姆让"老师"经历心理折磨的意愿也印证了他自己的服从权威理论。简单地说，即便是科学家也会为了科学而参与不道德行为。20世纪70年代，美国心理学协会制定了方针，以保护研究对象不受有意或无意的负面实验影响。由于米尔格拉姆实验设计于60年代，因此没有遵守这些方针。见专栏6-3。

专栏 6-3

坏苹果和坏桶

2003年伊拉克战争后，阿布格莱布监狱的美国军人虐囚照片于2004年曝光，震惊世界。但心理学家并不意外，因为实验（历史事件）一再证明，很多正常人在特定情况下都会参与施虐，与国籍无关。

例如，1971年8月，斯坦福大学心理学家菲利普·津巴多进行了知名的监狱实验。他从不同大学以每天15美元召集了男大学生参加模拟监狱实验。通过性格测试筛选出21名正常、健康的对象后，再从中随机挑选出12名扮演看守，9名扮演囚犯。看守收到了墨镜、卡其布制服、警哨和警棍。囚犯则被帕洛阿尔托警方从家里抓来，铐上手铐，除虱，换上囚服，带上枷锁，关在斯坦福大学地下室的临时监狱里。

津巴多的本意是研究"囚犯"，但他的兴趣很快就被"看守"吸引，因为他们开始虐囚。看守将囚犯视作玩物，特别是在无聊时和他们认为没人观察的夜间。他们的取乐方式很多，包括扒衣服、关禁闭、用袋子套头和性侮辱、在午夜多次吵醒他们，以及其他侮辱方式。虽然实验原定两周，但津巴多六天之后就中途叫停，因为看守的施虐和囚犯的沮丧已经到了不可预见的程度。津巴多解释说，当刚毕业的博士克里丝蒂娜·马丝拉参观模拟监狱并提出了强烈抗议后，他才终止了实验。他注意到，马丝拉是包括一名牧师在内的50名参观者中唯一要求停止实验的；津巴多自己也完全沉浸在科学研究人员的角色中，没有更早地终止实验。

津巴多总结称，监狱实验的情境要求比学生的人性拥有更大的力量。在阿布格莱布监狱虐囚事件曝光后，他辩称，虽然我们愿意相信人性向善，但虐囚是不可避免的，因为情境能诱发看守展现最糟糕的一面。津巴多发现了下述诱因，包括隐秘性、囚犯去人性化、缺少问责、规定不清或经常变化、缺少标准操作程序、对现有程序执行不力、当局要求不清、看似合理的思想体系、看守缺乏培训、责任分散、服从权威、高层很少视察、"监管缺失被视作纵容"、若干反面榜样、屈从于社交压力、旁观者选择不干预及悬殊的权力差异。津巴多认为，一旦这些条件同时出现，"地狱就成了常态"——以至于看守给虐待对象照相时，还有看守在背景里直视镜头甚至微笑。

这一实验和历史事件告诉我们，必须认识到情境的作用。它能激发最佳和最差表现，而与性别、国籍或宗教信仰无关。如果我们换掉津巴多实验中的"老师"或阿布格莱布监狱中的看守，接替者还可能施虐，因为各种条件形成了一个能激发很多人最邪恶一面的环境。虽然这并不意味着他们无须为自己的行为负责，但津巴多提醒，"问题由'坏苹果'而不是'坏桶'造成"这一假设会产生误导。还要注意，有人抵制并举报了阿布格莱布监狱的虐囚行径，说明虽然有人在特定条件下会陷入施虐行为，但还有人有勇气反抗。

欲了解津巴多关于 1971 年斯坦福大学监狱实验的幻灯片和文字，请登录 www.prisonexp.org。

Source: Zimbardo, Philip. 2004. "Power Turns Good Soldiers Into Bad Apples." May 9. http://users.crocker.com/~afsc/statements/APPLES.HTML; "Stanford Prison Experiment Foretold Iraq Scandal." 2004. May 8. www.religionnewsblog.com; Stanford Prison Experiment. 2004. www.prisonexp.org/links.htm; "Why Did They Do It? Are Those Charged with Abuse a Few Bad Apples, or Are They Just Like the Rest of Us?" *Time*. May 17; O'Connor, Anahad. 2004. "Pressure to Go Along with the Abuse Is Strong, but Some Soldiers Find the Strength to Refuse." *New york times*. may 14.; Zimbardo, Philip. 2008. *the Lucifer Effect: Understanding How Good People Turn Evil*. New York: Random House Trade Paperbacks.

正面案例：富有同情心的组织

我们常听说组织未能信守对成员和社会的道德义务，但很少听说组织在需要时表现出超凡的慷慨和同情。任何组织的成员都会经历生病、丧亲和其他苦痛，但不同的组织做出的反应有很大的差异。有些组织为员工创造条件，使其能迅速帮助有需要的人；而有些组织会以"在商言商"的文化和繁文缛节来干预员工帮助他人的努力。

研究人员简·达顿、莫尼卡·沃林、贾各巴·里利乌斯、彼得·弗罗斯特研究了那些表现出超凡的同情心的企业。为举例说明富有同情心的组织，他们描述了一所商学院在部分学生因公寓起火而损失所有财物后的反应。教员、学生、后勤人员和院长通力协作，迅速为学生提供资源和情感支持，让他们得以从灾难中恢复，并继续学业和人生。

例如，所有学生很快收到了衣物、学生卡、笔记本电脑和其他必需品（如眼镜）。学生服务处确保两名非美国学生在几天内替换了移民文件。一名教员和学生服务处的员工主动协调捐款问题，包括每天去兑换支票以保证有需要的学生有钱用且不用承担这一额外工作。一名学生安排制作背包，里面装着所有学生继续学业需要的书本、读物和笔记等相关供给品。商学院的行政教育中心为学生提供住宿和饮食，直到他们找到住处。

组织如何集体展现同情心？需要建立什么系统让组织成员随时扮演非官方的有用角色（如协调财务的人、制作背包的人），实现不同部门协作，并根据有需要的人的具体情况予以关怀，尤其在没有正式规定的情况下？首先要有几个富有同情心且乐于助人的成员。在这个案例中，一位教员开车时，正好看到一名学生站在着火的建筑旁，她觉得自己必须下车帮忙，而不是绕过去。这名教员随后主动联系了院长办公室，并获得了学生服务处一名员工的帮助。但正如研究人员所述，少数几个人的善举，不足以形成规模（提供资源的数量）和范围（提供资源的广泛度和多样性），实现定制（关注个人的具体需求），以及提供所有必要支持所需的反应速度。研究人员得出结论：让成员有动力、有能力以同情心和协作积极对其他成员的遭遇做出反应的组织具备以下几个特征。

- **推崇关怀他人的价值观**。在本案例中，商学院明确推广关怀他人不仅合理而且值得提倡的价值观。所有学生MBA课程一开课就要在当地社区服务一天。这些价值观所创造的环境不仅鼓励帮忙，也鼓励组织成员求助，而不是掩饰或压抑自己的苦痛。例如，一名学生在火灾后马上穿着大衣和烧焦的睡衣、冬靴找学生服务处寻求帮忙。明确的关怀和服务价值观还能让组织成员鼓励原本的抵制者加入。在这一案例中，行政教育住宿处员工最开始因为怕违反学校政策而拒绝让学生入住酒店房间。但来自其他人的压力让他们相信，不帮助这些学生不但违反了商学院强调关怀和服务的明确价值观，也与其他组织成员（包括院长办公室职员）的倾力支持相悖。

- **标志性领导力和事例**。组织领导者通过自身行动树立关怀和怜悯的典范。在本案例中，院长原定在火灾后发表年度学校近况演讲。然而，火灾发生后，他第一时间放下讲稿，拿出 300 美元支票帮助有需要的学生并动员其他人帮忙。他的公开做法体现了学校帮助有需要的成员的承诺，并展示了个人善举也能带来改变。有关学生惊慌及他人伸出援手（如教员主动帮忙、学生服务处迅速替换了学生的移民文件，以及学生制作全装备书包）的事例也有助于鼓动他人帮忙，并将组织视作"关怀他人，人人有责"的地方。

- **人际网络与关系**。在需要时能实现规模、范围、定制和速度的组织靠的是组织内部多个人际网络和人际关系的协同。在本案例中，最开始帮助学生的教员能联系多个人际网络（如院长办公室、学生服务处、妇女教工支持小组、学生处和学生俱乐部），而每个人际网络都能获取不同资源，并联系其他网络，以获得更全面、更多样的资源。

- **有同情心的例行程序**。有同情心的组织会利用例行程序为成员帮助有需要的人创造条件。现有程序能帮助组织成员专注于组织看重的东西，并迅速自动做出反应，而不是对自己的行动多虑或担心负面影响。在本案例中，商学院社区成员患病、丧亲或遭遇其他危机时，院长办公室都会发邮件。因此，组织成员通过邮件联系协同，以提供学生所需的支持和资源也被视作正常。

- **支持关怀的体系**。有同情心的组织，设有旨在支持定制化关怀的体系。在本案例中，学生服务处专门设有岗位，帮助那些面对危机时需要心理支持和其他帮助的学生，因此他们将帮助学生视作权责范围内的工作内容。

想推广同情心的领导者能借鉴的经验是，仅有富有同情心的领导者还不够。领导者要将自己视作社会建筑师，建立相应的组织文化和系统，进而形成让组织成员有动力、有能力提供"规模、范围、速度和定制"以降低苦痛的思考和行动模式。

管理老板

你和老板之间的关系严重影响你的工作效率、绩效评分、事业晋升和心理福祉。大多数人认为老板的工作是管理员工，但很少有人能意识到员工管理老板也同等重要。而能意识到这一重要性的员工，采取的策略通常是"小心适应"。

为什么向上管理如此重要？因为它不仅能影响你的效能、晋升、薪酬和福祉，还会影响你的老板和下属。老板需要你提供信息、建议和支持，以做出正确决策并实现组织目标。而员工需要你管理老板，以便他们能获得实现最佳绩效所需的信息、支持和资源，并得到认可和声誉，从而实现职业发展。简言之，积极管理老板有助于提升你自己、老板和下属实现成果的能力。

研究人员凯瑟琳·凯利·里尔登在《秘密握手：掌握商界内部的政治》一书中介绍了通用电气核医学系统业务副总裁兼总经理贝丝·克莱因的做法：

> 作为领导者，你要选出最好的人才，然后提供给他们有助于其成功的工具并帮他们圆梦……我的职责就是让高管注意到团队的成绩。为保证做到这一点，主管美国、法国、瑞典和以色列数百名员工的克莱因夫人与下属联系密切。每周五，经理都会发邮件汇报一周内取得的竞争优势或进展，而她会将汇报整合为"一周全球亮点"，与主管和员工分享。"我通过这种方式与员工沟通，并告知他们自己的表现"。每次换老板，她都会努力判断老板偏好的沟通方法，并建议初级经理也这么做。"我让他们坐下来讨论何时、如何沟通最好。"她说，"有些领导者偏好定期沟通，而有些人只希望了解具体问题。"

遗憾的是，很多员工都认为自己很难直接影响老板，因而使用通常无效的间接方式。他们揣度老板的需求，设法取悦老板，或者低调行事以回避老板。这种自保策略很少能充分利用老板-员工关系，还会分散对工作的注意力，抑制诚实沟通，并阻碍向上反馈。

员工采用这些自保策略并不令人意外。在组织阶层中，员工很容易忘记自己在关系中的力量。老板需要员工的才华和支持才能完成目标。毕竟，老板、员工和组织都能从建立在管理者与员工之间高度信任、沟通和互动基础上的优质关系中获益。因此，以有利于自己、老板和组织的方式管理与老板的关系是有效的。

管理老板的第一步是了解自己对权威的态度及这一态度对双方关系的帮助或阻碍。例如，你对权威的态度是相互依赖、依赖还是反依赖？这对关系效用有何影响？第二步是回答专栏6-4中的问题，以判断双方关系在哪些方面仍有待改善。当然，第三步就是根据评估调整行为，以便双方都能获益于更高效的关系。

专栏6-4

管理老板的效用

回答下述问题，以判断自己在管理老板方面的表现。

1. 我是否了解老板的目标？
2. 我是否提供实现上述目标所需的支持？
3. 我是否清楚老板偏好的工作风格并相应地调整自己的行为？例如，老板喜欢读（倾向于书面获得信息）还是听（倾向于面对面获取信息)？
4. 我是否了解老板的优缺点，进而扬长避短？
5. 老板是否信任我？换言之，我是否建立了诚实、忠诚和可靠的声誉？
6. 我是否及时汇报重要信息和事件，不让老板猝不及防？
7. 我是否在合适时向老板表达感谢？
8. 我是否明智地运用老板的时间和资源？
9. 我能否帮老板建立好形象？
10. 我是否告知老板我的目标、需要和需求，以及工作和事业成功需要的条件？

Source：Adapted from Drucker, Peter. 1986. "How to Manage the Boss." *The Wall Street Journal*. August 1; Gabarro, John, and John Kotter. 1993. "Managing Your Boss." *Harvard Business Review*, 150-157; Gabarro, John, and John Kotter. 2007. "Managing Your Boss." *Harvard Business Online*. October 2, http: //www.businessweek.com/managing/content/oct2007/ca2007102 _ 963954.htm; Randall, Iris. 1992. "How to Manage Your Boss." *Black Enterprise*. September：86-92.

管理粗暴的老板

大多数人在职业生涯中都会遇到不止一位好老板，但也会遇上坏老板。实际上，研究人员迈克尔·隆巴度、摩根·麦考尔和安·莫里森通过研究成功高管的发展经历发现，大多数高管都曾为坏老板工作，而且他们认为这段经历对其职业成长非常重要。

例如，有报道称，一家公司的总裁给400名经理发了下述邮件：

> 我们公司大部分员工每周工作时间不足40小时。早8点和晚5点的停车场几乎是空的。作为经理，你们或者不知道员工在干什么，或者不在乎。你们对工作投入的预期造成了这种局面，创造了非常不健康的环境。无论如何，你们自身有问题，马上解决，否则我就换掉你们！我从来不会让团队认为他们每周只需要工作40小时。我居然让你们建立了接受这种现象的文化，但再也不会了！

有人表示"他的激情演说仍在继续，说给员工涨福利根本不可能。他希望看到停车场早上7点半全停满了车，周末至少有一半。邮件最后说：'还有两周，抓紧时间！'"收到邮件的经理在雅虎上公布此事后，公司股价大跌22%。公司总裁马上道歉，并在邮件一开始写道："高度保密，仅供内部流通。切勿复制或转发。"

老板的不当行为有很多种，但笔者将重点关注专权和粗暴的老板。他们被称为"地狱变态老板"、"从组织中吸血"的吸血鬼、"有毒的老板"和管得太细且轻视员工的"小气暴君"，他们古怪的行为能把员工逼疯。虽然这些形容很极端，但代表了建立在滥权基础上的可怕的管理风格。无论明目张胆地施暴还是背地里使坏，专制而粗暴的老板有一些共同特征。研究人员布莱克·阿什福思将这些特征总结如下：

> 常见特征包括密切监督、多疑、互动冷漠、公开严厉批评他人的人品和行为、轻视或傲视他人、情绪爆发、行为有压迫感和自负；他们认为看重权力和阶层差异的人刻板生硬、决策武断，成功时抢人功劳，失败时让人担责，从不

咨询他人，也不通知对方，压制下级之间的非正式互动，阻碍发展，打压积极性和不同意见。这些描述的普遍主题是过度控制他人并以武断、漠视和惩戒的方式对待他人的趋向。

> 我见识了健谈者的沉默、褊狭者的忍耐、不善者的善意。但奇怪的是，我对这些老师并不领情。
> ——卡里·纪伯伦，黎巴嫩小说家

他们的特点是不能体谅他人，认为员工不可信。一位管理者"要求请假参加葬礼的员工出示讣告的复印件，以证明与死者的关系"。他的事例就印证了这一特点。粗暴的老板常认为员工没动力也没能力做好工作，必须认真监控并强迫其服从。因此，他们的坏行为会在面临截止日期和危机等压力时升级。

精神病学家哈里·莱文森表示，粗暴的老板通常技术过硬，以行动为导向，以成绩为驱动。因此，组织领导者通常会忍耐他们在人际方面的缺陷，但这种忍耐代价高昂。认为受领导欺压的员工对工作和生活更不满，心理上更沮丧，离职的意愿更强烈。他们不太参与实现组织目标需仰仗的组织公民行为，从不超越职责范围。恐惧感会抑制员工的创造力和积极性，减少冒险，削弱信息流动（尤其当流向需要信息来进行有效决策的小气暴君时），压制健康冲突，阻碍工作表现，打压员工与部门间的合作，并加剧旷工行为。另外，粗暴的老板还会面临诉讼。

小气的暴君会让员工紧张、分心，更容易出现错误和事故。例如，在对航空公司机组人员表现的研究中，研究人员发现，如果机长"温和、友好、自信且能抗压（即平易近人且情绪稳定），机组人员就会少犯错"；而如果机长"傲慢、敌视、自负、自大、消极攻击或独裁"，机组人员就会多犯错。虽然专制而粗暴的老板常自认为是一心维护组织最大利益的完美主义者，但其行为会造成很多他们声称想解决的问题。

粗暴的管理者为何如此行事？研究表明，他们因童年经历而出现自尊自信问题，无法信任他人、控制冲动和体谅他人，控制欲极强；专制的人霸道、刻

> 海鸥管理者：突然进来搞砸所有事后再离开的管理者。
> ——肯·布兰佳

板、冷漠，看重级别，喜欢严守政策。一些粗暴的老板之所以如此行事，是因为其行为符合组织文化，而且会因此得到奖励（至少不会受到约束）。毕竟，近朱者赤，近墨者黑。

遇上坏老板怎么办？你不能问老板童年时是否家庭不幸。你不是心理学家，这和你也没关系。你需要运用最佳工具——自我认知和社交能力——来应对老板当下的行为。

审视老板前先审视自己。你所有的老板都是混蛋吗？如果是，那么你自己可能也有问题。也许你的态度或行为让老板暴露出最差的一面。也许你对老板能或应该为你做的事抱有不切实际的预期，因而注定失望。也许你早期形成了对权威的反依赖态度，将对权威的质疑带入与老板的关系中。也许你责备老板只是为了释放压力，但如果它影响了双方关系，也会成为问题。

假设你的老板确实粗暴，而且这种行为不是你造成的。但即便不是你的问题，你也可以帮忙解决。记住，与老板的关系应建立在相互依赖的基础上，你也有能力影响局势；你无法改变他人，但可以改变自己（进而激励他人改变）。最重要的是，记住永远别让老板剥夺"你的尊严和自尊"。想改善与问题老板之间的关系，首先回答专栏 6－4 中的问题，然后考虑下述策略。

- **分析情况**。老板只对你一个人不好，还是对所有员工都不好？是老板自己的问题，还是他只是在遵守组织政策或程序？会不会老板只是社交能力差，但技术过硬，而且对你或其他人并无恶意？哪些事会让老板愤怒或紧张？你对情况的分析会影响用以改善关系的策略。
- **获得明确的预期**。和老板一起确定目标、质量标准和绩效指标。
- **认真记录**。记录目标、质量标准、绩效指标、老板要求，以便双方评估你的绩效。还要记录你对部门或组织的贡献，包括量化数据、客户评价及 360 度反馈结果。记录老板的任何粗暴行为。像性骚扰或其他歧视行为可能涉嫌违法。
- **发现老板的闪光点**。粗糙的外表下可能隐藏着人性的瑰宝。也许你的老板技术过硬，能带来大量业务，还细心地侍奉双亲。记住，最难搞的老板也愿意接受你的认可和善意，因为他们得到的正面人际反馈并不多。虽然老板看起来冷漠，但可能只是因为他不善社交，而不是故意对人疏远或不敬。
- **确定老板的目标、需求、需要、风格和压力，并相应地调整**。你如何适应老板的风格？双方有什么共同点可以利用？你能为对方提供哪些他看重的东西？哪些做法会惹怒对方？
- **创造并庆祝小成功**。寻找可以让双方共同成功的小机会——制作一份出色的报告或演讲，赢得新客户或制定出新策略。当共同成功时，花时间认可共同成功。这样能提醒老板：你既忠诚又有能力；你值得依靠；你们二人可以组成高效的团队。
- **询问朋友和同事如何处理与老板的关系**。尤其询问那些和问题老板建立了良好关系的同事。了解自己怎么做才能赢得老板的信任，并成为其得力助手。
- **不要在关系中太自我**。"不要在关系中太自我，不要寻求体谅、对你生活的关注或表扬。你得不到。"迈克尔·麦克比在《高效自恋者：愿景式领导力的前景与危险》中写道。
- **质疑老板**。挑战老板时要显得很专业。规划策略时，要明确会谈的目的和对老板的需求。记住，要考虑老板的目标和风格，并准备好数据来证明自己的顾虑。
- **吸取经验**。如果无法改善与问题老板的关系，将双方关系视作对坚持、压力管理、冲突管理和待人切忌的教育。
- **如果所有努力都无效就离职**。持续更新简历，维护关系网，并积攒足够的存款为离职做准备。接受新工作前，注意潜在老板的性格。《华尔街日报》专栏作家苏·雪琳芭格建议，考虑新工作时，询问他人为老板工作的体验。老板是否是人力开发者？员工是否害怕他？员工离职率高吗？管理者如何应对危机和压力？
- **同情老板**。心理学家哈里·莱文森表示，令人遗憾的是，暴君老板迟早会为自己的行为埋单。性格粗暴的老板容易得冠心病，其行为——尤其是敌对行为——可能导致早亡。

最后，审视自己的坏老板时，也要思考自己是不是难搞的老板。虽然大多数人都抱怨自己遇上了坏老板，却很少有人思考自己是不是下属的负担。

管理导师-门生关系

《华尔街日报》近期刊发了下述建议:"当前经济下,你需要利用所有资源来推进事业。寻找一个或多个导师,是简单而明智的启动方式。"导师是经验丰富者(导师)有意识帮助经验不足者(门生)学习并实现职业目标的合作关系。研究人员凯西·克兰姆和林恩·伊莎贝拉解释称,导师能给门生提供两种支持:

> 领导不是给人迎头痛击。这是攻击,不是领导。
> ——德怀特·D. 艾森豪威尔

工具性支持:包括帮助门生培养技术和政治能力,获得有难度的亮眼的工作,针对表现给出反馈,示范适当的态度和行为,将门生引荐给对其事业有帮助的人,保护门生远离有损其事业的人或事。

心理性支持:包括提供情感支持和事业建议,邀请门生参加非正式社交活动(如午餐、晚宴或打高尔夫),帮助门生管理日常工作生活压力。心理性支持很重要,因为它能影响门生的自尊、自信和动力,进而影响其效能。

导师和门生都能受益于优质的指导关系。导师因门生日益提升的效能、门生提供的洞见和信息及门生日益提升的

> 我遇见过很多比我聪明的人。
> ——杰拉尔德·福特,美国前总统

权力和影响力而获益,并因帮助他人带来的满足感和成为高效的人力发展者带来的声誉而获益。研究表明,有导师的员工更自信,更容易影响组织政策,并获取重要人脉和组织资源、高薪、晋升机会、就业流动性及工作与职业满意度。

这并不意味着没有专门指导关系的员工无法获得同样的组织优势,但导师能让这些优势来得更容易、更快。哈佛大学教授琳达·希尔主张,大多数员工都没有导师,而有导师的很快就会发现导师不能解决所有的职业难题。研究了新管理者上任第一年的经历后,希尔发现他们在此期间很少"依靠现任老板这一资源",可能因为他们希望老板认为自己有能力,不希望对方知道自己需要帮助。对其中大多数人

而言，同级才是最重要的支持提供者，因为他们比老板更容易亲近，而且能提供有用的技术信息、政治建议、体谅和情感支持，尤其是在同级竞争不激烈的情况下。

在当今复杂而难以预测的环境中，你不能指望一两个高级别导师，而是要建立覆盖组织内外多个级别的导师网络，以便获取不同的人脉、技能、资源和多种支持。研究人员莫妮卡·希金斯和凯西·克兰姆指出，积极建立发展性关系网络的人在职业变化、个人学习（如了解自己、职业认同及实现目标所需条件）、组织投入和工作满意度方面获益更多。

和所有关系一样，指导关系有好处也有风险。导师对门生的期望可能不明确或不切实际，导致后者难以成功。导师可能利用门生，或者将门生不断提升的能力和影响视作威胁。他们可能在门生身上花费太多时间，忽略了其他有需要的员工的需求。门生可能过分依赖导师，在他人看来无法独立（死党效应）。门生可能依赖少数几个导师，无法建立有助于效能和成功的多样化指导关系。如果导师卷入政治斗争、失信或离职，门生也可能名声受损（牵连效应）。

近期研究发现，"负面的指导关系不如没有"。他们会打击门生的自尊心，降低工作满意度，增加压力，提高怠工，促使门生离职。了解坏导师的影响很重要，因为很多组织都在建立正式的指导计划，将导师和门生配对。有时候，导师可能不情愿、培训不足、不熟悉员工面临的问题，或者行为失当（如可能专横、自私、欺骗、腹黑或暗中破坏），这反而会抑制而不是支持员工发展。

建立发展性关系网络无疑能降低这些风险。

多样化和指导

跨文化群体（性别、种族、国籍等）的指导关系更复杂。不同文化认同（如种族、性别或国籍）的导师与门生所面对的挑战可能让关系更有趣，双方学到更多，并在克服相关实际或假想的挑战后产生自豪感。另外，管理层中的少数派还能借助多数派导师克服晋升过程中的情感和结构障碍。导师和门生如果能有效地管理关系，就能成为更知名的多样化管理者，为全组织树立榜样。

研究表明，跨文化指导关系更难发展。人类更容易被相似的人吸引，看好对方，并且觉得对方很舒服（相似相吸效应）。研究人员史黛西·布莱克-比尔德研究了男导师和女门生的关系后，发现相似性可以"提供双方认同的基础。认同的过程就是导师从门生身上发现自己的特点，并希望予以培养和支持；而门生也从导师身上看到自己希望借鉴和仿效的地方"。布莱克-比尔德建议导师和门生超越表面差异，发现价值观、态度、知识与技能等"更深层面"的相似性。这很重要，因为正如布莱克-比尔德所述，"过去研究发现，态度相似是'高效沟通的催化剂'，且有助于提升群体团结、满足感、绩效评分和工资标准"。另外，识别并利用其他的表面相似性（如在同一地区长大、上同一所大学、有共同兴趣或都认识某人）也能形成吸引力。展现能力和成功的往期业绩也是吸引导师的重要方法。

如果导师和门生无法发现相似性，就会因价值观、生活方式和组织经历的真实或假想差异而难以认同并信任对方，进而有意无意地避免发展指导关系。即便开始了一段关系，他们也可能不愿交谈、共同消遣或信任对方，还可能过于防备对方。例如，导师可能因过于担心政治正确性而回避批评性反馈；而门生可能将批评性反馈视作导师对其认同群体的刻板印象或态度，而不是为提升其工作表现的有用建议。

另外，门生难以将不同性别、种族、国籍或其他认同群体的导师视作榜样。而导师也难以给予提升门生自尊、自信和动力所需的心理支持，导致门徒要从别处寻求榜样和心理需求。实际上，研究表明，跨种族、跨性别的发展性关系更像只提供工具性支持的"支持者"关系，而不是兼具工具性和心理性支持的"指导"关系。

跨种族、跨性别的指导关系可能遭遇更严格的公众监督及流言、性暗示和反向歧视。最后，如果组织高层中只有很少少数派，他们可能被视作其他少数派的导师、支持者和榜样，因此要承担额外的职责，进而干扰对其他职责的关注，抬高人们对他们的期望，并强化他们只帮自己人的刻板印象。掌上电脑公司前首席执行官唐娜·杜宾斯基被问及是否觉得"有义务成为其他女性的榜样"时，答道：

> 从某种程度上我希望成为榜样。但我在努力成功，保持正直并为所在领域做贡献。我相信只有这样做才能为其他女性树立榜样，让她们知道她们自己也能做到。这才是榜样的意义。我没有责任帮助每个走进办公室的女性。我希望帮助公司的所有表现出众者，无论对方是男性还是女性。

如何最大限度地利用指导关系

和所有高效的职业关系一样，成功的导师-门生关系基于两个不完美的人彼此间的信任和尊重，双方都要花时间经营。另外，它以互惠为基础，随时间变化，需要双方做出大量的规划、冒险及努力。下述建议有助于最大限度地发掘并利用指导关系。

给门生的建议

- **建立发展性关系网络**。正如《权力导师》联合作者艾伦·恩舍所说，"指导关系和一夫一妻的婚姻关系不同"。首先，确定自己的工作目标及想培养的专长和期望的职业发展。接着，打造一个有助于实现上述目标的关系网，包括同级、相关专家、事业上比你超前一步或高等级的人。和老板搞好关系，将对方发展为导师。普华永道人力资源策略董事总经理迈克尔·芬伦表示："最好让老板变成最热血的粉丝，在管理层和其他高层面前宣传你的能力和潜力。"如果在组织内无法找到导师机会，寻求外部帮助或聘请一位专业的职业教练。记住，你不会同时拥有所有导师，因为成为高效的门生需要时间和精力，导师太多会导致无法满足所有预期。
- **设立合理的预期**。导师不是"将整个事业无私奉献给培养门生的守护天使"。记住，任何指导关系都有利有弊，每位导师都只是可用于提升效能及获得职业发展和工作满意度的众多资源之一。
- **建立高潜力门生的名声**。导师希望将时间和精力用在成功希望大的门生身上。研究显示，导师会根据员工能力而不是对方需求来挑选门生。因此，门生应展现出对职业发展的投入，并因与他人合作融洽、需要时寻求帮助并虚心接受反馈而闻名。
- **注意导师的目标、需求和风格**。导师也想成功，实现工作目标，树立良好形象，并享受与他人共处的时光。因此，你应该尽量让双方的互动高效而愉悦，而不是痛苦。至少要了解导师的目标和工作风格偏好，进而做出相应的调整。

- **好相处**。容易合作,对关系表现出正面而周到的态度。要让导师期待看到你并帮助你。

- **回馈导师**。记住,导师-门生关系基于互惠。想想自己能给导师什么,并花时间表达感激。为导师超越职责,贯彻对方的建议,告诉对方其建议和支持如何帮到你,并感谢对方的努力。一位导师提到一个门生时说:"和其他(指导关系)不同,这段关系真的很好,因为对方会认真思考自己要怎么做……她下次会说:'你知道我们之前说过……我这样做了,还和(某某)聊过了。效果很好。你的主意很管用,谢谢,我学到了东西。'"

- **尽量脱离失当的指导关系**。失当的指导关系包括导师专横、自私、欺骗、腹黑、疏远、忽视、企图把你复制成他自己、不清楚你面临的挑战、暗中破坏而不是支持你成功,或者其他方面不好,又或者只是彼此不适合。

- **考虑担任他人的导师**。担任他人的导师是管理者的职责。这是传递关怀、回报组织,感谢帮助过自己的人士的好方法。这样做还能明确你希望传递给他人的价值观和最佳实践,且有助于你学习新技能(如教授、辅导、学习聆听)。

- **认识到导师-门生关系可能随时间变化**。准备好优雅地推进导师关系进入新阶段。研究人员凯西·克兰姆根据对多段指导关系的观察,总结出指导关系的四个阶段:(1)初始阶段,双方刚有兴趣了解彼此;(2)培养阶段,双方互动频繁,越来越信任彼此;(3)分离阶段,双方各走各的路;(4)重新定义阶段,导师和门生重新定义关系(如门生和导师可能成为同级,或者门生离职后聘请之前的导师担任顾问或员工)。

- **准备好接受跨文化(如种族、性别、国籍)导师-门生关系中额外的复杂性和学习内容**。如果你在组织中是少数派,找导师会遭遇更多阻碍。因此,你要更努力、更积极地展示能力,明确表达自己参与有难度但抢眼的工作的愿望,更努力地让导师和自己感觉舒服,管理外部看法,通过多种指导关系满足社交和情感需求。研究人员大卫·托马斯和约翰·加巴罗在研究少数派成功高管的发展经历时发现,很多人将早期成功归结于广泛的发展性关系,"(和白人研究对象相比,)他们在事业初期就和更多人士建立了这种关系"。

给导师的建议

怎样才能成为高效的导师?研究表明,这样的人以乐于助人的出色的"人力开发者"著称。他们不拘礼节,性情平和,善于倾听,经常与员工互动;他们标准高,要求员工负责,喜欢放权,提供有助于员工发展的经验和有用的反馈,给员工足够的空间犯错,分享关于组织的政治洞见。简言之,他们致力于员工的长期发展。

成为导师的原因很多。例如,某个有潜力的员工吸引了你的注意;你需要出色的员工,认为担任导师有利于培养兼具能力和忠诚度的员工;也许你到了希望为下一代投资的人生阶段;导师是你正式的工作职责,因此不得已而为之。无论哪种原因,你都可以采取行动与门生建立互惠关系。表6-1介绍了在指导关系中该做的和不该做的。

表6-1　　　　　　　　　　　导师该做的和不该做的

该做的	不该做的
保持自我,分享知识和经验	不要期待门生追随你的脚步,他和你的职业目标可能不一样
为指导关系设定合理的预期和界限。交代导师的作用、能拿出多少时间、最好何时见面、联系你的最佳方式及你偏好的工作风格	不要忽视门生;回应请求不要拖延,至少告诉对方你不能马上见面;如果帮不上忙,告诉门生上哪儿求助或索取信息;不要许下不能实现的承诺
提前计划好要说的内容,尤其是前几次见面。你要覆盖哪些要点?以什么顺序?你想给门生什么感觉?	不要草草结束会面,尤其是最初几次
提问:你有什么目标?希望知道什么?我怎么知道?怎么帮忙?认真倾听对方的回答	不要主导对话,也不要花太长时间聊自己
鼓励门生兼顾短期和长期成长	不要只谈门生现在的工作
提供"避风港",让门生能不受评判地自由表达顾虑和观点;给予正面反馈;提醒门生,和成功一样,克服障碍和失败也是学习	不要评判门生,不要辜负对方的信任

续前表

该做的	不该做的
注意风格和文化差异。差异一开始的影响最大。但随着时间推移，共同的价值观和组织认同能克服真实或假想的差异。专注于专业人士和组织成员身份带来的共同点	不要受成见影响；如果双方不投缘也不要马上放弃；记住，高效指导关系的基础是信任、关怀和投入，这些都能花时间培养
面对远距离指导关系，系统地规划电话、邮件和类似的交流以保持联系；双方同地出现时安排时间见面	不要假设距离会导致关系结束

经营关系网

很多工作努力且表现出色的专业人士都认为人际关系会妨碍自己的工作表现，尤其在忙碌或关系无法马上创造价值时。他们的想法及这些想法造成的潜在后果如下：

> 我认为只要熟悉自己的工作并付出努力就够了。我一直关注行业的最新发展，还得过几次设计奖。我早来晚走，很少吃午饭——都在工作。有时太努力，甚至没时间回电话或邮件，尤其对不熟或没时间帮忙的对象。你知道，这是优先顺序的问题。说实话，我和很多员工不一样，也不想和他们一样。我连了解自己家人的时间都没有。我有两个小孩，一个上二年级，一个上四年级，或者是三年级和五年级？朋友？谁还有时间交朋友！所以，你问我在升职上输给同事时是否惊讶？绝对惊讶！我不明白。就没有人注意到我的努力和对公司的贡献吗？他们说的可能是对的："你知道什么不重要，你认识谁才重要。"

上文描述了对职业生活的常见误解，即认为"你知道什么"重要还是"你认识谁"重要。但是事实上，两者都重要。研究人员韦恩·贝克解释说："成功取决于两大因素：人们知道什么（人力资本）及其建立的人际关系网（社会资本）。世界变化如此迅速，以致人们无法全面了解自己的行业，因此需要从他处获得信息、知识和资源。进入商业世界要学会的重要经验之一，就是成功是个人的事情。"

你要靠关系网来发展社会资本，也就是通过与他人的关系获得的资源（如信息、想法、技能、知识、善意、物质和财务资源）和机遇（如推荐、工作和升职机会）。美国前劳工部部长罗伯特·B.莱克举的例子说明了关系的可笑力量：

> 几年前，一位叫玛西亚·莱文的女性利用政治关系给女儿找工作，她联系了朋友沃尔特·凯耶。凯耶是纽约保险公司的退休高管，也是民主党的主要捐款人，捐赠金额为30万～35万美元。他自然也是第一夫人希拉里·罗德海姆·克林顿的朋友。在凯耶的帮助下，玛西亚的女儿莫妮卡·莱温斯基当上了白宫实习生，而后面发生了什么，大家都知道了（莱温斯基曾与美国前总统克林顿保持了一段不正当的性关系）。

经营关系网是一个建立并维系互惠关系的慎重而系统的流程，可能涉及组织内部或外部人士；可能会、也可能不会马上给工作带来明显的好处；可能基于正式的组织联系，如与直接老板、直接下属、同级和客户间的关系；可能基于非正式联系，如与其他部门人员及在行业会议、社会活动、俱乐部、宗教团体、学校、幼儿园或养老院等地方遇到的人之间的关系。有些是建立在频繁互动的基础上的密切关系，能提供情感和工具性支持，还有一些关系只是交换名片。

> 如果说20世纪50年代的工作场所主要以组织人为主，那么21世纪之后的典范则是善于经营关系网的个人。
> ——安·赖利·多德

这些关系都有利于职业效能、职业发展和心理福祉。研究表明，关系网庞大的人能获取更多的信息和物质资源，对组织创新更重要，被认为更有权，更能影响他人和实施理念，获得的支持更多，声名更响亮、更远播，能更快、更经常地获悉工作机会。与团队以外的个人和团队交际的团队领导者更容易升职，部分原因是他们能从团队以外获得额外的资源和支持，因此使团队表现更出色。研究表明，人际关系网强大的人能获取更多社交和情感支持以改善心理福祉，尤其在变革或危机时。

遗憾的是，很多人将经营关系网混淆为肤浅的扯皮、利用他人和玩弄政治，因此对系统性建立互惠关系网的观念不齿。当然，和所有好事一样，经营关系网也会被滥用。有些人用关系网替代自己的能力，因经营关系而忽视日常工作，对表面关系过于投入，或者白用人不回报。还有人将每次社交活动都视作结交人脉以推动工作或事业的机会。有人曾建议笔者入教，不是为了精神需求，而是因为教堂"是搭建人脉的好地方"（笔者个人对此不以为然）。

负责任地搭建关系是符合道德的，原因包括：我们都有责任让自己和组织更高效，而建立和培养广泛的优质关系网为此创造了条件；优质的关系基于信任、尊重和互惠，而高效关系的基本假设是关系网的基础在于你对关系网内其他成员的索取和回报；建立关系网激励我们与鲜少互动的人打交道，进而扩宽我们的世界观和经验；关系网发达的人，同时也可能能力出众。

高效关系网的特征

理想的关系网并不存在，你理想的关系网取决于你想实现的目的。高效的职业关系网有几个特征：广泛、多样性，包含高级联系人，兼具牢固联系（亲近并经常互动的对象）和微弱联系（不熟悉且不常互动的对象）。

多样性。关系网的多样性很重要。如果你的关系网成员与你的身份认同（如种族、性别、国籍、宗教、性取向或阶层）或所属组织（如阶层与从属部门）相似，你们的经验、看法和关系网也会相似。而多样性的关系网能让你接触更广泛的资源，以获取工作、事业和社会支持。例如，和关系网中只有同级和部门内部人员的员工比，与同级、老板、老板的老板、直接下属、多个部门人员、组织外部人员关系融洽的员工在他人看来更有影响力，执行新理念也更容易。贝克解释称，这是因为"反复互动促成合作"。遗憾的是，相似性带来的舒适度在动荡且不确定时更强烈，而此时，也最需要新的思考和与组织中不同群体互动的方式。因此，你在需要支持前就要结交不同人群。

地位。关系网中成员的地位也很重要，因为那些被认为结交了居高位者的人在他人看来更有能力和影响力。这里的关键词是"被认为"。在一项有趣的研究中，研究人员马丁·奇达夫和大卫·克拉克哈特发现，"表现声誉"一部分来自高品质地完成工作的能力，还有一部分来自结交显赫朋友的印象。奇达夫和克拉克哈特注意到，重要的是他人认为这个人与权势人物有关系，而不是这种关系实际存在。研究人员称此种现象为"狐假虎威效应"。自然，我们臆断他人能力时会根据在我们印象中，对方都结交了什么人。评估一个人的能力很难，因此我们会寻找其他关于这个人的能力的信号。如果我们以为权势人物认为某个人有能力，就可能利用这一信息来臆断其确实有能力，因为没有证据证明相反的结论。

牢固的和微弱的联系。 关系网应兼顾牢固的和微弱的联系，因为两者各有裨益。关系强度指的是亲密、互动、情感投资和回报预期的程度。牢固的联系提供的信任、紧密度和情感支持更多，持续时间更长，贡献更深层的、持续的工具性和情感支持。而微弱的联系能提供更广泛的接触范围和资源（如开会时偶遇的人提供的求职信息）。来自牢固联系的持续的工具性和情感支持与来自微弱联系的广泛的接触范围和资源同样重要。毕竟，你无法熟悉所有人，而你的效能、职业发展和整体福祉，就取决于那些与不熟悉的人之间的合作以及来自后者的支持。

多样性与关系网

在当今全球化、多元化的经济背景下，研究人员越来越关注不同文化群体中关系网的差异、差异形成的原因及其潜在后果。本书截稿时，大部分相关研究人员认可，不同组织群体（如部门与阶级层面）和身份认同群体（如种族、性别和国籍）的成员会形成不同的关系网，并以不同的方式获取工具性、事业和情感支持。

阶级差异也会影响关系网模式。例如，研究表明，与非管理者相比，管理者在工作团队以外建立的关系网更广泛，加入的俱乐部或社团（如商会）更多，非正式关系网更庞大。这也在情理之中，因为管理者需要依靠更多不同类型的人来完成工作。事实上，越来越多的人认为庞大而多样的关系网是对管理者的基本要求。

更多研究表明，美国成功的女性和有色人种比同样成功的白人及不太成功的女性和有色人种的关系网更加多元化。研究人员运用相似吸引理论和可区分性理论来解释这一模式。从相似吸引理论出发，研究人员主张多数派不太会主动接触少数派、与之互动或感受彼此之间的情感联系。因此，当高阶层的女性和有色人种代表不足时，他们通常要走出所在部门和组织，与其他女性和有色人种建立牢固的联系，以获取工具性和心理性支持。

从可区分性理论出发，研究人员主张"在一个社交场合，人们倾向于识别那些在该场合中和他们一样具备稀有特征的对象"。换言之，组织、部门或阶层中的少数派更容易注意到自己与其他少数派之间的相似性，进而彼此吸引、接触。因此，当周围都是男人时，两位女性会因共同的性别而注意、认同彼此并展开互动。但同样两位女性在以女性为主的群体中就不太容易注意和接触彼此。可区分性理论假设这一原则适用于群体或组织中任何少数群体的成员。

相似吸引和可区分性会影响组织中少数派的关系网。如果少数派主要集中于组织中较低的阶层，那么他们的结交对象中低级员工多、高级员工少，在组织中被视为边缘化群体。因此，他们很难接触重要信息和主要资源，对组织有疏离感，对工作不太满意。

考虑到这些因素，少数派或低级别群体应寻找与其他身份认同和阶级群体之间的共同点及联系，以积极发展人际网。另外，还有研究表明，组织中的少数派可受益于高效的少数派关系群体。研究人员雷蒙德·弗里德曼解释称，关系群体能让组织中的少数派团结在一起，"以结识、互助并识别组织内的普遍担忧"。

最早也最知名的关系群体之一是施乐公司的黑人集团。数十年前，年长且有经验的非裔美籍销售人员成立了这一团体，以帮助并支持缺乏历练和经验的黑人销售人员。20世纪70年代初，主要的非正式组织网络只对白人开放，一般不接纳黑人，这些网络经常向员工提供巧妙应对组织政治、提升工作绩效及管理职业所需的指导关系和非官方信息。资深黑人销售人员成立黑人集团的目的，就是给予年轻黑人重要的非正式优势，并树立黑人在施乐公司也能成功的典范。年轻人也觉得他们在黑人集团内能更加自如地提问和讨论。专门为黑人销售人员开辟这一群体，有助于培养他们的眼界和技能，进而提高他们的价值贡献，实现事业成功，并最终完全融入施乐。

弗里德曼及其同事研究后得出结论，管理得当的网络群体能提供若干好处。加入网络群体的少数派管理者留在组织的时间更长，部分原因是这些群体能带来职业和心理支持，促进工作满意度，并提升对组织的承诺。网络群体如能得到妥善运营，就能提供更多组织信息（如新技术、企业战略和职业体系），促成更多获得高层的指导和介绍的机会，推动社交集会，举办研讨会，提供能通向未来成功的联系和回报社区的机会（如通过指导项目或为少数派奖学金筹款）。每种好处都有助于提升少数派成员的权力基础，提升其工作效能、职业机会和整体福祉。有研究发现，（在支持网络群体的美国公司中，）少数种族的导师是白人的可能性更大，部分原因是高效的网络群体能帮助成员制造更多跨种族联系。

网络群体一般由少数派群体成员发起和管理，并寻求组织领导者的支持，以树立合法性。弗里德曼及其同事建议借助下述策略来建立高效的网络群体。

- 避免群体"派系化"和"政治化"。专心帮助成员如愿成功。
- 建立高效的机制，以选拔网络群体的领导者，并管理前后任之间的过渡。
- 提供多种活动，以满足不同目标、生活状况和利益的成员的需求。
- "吸引高潜力的少数派员工"，让"团队成员的身份变成成功的标志"。
- 定期接触非本网络群体成员的组织员工，与组织领导者保持良好的关系。
- 吸纳能为网络群体带来影响力、合法性及能与重要组织网络获取联系的成功的高级少数派管理者。

注意，网络群体如运营不善，则可能面临被视为催化"象征性隔离"（而不是推动融入组织）的危险。换言之，网络群体成员可能被认为在工作场所推行隔离策略。而高效的网络群体的成员，虽然有时为职业发展和情感支持而脱离大多数人，但在组织内成功的可能性更大，融入组织的程度也更高。为了利用网络群体的好处，在管理分离主义观点时，对少数派最有用的策略，就是维持与网络群体的联系，同时与组织内外部的大多数群体成员建立广泛的关系。

关于建立关系网的建议

韦恩·贝克说："性格类型和社交网络不相关。改变关系网比改变性格更容易，因为每个人都能学习新技能。"建立关系网的关键是采取系统化的、积极的方式，并牢记"积少成多"。记住，关系网的发展取决于你能给予他人什么，而理想的关系网则取决于你希望从中获取什么。至少要判断自己在以下三个方面的需求。

- **任务完成**。谁能帮助你完成工作？你需要认识哪些专家？哪些有影响力的人能帮助你扩大名声，给你支持和机会，并帮你争取关注？谁能给你重要的信息、资源和支持？你能和谁讨论组织政治？谁能给你有关工作机会的信息？你能帮助谁提升工作表现？
- **职业发展**。谁对你的事业有帮助？谁能成为好导师、好榜样？如果被裁员，你能联系谁？谁能向你提供有关工作机会的信息？你能帮助谁发展事业？
- **心理和社交支持**。你喜欢亲近哪种人？有没有人欣赏你只是因为你是谁，而不是因为你事业成功？有没有人在你一帆风顺和陷入低谷时都支持你？有没有人能在你遭遇医疗危机、需要他人帮忙照顾孩子或年迈的父母、讨论敏感的组织问题或失业时提供帮助和情感支持？别人需要帮忙时你会伸出援手吗？人们是否信任你并向你求助？

分析你希望从关系网中得到什么，能给予对方什么；判断目前你的关系网涵盖了谁，判断其优缺点。在完成任务及实现职业和心理目标的过程中，当前关系网能给你多大帮助？你的关系网多元化程度如何？你的关系网中是否包含高级别人士？是否兼具牢固的和微弱的联系？你是否主动结交工作群体以外的人士？专栏6-5可用于判断你目前关系网的优缺点。

接下来，采取行动系统地发展你的关系网，除了面对面的机会，还可以考虑LinkedIn和Facebook等社交媒体，并建立个人网页，加入与职业和个人目标有关的网上社区。在网上搜寻建立正面网络形象的最佳建议，以明确个人品牌和专长，并推动加入及支持相关网上社区。最重要的是，牢记发展个人关系网是一个持续的过程，你的需求会随时间改变。系统的行动方案有助于凸显网络策略，以保证其重点突出、易于管理（记住高效的关系网是需要花时间、花心思打造的，不能一蹴而就），能带来乐趣。专栏6-6介绍了可用于发展和培养个人关系网的小举措。

专栏 6-5

你经营关系网的技巧如何

回答下列问题，以识别你在关系网经营方面的优缺点。

	从不	很少	有时	经常	总是
我因专业表现出色而闻名。					
我的专长很有名。	___	___	___	___	___
我很可靠，言出必行，做不到的不承诺。	___	___	___	___	___
我能按时、按预算完成工作，而且一次成功。	___	___	___	___	___
我是人们喜欢亲近的人。					
我真诚地尊重他人。	___	___	___	___	___
我乐观而向上。	___	___	___	___	___
我善于倾听。	___	___	___	___	___
我会为他人的成功而努力。	___	___	___	___	___
我给予的比获取的多。	___	___	___	___	___
我会主动结交自己所属文化或组织群体以外的人士。					
我的关系网包括来自不同文化和组织群体的人。	___	___	___	___	___
我能让其他文化群体的成员感到舒服。	___	___	___	___	___
我能照顾他人的文化。	___	___	___	___	___
我会寻求自己与他人之间的共同点。	___	___	___	___	___
我能意识到自身的文化会影响他人如何看我及彼此之间的关系。	___	___	___	___	___
我忠诚而可信。					
我谨慎地保护他人隐私。	___	___	___	___	___
无论他人成功还是艰难，我都会支持他。	___	___	___	___	___
我会很快回复信息（电话、邮件、电邮、短信）。	___	___	___	___	___

	从不	很少	有时	经常	总是
我能引起他人的注意。					
我认识几个高级人士，他们认可我的实力。	___	___	___	___	___
我参与职权委员会及相关岗位。	___	___	___	___	___
我参加专业会议。	___	___	___	___	___
我参加社区活动（如邻里活动、政治活动）。	___	___	___	___	___
我有专业的网络形象（如 LinkedIn、Facebook 等社交网站）。	___	___	___	___	___
我系统地规划自己的关系网。					
我知道自己希望从关系网中获得什么。	___	___	___	___	___
我清楚关系网中应该有什么人。	___	___	___	___	___
我知道能给予关系网成员什么。	___	___	___	___	___
我和关系网成员保持联系。	___	___	___	___	___
我积极地填补关系网中的空缺。	___	___	___	___	___
我合理运用自己的关系网。					
需要时我会向他人征求信息和重要资源。	___	___	___	___	___
需要他人帮忙时我会告诉对方。	___	___	___	___	___
我能管理关系网不利的一面。					
我能优雅地拒绝请求，以免过度承诺。	___	___	___	___	___
我能优雅地设定自己的界限。	___	___	___	___	___
我能妥善管理实践。	___	___	___	___	___
我能抽出时间来陪伴家人。	___	___	___	___	___

1. 根据你对个人关系网经营能力的评估，你的优势是什么？
2. 你的劣势是什么？
3. 确定下周为改善关系网要做的三件事。
4. 确定未来三个月为改善关系网要做的三件事。
5. 确定未来一年为改善关系网要做的三件事。

系统化发展关系网的过程中，牢记人际关系重质不重量。积极组织学的研究人员从两个角度阐释了关系重质不重量的原因：优质联系的培养和推动者在关系网中的角色。

专栏 6-6

发展和培养个人关系网的 15 个步骤

1. 永远尊重每个人。

2. 随身带名片，了解不同文化下收发名片的规范。例如，日本人认为在名片上写字很不礼貌。

3. 注意培养社交能力。参加有助于提升自己社交技能的研讨会，每天练习。

4. 谈话时询问对方的个人情况、工作和兴趣，并认真聆听。记住在谈话结束时感谢对方。

5. 真诚赞美他人，谁都喜欢得到认可。

6. 跟进近期遇见或联系的对象。例如，发信息感谢对方的时间和支持。转发对方可能感兴趣的文章或信息。一位顾问每个工作日大约花 15 分钟发送三条感谢信息。一周后，她至少会建立 15 段关系，按一年工作 15 周计算，一年能建立 750 段关系。

7. 花时间去结识自己一般不会与之互动的对象。走出办公室，志愿参加脱离日常工作领域的委员会或任务组。邀请不同的人共进早餐、午餐和晚餐。

8. 参加公司活动和集会。

9. 不要过度依赖电邮。面对面互动仍是建立关系尤其是新关系的最佳方式。

10. 找时间主动帮助对方。

11. 帮助他人结识关系网以外有助益的其他人士。

12. 加入校友会、网络群体和社区群体等职业团体。

13. 参加会议、展会和其他专业集会。认真选择出席的会议。参会前：(1) 设定要实现的目标；(2) 规划日程，包括要参加哪些活动、要和谁碰面；(3) 参加社交活动；(4) 参加活动时和不认识的人坐在一起，每次都和不同的群体坐在一起；(5) 计划好说什么（如规划好问题，"目前你所在组织或行业面临的最大挑战是什么？""你最初是怎么接触到所在组织的？"）；(6) 永远佩戴名牌，适当时交换名片。

14. 条理清楚。建立一个网络文件，罗列希望在关系网中包含的对象的姓名和联系信息。

15. 不要不留后路。尽可能保持积极的关系。如果对方拒绝了你的求助，还是要感谢对方。

优质联系。研究人员简·达顿和埃米莉·希菲将优质联系定义为以活力、互助和正面关注为基础的联系,可能是短暂的(如两人开会时偶遇,马上就畅快地交谈),可能是长期的(如共事多年的同事)。优质联系有哪些特征?首先,双方能感受到情感联系、动力和认可;觉得在一起能开阔眼界,想出好办法;面对障碍和挫折时适应性强,因为他们相信双方能共同应对挑战。研究人员发现,处于优质联系中的个体身体更健康,工作更投入,与组织其他领域人员的联系更频繁、更成功,更乐于学习,对组织更投入,表现更出色。

推动型关系。研究人员韦恩·贝克及其同事发现,关系网中的某些成员是"推动者"。推动者的愿景能激励他人,给他人机会为他们认为有意义的事业做出贡献,并在需要时伸出援手。相反,负推动者会因其负面态度、推动个人的议程、不履行承诺而耗尽他人的能量。人们总是向推动者靠近,因为待在他们身边能觉得自己更投入、更有动力、更积极。尤其是双方能感受到彼此拥有共同的目标,在此刻全力以赴(总是被电脑或智能手机干扰的人很难给予他人力量),能看到双方努力带来的进展。与推动者互动会让人相信自己能创造性地思考,更快地处理信息,记住更多的对话,更积极地行事。因此,推动者在帮助学习、调整和实现组织目标时能发挥重要作用。组织中的推动者表现会更出色,因为他们能激发自己和他人更好的一面。

你应该从质量而不仅仅是数量入手来看待自己的关系。这些关系是否以活力、互助和正面关注为特征?他人是否期待见到你?你是否期待见到他人?你身边的人从你身上感受到的是精力充沛还是精神颓废?最后,你怎么做才能提高日常工作中优质的推动型互动和推动型关系的数量?

印象管理

不提印象管理而只谈向上、向下和横向关系的讨论是不完整的。研究人员苏珊·阿什福德曾说,组织"是由彼此观察、彼此评判的人构成的"。他人对我们的评判影响了我们实现工作成果、如

> 你只要做一个调研就会发现,分别倾向于假象和真相的人,比例是10∶1。
> ——朱迪思·格斯特,《普通人》

愿获得职业成功并通过互动提高自信的能力。因此，我们有时会利用印象管理策略来影响他人对我们的评判，以实现上述目标。

有时我们会利用印象管理来谋利，以获得组织资源、更高的绩效评分或升职机会。或者，我们可能利用印象管理来让其他人安心（"办公室的人都想见您，因为他们听闻很多对您工作的表扬"）、挽留颜面（"没有，我觉得董事会没人注意到你开会时看邮件"）或感受愉悦（"这孩子真好看"），这些都有助于建立信任，进而培养善意、合作和协同。

简言之，印象管理是身处阶级化组织中的自我保护技能，也是提升组织关系满意度和建设性意义的重要社交礼仪。实际上，我们在日常组织生活中经常忽略印象管理，忽视自己的和他人的相关举动。我们有意识或无意识地利用多种印象管理策略，其中很多都能真诚地加以运用。

- 我们利用**讨好**来提升对方的感受，希望借此改善对方的看法。讨好的策略包括奉承、帮忙、遵从对方的观点、通过微笑表示支持、同意或友好。虽然讨好通常涉及低级别人影响高级别人的举动（拍老板马屁），不过我们也会讨好同级、下属、客户和其他人。

- 我们利用**自我抬升**来推广正面形象，以提升他人对我们的看法。例如，我们会积极宣传自己的实力（"我告诉过你我负责全班毕业典礼致辞吗"），为出色完成工作而邀功（"我拿到百万美元的合约后，整个团队都帮忙了"），"穿出成功"（"着装要考虑你梦想的工作，而不是你目前的工作"）。

- 我们利用**狐假虎威**策略将自己和正面的人或事联系起来，以提升他人对我们的看法，我们常称之为"沾某人的光"或"和正确的人一起出现在正确的地点"。以故事举例："一位商人曾向富豪金融家罗斯柴尔德男爵借钱。对方回答：'我自己不会给你贷款。但我可以和你手挽手去证交所走一次，很快就会有很多人愿意借给你钱了。'"

- 当我们想强迫他人做某事时会采取**威吓策略**。相关的例子包括威胁离职、解雇或向老板告状。这种策略可能在我们比对方更有权、对方不具备复仇条件且被威吓对象不赞同我们的目标时比较适用。

- 当我们想贬低自身形象以实现既定目标时，会运用**自我贬损**和**自我设限**的策略。例如，我们可能说"很抱歉在昨天的会议上失礼"，从而提高获得被冒犯对象原谅的概率；我们可能称自己有背伤，以便不去参加公司的年度排球联赛；我们可能为糟糕的工作表现找借口（"我感冒刚好，应该在家里待着，但我还来坚持工作，因为我想按时完成工作"）；我们可能避免学习新技能或假装自己能力差，从而让他人完成我们厌恶的工作（"你能把这份报告复印50份吗？我永远搞不定复印机"）。

研究表明，在工作中"装傻"的现象很常见。研究人员对美国48个州的2 247名成人进行电话访问，询问对方是否曾"假装不聪明或见识少"。25%以上的受访对象承认有过该种行为；约15%男性承认对老板装傻，女性的这一比例是7%；17%男性承认曾对同级装傻，而女性的这一比例是9%；年轻人装傻的比例更高。

我们的印象管理行为大多数时候都有效。若干研究表明，和同等资历的同级相比，使用讨好策略的下属更讨老板喜欢，和主管沟通更顺畅，绩效考核更好，获得的反馈、资源、挑战、加薪、升职更多。

印象管理为什么有效？部分原因是我们都是社会动物，因此自然希望讨人喜欢。奉承、恩惠和其他讨好行为能让我们感受到关注和认可。其他原因还包

> 奉承的目的是（他人）通过确信我们已经形成的关于自己的观点的真实性安慰并鼓励我们。
> ——伊迪丝·西特韦尔

括我们经常需要基于有限的信息做出判断，而有时我们掌握的唯一信息就是对方的形象。情况越不明朗，掌握的客观数据越少，我们"以貌取人"的可能性就越大，即便这样做会走错路。

印象管理也隐藏着风险。过度关注印象管理的人可能没时间兼顾工作职责。过度推销自己的人可能辜负他人的希望。经常同意他人意见的人（即使私下不同意也公开表示同意他人观点）可能隐瞒有效决策所需的重要信息、反馈和负面消息，并且可能被视作无法表达立场或推广自己的想法。过度奉承的人可能被认为虚伪而世故。自我推销会被视作自负而无聊。实际上，研究表明，像奉承等讨好方法比自我抬升的成功概率更大。注意，一种文化下的奉承可能在另一种文化中被视为失当

行为。

怎么做才能规避一部分与印象管理相关的风险？为了避免受他人印象管理举动的影响，你应寻找客观的业绩评价方式，设定明确的业绩标准和评估系统，并定期检查你的印象是否符合对方的真实表现。如有可能，采用360度反馈系统了解各阶层人士对对方的看法。记住，我们可能更看好与自己相似的人，因此要警惕自身偏见。

为避免被视为金玉其外（所有举动都正确，但在完成任务和为组织贡献方面表现不佳），确保自己有工作能力，兼顾任务完成和关系发展，能清楚地表述自己如何为组织创造可量度的价值，并帮助他人实现工作目标。尊重并真诚对待所有人，而不仅限于你觉得能帮你实现你的职业目标的人。也许最重要的是要牢记，虽然印象管理对发展高效而有利的工作关系而言必不可少，但过度依赖他人评判自我和事业是不稳定的，会造成压力。

结　　论

无论在组织中扮演什么角色（下属、同级还是老板），每个人都是有缺陷的，需要彼此帮忙才能实现成果，如愿获得事业成功，并享受工作和生活。每段关系（无论向上、向下还是横向管理）都以建立互信和善意为基础。要记住，与老板、同级和下属的每次互动都是提升具有建设性和趣味性的关系，进而为双方、组织和组织的服务对象创造价值的机会。

本章小结

与下属、老板和同级关系的质量显著影响你的工作效能、职业发展（升职和加薪）、工作满意度及个人福祉。

无论向上、向下还是横向管理，牢记下述两条有关人际关系的假设：优质关系建立在信任、尊重和互惠的基础上；人类都有不足，无论就职业效能、职场成功还是个人福祉而言，我们都要彼此依靠。

我们与老板和下属的关系受我们对权力关系的态度（即我们对权威人士是否能胜任、可信并为他人着想的看法）影响。而我们对权威的态度则受我们在组织阶层中的地位和我们与权威人士（我们的父母和主要看护者）的早期经历的影响。

高效的管理者在认知和行为上更成熟。他们能从不同角度审视局面，判断具体情形下的需求，并相应地调整自身行为。

使用情境领导模型的管理者会根据员工完成具体任务的能力和意愿来调整任务内容及以关系为核心的行为。

使用丹尼森领导力发展模型的管理者则会根据情况需要来调整自己的行为。他们行为的依据是对内外部组织环境的分析和员工及组织对稳定性和变化的需求。他们在分析的基础上专注于四个方面：创建明确而有吸引力的使命；保证所有组织部门的一致性（如通过政策、程序和规范来保证）；推动部门内部及跨部门的团队合作；赋予员工权力。研究表明，专注于上述方面的管理者能提升业绩指标，如组织成长、盈利水平、客服水平和员工满意度。

赋权指的是员工认为自己对组织环境有影响的信念。如果员工认为所从事的工作有意义，自己能胜任工作并能自由选择实现目标的方式，而且能影响组织成果，就会感受到自身权力。

虽然无法确保员工感受到自身权力，但你可以创建一个通过提供明确界限、目标和绩效的标准评估来推动赋权的环境，还可以提供社交政治支持、信息、教育和培训，以及参与性工作环境。但是注意，充裕的资源和赋权无关。

研究表明，很多员工即便违背道德也会遵从权威人士的意愿。米尔格拉姆实验和斯坦福大学监狱实验及现实中的案例都证明，人们可能会盲目服从权威，即便权威的指令违背了道德。

有组织因推崇不道德的行为而闻名，还有组织因推崇同情心而著称。一直满怀同情心地对待遭遇不幸或需要帮助的成员的组织具备以下特征：支持关怀他人（而不是"公事公办"）的价值观，呼吁能使行动得以迅速扩展的网络和关系，为帮助他人创造条件的已有历史传统（如发电邮问候生病的人），以及支持关怀的体系。

希望在组织内推崇同情心的领导者知道，光靠领导者或少数几个员工有同情心还不够。他们会自视为社会建筑师，建立相应的组织文化与体系，以形成激励和推动组织成员在他人遭遇不幸时，提供有规模、有速度、有范围、有定制化意识的支持和资源的思考与行为模式。

管理老板是一项重要的管理技能，具体包括了解老板（目标、风格、优缺点）和了解自己（目标、风格、优缺点），并以激发自己、老板和组织最佳表现的方式来调整自己的行为。

导师-门生关系能给予门生工具性和心理性支持。为最大限度地受益，牢记师生关系是建立在两个需利用时间满足不同需求的不完美的人之间的相互信任和尊重之上的，它以互惠为基础，随时间变化，需要双方做出大量的规划、冒险和努力。

研究表明，来自不同文化群体的导师和门生彼此互动更少，双方信任和信赖更少。门生难以将导师视作榜样，而导师难以提供合适的心理支持。但双方如果能共同克服上述挑战，就能显著受益，建立更广阔的世界观，成为组织中多元化管理的典范。

经营关系网是建立并维系互利关系的谨慎而系统的过程。最佳关系网取决于你想实现的目标。但总体而言，你的关系网应该广泛而多元，囊括高阶层的人，兼具牢固的和微弱的联系。

研究表明，组织中的少数派可能受益于和网络群体（如同性别或同种族群体）保持联系的同时与多数派建立广泛的关系网。

系统化发展关系网时，切记要重质不重量。积极组织学研究人员发现，推动者和优质联系能提升个人和组织效能。

我们以影响他人对我们的感觉进而实现既定目标为最终目的行事时，就是在运用印象管理。印象管理技能包括讨好、自我抬升、狐假虎威、威吓、自我贬损、自我设限。记住，虽然印象管理常被忽视、难以避免，而且通常有效，但在日常组织生活中也蕴藏着风险。

思考题

1. 本章哪些内容对你最有用？为什么？

2. 根据本章所述的向上、向下与横向管理策略，你能如何提升自己的效能？下周练习其中一种行为，注意收获和进步。

3. 回想你亲身经历过的最佳与最差老板（或权威人士）。他们各自有何特征？造成与最差老板之间的局面是否有你的原因？你能从他们身上学到什么，从而成为更好的管理者？

4. 回想你在工作中感受到权力的时刻。具体是什么感觉？有什么后果？你的老板、同事、组织领导者或其他人是否对你有所帮助？

5. 回想你鼓起勇气对抗违背伦理和道德的行径的时刻。原因是什么？结果如何？你如何确保自己未来也有勇气对抗道德滑坡？

6. 要想建立鼓励员工满怀同情心地对待有需要人士的环境，需要采取哪些步骤，才能让他们觉得有动力、有能力提供支持和资源？

7. 如本章前文所述，掌上电脑公司前任总裁兼首席执行官唐娜·杜宾斯基表示，虽然她喜欢成为女性的榜样，但她对培养组织中男女性员工的责任感是同等的。而施乐公司黑人集团的创始人却觉得有责任帮助公司的非裔美籍销售人员。你认同杜宾斯基的做法，还是黑人集团创始人的做法？为什么？

8. 你是否有发展性关系网？如果有，关系网中包括谁？不同关系能给你带来哪些好处？介绍你为不同关系贡献的好处。如果没有，你要怎样建立一个？应包含谁？为什么？

9. 作为门生，你如何确保导师重视与你共事？

10. 完成本章的经营关系网评估。你有哪些优缺点？本周、本月、今年你将采取哪些步骤改善自己的关系网？

11. 回想你在工作场所的一段优质联系。这段联系有哪些特征？带来了哪些结果？

12. 识别组织中的推动者。他凭什么吸引他人？他如何帮助所在组织？你应该采取哪些步骤成为组织中的推动者？

13. 回想过去一周你在工作或家庭中采取的三种印象管理技能。你要达到什么目的？在你看来是否有效？为什么？描述运用这些技能带来的相关好处和风险。

第 7 章

管理文化多样性

本章将帮助你：
- 理解为什么有效地管理文化多样性是一种竞争优势。
- 理解为什么一些善意的多样性举措会失败。
- 学会以超越简单的人口统计学维度的方式来定义文化。
- 提升自己的跨文化能力。
- 创建擅用多样性的工作环境。

多样性需要管理不像你也不想像你的人。在打造紧密团结的整体时要考虑差异性。

——R. 罗斯福·小托马斯，《超越种族与性别》作者了解文化对组织内行为的影响很重要，因为我们生活和工作的社会与组织世界越来越全球化、多样化，能提供更多"不同历史和不同文化成员互动的机会"。国内与跨国多样性还能提供更多利用多种视角、风格、专长和经验以显著提升组织价值的机会——前提是能妥善管理多样性。因此，一流企业都认可，管理国内与跨国文化多样性是一项重要的管理技能。

IBM商业价值研究院近期对1 500名首席执行官进行了调研，这些高管担心，"全球复杂性是（自己）及其所处企业面临的首要问题，并对企业是否具备应对这种复杂问题的相应条件缺乏信心"。他们表示，自己最看重的领导能力是创造性地发掘机会，调整商业实践，并联系"高度融合世界"及推动组织各级员工也做到这一点的能力。在哈佛商学院旨在探讨MBA教育的未来的一项研究中，高管和商学院院长告诉研究人员，"MBA需培养文化智力，尤其要更好地了解哪些做法、策略和行为是通用的，哪些是视情况而定的"，以及如何高效地与其他文化成员或群体合作。

高效管理国内及跨国多样性的能力无疑对组织成功有重要作用。研究人员在一项研究中发现，因肯定性行动计划而获奖的企业在消息公布后股价攀升。与之相反，遭遇歧视诉讼的企业在宣布和解后股价下挫。研究人员得出的结论是，建立"优质肯定性行动方案"的企业会重视"对多样性人力资源的有效管理"，这些计划"有利于保持竞争优势，并为市场所认可"。还有研究人员发现，高管团队和董事会中，有更多女性的公司，财务表现更好。

遗憾的是，国际商学院协会的研究表明，企业领导者担心"商学院毕业生不具备在多样化和全球化商业环境中高效工作所需的文化能力"。本章的目的就是回应这一呼声，以提升管理者的跨文化能力。本章分为三个部分，第一部分回答下述问题：(1) 妥善管理多样化劳动力能带来哪些竞争优势？(2) 组织发挥多样化劳动力的潜力面临哪些阻碍？第二部分解决下述问题：(1) 什么是文化？(2) 影响员工彼此理解并高效合作能力的最常见文化差异有哪些？第三部分提供了提升个人跨文化能力及创建相应组织文化以帮助员工将多元化才能转化为竞争优势的策略。

在继续阅读之前，笔者先给"文化"下一个简短但有效的定义（在本章后续部分将给出更深入的定义）。"文化"指的是群体认同一致的人们通过社会化来体验周围世界并与之互动的独特方式。文化认同群体包括但不限于国籍、种族、性别和宗教。通过在认同群体内部的社会化经历，我们学会了重视什么、忽视什么、主动寻求或回避哪些经验（和人士），如何理解自己的体验，如何与他人互动，如何决策，如何定义工作和生活中的效能和成功。

要认识到其他类型的多样性也能影响组织效能，它们与文化相关或无关，比如认知风格。虽然我们在本章不会明确提及认知风格，但很多理念与了解和利用认知风格（及人们给组织带来的其他差异）有关。认知风格指的是根据教育或职业背景（可能也与文化社会化相关）等经验处理信息的方式。它能影响我们关注的对象（如全局或细节、任务或关系）、重视的对象（如变化或稳定）、我们如何理解信息（如相关或无关）、我们制定和实施决策时如何运用信息，以及我们对有利于锻炼自身能力的挑战的渴求程度。迈尔斯-布里格斯评估和社交风格评估是用以理解认知风格的两种工具。虽然本章的重点是文化多样性，但也要认识到个体给团队和组织带来的多样性有很多种。

第一部分：多样性是竞争优势

企业领导者对商学院毕业生欠缺文化多样性管理专长的担心并非多余，因为研究明确表明，能有效管理多样性人力资源的企业具备多种竞争优势。

正面宣传。除了被视作善待不同文化群体员工的工作场所外，对多样性管理的正面宣传还能向市场发送这一信号：组织能有效利用人力资源，也可能推进其他重要而复杂的组织举措。

招聘、培养和留住最佳人才。建立优质多样性项目和政策的组织能从更广泛的潜在招聘对象中取才，因此能获得并培养更出色的员工。柯达公司前首席执行官乔治·费希尔解释说："我们不能再继续轻视任何一位员工的才干、技能和贡献。我们必须建立一个尊重每位员工并为其创造充分条件，以令其发挥最大潜力的环境。"

更高效地解决问题、做出决策和处理工作。研究人员戴维·托马斯和罗宾·伊利解释说，传统上的"非主流"群体"……能针对如何进行实际操作而贡献不同重要的相关知识和视角，包括如何设计流程、实现目标、搭建任务、创建高效团队、沟通想法和领导。如果有机会，这些群体的成员能挑战关于组织职能、策略、运营、做法和程序的基本假设，进而帮助公司成长和改善"。

提升团队绩效。多样性团队如果得以妥善管理，能比相对同质化的群体做出更好的决策，尤其在处理非常规复杂问题，且团队成员多样性能提供与团队任务相关的相应资源时。研究人员泰勒·考克斯、莎伦·洛贝尔和波比·麦克劳德在美国的一项研究中，将全部由英裔美国人组成的同质化小组与由亚洲人、非裔美国人、英裔美国人和西班牙后裔组成的小组，在一项需要提出多种创意的创造性项目中的表现进行了对比。虽然创意在数量上没有明显差异，但外部裁判认为，民族多元化小组的创意"从执行灵活性和整体效用上看平均分高11%"。在另一项研究中，研究人员将全部由日本人组成的同质化小组和跨国小组的决策品质进行了比较，发现后者的表现更好，由此判断"接触不同的视角可能触发了团队成员的其他认知过程，进而提升了绩效"。他们还发现，多样性小组的提升速度快于相对同质化的小组。

法律成本更低。歧视诉讼成本高昂，而且会向市场发送组织对待员工不公的信号。在美国，歧视诉讼的平均成本超过4 400万美元，中值为2 800万美元。美国最大诉讼和解案包括可口可乐（1.92亿美元）、德士古（1.76亿美元）和州立农业保险（1.57亿美元）。

运营成本更低。高效管理多样性能降低与员工流动相关的成本。能做到这一点的组织运营成本可能更低，因为它们的少数群体员工对组织更满意，更能在工作中发挥实力，跳槽的概率更小。另外，有效管理全球外派员工并帮助其做好相应准备的组织，很少面临因外派员工无法适应不同文化而早早回国的高昂成本。

成功服务于未开发的市场。传统低收入群体和全球新兴市场的消费者财富不断增长，为有能力理解相关市场需求和需要并做出相应反应的组织提供了大量机会。研究人员 C. K. 普拉哈拉德提出了一个革命性的观点——"金字塔底部也有财富"，企业在这些市场创收并"脱贫"的同时，还能实现可持续的经济增长。

有效回应倡导组织。很多少数群体利用自身日益强大的经济能力来质问组织："你最近为我做了什么？"倡导组织会发布少数群体和女性就业最佳及最差企业/商学院名单。努力聘请和挽留员工的组织会认真对待这些名单。例如，审计、税务与咨询服务公司毕马威在其大学招聘网站上罗列了若干奖项，包括《多元化企业》"前五十名最佳雇主"、《职业妇女》杂志"跨文化女性最佳雇主"、《西班牙商业》"多样性精英"、Catalyst "女性支持与发展卓越项目奖"、男女同性恋和异性恋教育网络"尊重奖"、*WorkLife Matters* 杂志"残障人士重要奖"。《财富》杂志的"前100名最佳雇主"排行还提供了关于各公司聘请女性和少数群体多寡的补充信息。

作为其公平共享计划的一部分，全美有色人种协会从为美国黑人群体提供就业和商业机会（如供应商）的角度来评估组织（包括酒店、汽车公司、银行、营销和电信行业）。评估标准包括五类：美国黑人在管理和普通职业岗位中所占比例，对美国黑人的推销和广告，与美国黑人供应商的关系数量，投资机会和许可所有权，以及令美国黑人获益的人道捐赠。

简言之，能有效管理多样性的组织能更好地聘请和留住最出色的员工，并使其发挥才干；通过提高效率和避免昂贵的法律诉讼来降低成本；进入国内外多元化市场；提升在相关群体中的声誉。尽管多样性劳动力能给组织及其服务对象带来众多宝贵的优势，仍然有很多组织错失利用多样性的机会。

为什么很多组织没能发挥员工多样性的潜力？

评估多样性项目成功的若干研究发现，拥有多样性劳动力并不一定意味着积极的组织成果。组织能否实现潜在收益并尽可能降低风险，取决于组织管理多样性劳动力的效率。管理不当会增加出现流程障碍的风险，如欠缺团结、沟通失误、冲突加剧、决策流程不佳、缺乏合作、"我们-他们"差别和偏见、员工怠工和流失加剧。本节探讨组织的多样性管理举措无法发挥潜力的两个原因：(1) 员工多样性提升，工作方式却没有相应地改变；(2) 未能管理与多样性劳动力相关的情感和权力问题。

员工多样性提升，工作方式却没有相应地改变。很多组织将多样性管理的重点放在实现招聘和留住目标上，没有

> 同质化人群更易控制。
> ——林恩·玛丽亚·赖塔拉，《帝国之后》

利用多样性群体成员能为组织提供的有助于评估并创造性地改善既定工作程序的新资源（如价值观、视角、知识、技能和经验）。研究人员罗宾·伊利和戴维·托马斯解释称："员工……多样化程度提升了，但工作没有得到提升。"尽管有些组织出于好意，但狭隘地着眼于改变"数字"而不是对工作方式的基本假设（如如何制定决策、如何安排工作时间）可能产生相反的效果。如果组织文化没有变化，少数派员工就会觉得被边缘化，无法与组织产生共鸣，从而因无法展示自己的观点和才华尽可能为组织贡献价值而失望。伊利和托马斯在研究中发现了组织用以管理多样性劳动力的三种不同策略，其中融合与学习策略益处最多。这三种策略具体描述如下。

(1) 融合与学习策略。根据这一策略，多样性管理不能局限于实现员工人员构成这一目标。组织将多样性群体员工的"洞见、技能和经验"视作启发组织"重新思考主要任务，重新定义市场、产品、策略和商业实践，从而推进使命"的宝贵资源。"这种观点按照将多样性转化为用以学习和适应变化的资源进而提升组织绩效的方式，从而将多样性与工作流程（也就是人们的工作方式和工作体验）联系起来。"使用融合与学习策略的能力很需要。在本章前文所述的针对1 500名首席执行官的研究中，研究人员发现，首席执行官希望领导者具备的关键能力，就是创造性地思考，以迅速适应复杂的全球环境。

(2) 准入与正当性。这一策略依据的假设是劳动力应能反映组织所服务的市场和顾客的多样性。多样性劳动力被视作赢得正当性并获得准入的途径。伊利和托马斯认为，"奉行这一策略的组织对多样性的运用局限在边缘部分，旨在联系更加多

元化的市场；它们不会将多样性劳动力的文化实力融入核心职能"，也就不能真正改善工作方式或提升组织绩效。

（3）歧视与公平。这一策略将多样性劳动力视作"确保社会所有成员获得正义和公平的道德律令，将多样性管理的重点放在提供公平的招聘和晋升机会、打压偏见态度及消除歧视上"。和准入与正当性策略一样，这样的关注点虽是好意，但在扩大多样性人才库的同时，并没有以提升组织绩效的方式运用人才库的资源。

简言之，使用融合与学习策略来管理多样性的组织有竞争优势，因为组织所有成员都能以创新的方式合作，以相互学习、扩展视野、提高适应力并扩大行为接受度，进而帮助组织满足日益多元化、复杂化和快节奏竞争环境所提出的要求。

对多样性劳动力相关的情感和权力关系管理不善。组织中的多样性管理经常是一段浸染在国内或跨国不同群体间充满不公和仇恨的苦难史中的情感旅程。因此，对多样性的推动经常遭遇强烈的支持和激烈的抵抗。《财富》杂志刊载了美国最成功的50名女性的封面故事。总编约翰·休伊诉苦道："我发现无论我们对这个主题抱着多大的善意，我们做或不做都会挨骂。"他解释说，有人赞赏文章及时反映了女性跻身高管阶层的进步，意义深远；但也有人认为，文章将成功女性边缘化，使其成为特殊案例，扭曲了女性进入高管阶层的进步（或使之进步缓慢）。

2009年，美国总统巴拉克·奥巴马在为期一周的亚洲之行期间向日本明仁天皇鞠躬，在美国媒体引发激烈争议。一些政治评论家认为奥巴马总统的鞠躬只是"表达善意……表明两国互相尊重"，但也有评论家担心美国总统向天皇鞠躬并没有体现尊重，而是让美国显得"弱小"。保守派评论家威廉·克里斯托尔表示："我不理解为什么奥巴马总统认为此举是合适的，他可能认为这会给日本留下好印象。但美国总统向其他国家领袖鞠躬是不当之举。"媒体文章以《他的腰会弯多低》《奥巴马日本鞠躬激怒华盛顿》为题，进一步渲染了这种情绪。正如奥巴马的鞠躬带来的争议，多样性管理的挑战不仅要求简单了解不同的文化信仰和行为，还要求理解情感和权力关系假设如何影响不同文化群体成员的日常互动。

研究人员蕾·安德烈认为，组织多样性会加剧导致"多样性压力"，即"人们因跨文化因素的存在而感到惯常的应对模式不足以处理眼前状况所带来的不适感"。

例如，跨文化互动可能让一些员工不自在，因为他们担心自己的言行是否得当，是否会造成误解。因此，他们可能回避跨文化互动，以尽可能减少产生不适、尴尬和冲突的可能性。还有人会隐藏自己的宗教信仰和性取向等身份认同，因为他们担心因此遭遇歧视。考虑到情感压力、误解和防备的可能性，一些研究人员发现，如果对多样性工作群体管理不善，则与相对同质化的群体相比，其表现更差，离职率更高。

一些研究表明，有效的培训对多样性项目的成功至关重要。例如，研究人员乔伊斯林·芬利在研究中发现，在如何讨论情感性问题方面受训的美国黑人和美国白人在平权行动的讨论中更有建设性，感受到的压力更少。

虽然培训对组织多样性效用很重要，但善意的培训项目可能因推动不善而受到拖累。如果推进者一味强调文化差异，打压不同观点，臆断单个群体是所有问题的症结，或者无法以员工和高管所能理解和重视的语言来解释多样性案例，那么多样性培训项目可能适得其反。

本章阐述的要点是，如果能获得理解（不流于表面）和妥善管理（不只实现数据目标），多样性就能给组织带来竞争优势。笔者将在后续部分比一般管理书籍更深入地探讨文化，还会分享与日常工作相关的文化差异信息。如能妥善管理这些差异（如融合并用以推进工作方式），就能提升组织价值；而如果对其忽视或管理不当，则会使压力和误解加剧，进而阻碍组织绩效。

第二部分：理解文化和文化差异

大多数人透过国籍、种族和性别等人口类别的"镜头"来看待文化。很多人认为种族和性别等人口类别是自然产物，界限分明，长期稳定，客观上可观察。但社会上用以区分人群的大多数人口类别很大程度上是人类而不是自然创造的。人类学家和社会学家劳伦斯·A. 赫希菲尔德解释说，我们运用人口类别来帮助

> 我们虽不是同船而来，现在却在同一艘船上。
> ——伯纳德·巴鲁克，美国金融家、政治家

自己理解社交世界，但这些类别并不一定代表客观事实。以种族区分为例：

> 我们首先要探讨种族不是什么，这很重要。和我们的感官体验相反，种族这种人类区分在生物学上站不住脚，因为我们承认并命名的种族从生物学上看并没有严格对应的人群。同一种族群体内部的基因差异与不同种族之间的差异一样大。但这并不意味着种族在心理学或社会学层面不存在。显然，种族在这两个层面上都是真实存在的。人们相信种族的存在，并据此管理社交、经济和政治生活的重要方面。但种族从生物学角度讲并不真实存在……从这个角度讲，将种族理解成意识——而不是存在——更合理。

将人口类别视作人类意识而不是自然存在，并不会削弱它们的影响。实际上，它解释了为什么性别、种族、国籍、性取向和阶级等人口类别对个人和社会极其重要。因为这些东西承载着历史、经济和政治意义，所以会显著影响人们的认同感、与他人的关系，以及对正常、道德、有效和值得的行为的假设。因此，虽然这些类别客观上不真实，但我们对它们的情感反应是真实的。在工作场所，我们对这些由社会建构的人口类别的反应，影响着我们出色地完成工作及激励他人实现最佳绩效并为组织贡献价值的能力。

有人可能会问："性别或年龄呢？""它们不真实吗？"它们当然是真实的。婴儿出生时就有男性或女性器官；人们注定会变老；一些人类功能和能力是由生理决定的（如孕育后代，虽然科技的效能也开始显现）。但我们的文化给心理构成和生老病死等自然生命过程赋予了特定的意义。例如，社会上一直都有关于男孩和女孩的着装、沟通和行为方式的观点，并一直都有关于男孩和女孩该选择怎样的人生道路的观点、该争取什么样的工作或获得什么样的薪酬。而对于年龄，社会上对童年结束时间、老年起始时间及不同年龄段的成员应该如何彼此互动、能做什么、不能做什么（如一个13岁的孩子应该工作吗？12岁应该被当成孩子还是成人？80岁的人对组织和社会有何贡献）都有固有的观点。

一些研究人员认为，将性别、种族和年龄等人口类别理解为由社会决定的行为而不是由生理决定的自然本质更有效。研究人员坎迪斯·韦斯特和唐·齐默尔曼用

"性"来指代生理器官和功能（我们拥有男性/女性器官），用"性别"来指代由社会期望决定的男性和女性角色（我们按性别行事）。

所有人都难免会按照自认为自然存在且有意义的类别来划分他人，以认识自己、世界及自己在其中的位置。如果缺乏划分他人（或事物）的意愿和能力，这个世界所呈现的过于庞大且无法

> 用来区分人类社会和人类的关键区别，不是生理上的，而是文化上的。
> ——鲁思·本尼迪克特，选自《玛格丽特·米德：工作中的人类学家》

理解的信息就会压倒我们。但是，我们要谨慎监督自己给人分类的本能。首先，我们通常不只简单地假设人们彼此不同，还会根据社会和组织赋予他们的类别，判断他们更出色（更高效，更有道德）或更逊色（效率低，没道德），进而强化不公或将其合理化，导致无法认可并利用成员的多样性来改善组织和社会。其次，将人类划分为"自然"类别时，我们会放大相同人口类别成员的相似点（"就像一个人！"），以及不同文化类别成员的差异点（"男人来自火星，女人来自金星"）。但是，同一人口群体的成员可能差异很大，而不同人口群体的成员也可能有很多共同之处。最后，过于强调人口类别会让我们忽视很多其他"人类的根本构成因素"。小说家任碧莲解释说：

> 外部的人将我识别为……亚裔美国人。对大多数人而言，我"明显""天然"就是如此，即便在日常生活中这并不一定是我最明显的身份。实际上，我受性情和叛逆的影响更大，还有我的健谈、我作为母亲的身份。而女性身份也是非常重要的影响因素，其重要性可能超过种族……我讨厌一切分类行为。

像任碧莲一样担心被归类的人还有很多。美国人口调查局发现，越来越多的人，尤其是年轻人，认为调查局的人口类别"武断或冒犯"。在一次调研中，接近1 000万名受访对象"拒绝将自己描述为白人、黑人、亚洲人或美洲印第安人"。

所以，我们该如何看待文化？不能将其视为以天然、稳定、界限明确和客观可辨的类别作为依据，最好将其视为一种承载着特定意义和社会期望的社会认同。文化认同群体（如种族、性别、国籍、宗教、年龄或性取向）是一种有社会意义的划分，人们以此构建身份认同；它影响了群体成员理解社会并彼此联系的方式，以及群体外部看待该群体成员并与之联系的方式。注意，即便你并不认为自己属于某个

文化认同群体，该群体内外部人士可能仍这样认为，并根据他们对该群体的成见来与你互动。从某种意义上讲，我们的文化认同群体是不可逃避的，无论我们的意愿如何，它都会影响我们与他人的关系。表7-1归纳了将人口类别定义为天然的和由社会建构的差异。

> 我们由此发现，世界上有且只有两个种族——高尚的"种族"和卑劣的"种族"。这两个种族都随处可见，他们渗透到社会所有群体中。没有任何一个群体中只有高尚或卑劣的人。
> ——维克多·弗兰克，心理学家、犹太人大屠杀幸存者

表7-1　　将人口类别定义为天然的和由社会建构之间的差异

将人口类别（如种族和性别）定义为天然的	将人口类别（如种族和性别）定义为由社会建构
认为人口类别天然、稳定、界限明确、客观可辨	相信人口类别在很大程度上是社会产物，由社会建制强化
源于生理	源于意识（社会信念、历史、经济状况、政治）
人口类别体现在身份上（"我是女性"或"我是男性"）	人口类别很大程度上体现在行为方式上（我们按性别行事）
专注于被视为专属于某一文化群体的特定身体特点、特征和行为	专注于文化群体成员身份的意义及这些意义对身份认同、世界观、阶层和行为的影响

"人口类别建立在文化意义系统的基础之上"这一说法，基于下述假设。

- **文化是习得的，不是天然的**。所有人都有意愿、也有能力了解自己的文化及自己在其中的位置。人类通过社会化来培养自认为有意义且有差别的文化认同（如种族、性别、国籍、宗教和阶级）并对其形成情感依附。他们借助所属文化群体或其他文化群体成员的教授和期望，及对共同历史和社会背景的分享来发展文化认同。文化认同影响一个人的自我概念、与所属文化群体内外部人士的关系，以及对真实、道德、正常、有效和得当的假设。

- **文化意义系统被忽略**。文化意义系统常被忽略，导致文化群体成员，尤其是占主导地位的文化群体成员不会多加考虑。虽然这些意义系统因文化而异，但群体成员都有种族主义倾向（即倾向于认为自己的意义系统是定义正常、

道德和有效的行为的普遍标准）。文化认同群体成员倾向于透过自己的文化镜头来诠释他人的世界观和行为，也经常因此而出错。
- **文化意义系统"动态稳定"**。所有文化都要随时间而改变才能得以存续，但深刻的文化改变进程缓慢。改变发生在文化成员因生存需要或文化群体中的众多成员反复接触有吸引力的不同的思考和行为方式时。
- **文化意义系统对文化成员的影响不等**。文化内部存在显著差异。每个人的世界观、价值观和行为还受文化以外其他因素的影响，这些因素包括（但不限于）家族史和经历。

简言之，文化意义系统是帮助我们理解世界并指引我们行为的简化世界模型。这些意义系统和文化规范之所以宝贵，是因为它们能提供认同感和归属感，为协同社交行为创造条件。但是，文化意义系统如果阻挡我们发现其他视角，或若导致文化认同群体内部或之间出现障碍，就会引发问题。管理者要了解自己和他人的文化意义系统，因为这些系统影响着我们的思考方式、我们对他人的预期、我们的工作方式及定义效能和成功的方式。如果我们能利用对这些意义系统的理解来建立激发所有员工实现最佳绩效的工作环境，就能发挥多样性劳动力的优势，尽可能降低多样性管理不当时出现的一些障碍。

文化的维度

已故索尼创始人兼首席执行官盛田昭夫曾说，人们有 95% 相同，5% 不同。我们之所以在这一部分具体讨论影响工作环境的文化差异，是考虑到管理者必须同时了解并管理不同文化成员的相似点，以及不同文化推崇的不同价值观。文化价值观可定义为"有意识或无意识秉持的一套信念与规范——通常扎根于社会的道德、法律、规范和习俗中，界定了对错和普遍喜好。"

高级咖啡连锁店星巴克的前首席执行官奥林·史密斯将这一价值观付诸实践。提到星巴克调整门店以适应全球市场的策略时，史密斯做出了如下解释：

> 我最深刻的经验是不要想当然地认为其他市场的客户和美国人差不多，

即使他们也说英语，或者行为上看不出什么差别。但实际上，他们和美国人不一样。英国是这样，加拿大也是如此……（我们）曾经在所有英语国家引入（与美国）相同的运营重点和经营方法，但各个市场的成效不同……我们在中国台湾和日本供应绿茶星冰乐，它是这些地区或国家最畅销的星冰乐产品……但我们只在这些市场出售……香草星冰乐已在亚洲普及（现在也开始在美国推广）。明年，我们将开始在其他市场推广英国的草莓和奶油（星冰乐），这种产品在这儿肯定有人气……星冰乐系列产品全球畅销……我们在某些市场的滴漏式咖啡销量较低，因为喝浓咖啡的人更多。有些市场的咖啡豆销量欠佳，因为这些市场的消费者不像美国人一样喜欢在家煮咖啡。我们正在努力改变这种局面。

本部分将总结与管理跨文化环境相关的文化差异。笔者会从几个维度来讨论文化差异（如偏好独立还是相互依赖）。这种维度是无穷尽的，而本部分关注的文化维度是已经被具体研究过的，它们能影响工作行为，如果欠缺理解或管理不善，可能在工作中造成误会，而如果得到充分理解和妥善管理，则会给个人和组织成长创造机会。笔者根据所有文化群体和工作组织成员都需要解决的下述问题对维度进行了划分：我是谁？我如何与人相处？我如何与人沟通？我如何看待时间？什么是真相？我如何应对环境？工作与生活的关系是怎样的？

阅读不同文化维度时要将所述差异（如独立或互相依赖、正式或非正式）视作连续体的两个极端，而不是离散的分类。文化与文化成员就处于这两个极端之间。例如，人类在日常生活中都需要独立和互相依赖，但他们可能更倾向于其中之一，部分是出于文化影响。阅读本部分内容后，你可能想完成专栏7-1"工作相关文化偏好"来确定自己的偏好并与同事比较。

专栏7-1

工作相关文化偏好

阅读本章对维度的描述后，圈出与你的感受对应的数字。

我是谁？

　　　　　　　　独立　　　1 2 3 4 5　　互相依赖
　　　　　　　　行动　　　1 2 3 4 5　　存在
　　　　　　自致性地位　　1 2 3 4 5　　先赋性地位

我如何与人相处？

　　　　　　低权力距离　　1 2 3 4 5　　高权力距离
　　　　　　　普遍主义　　1 2 3 4 5　　特殊主义
　　　　　　　　非正式　　1 2 3 4 5　　正式

我如何与人沟通？

　　　　　　　　低语境　　1 2 3 4 5　　高语境
　　　　　　　公事对话　　1 2 3 4 5　　和谐对话
　　　　　　　　中性　　　1 2 3 4 5　　情绪化
　　　　　　　出声思考　　1 2 3 4 5　　安静思考

我如何看待时间？

　　　　　　　　不变　　　1 2 3 4 5　　可变
　　　　　　　　单向型　　1 2 3 4 5　　多向型
　　　　　　　线性取向　　1 2 3 4 5　　循环取向
　　　　　　　重视未来　　1 2 3 4 5　　重视过去和当下

什么是真相？

　　　　　　　　归纳　　　1 2 3 4 5　　演绎
　　　　　　　寻求一致　　1 2 3 4 5　　保持对立

我如何应对环境？

　　　　　　　控制环境　　1 2 3 4 5　　适应环境
　　　　　　　　变化　　　1 2 3 4 5　　稳定
　　　　　　　自己做决定　1 2 3 4 5　　由他人做决定

工作与生活的关系是怎样的？

　　　　　　活着是为了工作　1 2 3 4 5　　工作是为了活着
　　　　　　工作时间不限　　1 2 3 4 5　　工作时间有限
　　　　　　全天候营业　　　1 2 3 4 5　　营业时间有限

我是谁？

人类最基本的驱动力之一，就是理解自身、世界及自己在其中的位置。我们通过文化的社会化，学会将自己视作独立个体还是依赖他人、该强调生活质量（存在）还是成就（行动），以及如何在所属文化中获得地位（如权力、晋升）。

独立与相互依赖。最根本的文化差异之一，就是对独立（个人主义）或相互依赖（集体主义）的强调程度。独立强调自我关怀，脱离他人，自主决策，奖励个人成果，将自身利益与福祉置于集体之上。而相互依赖强调与他人联系，关怀他人，集体决策，奖励团队成果，将集体利益与福祉置于个人之上。一位日本MBA学生注意到了这一差异。他说："我在'我的'初中学英文时，最不能理解美国人将'我们的学校'称为'我的学校'，将'我们的老师'称作'我的老师'等。这听起来很自私。"

与相互依赖文化的成员相比，来自独立文化的员工更愿意与同事竞争，看重被单独表扬，不会因为公开冲突而不自在。而在强调相互依赖的文化中，员工更强调与同事合作，被单独表扬时会觉得尴尬，并认为公开冲突是粗鲁行为。

研究表明，北美、北欧和西欧文化更强调独立，而南欧、中南美洲、非洲（南非除外）、中东和亚洲文化更强调相互依赖。还有研究表明，美国女性和有色人种比白人男性更强调相互依赖。

行动与存在。在以行动为导向的文化中，人们更侧重个人成绩、任务完成和提高生活标准。而在强调"存在"的文化中，人们更看重人品、关系和生活品质（但衡量方式不是获得物质或经济利益）。特伦斯·布雷克、丹妮尔·沃克和托马斯·沃克在《在全球经商》一书中给出了下述例子：

> 在跨文化培训中，我们常问受训对象："你是谁？"不止一次，会问好几次。美国人总是先从工作职务开始介绍，然后才提到家庭信息或个人兴趣；拉丁美洲人、非洲人和中东地区的人，其答案则会介绍从属群体，如家庭、宗族或部落名称；欧洲人前三次通常会简单介绍自己的人文观和哲学观。

地位：自致与先赋。所有文化都有获得其地位的不同方式。在自致性文化中，人们主要通过教育程度、技术能力和个人才干等成就来获得地位；而在先赋性文化中，人们则主要靠年龄、家庭、社会关系和他们出生的社会等级来获得地位。研究人员弗恩斯·特朗皮纳斯解释称："在自致性文化中，人们会先问'你学什么的？'，而在先赋性文化中，人们会先问'你在哪儿上的学？'。"自致性文化鼓励个人主义、非正式和竞争性行为，通常重视年轻人；而先赋性文化则鼓励使用正式称谓，尊重社会和组织层级，更重视老人。

特朗皮纳斯在研究中总结道，北美主要是自致性文化，其他大陆则没有统一特征。但他注意到"新教与自致性的关联度更大，而天主教、佛教和印度教文化趋近于先赋性"。

我如何与人相处？

所有文化都对与人相处的适当方式设定了相应的规范，包括人们应如何面对权威，严格表达和执行社会行为规则（如政策或法律）的程度，以及在不同社交背景下的正式程度。

高低权力距离。不同文化用以管理权力关系的规范不同。有些推崇高权力距离（更阶级化），而有些则鼓励低权力距离（更平等化）。关于权力距离的信念影响了我们对管理者和下属彼此互动的预期。在强调高权力距离的文化中，人们接受社会不平等，希望管理者知道正确答案，为员工制定决策，并告诉员工具体做什么；不同阶层之间的关系更加正式；人们对管理者的称呼使用正式头衔，阶层更复杂，遵守命令链条被视作重要规程。而在低权力距离文化中，虽然不平等依然存在，但被尽量缩小，而且会遭遇否认或抵抗；人们希望管理者能发挥下属的专长，赋予员工自主决策权，并鼓励员工独立行动；人们与管理者之间的关系不太正式，组织阶层扁平化；员工为完成工作而越过正式阶层的可能性较大。

在高权力距离文化中，管理者如果过于狂热地赋予员工权力，会让员工不自在，或只给出他们认为管理者想听到的答案；他们还会失去员工的信任，因为后者认为管理者应独立解决组织问题。而在低权力距离的文化中，不让员工参与的管理者可能被视为专横且对权力饥渴、管得太多，并因此遭遇员工的抵抗，失去员工的支持。研究表明，亚洲、阿拉伯、中南美洲（阿根廷和哥斯达黎加除外）和南欧文化比以色列、北欧和北美文化的权力距离更大。

普遍主义与特殊主义。有组织的行为是由共同的社会行为规则决定的。所有文化都有一定的规则来界定行为的对错，但也有相应的规范来约束表达和执行这些规则的严格程度。在普遍主义文化中，"规则就是规则"，适用于任何人、任何情况。而在特殊主义文化中，规则是象征性的一般指引，可以根据具体对象、具体情况进行调整。这种文化的成员对亲朋或相同文化群体成员使用规则时会更灵活。普遍主义者担心破例会导致系统崩溃，而特殊主义者则担心不破例才会让系统崩溃。北美、北欧和西欧文化相对亚洲、中南美洲、南欧和东欧文化更强调普遍主义。有研究表明，美国女性和有色人种比白人男性更趋向于特殊主义。表7-2总结了普遍主义与特殊主义文化之间的差异。

表7-2　　　　　　　　　　普遍主义与特殊主义文化之间的差异

普遍主义文化	特殊主义文化
重视规则	重视关系和情境
相信正确的方式只有一种：道德基于普遍原则和相同标准，无关人和背景	相信相对性：道德取决于情境，而标准取决于人和背景
假设应一视同仁	假设对待有些人（如家人和朋友）应与他人不同
强调法律契约：可信之人要履行契约	强调个人承诺：可信之人要能照顾你
"一言为定"	"世事多变""视情况而定"

正式与非正式。一些文化通过恪守礼仪来表示尊重——根据场合着装，斟酌用词并遵守礼节，而有些文化中的成员着装、说话和行事都更加随意。例如，中南美洲、阿拉伯、亚洲和欧洲文化比澳大利亚与北美文化更正式。

下面这个反映美国非正式趋向的故事是笔者最喜欢的。最初在赫尔辛基任教时，一位同事带着笔者在城里四处转。笔者很惊讶地发现，这座城市里看不到流浪汉。对方回答说，因为芬兰的社会服务很发达，所以很少有人住在街上。她指着一个胡子杂乱、条绒夹克有补丁、裤子肥大、鞋子已经磨损的男子说："他可能就是流浪汉，或者是美国教授。"

我如何与人沟通？

高效地跨文化沟通意味着关注用词的意义、说话者的意图及交流的社会背景。不同的文化对字面意思和言外之意的强调程度不同——无论沟通的主要目的是传达事实、维护地位还是发展关系；不同的文化还决定了表达情绪会支持还是破坏说话者和信息的可信度。

高语境与低语境沟通风格。低语境沟通风格的使用者强调字面意思。他们更关注事实，切入主题，直接表达自己的观点和需要。因为更看重事实和直接性，所以他们会迅速推进沟通，客观对待冲突。而高语境沟通风格的使用者强调文字背后的意图，并认真关注沟通发生的背景。他们在重视事实和用词的同时，也强调说话者的可信度和公信力及双方关系。他们在切入正题之前会花时间了解对方，寻找线索来判断是否能相信对方、是否要投入这段关系，因此沟通耗时更长，冲突无法得到客观对待。如果文化看重保留颜面，直接的批评会严重破坏双方的关系。

低语境文化将周边的社会环境视作阻碍清晰沟通的噪声或无关事项，而高语境文化则将其视作强化沟通的重要信号。另外，前者有时会舍融洽而保直接，后者则舍直接而保融洽。"是"的使用常用以说明高语境和低语境文化的差异。在高语境文化中，"是"并不一定代表同意或肯定。因此，如果和高语境文化成员合作，组织问题时要避免"是"或"不是"的回答。专栏7-2总结了高语境与低语境沟通风格的差异。

以笔者的亲身经历举例。几年前，笔者给韩国高管上管理课。和很多亚洲文化成员一样，他们更倾向于高语境沟通。我和学生中的领袖，也是最年长者（与韩国文化规范一致），建立了彼此尊重的关系。有一天，我问对方课程是否进展顺利。他没有回答是或否，而是巧妙地回复"如计划进行"。我从对方含糊的回复中明白了对方对课程不太满意，但不想直接告诉我。读懂了画外音之后，我深入审视了这一问题，展开了适当的调整，重新制定了能满足学生需求的成功课程。研究人员杰弗里·桑切斯-伯克斯举例说：

专栏 7-2

高语境与低语境沟通风格的差异

低语境沟通风格	高语境沟通风格
直接：意义主要由言语承载，不太受背景影响（如"我同意你"意思是确实同意并将支持相应观点）	间接：信息受背景影响。理解背景和身体语言很重要（如：谁掌权？意思是否与言语不同？"我同意你"可能是指"我听到你的话了"或"我不想公开反对让你尴尬"，但并不意味着会支持相应观点）
目的是交换信息，关注任务，并确定对方是否清楚理解本意	目的是建立关系，保持融洽，并确定对方是否可信
反对和批评是客观的（如"我不是针对你，但你的演讲不够清楚"）	反对和批评有主观意味，因此保留颜面和讲求策略很重要（如"你在老板面前质疑数据的用处，这让我很尴尬"）
业务关系迅速开始，迅速结束；高效沟通不需要时间来建立关系和信任（如"既然双方都同意，那我们就让律师来看协议，再向前推进"）	业务关系需长期培养，因为高效沟通取决于关系的质量（如"既然双方都同意，那我们就相信彼此履行承诺吧"）

想象合作完成同一项目的两人交流如下：一个人建议如何在下次部门会议上展示报告结论，而对方强烈反对。但为了保留颜面，对方只是说：'挺有意思！'但他的声调和身体语言等关系线索都表达了异议。如果建议者没注意这些线索，就可能认为对方同意……（随着）他执行这一想法，对方可能从项目中撤出，因为他认为自己的反对意见被忽视了。而建议者反而会觉得对方忽然变卦。

北美和北欧文化强调低语境沟通，而南欧、中南美洲、非洲和亚洲文化则强调高语境沟通。理解并适应高语境和低语境沟通的差异在当今的美国尤其重要，因为越来越多的移民及美国劳动力新生力量来自高语境文化，虽然高管仍以低语境文化成员为主。

公事对话与和谐对话。研究沟通的黛博拉·坦纳在畅销书《对话朝九晚五：职场男女》中介绍了两种沟通风格：公事对话和和谐对话。和低语境沟通风格类似，公事对话的目的是陈述事实，也旨在凸显自我，展示知识和专长，巩固或维系地位与成功。而和谐对话的目的是通过寻求"相似点和匹配体验"或遵从对方来建立联系。坦纳的研究表明，北美男性更多地使用公事对话，而北美女性则更多地使用和谐对话。她将沟通风格差异归因于从童年开始的社会化过程：人们鼓励男孩重视地位、赢取比赛和人际关系，鼓励女孩重视联系。

中性与表达型情绪表现。有些文化通过情绪表现来凸显要点、展现兴趣和承诺，中性的反应会被视作冷漠或缺乏理解和积极性。也有文化要求其成员在沟通中表现出约束和克制，尤其是在商务场合。相对于南欧和美国文化，日本和很多北欧文化不太展现情绪。在这些文化中，极端的情绪表现（如开心、失望和愤怒等）被视作不成熟和不得体。李·嘉顿斯沃茨和安尼塔·罗在《多样性管理》一书中提到了一位在日企就职的北美员工的故事。在一次商务会谈中，她在表达对公司成功实现目标的欣慰时使用了感叹词。之后老板告诉她，这种狂热的情绪表现在商务会谈中显得不专业。

出声思考与安静思考。一些文化，尤其是推崇个人主义的西方文化，认为健谈是好事，因为人们能因此坚持个性，公开观点（即便是不成熟或不完善的）供他人评估。例如，有些文化认为经常在会议上积极发言的员工有兴趣了解讨论话题，并有动力解决问题。换言之，发言被视作积极参与并对团队讨论做出有效贡献的信号。还有些文化认为深思熟虑后再发言的员工有兴趣、有动力深入了解问题，以确保自己的公开发言能贡献最大价值。换言之，安静被视作积极参与并对团队讨论做出有效贡献的信号。研究人员金熙俊（音译）解释说："东亚人认为，安静和内省的状态有助于高度思考，如追寻真理。这种假设体现在佛教和道教的冥想修行中。"这一差异也扎根于不同文化下父母养育子女的方式。西方父母被鼓励和孩子频繁沟通，也鼓励孩子大胆表达（如让对方知道你在想什么）。而东亚父母不常和孩子交流，鼓励孩子将沉默视作学习和表达自控的方式（如想好了再说）。

这种文化差异很重要，因为推崇大胆表达的美国和其他国家的老师和团队领导者通常鼓励班上或团队中安静的成员多说话。但偏重频繁发言（尤其在思考问题的过程中）可能影响发言前深思熟虑的成员说理的能力，因为他们安静时能更好地处理信息，同时也需要更多的时间将内心的想法转化为与他人分享的话语。同样，要求那些习惯出声思考的成员在发言前安静思考，可能影响他们思考的质量和解决问题的能力，因为他们倾向于以出声和与人互动的方式来处理信息。即便如此，在全球化经济背景下，人们应努力掌握安静和出声思考的技能，以便根据背景和情况需要（如保持安静，让他人发言；大胆发言，以便启发他人思考，即便想法还不够成熟）运用不同的技能。了解对方思考方式的差异有助于避免跨文化误解（如"没想好就发言的人不成熟"或"不说话的人冷漠或不了解情况"）。

我如何看待时间？

无论哪种文化都必须应对时间的流逝。但不同的文化理解和管理时间的方式不同，体现在：时间是应该精打细算的稀缺资源，还是一系列尽情享受的时光；人们该一次干一件事，还是该同时做几件事；人们该关注过去、当下还是未来；时间运动是线性的还是循环的。对管理者而言，这些假设能影响日常的时间管理和协调及战略规划。

不变或可变的时间取向。固定时间取向的人倾向于用日历和钟表来管理时间。他们态度认真，遵照日程表，重视准时，将时间视为需要管理的稀缺资源。北美和北欧人都偏好固定取向。例如，北美有节约时间、借取时间、花费时间、用光时间的说法。生意人常听到警告："早起的鸟儿有虫吃""懒惰者注定失败""明智地投资时间""时间就是金钱"。为更好地掌控时间，人们会花钱参加时间管理课程，购买省时仪器并选择快餐。很多北美人会提前几周安排和朋友吃饭，也会提前规划好和孩子们相处的"黄金时间"。

日本和其他工业化国家也倾向于固定的时间取向，尽管人们更关注适当地运用时间而不是速度。因为要遵守规定，所以做决定通常需要很长时间，但决策一旦制定就会得到迅速执行。在日本，管理时间时也要重视"得体、利益和传统"。很多日本商业和社交聚会分阶段逐一开展，仪式性很强。在这种环境下成功管理时间意味着"在正确的时间做正确的事"。

在中南美洲、中东地区、非洲和一些亚洲国家，时间显得更可变。决定如何使用时间的不是日历和钟表，而是对关系的重视程度。在积极经营关系或参加重要活动时，钟表和日历都显得无关紧要。缘分和享受当下比日程更重要。成功的时间管理意味着完全专注于眼前的人和事，即便这样做会耽误约见。

有人要求严格守时，遵从日程、时间表和截止日期；也有人将准时、日程、时间表和截止日期看作松散的行为指引。这两种人无疑会产生矛盾。固定取向的人认为，开会迟到是粗鲁且不负责任的行为。而可变取向的人会觉得，打断融洽的交谈或开会时先走而赶往另一个会议是粗鲁而不负责任的。

单向型或多向型时间取向。所有管理者都要应对多种时间需求，但他们管理这种需求的方式不同。研究人员艾伦·布鲁东及其同事解释称，单向型时间取向的人喜欢一次做一件事，关注当下的任务，并遵守时间表。而多向型时间取向的人喜欢同时做很多事，关注关系和过程，有可能经常调整计划。北欧、北美和工业化亚洲国家倾向于单向型，而南欧、中南美洲、中东和非工业化亚洲国家倾向于多向型。

关注过去、当下还是未来。每个人都要从过去中学习，活在当下，并计划未来，但不同文化下管理者对过去、当下和未来的重视程度不同。强调过去的文化重点关注传统，以期能重复成功，并避免以往的失误。重视当下的文化倾向于"把握今朝"，看重短期思考和快速实现成果。例如，很多欧洲商人抱怨"美国人总是靠季度业绩活着"。而关注未来的文化则更强调长期规划与成功，愿意为长期成功牺牲短期收益。

《美国新闻与世界报道》刊载的例子体现了不同的时间取向和相关外交经验。马德琳·奥尔布赖特担任美国国务卿期间拜访了波斯湾阿拉伯国家的外长。虽然她为了尊重当地传统选择了保守的着装，她还是禁不住询问："贵国的内阁有多少女性？"对方很震惊，同时也想维持礼貌，回答时就有些迟疑。过了一会儿，沙特的外长回答说："我们中东对时间的定义不同，你得有耐心。"

线性时间与循环时间。有些文化认为时间的流逝是线性的、连续的，事情一件接一件地发生。管理者的目标是系统地从一个时间点移动到未来的另一个时间点。还有文化认为时间是循环的，每小时、每天、每季度、每年都是可预测的周期。管理者的目标是理解周期，并跟随周期的具体节奏。北美文化倾向于线性时间观，而很多亚洲文化则倾向于循环时间观。

规划时强调线性思考的管理者主要关注最终结果。例如，商业作者斯蒂芬·科维建议管理者"一开始就想着结局"。其背后的假设是，专注最终结果能形成以满足目标为主旨的高效流程。而周期性思考强调过程和寻找适应当下环境的方式（很可能之前见过，因为时间是循环的），从这个角度出发，注重制定适当的流程就能实现高效的最终结果。

什么是真相？

我们关于将什么视作真实及如何判断真实的假设影响着我们如何教育彼此、如何向彼此学习、如何判断什么是"事实"和什么是"虚构"，以及我们认为什么信息最能指导我们制定工作和生活决策。不同文化强调的创造与使用知识的方式不同。

归纳推理与演绎推理。 推崇归纳推理的文化看重数据、事实、客观性、证据、直接观察、因果、将事情拆分成细节并了解各个细节。强调归纳推理的人倾向于使用度量工具和科学的方法来调查问题，并印证结论。而强调演绎推理的人则会采取更全面的方式，同时衡量很多因素和角度。他们倾向于强调抽象思考、象征意义、了解整体而不是单个部分，常依靠类比、借喻和故事来解释说明。对倾向于归纳过程的人而言，解释的可信度取决于客观性主张和系统方法的使用。而对倾向于演绎推理的人而言，解释的可信度通常取决于说话人的信誉及其调动听众想象和情感投入的能力。北美文化更强调归纳推理，而法国、东亚和中南美洲的文化则更强调演绎推理。

寻求一致与保持对立。 有些文化的成员倾向于用二分法给世界和经验归类。他们相信万事非此即彼——非真即假、非对即错、非事实即虚构，必须解决对立才能理解情势并制定决策。而有些文化认为事情可以亦真亦假、亦对亦错、亦事实亦虚构，必须维持对立才能更清楚地看到情势的复杂性，并制定更合理的决策。这种视角差异体现在下述说法中："在西方，我们将一致视为美德，而在东方，一致只是缺少头脑或孩童的特质。例如，行为和态度相悖的西方人会被称作伪君子，而在东方，这种人被认为更有城府，也就是说，他们不按喜好做事，而是做必须做的事。"

我如何应对环境？

任何人、任何组织都必须管理自己与环境的关系才能让自己存续，这就涉及对下述问题的假设：人们能（应该）掌控或适应环境的程度，变化和不确定性是利好还是威胁，拥有多个选择对制定决策以提升工作和生活质量的必要程度。

掌控、融入还是受限于环境。为了生存，人们有时必须掌控环境，有时必须适应环境。不同文化对掌控、融入或适应的偏好程度不同。弗恩斯·特朗皮纳斯在《跨越文化浪潮》一书中举例说明了控制环境与融入环境偏好的差异：

> 已故索尼董事长盛田昭夫曾解释自己对随身听的想法（没错，在 MP3 出现之前，CD 机很普及）。他热爱古典音乐，希望在上班途中听音乐时能不干扰他人。随身听不是为了强加给外部世界什么，而是为了与之和谐相处。而大多数西方人对这种设备的看法是，"我听音乐时可以不受他人干扰"。另一个典型的例子是口罩。你在东京能看到很多人戴口罩，尤其是在冬天。对方会告诉你，他们感冒了，或者携带病毒，戴口罩的目的是避免通过呼吸污染环境或传染给他人。而纽约的骑行者和其他健身人士也戴口罩，目的是不受环境污染。

上述例子说明，使用随身听（或 MP3）和口罩的目的，是为了掌控环境的影响（如不受他人干扰、不因环境而生病）或适应环境（如不干扰他人、不传染给他人）。

变化：高或低的不确定性规避。组织成功需兼顾变化和稳定。不确定性规避指的是人们对变化和稳定的接受程度。例如，有些文化鼓励人们将个人和组织变化视作激励和利好，并警告"不变即死"。按这种观点，稳定会滋生自满，而自满让我们无法把握对生存至关重要的机会。还有些文化更推崇稳定，传统、常规、可预见性和墨守成规是长期生存的基础。按这种观点，变化和不确定性会制造焦虑，进而破坏对朝个人、组织和社会目标稳步迈进至关重要的传统和常规。

选择。美国人认为拥有多种选择是必需的，也是有利的。最典型的例子是超市货架上的牙膏至少要有 30 种品牌，而每个品牌还会提供若干选择（如"预防牙石""美白""脱敏"）。很多研究人员认为选择是普遍需求，能提供更强的掌控感、提高本能冲动、带来提升满意度和改善绩效等积极结果。

研究人员希娜·塞西·艾扬格和马克·莱珀进行了一系列研究，对比了亚裔和英裔美国儿童在多选择和少选择任务情境下的表现。他们发现亚裔儿童在由别人选择时表现更好，尤其在选择环境可信（游戏规则清楚）或选择者可信（自己的母亲）时。而英裔儿童在能自行选择时表现最好。

塞西和莱珀认为，选择需求不一定是普遍的，有多种选择不一定意味着最佳绩效。选择需求可能与独立型或依赖型自我认知有关。推崇独立型自我认知的文化成员（如美国人）喜欢选择，因为他们能因此坚持独立，并展示个性。而推崇依赖型自我认知的文化成员（如中国人）喜欢让他们信任的人和组织代表他们做决定，因为这样做既能尊重规程和权威，也能汲取他人的经验并提升对团队的归属感。

注意，近期研究表明，即使在美国，偏好选择也有些言过其实。因为人们的认知能力（如我们理解信息的能力）有限，过多的选择会阻碍有效决策和采取行动的能力。例如，即使在看重多重选择的美国，人们也可能因选择所带来的权衡和认知投入而烦恼，进而推迟或放弃决策，或者对决策不满（因为他们怀疑是否应选择其他选项）。

研究人员塞西·艾扬格和莱珀通过一个简单而有力的实验印证了上述结论。他们在杂货店放了两个果酱摊位：其中一个摆放 24 种果酱（"广泛选择情境"），另一个只放了 6 种（"有限选择情境"）。路过后者的消费者中，有 30% 发生购买行为，而前者只吸引了 1% 的消费者购买。有趣的是，60% 的消费者驻足于前者，而只有 40% 驻足于后者。这说明虽然消费者会被更多选择所吸引，但面对少数选择时更容易采取行动，也就是购买果酱。另一项研究发现，布置作业时提供更多可选话题，会导致学生完成作业的概率下降及表现下滑。这说明虽然不同文化对多个选项的重视程度不同，但不同文化的成员都有认知有限的问题，这也影响了选择对决策的作用。

工作与生活的关系是怎样的？

有人工作是为了活着，有人活着是为了工作。有些文化将工作视作使命、热情，甚至是精神追求；而有些文化则将其视作逃不过的坏事，或者以生存或生活舒适为目的的手段。虽然这些说法有些极端，但不同文化会通过休假政策（如有些文化每年只有两周假期，有些文化是四周）、预期工作时间（要想成功得加多少小时班的规定）、产假时间（如休产假是否带薪），以及以职业界定身份的程度来巩固这些观点。例如，在有些文化的聚会上，结识对方时首先会询问职业。而在有些文化中，在派对上不会遇到这种问题，因为你是做什么的对了解你这个人来说不重要。

刻板认知与珍视文化差异有何不同？

讨论文化差异要注意几点。第一，对文化差异的所有表述都过于简单化。文化意义系统的复杂程度是人类无法理解、书面文字无法表达的。第二，文化不断变化。全球化、民族内部多元化以及交通与通信技术的发展，让所有人都能接触到更多文化，因此，十年前盛行的文化规范可能不太适用于今天，尤其是对年轻一代。第三，有些学者和实践者担心关注文化差异会造成分裂。如果对文化差异的描述引发刻板认知和歧视，确实会出现这种后果。

> 这代人中的少数派往往是下代人中的多数派。
> ——格特鲁德·阿瑟顿，《贵族》

研究人员泰勒·考克斯解释了刻板认知与珍视文化多样性的差异。刻板认知"假设印象中文化群体的共同特征适用于每个成员"（如日本人都是集体主义者，北美人都是个人主义者），并基于这些特征得出负面判断（如出声思考代表不成熟，且浪费他人时间；在会议上因思考而不常发言是不投入的表现）。另外，刻板认知是单维的。也就是说，运用刻板认知时，我们会过分强调对方在一个文化认知群体中的成员身份，而忽略了其他因素，包括同样影响其世界观和行为的其他文化群体成员身份。例如，我们可能过于强调对方的种族，而低估其宗教、教育和国籍甚至个性对其信仰和行为的影响。

相比于刻板认知，珍视多样性"将文化差异视作正面或中性的"。这种视角更容易发现不同观点和行为的价值，也更容易学习并利用文化差异以提升灵活性和效能。珍视多样性的视角还会兼顾对方多个文化群体成员身份，"只认为某个文化的成员的世界观、价值观和行为规范相同的可能性较大"，而不是假设全体成员的信仰和行为风格都注定一致。刻板认知会让我们视角变窄，限制我们的行为。而珍视多样性则能拓宽我们的视角，让我们用多种方式理解他人的行为，提升我们理解复杂情境的能力，并让我们能够以互相信任和彼此尊重为基础建立广阔而多样的关系网。

> 恐惧差异就是恐惧人生。
> ——玛丽·帕克·福列特，《创作体验》

无论我们如何了解不同文化的细节，跨文化管理都是一个持续的理解、印证假设，以判断其合理性和有效性及适应的过程。除文化外，人们还受很多因素的影响，因此没有任何稳妥的方式能预测他人的世界观、偏好和行为。但多了解文化对信仰和行为的影响，能提高我们更准确地"读懂"他人的行为的可能性，以避免误会，并更积极、更有效地与他人互动。

第三部分：利用多样性的策略

如本章前文所述，聘任、留住最佳员工并发挥其才能的公司具备优势，因为所有员工都能互相学习，更创造性地思考，更好地适应，并不断制定更高效的工作流程，进而为组织和服务对象增添价值。另外，高效管理多样性的组织更能避免代价昂贵的法律诉讼，能进入国内外多元化市场，并树立其适合工作、提供支持和适宜投资的名声。而无法高效管理多样性的组织将失去把多样性劳动力转化为利润的机会。本节介绍了发挥多样性劳动力优势的最佳做法。我们先从讨论如何提升个人多样性能力入手，再过渡到如何创建能激发所有员工最佳绩效的工作环境上。

> 没有统一的多样性就好像将面粉、糖、水、鸡蛋、起酥油和发酵粉放在盘子里，然后称其为蛋糕一样。
> ——C. 威廉·波拉德，《企业的灵魂》

提升个人的跨文化能力

具备跨文化能力的人能凭借特定的态度和技能在各文化之间顺畅过渡，并在跨文化情境下保持高效和增添价值。托马斯·菲茨杰拉德在《商业地平线》的一篇文章中将高效的跨文化管理者描述为"能相对轻松地进入并抽离社交、文化和多性别场合；能应对各种多样性，面对社会的飞速变化能保持灵活——简言之，心理上有安全感并相信人类同一性"。《华尔街日报》的专栏作家哈尔·兰卡斯特曾采访高管，询问高效的全球领导者应具备哪些品质。他最终判定这些品质应包括比国内管理者更善于处理复杂性和不确定性，能适应多个群体并与之相处融洽，听得多、说得少，喜欢冒险而不是固守现状，认为剖析商业问题的方式不止一种。正如一位高管所说，出色的全球领导者早上起来会说："不知道今天会发生什么。"

这些观点也呼应了研究发现：具备高度"认知复杂性"（人们吸收并理解信息和经验的复杂程度）、高度"经验开放性"（心胸开阔，保持好奇心，喜欢新鲜事物和进行探索，能超越保守观点以考虑新理念和体验）及高度"认知需求"（参与并享受考验脑力和思维的体验的趋向）的人更容易有效管理多样性并从中受益。

> 有好奇心的人总有危险，他们可能永远都不再回来。
> ——珍妮特·温特森，《橘子不是唯一的水果》

阻碍高效的跨文化管理能力的因素包括刻板、完美主义、狭隘、以自我为中心、情绪上不成熟、过于强调任务和技术能力、忽视关系、缺少跨文化技能、对跨文化工作兴趣不足。科琳·凯利和朱迪思·迈耶斯发明了跨文化适应力评估表，并认为高效的跨文化管理者应同时具备文化特性能力和文化共性能力。文化特性知识能帮助领导者在某一种文化下保持效率，包括如何和巴西人开会、如何与日本人谈判、如何为北美人演讲等。文化共性技能则不看重某一种文化的规范，而关注能让你在任何地方、任何文化背景下及同时面对多种文化时（如参会人员来自不同文化时）都能做到高效而轻松的思维框架和能力组合。图7-1列举了与跨文化能力相关的技能。

```
┌─────────────────────────────────┐
│      培养个人的跨文化能力            │
│                                 │
│ 文化特性技能：掌握语言、工作规范、规 │
│ 则与禁忌，以及某一种文化的文化史    │
│                                 │
│ 文化共性技能：培养有助于在不同文化下 │
│ 保持效能的能力，包括自我认知、同理心、│
│ 认知技能、跨越界限的关系能力、灵活性、│
│ 个人立场、情感上强大和勇气（科琳·凯 │
│ 利和朱迪思·迈耶斯）                │
└─────────────────────────────────┘
                              ↘
                                ┌──────────────────────┐
                                │  高效的多样性管理者      │
                                │                      │
                                │ 创造"尽可能发挥多样性对  │
                                │ 组织或群体绩效的潜在优势，│
                                │ 并降低其潜在劣势的环境"  │
                                ↗└──────────────────────┘
┌─────────────────────────────────┐
│       创造文化协同效益             │
│       （创造高绩效环境）           │
│                                 │
│ • 确保高层投入                    │
│ • 对期许行为以身作则                │
│ • 获取信息                       │
│ • 了解法律                       │
│ • 打破晋升限制                    │
│ • 鼓励支持小组                    │
│ • 提供辅导                       │
│ • 改变工作方式                    │
│ • 关注语言、故事、仪式、利益和其他传递│
│   文化规范的象征性机制              │
│ • 创造共同认知                    │
│ • 提高跨群体互动                   │
│ • 培养与外部多元化群体的关系         │
│ • 衡量成果并奖励进步                │
└─────────────────────────────────┘
```

图 7-1 跨文化能力相关技能

文化特性技能

要想成为高效的跨文化管理者，就要从下述方面努力理解工作中接触的具体文化。

- **至少掌握一些语言**。这样做既能体现对文化的尊重，又能让沟通变得更简单，并向他人展示你有能力也有意愿脱离自己的舒适地带。关注非言语沟通，包括身体语言、有关谁先说话的惯例，以及可接受的正式与非正式程度。例如，北美人表示赞同时会上下点头，而保加利亚人和印度南部人则会左右晃头。

美国人常用的"OK"手势在很多国家（包括巴西、希腊、加纳和土耳其）被认为不够庄重，在法国和比利时则被视作毫无意义。美国常用来表示同意的竖大拇指，在伊朗、阿富汗和意大利部分地区会被视作低俗的行为。

- **掌握工作规范**。了解哪种商业实践效果最好，如何定义成功，以及人们对管理者有哪些期望。研究文化的安德尔·劳伦斯解释说："管理没有标准。管理和组织的艺术也没有国界。每种文化都随着历史发展，对组织及其人力资源的管理形成了特定而独有的洞见。"记住，为了实现效能，你需要具备可信度及他人的尊重和信任，而在不同文化中赢得信任和尊重的方式不同。例如，有些国家希望管理者不要过多地参与员工的技术细节问题，而是更关注如何成为高效的"人力管理者"和培训者，能对员工放权；也有些国家希望管理者是技术专家，能积极地帮助员工解决问题。

- **了解原则和禁忌**。高效的跨文化管理者能掌握得体的商业与社交惯例，以显示对该文化成员的尊重，涉及不同场合应如何着装、如何问候、哪种谈话得体、哪种礼物受欢迎。例如，日本人会认真对待名片。很多日本商人用名片来判断对方的地位，因此，最好将自己的学历和荣誉罗列在名片上，并译成日文。另外，拿到名片后不仔细看就收起来的行为会被视作冒犯。而在别人名片上写字的做法也会被视作冒犯——就好像在别人照片上写字一样。

- **了解社会背景**。努力了解规范和风俗如何反映更深层次的文化假设和价值观。具体而言，要花时间了解合作者所属文化的历史、政治、宗教、劳动力问题及经济状况。跨文化顾问弗恩斯·特朗皮纳斯曾介绍他与另一位荷兰顾问为埃塞俄比亚管理者提供变化管理讲座的经历。讲座一开始很失败，直到两位顾问花时间了解了该国历史后才变得成功。他们了解到，很多埃塞俄比亚人的身份都与富足的王室历史相关。他们在讲座中提到这一宝贵的历史，询问学员："贵国当时采取了哪些做法让城邦和贸易繁荣？"对参与者来说，"未来就是重现过去的荣耀，这次变化管理讲座忽然获得了所有人的热情支持"。

但了解历史并不容易。我和一位埃塞俄比亚朋友提到这个故事，但她表示，因为该国历史上充斥着种族冲突，所以很多埃塞俄比亚人可能因顾问提到该国的富足历史而愤怒。轻易讨论这个话题可能会破坏讲座，这取决于学员的身份。

文化共性技能

文化特性知识是长期管理成功的必要但不充分条件，因为它受具体文化背景限制。随着跨文化互动变成惯常而不是例外，你无法永远提前为跨文化互动做准备，也不能掌握所有文化的细节。另外，你必须了解如何同时与不同文化的成员合作。例如，你可能两小时后就要和一个意大利人、一个德国人、两个芬兰人、一个印度人、一个北美人、一个中国人、一个尼日利亚人和两个墨西哥人在同一个房间开会。简言之，你必须能随时随地跨越多个文化的界限。因此，你要掌握不依赖深度文化特性知识的文化共性技能。至少，你要有意愿与不同文化的成员合作。另外，你还应该具备以下几项能力。

- **思考自我认知**。花时间了解自己所处文化对你看待世界的方式的影响、行为的原因，以及其他文化的成员如何看待你或你的文化。

- **培养跨文化建交的能力**。记住，每次互动都是建立关系的机会，努力保证每段跨文化互动都是积极的。设法确定自己和他人的共同点（如共同的兴趣和经历），以建立联系。找机会超越自己的文化，以便在与其他文化背景的成员合作时更自如、更有经验。牢记一个黄金法则：按照"他人"的喜好对待对方，这样才能令对方更舒服、与不同群体培养互信和相互尊重，并得到多个文化成员的支持。

- **认知能力**。关注工作的相关社会背景。寻找有助于了解重要商业规范的线索，包括人们希望在工作中被怎样对待、对管理者和专业人士（包括你）的行为有何预期，以及如何制定和执行决策。

- **灵活性**。培养认知灵活性及以广泛而复杂的方式思考的能力，同时考虑多个目标和视角，融合不同的信息，维持而不是解决对立，理解不明局面，并将不确定性视作机会。同时培养行为灵活性（也就是将差异视作机会而不是威胁，并迅速调整自己的认知和行为，以有效应对他人的能力）。

- **个人立场**。记住，高效的跨文化管理者不会盲目地放弃个人价值观或标准以灵活适应各种情形，而是会在健康地尊重自身文化、个人信仰和宝贵价值观之间平衡适应性。圣雄甘地曾生动地表达平衡适应性和个人立场的艺术："敞开自己所有的窗，让各种文化的风吹进来。但不要让文化动摇我的立场。"

- **情感上强大**。跨文化接触能带来益处和激励，但也能催生焦虑、混乱和尴尬情绪，尤其在事情脱离计划和不适应对方的反应方式时。高效的跨文化管理者能迅速从高压经历中恢复，做到百折不挠（通常通过尝试不同策略或调整目标的方式），并维持乐观的态度和幽默感。

- **勇气和关注不平等**。大多数社会都等级分明，各文化群体存在权力上的差异。如果组织管理者不积极采取行动，这些不平等也会复制到组织中。当然，这并不意味着一些文化群体的成员生来就有优劣之分，而是社会和组织通过政策和工作实践来推崇这样的想法。为了了解这些不公平，要关注日常生活中或微妙或明显的不平等模式，包括谁在会议上能得到认真对待、谁得不到，谁发言、谁不发言，以及不同职业或层级的哪些文化群体被过度代表或未被充分代表。理解并管理不平等是令人苦恼的问题，尤其是在其他国家，诚恳但天真的干预有时反而弊大于利。了解宗教、法律和跨群体关系历史尤为重要。

注意，很多文化共性技能对相对同质化的场合也很重要。管理者即便没有相应的技能和态度，也能在这种场合勉强凑合，这些技能对在跨文化背景下获得成功很重要。记住，跨文化能力不仅是掌握技能，还基于谦逊、同理心和尊重他人及其信仰的态度。

> 平等的人才能做朋友。
> ——埃塞俄比亚谚语

培养跨文化能力

如何培养文化特性能力与文化共性能力？经验永远是最好的老师。创造性领导力中心的研究人员米纳·威尔逊和玛克辛·道尔顿发现，成功的移民通常早早就完成了"差异和适应的课程"。很多人年幼时就通过"父母移民、找国外出生的配偶、在国际学校的经历或者在边境小镇或种族多元化社区度过童年"而接触多样性。这些人早早就领会了差异——"生活的方式不止一种"。他们还发现，成功的移民很早就成功地应对了干扰——如童年时多次搬家。这些经历教会他们如何照顾自己，如何与新认识的人相处，以及如何从环境中寻找有助于理解新情境并在新情境下成功的线索。

如果没有这些早年经历怎么办？记住，拥有这些经历并不意味着一定能从中吸取宝贵经验。没有早年经历的人也不一定没机会培养在跨文化情境中保持高效的态度和技能。笔者认识很多环游世界却没能培养情感上、认知上或行为上的灵活性的人，而这种灵活性正是高效跨文化关系的基础。笔者还认识很多在狭小而同质化的群体中长大，却养成了对他人好奇、开明、共鸣和尊重的品质——这些特征对跨文化效能至关重要。

有组织的培训项目及阅读关于高效跨文化管理的书籍等结构性活动也有效果。此外，接触有关其他文化的小说和电影也很有效，尤其是该文化成员创作的作品。将自己置于多种跨文化情境中，以挑战自己的世界观并脱离舒适地带。最重要的是，你能与各种文化的成员培养互助关系。接触其他文化成员的机会越多，对自己、他人和这个世界的了解就越深刻。提升跨文化技能的活动越多，你就会变得越谦逊、越灵活，享受跨文化环境并在该环境下成功而闻名的可能性也就越大。

建立珍视并利用多样性的组织文化

高效的管理者不仅重视培养自己的文化能力，也会创造推崇多样性并让所有员工都彼此合作、彼此学习从而为组织和服务对象增值的组织文化。创造激励所有员工实现最佳绩效的组织文化有以下几个步骤。

确保高管对在所有层面推进多样性的承诺。致力于文化多样性的领导者公开表明承诺，为创造高效的跨文化组织提供战略方向，并配备实现目标所需的资源。

> 平等是给予也是获取，必须是共有的体验。
> ——詹姆斯·法莫，《关于核心》

行为上以身作则。虽然可能无法保证所有高管都投入，但你可以以身作则，找机会通过日常互动来展现自己对多样性的支持。研究人员凯瑟琳·赫尔·凡·诺斯特兰解释称，领导者身体力行尤其重要，因为其他人"可能无条件地出于信任而接受我们的言行——他们认为我们更有经验，也知道自己在做什么。他们会假设我们解决了自己的烦恼并愿意为他们提供无私的指引。但如果我们缺少自我认知，甚至发现了个人偏见也不屑于停止，就会造成严重后果"。

获取有关组织如何管理多样性的信息。设法了解目前组织文化对多样性举措是推动还是抑制。获取这种信息的方式有很多，包括书面调研、深入访谈、

> 员工会通过日常工作中的小举措来测试领导者是否尊重某个性别或种族的顾虑和传统。
> ——杰伊·康格尔，领导力研究人员

焦点小组，以及分析公司与聘任、人员配置、晋升、离职及员工和客户满意度相关的数据。例如，你可以评估女性、有色人种和不同国籍员工在各组织阶层所占比例，并据此探讨每位员工是否有平等的晋升机会。你还可以向其他组织学习最佳做法。虽然大多数"最佳"企业都表示自己还有很多不足，但它们能提供有效的指标和数据以判断自己的表现。例如，《财富》杂志分析了"多样性精英"榜单上的公司，发现典型的最佳公司中，少数派的董事会席位占比比未上榜公司更高。

你还可以通过建立多样性委员会或工作小组来搜集信息。很多组织都设立了由多个员工群体组成的内部顾问小组。他们定期开会，与高管直接沟通，发掘问题和机会，推荐干预措施，并监督多样性目标的进展。这些工作小组的发现揭示了可能被忽视的改变机会。例如，雅芳的多样性工作小组发现了员工的几点担忧：亚裔美国人集中在员工部门；女性对晋升可能性更满意，但也更担心育儿福利；同性恋员工则希望为伴侣争取福利。

> 我不能改变我的性别，但你能改变你的政策。
> ——海伦·柯克帕特里克，《世界女性》

通晓法律。确保所有员工都了解国内外的法律环境。注意，法律和法律解读经常变化，因此应定期查看本国及从业国家的歧视法现状。

打破晋升障碍。如果能选择，人们都想在能带来舒适感、有机会实现最佳绩效，以及通过努力能公平换取成长机会、晋升和加薪的环境中工作。员工多样化程

度不足或离职率过高的企业传递的信号就是无法满足上述条件。如果组织尚未具备多样性劳动力，你就需要思考如何使其成为多样性人口的就业选择。有一种方式是打破晋升障碍。如果组织所有层级（包括高管、管理层和董事会）都不够多元化，就意味着有些文化群体的成员得不到贡献和晋升的机会。因此，这些文化群体中潜力最高的员工会试图从其他组织（如你的竞争对手）获得这样的机会。

为打破晋升障碍，应确保所有员工都能平等地获得有助于职业发展、晋升和加薪的重要发展经历。这些机会包括支持性指导关系和对管理者后续职业成

> 有时候，我觉得自己受到了歧视，但我并不生气。为什么有人会放弃与我为伴的乐趣呢？我想不明白。
> ——佐拉·尼尔·赫斯顿，美国作家

功很重要的有难度的任务，此类任务包括重要项目或工作小组、外派、直接影响盈亏的业务岗位及高风险、高知名度的项目（如业务扭亏为盈或建立新部门）。这种任务能让员工提升认知度，从战略角度看待企业，掌握新的技术和关系管理技能，在困难的条件下证明自己，培养晋升到更高职位时所需的自信和政治敏感度。

消除驯鹿游戏。法学教授特丽萨·贝纳尔用"驯鹿游戏"来指代看似与工作无关却能提供工作相关优势，且一些员工因其文化认同群体成员身份而无法获得的社交活动，包括午餐、晚宴和运动。人们能通过这些活动接触重要高管、同事、客户和其他能提供工作相关信息、支持和职业联系的业务关系。参加这些活动能获得知名度、非正式指导关系及其他好处，也有利于获得升职和其他职业优势。贝纳尔之所以称其为"驯鹿游戏"，是因为很多人都知道在童书和儿歌里，圣诞老人的驯鹿游戏排挤"可怜的鲁道夫"。她发现《1964年民权法》第七章规定，禁止因性别、种族和宗教而歧视员工，因为这种"游戏"会对某些群体成员造成"差别性对待、排挤或精神伤害"。

> 领导者越是代表单一群体或派系的利益，其他群体就越抵触。因此，下一代领导者面临的挑战，就是制定融合不同群体需求的计划和目标，让所有人都有归属感。
> ——杰伊·康格尔，领导力研究人员

鼓励支持小组。研究表明，组织中的少数派如果加入了支持小组（也叫网络小组，如专门支持女性、美国黑人、拉美裔及来自其他国家的员工的小组），就能（在效能和晋升方面）

受益。传统上无法进入管理层的员工随着职位升高，会发现其少数派身份越来越明显。因此，他们经常需要与其生活和工作经历相似的人提供支持。而科尔尼咨询、英国公务局和通用电气等组织都鼓励"身份认同支持小组"，为成员提供服务，并针对如何让组织更有鼓励性，更能发挥全体员工的才能出谋划策。

提供培训。多样性培训分为两种：认知培训和技能培训。认知培训通常是多样性培训项目的起点，旨在提升员工对多样性问题的认知和敏感度，重点帮助员工理解发展跨文化组织的企业承诺、跨文化组织的竞争优势、法律背景（如平权运动、平等就业机会和性骚扰法案）及文化差异对个人行为、人际关系和群体格局的潜在影响。其中最重要的就是，虽然"工作环境相同"，但不同文化群体成员的"体验往往截然不同"。技能培训为员工提供有助于在工作中管理多样性的具体技能，相关课题包括理解并管理自身文化偏见、了解不同文化规范、进行跨文化沟通与谈判，以及推动跨文化团队会议。

提供辅导机会。研究人员发现，为组织中的少数派员工提供辅导有助于推进其发展和晋升。哈佛大学研究人员大卫·托马斯通过研究成功的少数派管理者发现，"职位最高的有色人种有一个共同点——强大的导师和支持者网络，正是他们推动了这些管理者的发展"。少数派员工能通过导师得到如何在组织中成功的建议，获得知名度，与能帮助自己成功的人建立联系，并获得有效的心理支持。

鼓励正式教育。鼓励所有文化群体成员积极深造。例如，MBA学位的回报就很明显。MBA项目认证组织国际商学院协会（AACSB）发现，MBA课程的投资回报率如下。

- 全日制MBA课程：投资回报率15%，回收期5.1年，涨薪幅度59%。
- 非全日制MBA课程：投资回报率68%，回收期1.6年，涨薪幅度37%。
- 行政MBA课程：投资回报率35%，回收期2.8年，涨薪幅度17%。

但是，在前十五大MBA课程中，女性平均入学率只有35%，而她们在法学院和医学院的比例则接近50%。有研

> 偏见很"节省"时间，因为你无须事实就能形成观点。
> ——佚名

究发现，42%的受访女性和25%的受访男性认为公司不鼓励参加MBA课程；美国黑人女性的这一比例高于白人女性。根据国际商学院协会的数据，美国MBA学员中，非裔、西班牙裔和原住民所占比例分别为5.3%、5.2%和不到1%。另外，在商学院教授中，上述族裔所占比例分别为3.6%、1.8%和不到1%。美国大学入学考试系统近期修改了考试问题，决定"删除某个性别或族裔明显有得分优势的问答题"。

改变工作方式。很多组织政策和规范都已过时。新观点能提供如何提高质量、提升效率、降低成本、激励创新、发掘新市场及满足客户需求的新鲜想法。因此，高效的跨文化管理者鼓励员工挑战当下对何时、何地及如何完成工作的现有假设。他们会探索当前组织政策和规范是真的有利于组织效能，还是毫无价值，甚至阻碍组织进步。

> 我们的目标必须是统一的，而不是同一的。统一是通过多样性获得的。差异必须被融合，而不是被消灭或吸收。
> ——玛丽·帕克·福列特，《新国家》

例如，笔者在怀第二个孩子时，还要教一门MBA课程。20年以来，非全日制MBA课程的安排都是13周，每周晚上三小时。如果按这种安排，最后一节课会接近我女儿利亚的预产期。因此，笔者向学院院长建议重新设计课程，将13周每周3小时压缩到4整天，而总课时和学习内容都保持不变，只是更集中了。获批后，200多名学生报名申请50个席位（学生表示这样可以减少通勤的时间和费用）。这套课程的学生评分也最高（他们表示认可课程材料的内容、组织方式和节奏）。如今，笔者就职的商学院又添加了其他几套压缩后的课程，因为学生和教员都很欢迎这种模式。

关注语言和其他形式的组织象征性机制。组织的多样性被假设通过微妙但有效的象征性机制传播（如日常工作中习惯使用的语言、故事和礼仪），因此，要小心有意和无意中通过语言和故事传递的信息。例如，如果组织故事涉及多个文化的成员，就表示你认为来自所有文化的成员都会在组织中成功、失败、产生影响。如果使用包容性语言（如同时用"他"和"她"来指代管理者和秘书），就表明你认为男性和女性都能在不同组织岗位上发挥效能。如果避免使用"我们"对比"他们"

的语言（"那些美国人"或"那些德国人"），就是在提醒员工"我们同舟共济"。

创造共同认同。研究不断表明，人们觉得与他们有共同认同的人和自己更相似，给他们留下的印象更正面，并认为对方能力更强，相处时更舒服。为了在多样性员工之间培养共同认同，15年来，在IBM负责全球劳动力多样性的副总裁泰德·蔡尔兹经常鼓励员工："我们的共同点大于差异点……我们只需要关注一种主义，就是消费主义。"

增进不同群体成员之间的互动。研究表明，人们在关系初期可能过度关注差异，但随着共处时间增多，就会发现并培养共同价值观，尤其在认为彼此平等并能为组织贡献不同的专长时。因此，要为不同文化群体成员制造了解彼此的机会，以发掘彼此之间的差异和联系，将彼此视为平等的个体和同事，并认可对方为组织带来的多样性才能和资源。

与外部多样性群体培养关系。与多种文化的客户和供应商建立关系。通过有组织的善举和慈善活动支持社区多样文化。很多组织都与努力推动组织多样化的倡导团体建立了同盟关系（如Catalyst和全美有色人种协会分别致力于女性和有色人种的发展）。西南航空、达美、康卡斯特、万豪、高盛等公司都与同性恋反歧视联盟合作。支持倡导团体既能体现其创造多元化组织的承诺，还能帮助你获得有助于组织实现目标的信息、想法、支持和其他资源。

衡量成果并奖励进步。人们会关注可衡量的目标。因此，要识别有待改善的具体的多元化领域，设定明确并可量度的目标，适当调整目标，设法衡量进展，让员工为目标的实现负责，向员工展示如何为实现多元化目标出力，并奖励员工的努力和成绩（无论大小）。

结　　论

管理者的工作就是激励全体员工实现最佳绩效，让所有人都能为组织增值。实现这一目标有两种方法：第一种是在有效管理多样性方面以身作则，也就是理解、尊重并利用不同文化和背景的员工带给组织的不同观点、价值观和行为；第二种是激发全体员工的最佳绩效,进而创建能在提升多元化潜在优势的同时尽可能降低潜在劣势的组织文化。这个过程并非一夜发生,一两年之内也无法完成,和所有大型组织干预措施一样有进有退。要牢记小进步可能带来大不同。研究人员黛博拉·梅尔森和乔伊斯·弗莱彻表示:"小成绩也有雪球效应。一个接一个的小改变最终能形成全新的系统。"兼顾短期和长期战略并对想推行的行为做出示范,对企业招聘、留住、吸引各文化群体最具才华的员工并向他们学习有重大意义。

本章小结

在全球多元化浪潮下,随着社会和组织跨文化程度日益提高,管理者必须将文化多样性管理视作整个职业生涯中每天都要应用的重要技能,因为这样做能为组织和服务对象提升价值。

高效的多样性管理能带来竞争优势,原因包括:正面宣传;招聘、培养和留住最佳人才;更好地解决问题和做出决策;提升团队绩效;降低法律成本和运营成本;成功服务于多元化市场;有效回应倡导团体。

虽然多样性是一项竞争优势,但并非所有组织举措都能成功。多样性项目未能产生如期效果的原因包括:缺少系统规划和耐心;过分强调数字目标;并未改变工作方式;因社会中的历史冲突关系传播到工作场所而造成情绪紧张;因文化无知而导致人们难以自如地合作,并降低个人对建立跨文化工作环境的投入;培训不足或质量堪忧;管理理论的狭隘。

为了将多样性劳动力给组织带来的才能转变为业绩和利润改善,领导者不能局限于对数字(如"组织聘请了多少不同群体的人?有多少人获得了晋升")的关注。为了利用多样性,组织领导者必须结合不同群体的观点和行为,以评估当前做法,并进行必要的修改,以保证效率和效能。高效的多样性管理者运用两种技能来提升将多样性转为竞争优势的能力:发展自己的跨文化能力;建立能激发所有员工最佳绩效的工作环境。

种族、性别、国籍、宗教和年龄等人口类别是对社会有意义的社会建构分类,界定了人们的身份认同，也影响了各群体人员如何理解世界及与群体外的人员互动，以及群体外人员如何理解群体内人员并与之互动。这并不意味着年龄或性别等类别没有心理基础，但社会和组织赋予这些类别的意义，超出了其生理机能和特征。

不同的文化推崇不同的世界观和行为规范，以帮助人们解决日常生活中遇到的问题和困境：我是谁？我如何与人相处？我如何与人沟通？我如何看待时间？什么是真相？我如何应对环境？我的工作与生活的关系是怎样的？

高效的跨文化管理者了解文化差异对偏好、预期和行为的影响，并相应调整自己的管理风格，这样才能实现个人与职业成长，培养对高效工作关系具有根本作用的信任和尊重，并发挥组织中的多样性。

组织推进多样性至少有三种策略：融合与学习（利用多元化劳动力提供的不同观点和行为来强化创新和适应性，侧重改善利润表现）；准入与正当性（认为劳动力构成应能反映社区、客户和其他相关方的人口特征，但不会改变工作方式）；歧视与公平（认为使劳动力具有文化多样性是保障公平的道德义务和社会义务）。推崇融合与学习策略的组织借助多样性改善其利润价值的可能性更大。

跨文化管理者的任务是推进文化多样性以扩展组织能力，并鼓励相互依靠，发挥多样性优势，从而实现共同的组织目标。

高效的跨文化管理者会不断培养自己的跨文化能力（在跨文化环境中自如并高效的能力），并发展推动文化协同效应的工作环境。

个人跨文化能力包括文化特性知识与文化共性技能。前者能让管理者在特定的文化背景下保证效能（如在西班牙经商），而后者适用于任何文化或同时面对多种文化的情形。

在高效的跨文化工作环境中，员工认为不同文化群体成员都是平等的，多样性有利于组织效能，所有员工都应有机会为组织的成功贡献力量并获得相应的回报。

创造珍视并利用多样性的组织文化包括：确保高层投入；领导者在日常活动中以身作则，展现对多样性的重视；获取相关信息，以帮助管理者评估其工作是否改变了对不同组织层面未被充分代表的群体的招聘、选拔和晋升；通晓与歧视相关的法律；采取行动以打破晋升限制；避免"驯鹿游戏"（限制参加表面上与工作无关，但实际上可以在工作上提供优势的社交活动，如能接触高管、客户及其他掌握信息和机会的人士的晚宴和俱乐部活动）；鼓励组织中支持少数群体的团体；创造跨越所有群体的共同认知；为在高层中未被充分代表的员工提供指导；鼓励在高层中未被充分代表的员工深造；关注尊重或打压多样性的组织象征（如用词、故事和仪式）；与倡导团体建立关系。

思考题

1. 本章哪些内容对你最有用？为什么？

2. 根据本章所述的旨在帮助你自己和组织成功的多样性管理策略，你该如何改善自己的效能？至少练习一种行为，关注其好处和进展。

3. 完成图7-2"识别文化差异"。在这些文化差异中，哪些对你最重要？为什么？哪些对你日常生活影响最大？为什么？你是否"管理"过这些认知群体？如果是，用的是哪种方式？将自己的答案与其他人比较。双方的相似点和差异点如何提升或影响彼此高效合作的能力？

4. 如果能克隆一位理想的管理者，他会是什么样子？和别人讨论答案，看彼此答案有何相似与不同。

5. 询问曾在国外生活、学习或工作过的人曾面对什么障碍，在国外成功需要具备的能力，他们的海外经历对其世界观和行为有何影响，以及他们对其他在国外生活、学习或工作的人有何建议。

6. 选择一个国家，通过研究判断有关工作的规范、行为规则与禁忌以及社会环境（如历史、法律、宗教、经济背景和群体间关系）如何影响工作中的假设与行为。

7. 找个人一起做专栏7-1"工作相关文化偏好"中的评估。考虑到自身文化情况，哪些是工作关系中的优势？哪些是问题？怎样才能发挥优势并尽可能降低潜在缺陷？

8. 你在哪些方面符合有关某一文化群体身份的偏见？哪方面不符合？为什么？

9. 回想自己曾干预过的涉及文化偏见或不公的情形。讨论干预的动机。你做了什么?感觉如何?干预的结果如何?再回想自己没有干预的情形。为什么没干预?感觉如何?后果如何?

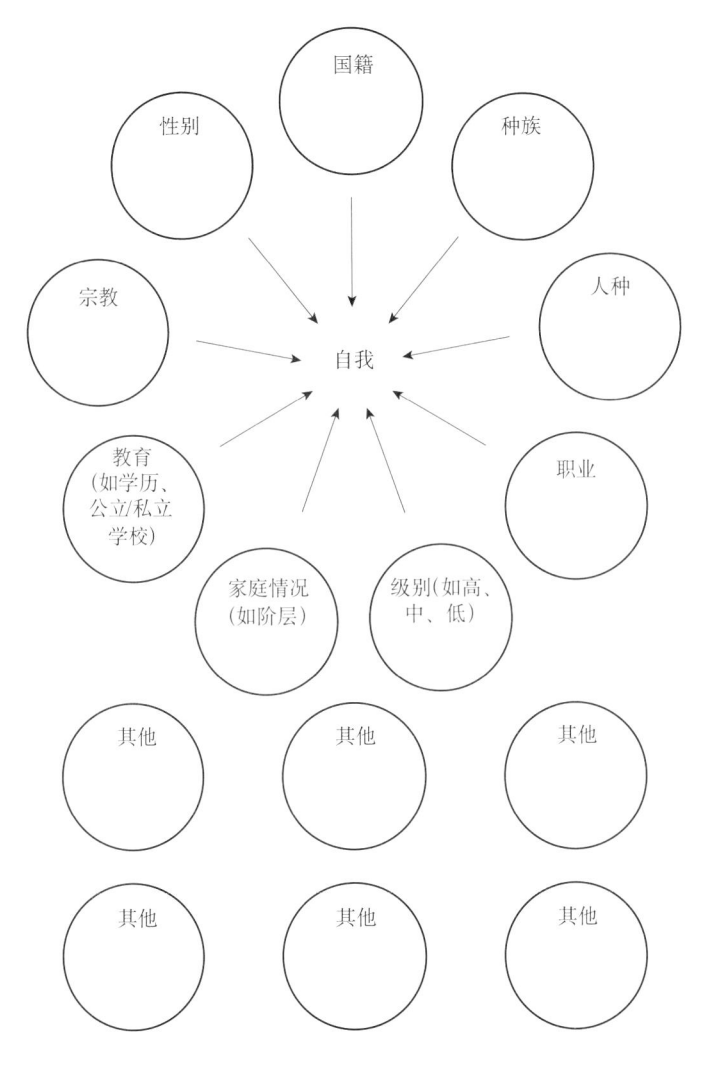

图7-2 识别文化差异

将相关信息填在圆圈中。你的文化认同如何影响你的世界观和行为?如何影响他人看待和对待你的方式?你在工作中是否积极地"管理"某些身份?如果是,涉及哪些身份?管理方式如何?

10. 你所在的组织对多样性有何策略？是融合与学习、准入与正当性、歧视与公平，还是"从未考虑过"？这种策略对你本人、他人和组织有何影响？鉴于有研究表明，融合与学习策略最能给组织带来利润价值，你能采取何种措施在自己部门推广这种策略？

第 8 章

打造高绩效团队

本章将帮助你：

- 识别高绩效团队的特点。
- 了解团队何时有效、何时无效。
- 培养建立能激发团队最佳绩效的工作环境所需的领导力技能。
- 了解为什么通过外部途径联系团队和建立内部团结同等重要。
- 理解团队生命周期的可预测阶段。
- 避免集体迷思和其他团队障碍。
- 成为更高效的团队成员和领导者。

开始接触团队工作时,我急切地想迅速完成,以回归本职工作。但后来,我意识到,这才是我的本职工作。

——《财富》引述团队领导者的话

对大多数组织来说，团队都是真实存在的，令人又爱又恨。但无论是爱还是恨，我们都知道大多数组织没有团队就无法存活。团队能解决单个成员无法解决的复杂问题，能提供更多资源，包括不同观点、知识、技能和经验。如妥善管理，团队可以利用这些资源取得比单凭成员个人努力更好的结果。但如果管理不善，团队就会浪费时间，耗费精力，最终成果还不及成员个人努力的效果。

我们每天都信任团队的力量。每次驾车、飞行、动手术或将孩子送去学校，都是将自己的生命和家庭的未来置于团队创造并交付的产品和服务之中。我们不仅相信这些个人的智慧，也相信他们在团队中无缝高效合作的能力。通常情况下，我们与托付性命的团队之前从未合作过，如急救团队和航班机组。

为什么信任团队？一部分原因是我们没多想。例如，乘坐飞机时，我们只是坐在位置上，系好安全带，然后等待飞机起飞。我们忽视了正是智慧与情感、个人专长与团队协作、成熟技术与人类洞见之间复杂的相互作用，才让机组人员和航空调度员得以应对在数千米高空发生的惯常与突发事件，将我们安全送回地面。

另一部分原因是，我们本能地理解集体生活对人类生存的必要性。我们知道在很多情况下，解决问题要"人多智广""培养孩子需要全村之力"。无论在今天，还是人们需要集体觅食、保护自己和后代不受食肉动物伤害并四处迁徙以寻找新资源保障生存的游牧时代，都是如此。我们在21世纪面临的挑战当然是不同的。无论个人、组织还是社会的生存，都越发要求我们定期解决从未遭遇的复杂问题，这些问题没有正确答案，而决策的影响也是未知的。另外，为了组织生存，我们必须比竞争对手更快、更好、更富创造性地满足文化多样性、全球分散性程度日益提高的客户群体与日俱增的需求，并应对将持续改变工作方式的新技术。

> 你希望一群聪明人聚集在一起，还是一群人聪明地聚集在一起？
> ——R. 梅雷迪思·贝尔宾，英国研究人员与管理理论家

面对复杂且快节奏的环境，更多的组织利用团队来实现目标。但高绩效团队并非天然存在，而是集结了朝着相同的重要目标共同努力的人才，他们能设法在合作中激发彼此的最佳绩效，能结交团队外部人士或群体以获取资源和支持，而他们的领导者则能创造有利于（而不是不利于）团队努力的工作环境。本章将讨论高绩效团队的具体特征，以及团队成员和领导者如何推动这些特征形成，不过首先要交代关于团队的一些事实。

团队浮夸的背后

虽然团队对组织成功越发必要，但将其视作所有问题的解决之道是错误的。正如《财富》杂志记者肯尼思·拉比奇所说："奇怪的事实是：面对每个问题，总有人给出简单得几乎不真实的答案……在这个商业世界，陷入困境的企业的灵丹妙药被认为是团队式管理。"

理论家阿曼达·辛克莱警告人们切勿受"团队意识形态的暴政"引诱。她认同团队并非组织所有问题的解决方案，同时还进一步主张：狂热而天真地使用团队反而会加剧原本想解决的问题。她解释说：

> 团队可能有利于完成所有类型的工作，但如果因框架狭隘而产生不当期望，就会适得其反。更严重的是，团队意识形态……具有霸凌作用，因为有人打着为了大众利益的旗号利用团队将压迫伪装成维护团结；用共识来掩盖冲突；将从众转化为创意；将单边决定粉饰成共同决议；借顾问之名推迟行动；将管理力不足正当化；掩盖自私的主张和个人目的。

简言之，辛克莱和拉比奇认为，团队工作能显著提升个人、团队和组织的表现，但也能导致集体目光短浅、效率低下、员工不满和道德沦丧。大多数读者都能回想起团队制定和实施过的无效、灾难性或违背道德的决定。

笔者想阐述的要点是，我们对团队的乐观态度并非毫无根据。只要能高效利用团队，就能给团队和组织带来竞争优势。另外，高效团队的成员也能从中获益，具体体现在培养新技能、提高自我意识、提升归属感并扩展关系网方面。如果我们分配给团队的任务合适，了解团队工作中可能发生的正面行为（如速度和创意）及负面行为（如投机取巧、集体迷思），制定激发团队成员最佳绩效而不是最差绩效的领导策略，我们的乐观情绪带来成功结果的可能性就更大。本章将回答三个问题：(1) 什么是团队？(2) 高绩效团队有哪些特征？(3) 领导者可采用哪些策略带领团队成功？

> 我们的团队很均衡，处处都有问题。
> ——汤米·普罗思罗

什么是团队？

团队的形式多种多样，可能持久、临时、按计划或随机产生；可能制造产品、提供服务或处理人力问题（如人才服务组织）；可能是组织领导者正式批准的，也可能是员工为追求共同利益和目标而形成的非正式产物；可能有人领导，也可能自主管理。团队成员可能同时、同地定期会面，也可能依靠通信技术在虚拟世界沟通协作。无论目的和形式如何，所有团队都由"相互依存的个人"组成，以实现共同的组织目标为目的。另外，所有团队都具备下述特征。

- **界限分明**。团队成员能判断谁属于团队，谁不属于。外部人士也将团队视为一个合法的组织单位。
- **集体为共同目标负责**。团队成员为工作成果共同承担责任，而反馈和奖励很大程度上是给予整个团队的。
- **成员分工**。每个团队成员都要为团队贡献独特且有价值的东西。
- **自主**。团队成员能自主决定自己的工作方式。
- **依靠外部人士和资源**。团队成员必须依靠团队外部人士和群体获取信息、资源和支持，以实现目标。

团队和**工作小组**有何不同？有研究人员和实践者认为两者只有语义上的差异，

因此可以通用。而包括笔者在内的其他人则认为虽然两者都由彼此依赖、朝着共同的组织目标努力的个体构成，但团队（尤其是高绩效团队）有以下几个特征与工作小组不同。

首先，高绩效团队的成员制定的目标会超越组织设定的目标。团队成员经常树立有机会展示并发挥个人才干的目标。例如，组织可能要求团队开发新产品，但团队成员可能决定创造市面上技术最成熟或令客户满意的产品。因为团队成员对团队目标进行了个人调整，所以他们对工作的主人翁意识更强，认为他们在为团队领导者和组织服务的同时也在为彼此工作。另外，和小组成员相比，团队成员更能决定自己的工作方式，并希望获得更多个人学习机会和满足感。另外，团队成员不太可能认为自己是可被换掉或轻易取代的。有成员离开时，其他成员的失落感更强烈（当然，无效率或负效率的成员离开会让其他成员欢呼）。

其次，高绩效团队的领导者不太花时间直接接触团队，而是管理团队的工作环境。他们不会承担成员的工作，而是会给予团队明确而有意义的目标，提供所需资源，设计结构以帮助团队成员实现集体目标，在正确的时机为个别成员和整个团队提供指导，并将团队引荐给相关外部人士和群体。

> 成功协作是有期限的梦想。
> ——沃伦·本尼斯和帕特丽夏·比德曼

没有任何两个团队的成功路径是一样的。每个成功的团队都有独有的目标、团队成员组合、机会和挑战。但所有高绩效团队都很相似。它们一直满足下文描述的三个效能标准（质量、个人学习和团队成长）；它们会建立合作流程，让成员得以成功协作；它们的领导者了解要怎样做（或不能怎么做）才能激发团队最好而不是最差的一面。图8-1总结了高绩效团队的特点，后续部分将详细讨论这些特点。

团队绩效的标准

如何区分高绩效团队与普通团队？前者能满足以下三大标准，进而保证成功。

- **团队保证优质产出。** 团队产品和服务一直满足（通常超过）客户预期、准时、

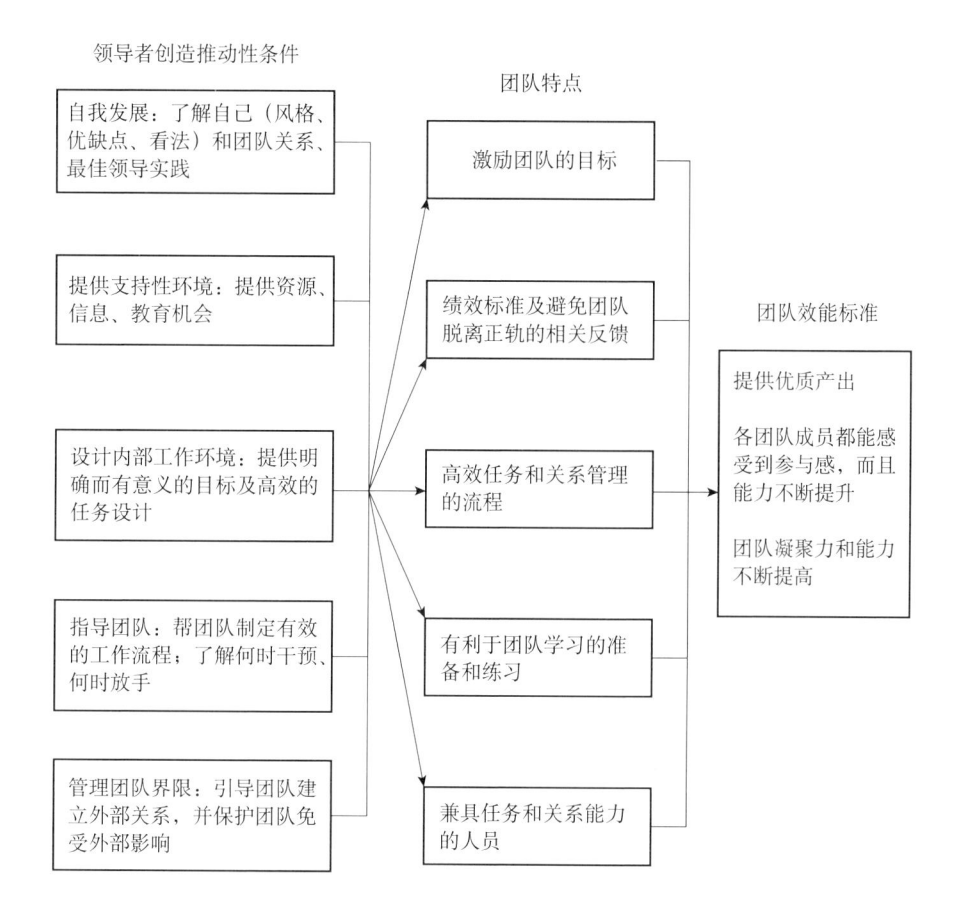

图 8-1 高绩效团队的特点

* Based on Hackman, J. Richard. 2002. *Leading Teams: Setting the Stage for Great Performances*. Boston, MA: Harvard Business Press.

节约成本等成功标准。相比低绩效团队,高绩效团队能在更短的时间内利用更少的资源取得更好的成绩。高绩效团队不一定所有举措都成功,但能保证大多数成功。

- **团队鼓励各成员的成长需求和福祉**。所有团队成员都觉得团队成员的身份能带来好处。与令成员失望或阻碍成员贡献和学习能力的团队不同,高绩效团队能激励所有成员,并给每个成员提供足够多的机会做出贡献,并从团队工作中学习。

- **团队成员共同提高能力。**高绩效团队能增强集体能力。团队成员会花时间反思自己的共同经验，从成败中吸取教训，以不断改善团队业绩。

当然，失衡的团队有时也能交付成功的产品和服务，但受团队问题的拖累，它们的成功不可持续。例如，团队成员参与不均经常导致决策失误，因此占主导地位的成员（不一定是最聪明的）过度影响团队方向，而团队其他成员也接受这种模式，导致团队无法发挥所有成员的知识、经验和资源。团队成员之间的分歧及对团队目标投入不足，会导致投机取巧、设定目标过低和团队成员流失。不从过去经验中吸取教训的团队会重蹈覆辙，墨守成规，无法识别和重现能带来之前成果的过程。

团队规模应该多大？团队应只包括实现目标所需的人员，原因有二：第一，每多一位成员都会让沟通和协作更复杂；第二，多余成员的时间和精力可以在组织其他部门发挥作用，以创造更多价值。高效的团队领导者会判断多少成员合适。有些研究人员认为，和人手太多相比，团队在人手不足时反而效率更好，这就是所说的"N-1成员配备"或"最佳人员配备不足"。人手略微不足的局面能激发创造力，鼓励团队高效利用资源，杜绝懈怠心理（因为每个人都有责任为团队做出贡献），在目标实现时带来更大的团队荣誉感。除了把握人员数量，高效的团队领导者还会把控多样性程度，保证成员提供不同观点和方法的同时，不会导致团队因多样性过高而难以形成团结协作的整体。

高绩效团队的基础：目标、绩效指标、人员、流程和实践

大多数人都经历过纯属浪费时间的团队：我们不知道自己为什么被选进来；团队讨论充斥着琐碎细节和个人目的，耗费精力；我们几乎没有成绩，却浪费了原本可以用在其他重要任务上的时间。大多数人也经历过激励人心的团队：我们知道为什么把大家叫到一起，知道自己在为实现更高的目标贡献力量；我们期待和其他成员共事；我们可以看到共同努力换来的具体成果；我们因为这段经历而更加睿智。

为什么有的工作小组能激励我们，有的却让我们感到疲惫？工作小组只有加以

恰当运用才能变成高绩效团队：解决没有任何人能凭借自己的知识、技能、经验和其他资源解决的复杂问题。如果一个人单凭自己就能成功解决问题，那么使用团队就是浪费时间、金钱和精力。

如果成员合作时能产生协同效应，工作小组就可能转变为高绩效团队。如果小组的集体表现胜过最能干成员的潜力，就产生了协同效应。简言之，就是整体大于部分之和，也叫"流程增益"。而在效能低下的工作小组中，所有个体的集体努力并不一定能换来质量提升、效率提高或团队成员成长。事实上，一些工作小组滥用个人资源，导致小组的表现还不如个体单独处理问题的效果，这种现象被称为"流程损失"。能实现协同效应的高绩效团队有以下五个基础。

> 看到蛇就直接打死。没有必要组建个委员会来解决蛇的问题。
> ——H. 罗斯·佩罗，EDS和佩罗系统的创始人

- **基础1：目标**。明确而有吸引力的目标可以提供方向，激励成员朝共同目标努力。
- **基础2：绩效标准**。明确而可实现的质量、数量、速度、成本指标和其他绩效标准能帮助成员把握重点，并提供相关反馈的依据，进而帮团队评估完成这些标准的进展。
- **基础3：人员**。团队成员能贡献特别的观点、专长及工作和关系能力，并为团队提供解决个人无法解决的复杂问题所需的智慧和其他资源。
- **基础4：流程**。以结果为导向的工作流程让成员得以高效合作，在更短的时间内利用更少的资源取得更好的成果。
- **基础5：实践**。成员有机会反思自己能从集体经历和成败中学到什么，从而使团队继续提升整体及个人能力。

下面详细介绍各基础要素。

基础1：明确而有吸引力的目标

高绩效团队从有意义的目标中寻找方向感、灵感和动力。明确而有吸引力的目标让团队清楚其存在的原因，并团结成员的思想、内心和行动，朝着重要的共同目标努力。强有力的目标清晰而广泛（精练），这样成员才能判断如何充分发挥自己

特有的才干、观点和资源，实现与目标相关的成果。此外，它还能激励成员在遭遇障碍和阻碍时坚持下去，并制定明确而可行的步骤以实现目标。没有明确而有吸引力的目标，成员就会离散，偏离组织预期，在不重要的活动上浪费时间，或者遇到阻碍就放弃。

如前文所述，高绩效团队制定的目标对组织和成员同等重要。虽然团队目标与组织目标一致，但成员自己设定的目标对其更有意义，可以让他们更好地利用自己的特殊兴趣和才干，并强化他们作为独特而重要实体的集体身份。

团队目标可能出现的问题。虽然强大的团队目标是团队成功的重要基础，但如果团队对目标的关注管理不利，也会造成问题：成员可能因专注于实现团队目标，而忽视甚至牺牲了更高的组织和社会目标；为实现目标而采取一切手段，甚至违背道德；无法注意到环境变化和目标的滞后性。此外，成员可能因过分投入团队目标而将组织其他部门的人员和群体视作干扰、障碍或敌人，而不是为共同的组织使命相互扶持的合作伙伴。为避免上述风险，高绩效团队的成员会定期检查目标的适当性及实施途径，以确保以有效、高效和符合道德的方式创造价值。

基础2：绩效目标与指标

高绩效团队会制定具体而可实现的绩效目标，以衡量进度。有效的绩效目标应兼具挑战性和可实现性。很多组织都运用SMART原则来设计目标，以便从战略角度思考如何将团队目标拆分成具体可执行的阶段。SMART目标即为具体（Specific）、可量度（Measurable）、一致（Aligned）、切实可行（Realistic）、受时间限制（Time-bound）的目标。这些特征有助于成员优先完成某些工作，将精力和资源重点放在有意义的行动上，并为彼此负责。它们还能帮成员认识到各成员对团队目标的贡献，并让团队从小成果中培养信心、承诺和能力。SMART目标还有助于成员以明确和可量度的方式向外部人士传达团队进展，相关示例如下所示。

- 到本财年末，团队将部门销售额提高15%。
- 到第一季度末，团队将客户满意度（基于客户满意度调查）提高10%。
- 到月末，团队将设计一套系统，保证所有新入院患者的文书工作都在一小时内完成。

- 到本财年末，团队将确保所有成员都参加培训并在新 IT 系统中完成认证。
- 团队将在接下来的三周内确定能帮助我们实现目标的重要人员和部门，并完成接洽工作（也会询问对方我们如何帮助其实现目标）。
- 作为团队领导者，我到第一季度末要和所有成员会面，共同制定其个人发展目标。
- 作为团队领导者，我到第一季度末要针对高效放权召开讲座，并实施三大相关策略。

专栏 8-1 对比了团队目标（有吸引力的目标）和 SMART 目标的特征。两者共同确保团队兼具有意义的目标和朝着目标努力的清晰路径。

专栏 8-1

有吸引力的目标和 SMART 目标的对比

有吸引力的目标	明确且可行的目标（SMART 目标）
意义：团队成员相信努力是值得的	具体：说明团队要怎么做才能实现目标，使用"提高""降低""发展"和"协调"等动词
积极：成员乐观地看待目标和实现目标的能力	可量度：提供明确的绩效标准，以便团队成员评估自己实现目标的进展
个性化：每位成员都相信自己能为团队目标的实现做出贡献	一致：将各目标和团队整体目标明确联系起来，每个人都要能看到自己及团队工作对这一目标的贡献
足够广泛从而灵活：成员在坚持整体目标的同时，能自由调整工作策略，以应对环境变化	切实可行：成员要相信自己有足够的知识、技能和资源来实现目标。同时，目标应有一定的挑战性，保持对成员的吸引力，锻炼他们的能力
紧迫：成员需要感受到足够的高效工作的压力，相信自己的工作很重要，因此应迅速去做	受时间限制：明确的日期要求能避免团队脱轨，制造紧迫感，让成员就其被分配的工作对彼此和团队负责
好记：表述方式简短、易懂，容易记住	

基础3：兼具任务和关系技能的人员

高绩效团队的成员并不完美。在当今复杂且日新月异的环境中，团队成员很难做到刚加入团队时就具备团队长期成功所需的全部技术、解决问题和处理关系的能力。但他们会花时间确定有助于团队实现目标所需的技能，判断自己是否具备这些技能，然后设法通过培养成员或引入外部人员的技能来填补空缺。此外，他们还具备下述特征。

> 人群中只有齐声，团队中才有和声。我们要的是同一个声音，而不是同一个音调。
> ——玛丽·帕克·福列特，《新国家》

- **投入**。他们致力于团队目标的实现。
- **特殊专长**。他们能为团队贡献特殊专长，如功能性知识、技术能力或推进技能。
- **开明**。他们并不推崇某一方法或职能，即便他们可能是相关领域的专家。开明能提高利用多样性及与和自己不同的人交往的能力。
- **综合能力**。他们具备解决问题、决策和执行的能力。
- **关系能力**。他们的能力包括有意愿、有能力培养互信和互相尊重、高效沟通、管理冲突并尊重多样性。正如迪士尼的一位高管表示，高效的团队成员能"和其他人一起玩沙盒"。
- **适应性**。玛丽弗兰·休斯在马萨诸塞州综合医院管理急诊区的50多名护士。她表示"高适应性和技术能力同样重要，尤其在'人们需要面对无法掌控的局面时'"。
- **自我认知**。他们能注意到自己的风格和优缺点，清楚别人对自己的看法，了解这些风格、优缺点和看法如何影响团队绩效，愿意为个人的持续发展而努力。

团队成员是否一定要牺牲个人目标以成全团队？不是，高绩效团队能设法为个人和团队共同成长创造条件。德州仪器副总裁及全球设施公司经理肖娜·索厄尔在其事业初期发现，成功的团队经验能提供个人学习、认可和晋升机会。《华尔街日报》介绍了她的个人经历：

> 索尼尔女士当时牵头工厂的设计团队……由各位大老板组成的质量督导委员会邀请她参会。她一开始很担心，但随着经验日渐丰富，信心也逐渐增长。她回忆说："有次开完会，我心想，天哪，我毁了自己的事业！我告诉比自己高四级的人他错了！"但实际上，她打动了正在物色企业环境安全副总裁人选的高管……"你个人要做出很大的贡献，这样才能被下个团队挑中。"

基础 4：以结果为导向的流程

团队工作的任务与关系管理比个人工作更复杂。团队成员必须对目标和环境形成共同认知，识别问题和机会，生成解决方案，权衡利弊，通过决策，执行方案，并评估决策影响，同时还要管理团队生活日程中的社交格局。

> 只有在有眼光、有战略、发声有说服力而结果具备可实现性时，领导力才能发挥最佳作用。
> ——迈克尔·尤西姆，《领导时刻》

为管理复杂的团队任务和关系，高效的团队会制定系统的任务和关系流程，用以指导如何在团队内合作及联系外部个人和团队。流程就是用以帮助团队实现集体目标的已协商通过的方法（一系列步骤和行为）。任务流程指的是成员用以制定决策、执行解决方案、维持问责制度、协同工作、建立外部支持、管理冲突和评估成果的系统方法。关系流程指的是成员用以创造有利的工作环境，促进信任、开明和心理安全基础，进而实现具备团结、投入、创意、批判性思考、建设性冲突等特征（所有这些要素都是高效团队学习、决策和决策执行所必需的）的社交技能。注意，虽然高效任务流程能让关系技能不足的群体短时间内产出优质产品，但要想让成员长期致力于团队目标并生产优质产品，必须建立高效的关系流程。大量研究都印证了建立优质关系对团队长期成功的重要性。对领导、同事和任务有积极、乐观等正面情绪的团队成员，彼此合作、在支持和挑战对方想法之间维持微妙的平衡并看重团队效能的可能性较大，产生冲突或因过度看重自己而忽视团队的可能性较小。

规范。规范指的是团队成员针对"我们这里如何做事"形成的明确和隐含的集体协议。高效团队会利用明确和隐含的规范来确保充分利用成员资源并实现团队目标，避免浪费时间。团队规范表达了团队的核心价值观（例如，能否容忍开会迟到？是否有时间表预期？如何管理冲突？会议上使用笔记本电脑和智能手机是否合适？与会人员是否都该专注于会议议程？有几个人经常出席会议是否合适？是否提倡公平参与？）。有效的规范能提高成员行为的可预见性（如哪种邮件需要回复？哪种只是分享信息，不需要回复？），并帮助成员协调工作（如应使用哪种决策流程？）。例如，有团队可能鼓励成员每天至少在上班后和下班前检查邮件，不在单位时接电话并及时回复成员电话。

规范可以兼具功能性和趣味性。笔者负责的一个芬兰高管班定下了这样的规矩：开会时谁手机响了，谁就得唱歌，晚上还要请小组成员喝酒。我把这个规矩带到了教室（不包括买酒），上课时谁手机响了，谁就得唱首歌。

公开性规范。 公开性规范指的是团队成员公开讨论、清楚了解并明确告知新团队成员的行为指引。有效的团队规范具备以下几个特征。

- 与团队和组织目标一致。
- 只针对影响团队绩效（如质量标准、可得性、问责、沟通、决策流程、冲突管理、会议管理和彼此尊重方式）的行为。
- 只针对各团队成员可控制的行为。
- 被所有团队成员视作适当且可实现的。
- 随时监督，以确保一直有助于团队目标实现。

所有团队成员都应参与公开性规范的设定，原因有二：第一，每个成员都有一套特定的价值观、个人目标、压力、文化规范、才能、视角和工作风格，如果团队规范忽略了这些因素，反而会破坏各团队成员出色表现的意愿和能力；第二，团队成员对亲自参与设定的规范更投入，因为他们了解每条规范存在的原因（如某条规范如何帮助团队实现目标）和实施方式。

公开制定团队规范耗时耗力，但收效显著。有效的规范有助于团队迅速起步，保证行动和目的一致，提供明确的业绩评判和问责标准，提高可预见性和协同性，帮助成员利用集体资源（如时间、材料、知识、技能和经验）以提高效率，并在团队脱轨或受困时使其重回正轨。

一些团队对违反重要规范（如插话）的成员有明确的处罚，如任何违背规范（如开会迟到或插话）的人都需缴纳少量团队"基金"。一段时间后，团队会将这部分资金用于晚餐或慈善捐款。

暗示性规范。很多团队规范并未明确规划或表达，而是随时间演变，鲜少讨论，从未书面呈现。它们存在于无意识层面，通过微妙但沉默的方式（如同级压力）巩固。暗示性规范无法避免，没有任何团队有能力、有意愿明确表达出所有规范，因为这样会浪费宝贵的时间，并带来压迫感。

一些暗示性规范具有功能性。例如，某团队有个不成文的规范——鼓励成员开会前花几分钟交流，这有助于成员搭建社交关系并迅速建立信任和合作

> 指责风暴：团队成员聚在一起，讨论拖期或项目失败的原因和责任人。
> ——新管理词汇，《城市词典》

基础。还有团队可能鼓励少数成员主导会议（如无论意见是否有用都频繁发言的成员）。如果团队因过于重视少数成员的意见而未能善用知识和技能丰富但不善言辞的成员，这一规范就可能影响团队运行。

暗示性规范也可能造成问题，因为即便是不利规范也鲜少被讨论——成员默默坚守规范，因此无法评估现有规范对团队效能的影响，也无法制定更有效的规范。一条重要的经验是，虽然成员没能力也没必要规范所有的团队行为，但应该制定公开性行为规范，以帮助团队参与更有意义的行为，最大限度地减少失能行为。

专栏8-2中的引导问题可用于制定有效的团队规范。专栏8-3中的问题可用于评估团队在关键阶段的表现，尤其在项目完成时。专栏8-4用以评估会议的直接财务成本。专栏8-5针对如何构建团队会议给出了指导意见。

基础5：准备和实践

研究人员与从业者常用运动队来类比工作团队，却常忽略运动队最关键的要素：准备和频繁而缜密的实践训练。高绩效团队会定期反思自己的表现，系统地识

别成功所需技能及现有技能与所需技能之间的差距，之后努力学习并锻炼相关技能。传奇教练比尔·沃尔什原任旧金山49人队和斯坦福大学足球队的首席教练。他坚信自己长期成功的诀窍在于能帮助团队为比赛做好准备。他说，准备能让团队"克服我们不是身体素质最出色的团队这一事实"。他成功的策略包括识别团队所需的"关键技能"，确定重点并分配时间，以便系统地传授技能，制定应对多种情形（甚至最差情形）的计划，确保团队在不同情形下系统地练习技能。他解释说："这并不意味着（计划）永远有效，也不意味着你会永远成功。但你总能做好准备并拿出最佳状态。"

专栏8-2

制定团队规范的指引

下述问题用以指导团队规范的制定。请用1～5打分，1和5分别代表"根本不"和"绝对如此"。

评估团队效能

____我们有明确的质量标准。

____我们有途径帮助团队成员成长和发展。

____我们有途径确保团队整体持续学习。

目标

____我们的团队目标明确而有吸引力，并与组织目标一致。

____所有成员都坚信目标的重要性。

____所有成员都清楚自己如何为实现目标出力。

业绩指标

____所有成员都清楚自己的工作职责，并为此负责。

____所有成员都有明确的质量与时效衡量指标。

____整个团队有明确的质量与时效衡量指标。

____团队通过定期反馈帮助成员评估目标的实现进度。

____所有成员都将大部分时间投在对团队目标实现来说很重要的工作上。

____成员了解提交次品和超期的后果。

人员

____成员具备完成工作所需的能力（如技术能力、项目管理能力）。

____成员彼此尊重。

____所有成员都能自如地表达想法并通过征求和倾听对方意见来鼓励他人发言。

流程

____成员彼此承诺的方式有助于增进团结。

____成员彼此协同的方式是可预测的。

____成员运用有效的决策流程。

____成员通过系统流程与外界人员和团队沟通（频率、原因及形式）。

____成员知道正式报告、演讲及其他书面和口头沟通的标准，以及哪种程度的细节是重要的。

____成员的冲突管理规范具有建设性，而不是破坏性。

____成员的正面互动多于负面互动。

____成员通过系统的方式让新成员融入团队。

会议

____成员知道开会的频率和目的。

____成员知道如何组织会议以提高效率。

准备和实践

____成员定期评估团队绩效，并总结经验教训。

____成员有识别并填补能力空缺的系统。

领导

____成员清楚领导者选拔方式和轮岗机制。

____如轮岗，成员清楚领导者的更替方式。

____成员知道领导者的角色（应该为团队做什么）。

____成员知道如何与领导者沟通（包括反馈和传达坏消息）。

有关团队规范的问题

1. 团队规范是否契合组织使命、价值观和目标？
2. 团队如何监督成员合规及坚守规范？
3. 如何向新成员介绍团队规范？
4. 如何重新评估规范以判断其是否仍然适当及评估流程是什么？
5. 如何确定规范在推动而不是阻碍流程？

专栏 8-3

团队评估指引

1. 我们在哪些方面获得了成功或遭遇了失败？
2. 哪些出色表现应该延续？
3. 哪些方面能提高完成质量、加快速度、节约资源或减少时间？
4. 哪些团队规范有效？
5. 哪些团队规范应予以调整？
6. 是否有人主导讨论？为什么？是否有人较少发言？为什么？
7. 我们是否曾草率地放手？
8. 我们是否听取有价值的外部人士意见？如果没有，为什么？
9. 我们是否错失结交外部人士或寻求其支持的机会？谁是阻碍？我们要争取谁的长期支持？
10. 哪些外部人士帮过我们？应如何感谢或回报？

专栏 8-4

会议成本的计算

你的会议成本有多少?

计算参会人员的时薪和成本效益。

参会人员 1　　　　____

参会人员 2　　　　____

参会人员 3　　　　____

参会人员 4　　　　____

参会人员 5　　　　____

总时薪与效益：　　____

总时薪与效益乘以会议时长等于会议人力成本。例如，如果 5 人参会，每人时薪与效益 100 美元，会议开了两小时，则会议的人力成本为 (100 美元×5)×2=1 000 美元。记住，高效的会议就是在合适的地点安排合适的人员按合适的顺序讨论合适的问题。

专栏 8-5

会议管理

考虑下述问题，以确保充分利用参会人员的时间。

- 我们如何通知团队成员和其他人开会?
- 我们是否希望全体成员参会?
- 我们是否希望全体成员准时全程参会?
- 我们如何处理缺席、没达到质量和准时标准或多次迟到或早退的成员?
- 会议时长如何?

✓ 我们如何充分利用成员的专长、时间和资源？

例如：

- 应事先准备什么资料？
- 是否使用会议日程？谁来制定分发会议日程？
- 如何管理时间以避免浪费？
- 如何推进会议？推进者固定还是轮流？
- 如何管理会上工作流程（搜集信息、发表演讲、制定决策、评估成果）？
- 如何管理会上关系流程（鼓励参与、开明、建设性冲突、创意；解决纠纷；管理阶层关系——位高者发言更多，更被重视；确保所有成员都有影响力）？
- 成员是否有明确的角色，以确保有人关注任务与关系流程？这种角色是指派的还是轮流的？
- 会议正式程度如何？
- 如何确保会议按计划进行？
- 会议卡壳时怎么办？
- 如何阻止破坏性的个人和集体行为（过多或过少参与；阶层造成问题；排挤成员；表现不合格）？
- 如何识别行动事项并划分责任？
- 是否反思流程以提升团队表现？
- 是否制定分发会议摘要？谁制定？发给谁？

简言之，缜密的准备和实践有助于成员掌握用于不同情形的技能，学会预见彼此的行为和贡献，从而在新情境下更好地协调行为，并培养在压力下冷静或正常工作的信心和能力。

团队领导力：建立高绩效团队环境

高绩效团队培养五大基础（明确而有吸引力的目标、绩效标准、兼具任务和关系技能的人员、以结果为导向的流程、严格的实践）的前提是领导有能力。为发挥效能，团队领导者必须知道如何建立同时具备强烈的集体认同感、实现目标所需的动力与技能及建立有效关系的能力的团队。他们还要知道何时干预，何时抽身；何时奖励个人，何时奖励团队；何时介绍团队结交外部人士，何时保护团队免受外部影响。对团队领导者而言，知道什么不该做和什么该做同等重要。

看似天生的领导者并不是一夜之间成长起来的。位于纽约的美世组织咨询公司董事长大卫·纳德尔表示："公司总是低估领导者从心态和行为技能上要经历的转变。"他们必须学会推动高效会议以外的东西；必须了解如何积极地与成员建立互信，因为这对团队绩效很重要。他们还必须学会分派曾经亲自完成的任务（他们可能还想自己完成，尤其对那些曾经成功的个体贡献者而言）；分享之前的保密信息；移交财务开支权；分享职权、控制权和信用；让比自己更了解客户和技术的成员对自己信服；让目标、个性和习惯不同的成员努力团结；鼓励成员协调与外部人士和团队的合作；开发能激励整个团队的同时不会打击个人的奖励措施。但大多数组织对团队领导者的准备工作只是"握手和拍背"。

高效领导者知道自己最重要的工作是管理团队的工作环境，而不是直接干预团队工作。哈佛研究人员理查德·哈克曼解释说：

> 领导者不要试图实时管理团队行为，而是要集中精力创造环境，以提升（但不能保证）团队成功的可能性——注意要留给团队足够的空间去培养独特的行为风格和绩效策略。

物理学家、原施乐首席科学家杰克·戈德曼因创建了施乐帕洛阿尔托研究中心而闻名。他在办公室里挂了一幅箴言："创造有两种方式，一是自己成为歌者和舞者，二是建立可以使歌者和舞者享有盛名的环境。"为帮助团队成功，领导者应培养以下四个方面的能力。

- 为持续的个人发展投资。
- 创建能激发团队最佳绩效的环境，包括：
  ——建立可为团队划界的团队身份。
  ——提供支持性的工作环境。
  ——提供明确而有吸引力的目标。
  ——提供可行的任务设计。
  ——提供适当和适时的指导。
- 鼓励正面的社交互动。
- 让团队结交相关外部人士和群体（有时要保护团队免受过多的外部干预）。

后续内容将逐一详细讨论上述团队领导力技能。阅读时请注意，团队领导者的角色有很多种，可以正式指派，或者非正式地形成；可以固定，或者由不同成员轮流担任。有些团队明确设立了领导职位，还有些团队自我管理。无论哪种形式，领导者最重要的任务就是确保团队具备成功所需的必要条件。

团队领导力技能 1：为持续的个人发展投资

高效的领导者知道成员尤其关注掌权者的态度和言行，因此会致力于以下三种个人发展。

- **培养自我认知**。高效的管理者明白，改变个人或团队行为的最佳方式，就是改变自己的行为，以便成员比照调整。例如，如果领导者希望个人或团队独立，就应该提供信息、资源和技能，以鼓励而不是打击独立行动；如果希望个人和团队坦率地分享坏消息，领导者表现出的态度应该是欢迎而不是抵触；如果希望团队发挥多样性，领导者应该以身作则。

> 领导者应同时为自己和组织其他成员负责。如果缺乏适当程度的自我认识和自我了解，他们可能利用组织来放纵自己的神经质。
> ——彼得·圣吉引用阿兰·高瑟的话

- **了解团队关系**。高效的领导者应了解团队社会关系对成员高效运用集体资源和实现团队目标的能力有何影响。他们了解成员的偏见和情感生活（他们的希望和恐惧）对团队流程和决策质量的影响很大。他们还清楚权力关系能影响成员与领导者彼此之间的互动方式。因此，高效的领导者会尽力了解个人行为和团队关系，以预见问题并设法防范或降低不利行为，保证团队集中精力，朝着有意义的目标努力。

- **学习有效的领导力技巧**。高效的领导者通过学习并系统地执行有效的领导力实践及评估其对团队绩效的影响来培养直觉。简言之，他们会认真规划干预行为，而不是"即兴发挥"。

团队领导力技能2：创建能激发团队最佳绩效的环境

本节总结了理查德·哈克曼及其同事的研究成果，他们花了25年以上的时间为领导高绩效团队制定了一套久经考验的、严密而实用的最佳实践。要想团队出色，就要激励成员完成集体工作，掌握必要的知识和技能，挖掘共同努力以提升而不是降低目标完成能力的方式。哈克曼及其同事发现了团队出色表现的五大条件：（1）建立可为团队划界的团队身份；（2）提供支持性的工作环境；（3）提供明确而有吸引力的目标；（4）可行的任务设计；（5）提供适当和适时的指导。虽然领导者无法保证团队成功，但如果能满足这些条件，团队成功的概率就会更大。下面将逐一详细介绍这五个条件。

建立可为团队划界的团队身份。高效的领导者在团队成立之初就会花时间确保成员明确这是一个真正的团队，"一个合理稳定且对某项工作共同负责的单位"。成员清楚团队的人员构成，认为所有成员都能为团队贡献独特而重要的观点和才能。这些明确的界限让成员能接受并履行自己的团队责任，因为他们期望成为团队的活跃分子。这些界限还能让成员识别共同目标，投入时间和精力，划分彼此的责任，互相督促，追踪个人和团队绩效，并制定集体工作规范，指导成员相互交流并协同工作。

> 问题不是团队是否应该存在，而是团队是否应该被规划。
> ——西奥多·李维特

提供支持性的工作环境。 如果领导者能提供成员实现集体目标所需的信息和教育机会，团队的成功概率就会更大。高效的领导者提供的奖励旨在鼓励成员相互依赖，以业绩为准绳，主要针对整个团队；可以是金钱上的（加薪和奖金）、表达认可的小礼物（如奖品和礼品券）、职业发展机会（如教育或参会机会）、更好的团队资源（如提高团队经费预算），也可以是心理上的（认可和重视）。

支持性的组织环境不一定意味着资源充足。研究发现，高绩效团队并不一定有充裕的人手或优质的办公地点。实际上，研究人员帕特里夏·沃德·比德曼和沃伦·本尼斯注意到：

> 伟大的团队都有奇特的共同点。例如，它们能在艰苦甚至破旧的环境中出色地完成工作。也许有一天会有人专门写书解释为什么沃尔特·迪士尼、惠普和苹果等先锋企业都在车库里诞生……我们也可以思考为什么伟大总伴随着阴冷破旧的环境。也许乏味而无趣的环境能激发创造力，提供解放思想、放飞梦想的美学白板……但事实是，伟大团队中的大多数成员很少想到自己身处何地，他们对此视而不见。

虽然高绩效团队没有出色的环境，却能提供信息、培训和人员网络等有助于目标实现的充分支持。

提供明确而有吸引力的目标。 如前文所述，高效的领导者明确而热情地传达组织愿景及其对愿景的承诺。例如，苹果公司电脑创始人史蒂夫·乔布斯告诉员工，苹果公司将"改变世界"，它的创造将"伟大到疯狂"。在 MacIntosh、iPod 和 iPad 的支持者看来，苹果确实实现了这个愿景。明确而有吸引力的目标能激发团队力量，帮助成员在日常工作中朝着集体目标努力，帮助领导者制定团队实现集体目标的整体框架，同时在框架下给予团队追求重要目标的自由。

可行的任务设计。 一旦成员明确了团队目标并为之努力，高效的管理者会将大部分时间放在设计团队工作的结构而不是细节上。可行的设计能让成员了解自己的具体责任和决策范围，能为成员设定工作界限（如目标、质量标准、里程碑事件、反馈和所需工作流程），并且在该界限内给予成员相应的自由，以便他们能集中精力，以自己的方式在界限内运用集体能量有效工作。如果界限不明或变化频繁，成员就会因持续的不确定性而受到干扰并耗费团队精力。而在妥善设计的框架下享受自由，能培养成员的主人翁精神，让团队发挥所有成员的独特才能，帮助成员从决策的制定中学习和成长，并让团队自由地按需调整工作，以满足新情况的要求（但前提是不能超越框架）。

> 我们对环境的影响，要多过环境对我们的影响。
> ——温斯顿·丘吉尔，英国政治家、政治活动家

高效的领导者花时间识别对团队成功重要的任务，删除没有价值的任务，然后精心设计重要任务，以提高激励成员出色完成工作的可能性。如果任务设计妥帖，成员的工作动力就会更足，目标实现能力会更强，对工作的满意度也会更高，也不太可能出现滥竽充数者和成员参与不平衡的现象，因为所有成员都知道自己的权责范围。此外，妥善设计任务还能避免成员陷于无意义的日常琐事中（以无效率的方式完成不重要的工作），帮助成员排出优先顺序，并鼓励团队不断创新以寻找更好的工作方式，只要不超过领导者设定的界限即可。哈克曼及其同事格雷格·奥尔德汉姆发现了五个能预测成果的核心工作特征：技能多样性、任务完整性、任务重要性、自主性及工作相关反馈。下面一一详述。读者可运用本章末的"工作诊断调查表"对照这些工作特征来评估自己（或员工）的工作。

- **技能多样性**。成员在工作中能运用多种才能、技能和活动。
- **任务完整性**。成员能自始至终地完成整个工作。
- **任务重要性**。所有成员都相信自己的工作对他人影响显著且对团队意义重大。诺贝尔文学奖得主托妮·莫里森曾讲过她小时候父亲在美国钢铁公司工作时的故事，说明了工作认同感的重要性："我记得当焊接工的父亲把我拉到一边，告诉我他完美地完成了一次接缝，还签上了自己名字的缩写。我说：'爸爸，没人会看到。它会被覆盖的，你知道吧？'父亲回答说：'我知道，但是我也知道自己的签名就在那儿！'"
- **自主性**。成员认为，只要没有超出与领导者商定的界限（如目标、绩效标准、关键工作流程），他们就可以自主判断工作组织方式，制定决策，采取行动以

完成团队目标。能在很大程度上掌控工作方式的成员，形成主人翁精神并迅速做出适当决策的可能性更大。

- **工作相关反馈**。将针对成员工作效能的定期反馈作为工作的一部分，而不是依靠领导者提供反馈。如果成员能通过定期反馈了解自己的进展（如工作质量或时效性）及是否需要调整个人和团队策略，则他们保持方向和势头的可能性就更大。

领导者建立了前三大核心工作特征（技能多样性、任务完整性和任务重要性）之后，成员就会发觉工作的意义。如果领导者鼓励并推行自主性，员工就会发觉个人和集体对工作成果的责任。如果领导者将持续反馈融入工作本身（而不是让成员等待领导者和团队外部人士的反馈），成员就会迅速了解自己的工作成果，并能定期调整工作。这种通过反馈建立的意义感、工作责任感和对朝向团队目标的进度的了解，能激励并推动成员提高效率和积极性，从集体工作中学习成长，并对工作高度满意。

虽然妥善设计的任务能激发成员的最佳工作绩效，但奥尔德汉姆和哈克曼认为其成功取决于若干因素。例如，并非所有人都需要或想要发现工作的意义或从工作中成长；成员的社交技能和情感成熟度各不相同，影响了他们与团队内外部人员合作的意愿和能力，这与任务是否设计妥当毫无关系。此外，团队的社交关系（成员彼此支持的程度）也预示了成员对团队的投入程度和团队实现集体目标的能力。最后，妥当设计任务帮助团队成功的前提是成员具备与工作相关的能力和才干。因此，领导者要认识到，虽然高效的工作设计能提高成员和团队整体成功的概率，但无法保证一定成功。

提供适当和适时的指导。一旦领导者建立了真正的团队，就要提供支持性环境，传达明确而有吸引力的方向，以具有吸引力的方式设计工作，从而提供团队自由工作的界限，否则任何指导都没有效果。如果团队没有明确的方向和经过妥善设计的任务，指导就不太可能深刻地影响团队绩效。研究成员鲁思·韦格曼发现，好的指导（如通过有用的提问引导团队思考战略方案，提供例子和最佳实践供团队调整后使用，适时提供正面反馈）对精心设计的团队帮助很大，但对设计不佳的团队几乎没有影响。另外，不良指导（如管得过细、因干预时机不对而干扰团队）可能重创设计不佳的团队，却无法影响精心设计的团队。在精心设计的团队中，不良指导可能干扰和骚扰团队，但成员的表现通常不受影响，因为有明确的目标和高效的绩效流程让他们保持正轨。一般而言，精心设计的团队对指导的需求较小，这样领导者就有时间关注战略问题，为团队寻求资源，并安排团队结交相关外部人士和群体。

大多数情况下，最佳干预能支持团队完成工作，而不是直接干预团队的日常生活。适当且适时的干预能推动团队前进，鼓励团队学习，提高团队信心，并提升团队长短期效能。支持性的干预包括提供方向、提供资源（如信息、培训、材料与设备、与相关人员的关系和奖励）、扫除障碍及帮助成员与外部人士和群体协作。团队应尽量管理好内部团队关系，设计任务流程并完成任务。正如研究人员帕特里夏·沃德·比德曼和沃伦·本尼斯所述："伟大的团队管得都不细。"

团队领导者面临的最大挑战之一，就是知道何时干预、何时放手。高效的领导者明白，错误或时机不对的干预行为会重创团队业绩，打击团队士气，制约团队学习，破坏成员对自己和团队的信心，提高团队对领导者的依赖度，进而导致团队偏离正轨或放慢速度。有效的指导行为包括以下几种。

- 确保成员知道自己工作的重要性及其对组织目标实现能力的重要影响，以激励团队。
- 为团队提供教育机会，尤其是帮助团队从经验中吸取教训。
- 为团队提供信息，如关于竞争、环境变化的信息，以及成员的成果对组织成果的影响。
- 帮助团队制定高效的任务和关系工作流程，从而在更短的时间内用更少的资源实现更大的成果。
- 提供有用的经验（基于清晰的数据而不是猜测），帮助成员留意可能被忽略的模式并加以讨论（如"我注意到上两次会上李并没有发言""我注意到克里斯比其他人更爱发言"）。
- 通过有用的提问引导团队学习并帮助成员调整绩效策略（如"未来采取什么战略合适""现在哪些策略有效""哪些策略无效""你有哪些改变绩效策略的新感悟"）。

- 鼓励团队与外部联系（如"谁认识有助于团队目标实现的外部人士""团队需要谁的支持？如何获得这份支持"）。
- 鼓励成员关注自己的工作流程，寻求对自身绩效的反馈，制定并适当调整工作流程，以实现自我指导。
- 在项目初期、中期和末期的指导中慎重地安排各有侧重的指导干预（初期的指导干预能为团队实现良好开端，中期的指导干预能帮助团队根据项目此前获得的信息和经验评估并调整流程，而末期的指导干预有助于团队总结项目经验。这些时间点的辅导干预影响最大）。
- 利用项目初期、中期和末期之间的时间段挖掘团队的长处，并利用正面反馈巩固正面行为，以激励团队成员继续工作，并使其了解团队最看重哪些行为。

团队领导力技能3：鼓励正面的社交互动

精心设计的任务对团队成功很重要，而负面的社交关系可能破坏团队绩效，前者并不能抵消后者（包括团队成员不愿共处，不愿相互倾听、相互支持，不愿与外部人士和群体建立互助关系的社交环境）所产生的负面影响。成员不需要成为密友，但必须相互尊重并建立互助关系。

研究人员马歇尔·洛萨达和埃米莉·希菲发现，绩效较好的团队比较差的团队更推崇积极的氛围。洛萨达和希菲研究了60个部门团队的绩效数据，发现"绩效较好的团队中，正面与负面表述的比例是6∶1；而较差团队中一半以上的表述都是负面的"。正面表述表达的是支持、赞赏和鼓励（如"这主意有用""我们在演讲问答环节表现出色"）。负面表述旨在讽刺、反对和批判（如"这想法真傻""他们整个部门都没本事"）。正面的情绪和互动对团队有利，因为它们能提供情绪上有安全感的工作环境，并鼓励参与、开明、思维和行动上的灵活性、冒险及韧性。

但芭芭拉·弗雷德里克松和马歇尔·洛萨达发现，过于正面的团队（如正面与负面表述的比例是11∶1）表现出色的概率较小。适当的负面情绪、反馈和经历有利于团队成功，因为与工作相关的冲突和批判有助于团队调整思路，避免集体迷思，认真思考其他情形后调整绩效策略，以及在决策时反复取舍。对项目成果的失望情绪能激励成员总结经验并承担责任，对管理层决策的愤怒能激励成员与管理层协商备选方案。适当的负面情绪能避免团队过度乐观。另外，学会共同克服不利情形对培养应变能力至关重要，而共同克服不利情形和相关情绪还能增强成员关系（如"那些无法打倒你的，终将使你变得更强大"）。

洛萨达和希菲在研究中还发现，能平衡积极主张（如成员能自如地发表意见并倡导自己的想法）和探究（如各成员征求并倾听他人意见）的团队更成功。而且，最成功的团队在内部团结的同时不会自我陶醉。高绩效团队会避免与外部隔绝，而且会寻求来自外部人士和团队的观点、信息及资源。

团队领导力技能4：让团队结交相关外部人士和群体

团队的运营环境不是真空的。团队要依靠来自外部人士和群体的信息、资源、合作和善意来推进工作并实现目标。研究人员德博拉·安科纳及其同事发现，关注内部并发展外部关系的团队，长期绩效评分最高。当今问题如此复杂，所有团队都要依靠他人的支持才能完成目标。另外，一个团队从事的工作会影响其他团队的工作。因此，和只局限于内部的团队相比，外部关系发达的团队能获取更多信息、资源和支持，而且决策更高明、更容易，实施的可能性也更大。发展外部关系的团队领导者被视作跨界者。他们的事业更成功，因为他们能帮助团队实现目标，并能通过外部关系获得关注、信息和相互支持。

但是，让成员结交外部成员和群体并展开合作谈何容易！很多精心设计且干劲十足的团队之所以失败，是因为他们有意无意地设置围墙，限制了自身迅速获取高效制定和执行决策所需的信息及支持的能力。理查德·帕森斯出任时代华纳首席执行官时，决定要将"十多年来一直结仇的业务部门"转变为相互合作的整体，从而为股东提供出色的投资回报。帕森斯的前任"放任部门主管关注自己业务而忽略公司整体，导致华纳兄弟和HBO等部门间的纠纷一直存在"。帕森斯简单地介绍了自己的战略："我们努力实现全公司价值最大化。光业绩好没有用……要成为团队成员才有用。"

集团内冲突和协作不足的代价，对原美国在线时代华纳董事长史蒂夫·凯斯而言是惨痛的。凯斯回忆称，他的兄弟丹尼尔确认患脑癌时，"我惊讶地发现，虽然已经研究了十年，但没人知道脑癌的诱因和治疗方法"。在死于脑癌之前，丹尼尔和史蒂夫共同成立了加速脑癌治疗中心，以推动原本分散的研究人员合作并协调资源。丹尼尔去世前几周，史蒂夫在参议员委员会发言："要想找到疗法，唯一的办法就是合作。"

团结人员和群体以迅速解决复杂问题是比尔和梅琳达·盖茨基金会关注的重点之一。盖茨基金会对艾滋病疫苗的研制进度很不满意，于是它只向那些分享信息和研究发现的团队发放基金，希望能通过要求不同实验室的研究人员合作来克服最大的障碍：基于商业利益的保密行为，以及率先在科学刊物上发文的愿望。艾滋、肺结核与生殖健康部门主管尼克·赫尔曼博士表示："整个领域都意识到，要想应对这一巨大挑战，我们需要改变工作方式……要建立更好的网络和合作关系。（因此）我们要求所有基金发放对象跨界合作。"通过跨团队合作和信息分享，原本的竞争对手得以依赖彼此的成果，规避已知错误，并尽量减少重复。该基金会为促进合作及加快对成功的医学干预手段的研究，利用基金将19个国家16个研究团队165名科学家团结在一起。这些团队将通过分享数据、发现及其他研究成果通力合作。

建立跨团队合作的好处，体现在全世界研究人员迅速发现致命的"非典"病毒，并阻止该病在全球蔓延。2002年秋天，广东省出现"非典"死亡案例后，公众明确意识到"非典"可能席卷全球。到2003年冬季，世界卫生组织流感项目的克劳斯·斯托尔将全球12家实验室组建为合作小组，以尽快确定"非典"病毒为使命。斯托尔博士解释称："我们要求大家分享数据，把获得诺贝尔奖和在《自然》杂志上发稿的愿望放在一边。"6个月后，全球合作小组确定，致命冠状病毒为"非典"病因，这一发现避免了"非典"肆虐全球。

既然跨团队合作收获巨大，为什么让不同团队朝着共同目标努力如此困难？管理团队内外关系的困境，根源在于人类寻求意义、掌控感与稳定性、归属感和能力感的基本需求。高效的领导者了解这些需求，并建立相应的策略帮助团队超越为关注内部而牺牲外部关系的做法，因为后者能帮助他们更成功。

意义。人类的基本需求之一就是理解自己、世界和自己在其中的位置。我们之所以倾向于按成员的身份来划分环境，是因为我们要理解这个世界。例如，我们将工作组织划分为体现社会建制的专业群体（如工程师和会计）、阶层群体（如生产线工人和管理层）和功能群体（如生产和营销）。另外，我们还倾向于透过团队理念的镜头来看待世界，更关注与团队相关的信息，更重视并看好自己团队的目标。

掌控感与稳定性。将社交世界划分为不同群体能让我们在面对复杂不明的环境时感受到可控、稳定和可预见性。没有这些概念分类，我们就不能理解自己或他人，也不能与他人协作。可口可乐清楚自己的定位，是因为它知道自己不是百事。我们可以尝试不用任何分类（瞳色、身高和性格特征也都基于社会认可的分类方式）来描述某人，想象一下不用分类来组织并执行项目——我们根本做不到！没有社交分类，我们会感到困惑、无措和寸步难行。

归属感。因为我们有属于某一社会群体的基本需求，所以倾向于对所属群体抱有强烈的认同感，并对该群体和我们的成员身份怀有深厚的情感。我们会认为和我们属于同一群体的人与我们的差异更小，更容易记住正面信息，忘记负面信息。而当我们看待其他群体成员时，会更同质化（如"他们都一样"）、刻板化（如"他们都这么做"）和负面化（如"他们不可靠，也不好合作"）。

能力。我们借助所属群体来定义自己的身份，因此会以群体的成败来定义自己的成败。我们希望所属群体成功且能力得到他人的认可。另外，我们还会对群体的成功和状态负责，推进团队利益，并帮助群体成员。

简言之，我们将世界划分为各社会群体。我们对所属群体的认知是正面的，因为这样有助于我们理解社交世界及自己在其中的位置，形成归属感和独特感，帮助我们以协同方式从事社会活动——所有这些都能提升我们对团队相关工作的劲头和参与度。但是，如果这种分类和身份认同会造成负面的内部关系，而且在原本应该为共同的组织目标而合作的群体间制造心理隔阂，就成了不利因素。

例如，过度的团队认同和团结会导致隔绝、从众、高估团队实力（低估外部团队实力）、决策利己、坚持负面刻板印象、怀疑外部人士、忽略与外部人士和群体间的依存关系、减少与外部群体沟通及曲解相互交流。这些都会造成眼界狭隘、道德败坏、集体迷思及其他破坏个人、群体和组织效能的后果。简言之，过于关注内部而忽略外部关系的团队无法获得迅速且能有效解决复杂问题所需的信息、资源和支持。专栏8-6阐释了集体迷思，这是由于团队过于团结而造成的最常见的不利的团队流程之一。

专栏 8-6

集体迷思：症状及疗法

为什么聪明能干的个体在团队中制定的决策很糟糕？研究人员欧文·贾尼斯创造了"集体迷思"这种说法，意指"团结的群体因一心寻求思维赞同而不顾对其他行为路线理性判断的思考方式"。换言之，个体的归属感和维护群体团结的意愿如此强烈，以至于他们的行为以维护团结而不是孕育优质决策的批判性思考为目的。陷入集体迷思的群体具有以下特征。

- 强化顺从。迫使表达异议的成员"顺应主流"。
- 自我审查。成员不表达对团队分析和决策的怀疑。
- 设立守卫。让团队或领导者接触不到挑战团队假设的信息和人员。
- 形成全体一致的幻象。成员压制自己和其他成员，开始形成一种全体成员都同意团队决策的幻象。
- 将决策合理化。团队捍卫其决策的"正确性"，只关注支持其立场的数据和论点，尽可能打压来自他人的负面反馈或警告。
- 以成见看待外部人士。培养对外部人士的负面成见，不认真对待对方的质疑。
- 盲目信任团队的品行。团队成员从不质疑团队决策是否符合道德。实际上，他们甚至用道德依据来捍卫决策。
- 形成强大的幻象。团队对自己实力过于乐观，可能过度冒险。

团队面临压力（如临近最终期限或成功路上阻力重重）时，这些"寻求同意"的行为会爆发。一些研究人员认为，正是因为集体迷思，才导致了1986年"挑战者号"航天飞机在升空不到两分钟后失事、7名机组成员遇难的事故。而调查显示，17年后，类似原因又导致了"哥伦比亚号"惨剧：2013年，"哥伦比亚号"航天飞机因隔热层脱落而坠毁，机上所有成员全部遇难。248页的调查报告声称"在这起事故中，NASA组织文化和隔热层泡沫的作用是一样的"。报告指出，NASA项目经理将航天飞机系统的缺陷视作正常，忽略了这些缺陷可能引发灾难的事实。报告还指责"过度依赖过去的成功，跳过了全面的工程操作；组织内部的障碍阻挡了关键安全信息的有效交流，并打压不同意见；对各项目元素缺少集中管理；形成非正式命令链条和决策流程，凌驾于组织规定之上"。报告还补充说，"NASA为保证如期发射，逐渐累积风险"。

为避免集体迷思，团队成员和领导者要先学会诊断相关症状：成员讨论局限在少数行动路线上，没有重估获选路线和被否决的方案，没有咨询专家，或者打压质疑团队决策的专家意见，过滤掉负面或危险的新信息，没有制定应急方案。

团队领导者还可以用其他方式来避免集体迷思。首先，他们要意识到自己的权力对团队有意或无意的影响。如果想获得诚恳的意见，有些会议不要参加。参会时，注意自己的身体语言，不要一上来就表达自己的偏好。不参会时，尽可能避免让过滤信息的人员参会。还要鼓励成员传达坏消息，永远不要迁怒于消息的传达者。听到坏消息时，使用三个基本表述：多说点儿。你觉得我们应该怎么做？谢谢你让我注意到这件事。

阿尔弗雷德·斯隆于1923年出任通用汽车公司总裁，1966年逝世前一直担任公司的荣誉董事长。每次高管团队过早得出结论时，他都会说："看来所有人都同意这个决策……那么我建议下次会议再讨论这个问题，这样大家都有时间形成反对意见或对决策加深了解。"

此外，团队领导者还应该引导成员警惕集体迷思，并评估相关可能性。要鼓励每位成员扮演"批判性评估者"，认真对待警告信号，寻求外部意见，考虑最差情形并制定赢家方案，隔一段时间再开会重新评估决策。团队领导者还可以考虑由外部顾问来推进会议。

领导者如何推进跨团队合作

团队领导者的任务，就是帮助团队在内部团结和外部融合之间寻找平衡。他们必须保证团队在利用外部关系的同时免受过多的外部影响。例如，与外部沟通太少会导致思路狭隘，太多则会导致信息泛滥；外部关系太少会导致支持不足，太多则会干扰团队按时完成工作的能力。高效的领导者可以通过下述方式帮助成员在两者间实现微妙的平衡。

从我做起：明确表明自己的跨界者身份。在鼓励跨团队合作方面，你是否以身作则？你是否与其他团队的领导者和成员合作？你是否会使用"我们同舟共济"等语言？研究发现，使用区别团队内外部的词语（如"我们""他们"）可能加深团队之间的偏见和冲突。

传达推崇相互依赖的共同愿景。团队的共同愿景能否让成员认识到，虽然每个团队的目标都是特别的，但也会与其他人员和团队的目标重合？你如何解释结交其他人士和团队有利于团队用更短的时间、更少的资源，以更高的标准实现目标？

明确设定期望。你是否明确表达过自己希望团队间展开合作？你是否让各团队明确表示能为其他团队提供什么及需要其他团队为自己提供什么？

管理跨团队沟通和协同。你是否帮团队制定了明确的策略，指导其与外部人士和团队沟通，以获得及时、有用的战略和政治信息，协调资源和活动，并与相关人士和团队搞好关系，以获得对方的支持？研究表明，成功的团队与外部人士的沟通频率不一定更高，但它们基于沟通目的制定了更明确的策略。简言之，提升团队绩效的关键在于跨团队沟通的质量，而不是数量。

提高灵活性。与外部人士和团队协调资源、活动及日程需要一定的灵活性。你是否鼓励成员反思并跳出常规，调整正常分工，或者打破团队与外部人士之间的传统界限？例如，研究人员德博拉·安科纳和亨里克·布雷斯曼发现，最高效的团队能在外部联系和内部关注（以执行通过外部关系获得的想法）之间切换。具体而言，他们发现最成功的团队首先会经历一段探索期，通过外部联系尽可能获得信息、资源和支持。之后，团队从外部关系切换到内部关注，利用获得的资源来提供产品或服务，然后重回外部联系模式，将自己的想法传达给团队外部人士。

奖励合作。你是否有办法通过奖励合作来鼓励团队为彼此成功助力？利润分摊，或将一定比例的奖金与客户满意度或组织表现（收入和利润）挂钩，能激励不同团队合作。

让团队共处。你是否有办法在正式或非正式场合将不同团队的成员聚集在一起？如果谨慎处理，这样做能减少偏见和误解，增进正面感受，并提升合作。但注意，有研究发现，如果团队早生嫌隙，共处反而会加深现有误解和敌意。为鼓励相互尊重与合作，而不是加剧冲突，领导者应确保共同活动的目的是增进不同团队的平等感，并强调各团队为共同任务贡献的专长和资源虽有不同却同样宝贵。有助于增进合作的共同正面经历包括一起培训、合作开会并庆祝付出和胜利。

改变布局。你是否考虑过改变工作场所的布局，以促进团队更紧密地合作？有研究发现，在布局上能保证不同分区员工"看得到彼此工作的组织，能让周期时间快4.4倍……因为这种布局能让员工轻松分享工作，察觉到对方所处的困境，无须影响自身绩效即可帮助对方。（不同分区的员工）还能共同分析问题，建立规范并讨论个人及团队构想"。

重新定义界限。高效的管理者能建立新的分类方式，以团结而不是分化或割裂原本应共同合作的团队。方法有以下几种：鼓励员工以整个组织而不是所在部门或职能部门来定义自己的身份；建立共同的敌人或外部威胁，让团队觉得只有团结起来才能打败敌人或威胁。但要注意，如果团队对假想敌反应过度，从而集中精力打败敌人而不是实现目标（如满足客户需求），则这种方法反而适得其反。

在团队中设定跨界角色。如果有成员将跨界作为自己的职责，团队绩效就会更出色。跨界者表现突出，而且与其他人员，尤其是其他专业的人沟通更多。有效的跨界者扮演多重角色，包括搜集信息和资源的侦察员，控制团队信息和资源外流的哨兵，帮助团队结交相关人士和群体的大使，以及保证团队免受不良干扰、不成熟判断和拖累团队的其他影响的守卫。图8-2对这些角色进行了总结。

本节的要点是团队领导者要建立能激发成员最佳绩效的环境。具体方式包括：建立可为团队划界的团队身份，提供支持性的工作环境，制定可行的任务设计，提供适当和适时的指导，鼓励正面的社交互动与友好关系，帮助团队结交与团队成功相关的外部人士和群体。

侦察员：获取信息和资源	大使：获取支持
● 站在主要利益相关者的角度看待问题（需求、希望、顾虑、政治问题） ● 为团队输入信息和资源	● 向上沟通 ● 联系利益相关者的目标 ● 建立同盟 ● 获得反馈 ● 印象管理
哨兵：过滤信息	守卫：保护团队
● 过滤相关信息 ● 转化外部信息供团队使用 ● 避免团队受到干扰，包括可能导致团队脱轨的政治目的	● 防备对手 ● 判断外部请求的合理性和影响 ● 发布合理信息

图 8-2 管理信息、资源和关系的跨界行为

Source: Adapted from Ancona, Debra, and David Caldwell. 1992. "Bridging the Boundary: External Activity in Performance in Organizational Teams." *Administrative Science Quarterly*, 634–665.

团队生命周期

团队无论任务、期限或成员个性如何，都会经历几个可预测的发展阶段。研究人员杰西卡·利普耐克和杰弗里·斯坦普斯解释说："团队首先是一个过程：有中间、开头和结尾。没有团队一开始就成熟，也没有团队能永远存续。像受孕、妊娠、出生、幼年、少年、成年、中年危机和老龄这些词语，都适用于描述团队生命。"

> *崩溃的组织通常管理过度，领导不足。*
> *——沃伦·本尼斯，美国学者、组织顾问、作家*

在每个阶段，团队成员会同时面对特有的挑战和成长机会。有些团队缓慢而沉闷地度过各个阶段，努力克服困难并利用机会。有些团队则相对轻松地度过各个阶段，尽管困难和僵局对大多数高效团队而言也很常见。团队领导者如果了解各阶段相关的情绪和行为及其对团队效能的影响，以及何时干预、如何干预才能帮助而不是阻碍团队进步，就能帮助团队成功度过每个阶段。

最著名的团队发展理论，认为团队会经历五个阶段，分别是形成、风暴、规范化、履行和解散。与其他理论一样，这一理论假设时间的流逝能显著影响团队成员对任务、彼此和领导者的情绪和行为反应方式。图 8-3 对这些阶段进行了总结。

形成	风暴	规范化	履行	解散
典型特征：伪团队 情绪：矛盾和焦虑 团队目标：弄清情况、依靠领导者 领导者目标： • 让团队有个好开局 • 让团队从依赖领导者转向依靠彼此	典型特征：抵触 情绪：不满、愤怒和冲突 团队目标：抵制工作，彼此和领导者 领导者目标： • 引导团队的情感能量朝着有意义的目标努力 • 帮助成员对任务、彼此和领导者形成实际的认知 • 确保成员具备完成任务所需的能力和资源 • 继续鼓励成员互相依靠	典型特征：合理评估任务、彼此和领导者 情绪：愈发自信和劲头十足 团队目标：制定改善绩效的规范 领导者目标： • 鼓励团队专注于团队目标和规范 • 提供团队完成工作所需的资源 • 尽可能减少对团队的干预	典型特征：关注任务、效率改善 情绪：劲头十足、工作自豪感和对彼此的信心逐步增长 团队目标：效率和工作反馈 领导者目标： • 让团队专注于目标 • 提供团队完成工作所需的资源 • 提醒团队过度团结的风险 • 引导团队结交外部人士和群体，同时避免团队受它们的过度影响 • 尽可能减少对团队的干预	典型特征：完结与过渡 情绪：难过和释然 团队目标：传递经验 领导者目标： • 帮助完结团队 • 将经验和关系引入新环境

图 8 – 3　团队发展阶段

Adapted from: Tuckman, Bruce W., & Jensen, Mary Ann C. (1977). "Stages of Small Group Development Revisited", *Group and Organizational Studies*, 2, 419 – 427.

形成

　　成员走到一起就意味着团队的形成，这是团队生命中最关键的阶段。实际上，美国国家交通安全委员会有关"导致机组人员更容易陷入麻烦的情形"的研究发现，"73%的事故发生在首次合作的过程中"。早期团队最脆弱，因为成员彼此不了解，也没有相应的规范帮助他们制定可预测的程序以妥善合作（对机组人员来说还涉及安全问题）。另一项研究发现，共事几天后，机组虽然因长时间工作而疲惫，却比休息充分但刚开始合作的机组犯错少。共事经验的影响超过疲惫感的影响。

　　在早期阶段，成员必须了解彼此和任务，理清合作方式，建立共享知识和技能组合，了解知识和能力缺陷，培养互助关系，判断要接触的外部人士，并了解领导者的角色。早期关系会为后续阶段定下基调，因此成员与领导者必须注意早期决策及其制定流程。研究人员发现，更早树立团队成功信心的团队在后续阶段更高效。具体而言，领导者如果一开始就花时间建立信任、搭建高效的沟通流程、促进成员间合作和实现成果，则形成良性循环从而推动团队持续成功的可能性就更大。

　　在这一阶段，成员对团队的潜在好处和坏处还不清楚，尚有顾虑。他们通常不了解任务，不确定未来有哪些阻碍，也不清楚个人和集体实现团队目标的能力。因此，他们希望领导者能布置任务并告知方法。但成员很快就会意识到，这种希望不切实际，因为他们要靠自己才能摸索出如何完成工作。领导者此时的主要挑战之一，就是帮助成员明白，领导者的工作是提供相应的方向和资源，以便成员能管理自己的团队流程并独立解决问题。在团队初期，成员对项目不够了解，无法形成全面的战略。但他们必须制定用以归纳情况的计划，制定初步的行动方案，并确定团队现有资源，以便从团队外部获得所需信息、资源和支持来探讨情势，应用所获信息制定可行而全面的策略。

　　另外，此时成员之间还不够熟悉，无法准确评估对方的潜在贡献、了解对方意图或预测对方行为。成员在团队中的影响力取决于人们对其外部角色的固有印象（如工程师或销售代表），而不是他们能为团队贡献的才能。他们小心推敲其他成员和领导者的言行，以帮助自己弄清状况，此时常因缺乏共处经验而造成误解。误解很常见，而讨论也流于表面、客套且具防备性。另外，为增进团队和谐，成员会忽略或弱化问题，但如果不及早处理这些问题，某些决策在做出之后可能带来麻烦。虽然团队看似团结，但这种脆弱的团结建立在乔恩·卡森巴赫和道格拉斯·史密斯所说的"伪关系"基础上。

成员会判断自己能否信任领导者（领导者是否关心成员？是否有能力？）、其他成员（我能否依靠其他成员？）及自己在团队中的角色（我能否融入团队？能否施加影响？）。他们还担心实际问题（这会占用多长时间？我要多努力？绩效标准如何？如何衡量我的工作？），但他们并不明说。简言之，成员会努力搞清楚这是不是自己想加入的团队。

团队领导者在这一阶段的职责，是通过提供方向、结构和资源为团队开一个好局，然后让团队从依赖领导者转为成员间相互依赖。为此，领导者应做到下述几点。

- 提供一个明确、有意义、有吸引力、有紧迫感的愿景。
- 鼓励团队制定契合组织目标的个人目标及 SMART 目标，以帮助团队集中精力并评估进展。
- 设定与高绩效标准挂钩的高预期，建立明确的绩效评估口径（质量标准、里程碑、截止日期）。如果这些要素不到位或频繁变化，就会带来麻烦。
- 给成员了解彼此的机会，确保所有成员都有参与感（如确保所有成员都觉得自己对团队有价值，并且受到其他成员的尊重）。
- 按前文所述设计任务，兼顾技能多样性、任务完整性、任务重要性、自主性及工作相关反馈。
- 引导成员制定工作流程（如决策流程、内部与外部沟通），以帮助他们管理自己工作与关系流程。
- 提供所需资源（材料设备、信息、教育、与那些对团队有帮助的外部人士和团体的联系）。
- 帮助成员认识到，任何矛盾感和焦灼感都是正常的，他们有成功所需的方向、才能和资源。

- 解释成员角色，以端正他们对团队领导者的期望。

风暴

成为一个团队并不容易，风暴阶段的存在就说明了这一点。这个阶段的特征包括逃避工作、成员间冲突、对领导者失望。成员被工作负担和截止日期压倒，可能开始质疑任务的合理性。随着成员增进了相互之间的了解，性格冲突可能浮出水面（如"蜜月期"结束）。成员开始意识到领导者无法解决所有问题，可能对其越发不满。并不是所有团队都会经历风暴阶段，但如果能妥善处理，这一阶段会让团队变得更加强大。

成员可能公开或秘密表达对工作、彼此和领导者的抵触情绪，从心理上疏远团队（如逃避会议或晚到），质疑彼此和领导者的资质，产生戒心，形成派系联盟。虽然这些看似无关紧要，但这一阶段的首要任务就是化解冲突，并对任务、成员彼此和领导者产生实际（而不是过于乐观或悲观）的理解。

团队领导者的目标不是消除风暴阶段，而是朝着推动团队前进的方向引导情感能量；帮助团队成员对任务、彼此和领导者产生实际而正面的认知；确保成员具备完成任务所需的能力和资源；继续推动团队从依赖领导者向彼此依靠过渡。领导者可采取下述方法。

- 鼓励成员专注于团队目标。
- 提醒成员，虽然领导者没替他们完成工作，但提供了所需的资源——培训、信息、资料。
- 鼓励成员把精力用在完善工作、制定规范和建立公开而坦诚的沟通上。
- 鼓励成员制定沟通、冲突和决策战略，以帮助他们在认真考虑后达成一致；制定决策，以获得全体支持。
- 鼓励成员划分任务阶段，避免被工作压力压倒。
- 利用小成果激发成员的成就感和任务完成的临近感。记住，高绩效团队正面和负面互动的比率至少为 6∶1。

规范化

成功度过风暴阶段后，进入规范化阶段的团队印证了"那些无法打倒你的，终将使你变得更强大"。在讨论并澄清优先事项和权责后，成员能更好地制定切实的规范。这一阶段的特征包括正面情绪加深、理性乐观、团队凝聚力上升，尤其是在成员共同克服障碍或实现成功时。此时成员对团队任务、彼此和领导者都有了更实际的认识。随着成员越来越了解彼此和团队实力，他们将关注点从人际冲突转向工作挑战。此时已建立明确的合作规范，成员会觉得反对意见并非针对个人，互动变得更加容易且可预测。成员可能培养幽默感，形成团队专用语言。他们不再视彼此为威胁，而是更深刻地感受到团队的凝聚力和外来威胁（如竞争对手）。

在这一阶段，团队领导者的任务主要是确保团队继续关注团队目标；鼓励团队根据对彼此、任务、机会和局限的了解制定绩效策略；提供团队完成工作所需的资源并扫除障碍；减少干预，以便团队判断如何应用自身才能和资源实现团队目标。具体而言，团队领导者应做到以下几点。

- 表达对团队能力的信任。
- 让成员在正式和非正式场合共处，以培养承诺和相互依赖。
- 鼓励团队形成规范，以培养创造力、批判性思维，谨慎决策，小心涉险，因为此时成员对领导者、彼此和任务的安全感日渐深厚。
- 只有在成员确定无法独立解决问题时才直接干预团队工作。
- 提供反馈，认可重要里程碑，表彰或奖励成功，以便成员看到自己的进步。
- 为团队反思自身绩效并总结经验教训提供机会。
- 正视不合格表现。

履行

这个阶段的团队精力充沛，效率出色，并因共同经历和工作规范而受益。团队成员端正了对彼此的预期，能更好地预见彼此的行为，合作起来也更容易，不太需要讨论。他们对团队能力的信心和对工作的自豪感不断上升；能衡量自己的工作成果，从而快速而高效地采取必要的改正行为；将阻碍视作挑战而不是威胁，能更快地拿出解决方案。

有研究表明，团队到了中期会经历绩效上的大幅提升。研究人员康妮·盖尔西克在多年来研究多个项目团队后总结出，无论团队存续三个月还是三年，都会在早期经历倦怠期和困难期，到项目中期就会"开足马力"并"实现飞越"。之后是相对平稳的工作阶段，团队会感受到"之前对成员合作方式、投入精力和对外部要求的关注等相关决定的影响"。

在这一阶段，领导者仍要尽可能减少干预；提供团队完成工作所需的资源；集中精力帮助团队管理与外部人士和群体的界限；提供适当的正面反馈，并提醒成员，凝聚力和信心的不断提升可能导致集体迷思，尤其在成员开始变得过度自信和封闭、打压批判性思考、制定决策以满足团队需要而不是组织需要为目的时。具体而言，团队领导者应做到以下几点。

- 继续提供绩效反馈。
- 团队实现重要里程碑时表达认可。
- 提醒团队注意过度团结可能造成的负面影响。
- 提醒成员注意更高的目标，提供"崭新的事实和信息"，并引导团队结交能带来新观点和有效支持的人员，以此激励团队活力。
- 避免团队受到过多的外部影响和对团队任务的干扰。
- 认可团队的集体努力。
- 帮助团队庆祝成功。

解散

大多数团队迟早会解散。结局和开端一样，都要妥善管理。只有这样，成员才能感受到成就感，反思团队合作的好处，将团队学习引入未来的工作环境，并增进未来的互助关系。否则，团队经历将很快被遗忘，成员记住的是失望而不是成绩，最终忘记重要经验，终结未来关系。

在这一阶段，团队领导者的目标是帮离开团队的成员做好心理过渡，帮助成员将经验应用到新环境中去。为帮助成员管理好结局，领导者应做到以下几点。

- 明确界定团队成绩及团队工作成果对未来的影响。
- 将这些成绩与更高的组织目标联系起来。
- 提供机会，反思适用于其他环境的经验教训。
- 为成员将彼此视作未来资源提供机会。
- 庆祝。

理解团队生命周期理论。记住，团队生命周期理论不过是理论而已。各阶段之间的界限当然不像理论描述的那样分明。并非所有团队都能经历理论所述的情绪和行为，或者经历所有阶段。另外，短期项目团队和持续团队的成员对任务、彼此和领导者的反应会随时间变化。但团队生命周期理论也有一定的作用，能鼓励我们将团队生命看作一个过程，判断其中重要的心理需求和里程碑，预测影响团队效率的情绪和行为，并设计适应团队需求变化的干预手段。

结　　论

建立并管理高绩效团队是一门科学，也是一门艺术。没有能确保团队成功的神奇公式，也没有领导团队的最佳方法。理查德·哈克曼解释说：

不存在实现（团队绩效）的最佳方式。虽然相关研究很多，但没有指导和帮助工作团队的最佳方法……指导团队和教课一样，只有领导者发挥自身个性和风格才能传递经验。活跃而积极的领导者会和团队积极互动，温和随意的领导者的领导风格也是温和的。我们不要反其道而行之：如果领导者的指导风格有悖其个人风格，其领导效果无疑会受影响。

除了发挥个人风格，领导者还可以通过其他几种做法来提高团队成功的概率。要记住，团队并不适合所有任务，也不是解决组织痛苦的灵药，但团队是解决个人无法独立解决的复杂问题的最佳方式。还要记住，高绩效团队的成员和领导者及其工作条件都不完美，但他们能勇敢地面对挑战，凭借坚持和能力克服障碍，为组织添光增彩。

高绩效团队之所以能做到这一点，是因为领导者创造了激发最佳绩效的条件。他们知道何时出手相帮，何时抽离，何时帮团队建立外部关系，何时保护团队。简言之，只有具备相应知识、耐性和成熟情感的领导者，才能更好地服务团队，正确地管理团队，而不是凭本能反应行事。

最重要的是，牢记对团队的领导是个持续的过程，而不能一蹴而就。要认识到，对团队最好的帮助，是实现良好的开局，提供方向、结构和资源，帮助团队管理与外部人士和群体的关系，小心规划干预方式及时机，尽可能减少干预。高效的团队领导者在精神上信奉中国哲学家老子的箴言："太上，不知有之……悠兮，其贵言。功成事遂，百姓皆谓'我自然'。""工作诊断调查表"见专栏8-7。

专栏8-7

工作诊断调查表

理查德·哈克曼和格雷格·奥尔德汉姆设计了一套自评工具，可帮助管理者诊断工作环境。计算工作的"激励潜能分数"（Motivating Potential Score, MPS）的第一步，就是完成下述问卷。

一、使用下述分级来表示各表述是否准确地描述了你当前的工作和上一份工作。完成后用计分公式来计算各核心工作特征的得分。

5＝非常准确　　　4＝基本准确　　　3＝有些准确
2＝基本不准确　　1＝非常不准确

_____ 1. 基本由我全面负责有关工作时间和工作方式的决策。
_____ 2. 我有机会从事不同的工作，发挥不同的技能和才干。
_____ 3. 我自始至终地完成一项工作，工作成果明确可辨。
_____ 4. 我的工作能从很大程度上影响其他人的福祉。
_____ 5. 经理经常就我的工作表现给出反馈。
_____ 6. 工作本身也能提供有关工作表现的信息。
_____ 7. 我对最终产品或服务的贡献很大。*
_____ 8. 我在工作中运用多种复杂的能力。
_____ 9. 我基本没有自主决定工作方式的自由。*
_____ 10. 工作本身提供了判断我的工作表现的机会。
_____ 11. 工作简单而重复。*

_____ 12. 主管或同事很少就我的工作表现提供反馈。*
_____ 13. 我的工作对他人没什么影响。*
_____ 14. 我的工作涉及不同的任务。
_____ 15. 主管会表达对我们工作表现的看法。
_____ 16. 我在工作中没机会从头到尾完成整个工作。*
_____ 17. 我在工作中没机会自主决断或参与决策。*
_____ 18. 我的工作高度程式化，可预测。*
_____ 19. 我难以在工作中判断自己的表现水平。*
_____ 20. 我的工作对公司存续并不重要。*
_____ 21. 我在工作中有一定的自由。
_____ 22. 我在工作中有机会从头到尾完成某项工作。
_____ 23. 我的工作能影响很多人。

二、计分公式：

技能多样性（SV）(第 2, 8, 11*, 14, 18* 项) = _____/5 = _____

任务完整性（TI）(第 3, 7*, 16*, 22 项) = _____/4 = _____

任务重要性（TS）(第 4, 13*, 20*, 23 项) = _____/4 = _____

自主性（AU）(第 1, 9*, 17*, 21 项) = _____/4 = _____

反馈（FB）(第 5, 6, 10, 12*, 15, 19* 项) = _____/6 = _____

（备注：* 项分数要除以 6）

各特征分数加总后除以项数，得出平均分。

三、现在使用以下公式计算 MPS：

激励潜能分数（MPS）$= \dfrac{(SV + TI + TS)}{3} \times AU \times FB$

MPS 分数区间：1~125 分。

四、将自己的工作特征与同学或老师提供的平均值加以比较。你的分数是高、低还是一般？

五、你能采取哪些方式来提高工作的激励潜能？

Source：J. Richard Hackman and Greg R. Oldham, *Work Redesign* (adapted from pp. 80, 81, 90, and 303-306) © 1980 by Addison-Wesley Publishing Company, Inc. Reprinted by permission of Addison-Wesley Longman, Inc.

本章小结

团队由相互依赖以实现共同组织目标的个体组成。所有团队都具备下述特征：界限分明、共同的任务、成员分工、自主、依靠他人、集体责任。

工作小组和工作团队的区别在于：团队成员的目标与组织目标一致，但兼顾成员自身利益与能力；他们对工作的主人翁精神更强，对彼此负责，并相信为领导者和组织服务的同时也是在为彼此工作；他们更能掌控自己的工作方式，希望团队提供更多个人学习与发展的机会；他们认为彼此不可互换，不能轻易被取代，团队领导者较少直接指导团队工作，更多的是为团队成员创造完成工作的环境。

高效的团队满足三个条件：（1）团队成果一直出色；（2）团队必须鼓励成员的个人成长和福祉；（3）团队作为功能性实体必须能实现发展和学习。

如果团队的集体表现胜过最能干成员的潜力，就产生了协同效应。这种团队效率超过个体总和的现象叫做"流程增益"。如果团队滥用个人资源，导致团队绩效还不如个体单独努力的效果，就发生了"流程损失"。

高绩效团队的协同效应建立在五大基础上：明确而有吸引力的目标，以激励成员采取行动；明确的绩效目标和指标，以鼓励高标准；技能出众的人员，以增加价值；认真制定的工作流程，使成员能高效合作；足够的机会，使成员能练习合作并总结经验教训。

团队领导者最重要的任务是建立一个能激励和推动团队完成工作的环境，而不是直接干预团队的日常工作。

为建立高绩效环境，领导者应关注五大关键领域：为个人发展投资；为成员提供支持性环境（如资源和信息）；建立激励并推动高绩效的工作环境（明确而有吸引力的目标、精心设计的任务、适当和适时的指导）；鼓励高效的社交关系；帮助团队建立外部联系。

精心设计的团队任务具备下述特征：技能多样性、任务完整性、任务重要性、自主性及工作相关反馈。

高绩效团队的正面与负面互动比率至少为6:1（如果超过11:1也不好，因为团队要有批评和冲突才能对情况形成实际而全面的判断）。成员还要在主张自己的观点和征求其他成员意见之间寻求平衡。此外，高绩效团队还要平衡内部团结和外部关系。

如果成员一味关注归属感和团结，就会过度追求一致性，进而打压批判性思考和高效决策的能力。这就是集体迷思。

团队领导者的任务是帮助团队平衡内部团结和外部融合的需求，必须确保团队既有外部联系，也能免受外部影响。为管理跨团队合作，领导者要了解自身的态度和行为如何鼓励或抑制高效的跨团队关系；传达鼓励团队间相互依靠的共同愿景；设定对团队合作的明确预期；帮助团队制定与外部人士和群体沟通的策略；奖励与其他团队合作的成员；让团队共处，但确保强调平衡和各团队贡献的专长（否则反而会让彼此关系更糟）；改变布局以增进各团队的互动；重新定义界限，使用融合而不是割裂或孤立团队的语言；在团队中设定跨界角色。

跨界者表现出色，且与外部人士和群体沟通频繁。高效的跨界者参与的活动包括：搜集信息和资源；控制团队的信息和资源外流；帮助团队结交相关外部人士和群体；让团队免受不利干扰、不成熟判断和其他可能拖累团队的行为的影响。

研究表明，团队会经历五个发展阶段：形成、风暴、规范化、履行和解散。每个阶段都给团队带来了机会和挑战，需要领导者帮助团队加以管理。各阶段都会影响成员对任务、彼此和领导者的态度和行为。

高效的领导者谨慎管理干预的形式和时间。他们知道何时插手团队日常工作，何时抽身。如果了解团队生命周期，他们就能更好地管理干预的形式和时机。高效的领导者明白，创建高效团队是一个持续的过程，而不能一蹴而就。

思考题

1. 本章哪些内容对你最有用？为什么？
2. 根据本章所述的团队管理策略，你可以通过哪种最重要的行为来提升自己作为团队成员或领导者的效能？练习这一行为，注意你取得的进步和成效。

3. 回想自己参加过的团队中最成功的一次。哪些特征造就了它的成功？你感觉如何？你取得了哪些成绩？你能从这次经历中总结哪些经验，以成为更好的成员或领导者？

4. 回想自己参加过的团队中最不成功、最浪费时间的一次。哪些特征导致了它的失败？你感觉如何？你取得了哪些成绩？你能从这次经历中吸取哪些教训，以成为更好的成员或领导者？

5. 思考一位最高效的团队领导者。他通过哪五大重要行为来保证自身效能？

6. 思考一位最低效的团队领导者。哪五种行动导致了他的低效？

7. 基于自己的现任与前任工作，完成本章专栏 8-7 中的"工作诊断调查表"。从分数来看，你工作的激励潜能是高还是低？哪些方面的分数最高（如技能多样性、任务完整性、任务重要性、自主性、反馈）？哪些方面的分数最低？你如何提高工作的激励潜能（或已采取哪些行动）？你的老板如何提高该工作的激励潜能（或已采取哪些行动）？

8. 通过本章了解到，对高绩效团队而言，正面与负面互动的比率至少为 6：1。它们还会在主张（表达自己的观点）与征询（征求他人意见）、内部团结与外部联系之间建立平衡。从下面三个方面来观察某个团队：正面互动与负面互动、主张与征询、内部团结与外部联系。根据你的评估，这个团队应主要在哪三个方面提升表现？

9. 搜索 2010 年英国石油公司墨西哥湾石油泄漏事件的相关信息。从这些信息中，你能否发现哪些决策流程和团队/领导关系的纰漏导致了这场灾难？英国石油公司本可以采取哪些措施来避免灾难？哪些经验能帮你成为更好的领导者和决策者？

10. 你加入的团队是否曾陷入集体迷思？描述当时的情形、症状和后果。团队领导者和成员本可以通过哪些行为来避免集体迷思？

第 9 章

多样化团队和虚拟团队：管理差异与距离

本章将帮助你：
- 了解多样化和虚拟团队的优势和风险。
- 掌握高效管理多样化和虚拟团队的技巧。
- 了解管理多样化和虚拟团队的关系动力与管理其任务和技术方面同等重要的原因。
- 成为多样化和虚拟团队中更好的成员或领导者。

想象 20 世纪 60 年代达拉斯典型的管理团队。营销经理正和新产品开发团队在公司新大厦二层会议室召开每周例会。团队的任务是制定来年在美国市场推出新产品的战略。团队成员包括四个拥有大学文化程度、西欧血统的北美人,年龄从 32 到 38 岁不等。他们都热爱工作,希望一直在公司干到 65 岁退休。所有成员都已结婚生子,都是家里的经济支柱,家里有妻儿等他们养活。

快进到 21 世纪的美国,这样的团队更容易想象:你住在纽约,作为营销经理正和跨国成员召开电话会议。团队任务是制定策略,协调如何在未来三个月在五大洲同时推出新产品。除了你本人外,团队还有常驻纽约的 55 岁中国男性,常驻东京的 29 岁北美女性,常驻墨西哥城的 32 岁巴西女性,常驻芝加哥的 35 岁尼日利亚男性,常驻米兰的 25 岁意大利女性,常驻孟买的 28 岁北美男性,常驻斯德哥尔摩的 40 岁澳大利亚男性,以及常驻底特律的 28 岁印度男性。

这些成员的教育背景包括两年制社区大学学位、艺术史学士学位、营销学士学位、公共政策学士学位、工商管理硕士学位(两名)、工程博士学位(两名)。他们在公司的服务年限从 8 个月到 25 年不等。有位成员没有大学文凭,但 20 年来成功地管理着该产品生产国的两家工厂。除了年龄、性别、经历、国籍和地域差异,团队成员的种族和宗教信仰也不同。团队五个月前成立,当时公司刚和之前的竞争对手合并。

确定电话会议时间时要小心,以便所有成员都能参会。比如,芝加哥和墨西哥城的本地时间上午 10:30,大概就是底特律和纽约的上午 11:30,米兰和斯德哥尔摩的下午 5:30,大概就是孟买和东京的晚上 9:00 和 12:30。你从未见过其中四名成员本人。所有互动都通过电话、电邮和视频会议进行。

你热爱自己的工作，每周有两天在家办公（有时在当地的咖啡店），每个月出差六天左右。你和爱人都工作，育有两个子女。今晚下班前，你会检查自己的电话和电邮，看看请你考虑出任新系列智能手机营销经理的猎头是否给你回了话。之后，你会上网查看自己的退休基金组合表现如何。你计划50岁就退休，所以对退休基金的管理很谨慎。你今晚会先接孩子再回家。你会发现自己和爱人都忘了点餐。晚上10：00，你发现从下午6：00下班到现在收到了45封新邮件。

上述场景反映了人口特征、社会规范、工作预期和新技术的变化正在剧烈地改变团队工作的性质。成员的文化多样性和地域分散性都在不断提高。工作任务越来越复杂，成员完成工作的过程也受到技术进步、全球化和竞争加剧的深刻影响。虽然越来越多的研究在探讨领导此类团队的最佳实践，却很少有人会花时间理解如何系统地管理多样化和虚拟团队，因此在面对相应的管理挑战时准备不足，知识匮乏，错失机会，无法发挥这种日益普遍的复杂团队形式的优势。

> 受技术变化影响，如今的典型高管需要处理上千条相互依赖的关系……这些参与者的目标、观点和信念的差异是巨大的。
> ——约翰·科特，领导力学者

当然，相对同质化的团队在很多组织中仍然很常见，成员主要靠面对面交流（或按莱奥波尔迪娜·福尔图纳蒂的说法，"身体对身体"交流，以强调身体语言对团队沟通和协同的重要作用）。但多样化和虚拟团队越来越普遍，为成员提升团队效率、组织竞争力以及自身应对多样化、全球化和技术复杂化工作环境的能力提供了新机会。

管理相对同质化和同地团队的很多能力，对有效管理多样化和虚拟团队而言都是必要但不充分的。例如，提供明确的目标、可行的设计、有效的指导及与外部人士和群体的联系，对所有团队都很重要，无论它们相对同质化还是多样化，无论它们是面对面的还是要借助虚拟手段交流。但领导多样化和虚拟团队需要对团队关系有更深刻的了解，还要掌握更广泛的领导技能。因此，本章将讨论多样化和虚拟团队的特征，重点关注它们与靠面对面交流的同质化团队有何不同。此外，本章还会讨论有助于发挥多样化和虚拟团队提供的机会，并尽可能减少风险的团队领导力技能。

第一部分：多样化团队

刘易斯·格里格斯和伦特-刘易斯·洛在《培训与发展》杂志上发表的文章《多样化团队：故障还是突破？》中指出：

> 让相近的人组成团结的团队已属不易。如果成员来自不同种族或民族文化，难度就会翻倍。这些团队成员不光为人不同，关于做事方式的文化理念也不同。因此，多样化团队比同质化群体更需要技巧性的推动，尤其是在团队成立的早期。

当然，团队多样性不仅仅局限于种族和民族文化。研究人员达恩·冯·克尼彭伯格及其同事解释说，"多样性指的是可能导致他人与自己不同这一看法的个体之间任何特质上的差异"。在工作团队的背景下，多样性指的是"相互依靠的工作团队中，成员之间个人特质的差异"。当今团队成员的差异点可能存在于相对容易观察的社会分类（如种族、性别、国籍和年龄）、工作相关特征（如职业组织、职能部门、阶层、组织成员身份、教育和从业年限）、不明显特征（如认知风格、价值观、经历、技能）和隐秘而不易觉察的特征（如宗教、性取向和健康问题）之中。

经过四十多年的研究，大多数多样性研究人员都认为成员差异对团队有一定的影响。具体而言，成员多样性能影响以下几个方面。

- 团队认知资源和行为风格的多样性。
- 成员在合作中的互动过程，包括任务和关系流程。
- 团队成为高绩效团队的能力，尤其是团队制定有效决策，推动全体成员的发展和福祉，并长期提升团队绩效的能力。

虽然在很多情况下，多样化团队有潜力比相对同质化的团队实现更好的业绩，但研究人员发现其表现并不稳定。有研究发现前者比后者绩效好，有研究发现前者绩效不及后者，还有研究发现多样化对绩效几乎没有影响。因此，多样化团队绩效相对同质化团队是好是坏这个问题没有太大的意义。我们应该问："前者与后者有何不同？""在哪些情况下，前者表现好于后者？""我如何帮多样化团队发挥潜力？"

本章后续内容探讨了这些问题。

多样性悖论

研究人员也认同，团队多样性是把"双刃剑"。与同质化团队相比，多样化团队的成员能给团队带来更多样的观点、信息、技能、关系网和行为风格。更广泛的资源有助于通过提供更多的备选方案、更高的创造力、更好的纠错、更多的批判性思维、更高效的环境变化预测和更具建设性的任务相关冲突，来改进团队决策过程。这些优势能提升决策质量并改善绩效。但只有团队资源（如所有成员的独特观点、经验、技能和网络）和团队任务相关（如眼界或有关某个市场的信息很重要）、团队决策过程融入相关资源、成员之间的差异得到妥善管理，以及成员投入时间和精力来学习如何更高效地合作时，这些优势才容易体现出来。

团队多样性也可能导致不利情况，进而破坏团队利用成员资源的能力。这些情况包括文化误解和偏见、成员边缘化、成员无法支持团队。它们可能导致成员在心理上进一步疏远，从而破坏成员团结，滋生更多沟通问题和无意义的社交冲突，使得决策的制定缓慢而糟糕，出现协同困难，以及消极怠工和人员流失加剧。

研究人员从两个角度解释了多样化团队潜在问题的根源：相似相吸和结构性壁垒。

- **相似相吸的角度**。这一观点假设人们将自己和他人划分为相关社会类别（如种族、性别、阶层和职能范围）。社会类别相同的人认为彼此更相似，事实上也确实如此，因为他们的人生和工作经历相似，因此，他们发现彼此互动"更简单、正面而合意"，而和相异者的互动则不易预测，难以理解，压力重重，不合心意。

- **结构性壁垒的角度**。这一观点涉及阻止全体成员全面参与的社交壁垒，假设多样化团队的情况是团队和组织所属的大社会的缩影。因此，如果社会上的多样化群体中存在偏见、误解、边缘化和欠缺团结的现象，这些社会状况就会从某种程度上被复制到团队中去，阻碍全体成员将贡献最大化。例如，大多数社会和组织都推崇谁才"适合"在某些职位（如经理、工程师、团队领导）上成功的理念，可能还制定明确的政策或非正式规范来排挤一些文化群体的成员，使其无论有多大的能力都无法公平参与这些角色的竞争。即便推行机会平等，团队也确实多样化，团队也可能不会利用这种多样性，因为观点、决策过程和参与规范只反映了主导文化群体的想法，导致少数团队成员可能无法发挥自己的资源优势，进而感到被边缘化。

简言之，多样性悖论就是：虽然多样化成员能给团队带来更广泛的资源，但也可能导致不利情况，从而影响团队高效利用这些资源的能力。因此，我们的关注点不是多样化团队相对同质化团队更好还是更坏，而是组织领导者和管理者如何创造相应的工作背景和文化，进而发挥优势，尽量降低风险。后续内容将详细讨论多样化团队的好处和风险，图9-1进行了总结。

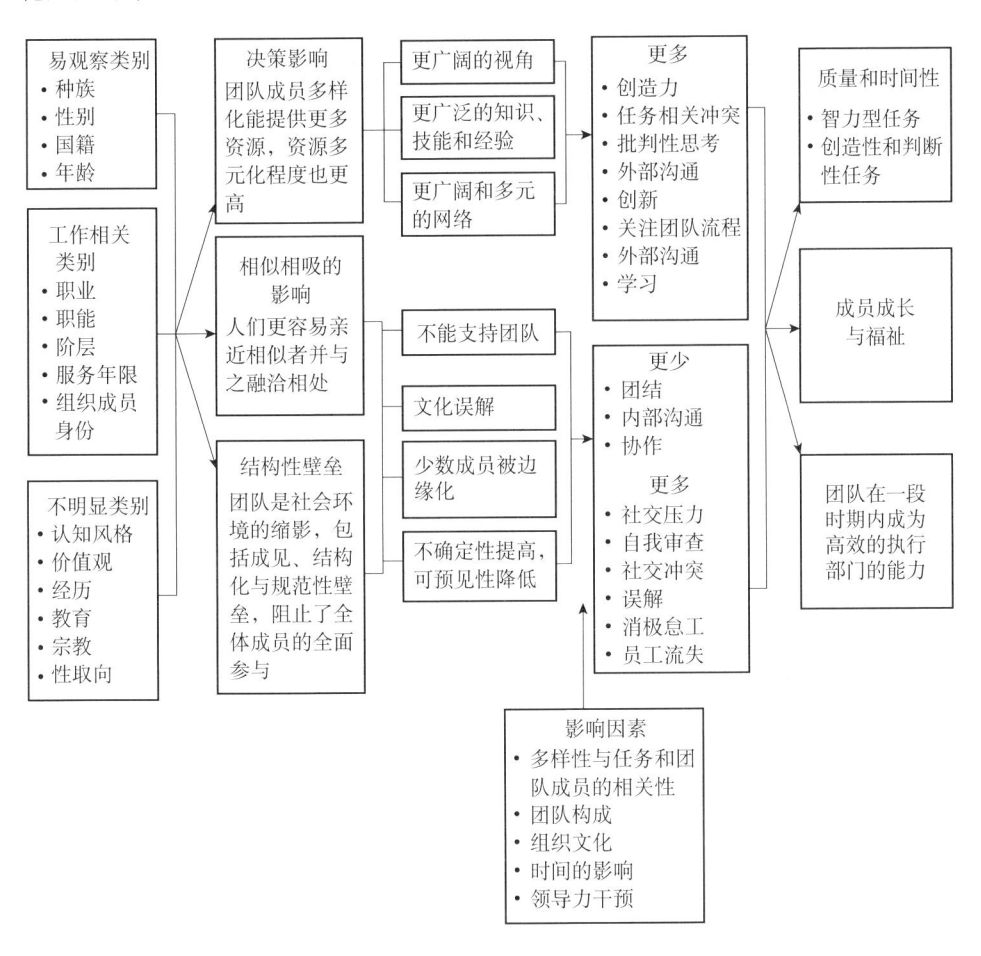

图9-1 多样性对团队流程和绩效的影响

多样化团队的潜在好处和风险

对多样化团队的研究为团队多样性如何对团队流程和绩效产生正面和负面影响提供了洞见。从正面看，(妥善管理的) 多样化团队相对同质化团队具备下述优势。

在智力型任务中的效能更好。智力型任务被定义为存在客观正确答案的任务。研究表明，多样化团队更容易"命中"正确答案，尤其在团队成员的任务相关知识和能力更多元时。

在需要做出创造性和判断性决策的任务中的效能更好。很多问题都需要发挥创造力和判断力来解读复杂的环境并商定"最佳"解决方案。大量研究表明，多样化团队拥有更广泛的信息、技能和经验，能扩展团队思维的广度，帮助团队发现错误、处理信息并解决问题，而相对同质化的团队可能忽略或误读重要的数据和趋势。吉姆·普雷斯顿担任首席执行官期间的雅芳公司就是一个例子。《财富》杂志介绍，普雷斯顿承认雅芳已经成了"祖母的化妆品公司"。"真正让他关注女性问题的诱因，是看着雅芳因男性高管对女性的误判而自毁的经历。他们拒绝相信公司自主市场研究结果。早在20世纪70年代就有研究表明，女性正进入职场并将长期工作"，因此，选择成为"雅芳女士"的女性越来越少，因为她们能选择其他工作，而越来越少的女性待在家里迎接"雅芳女士"上门服务。但雅芳拒绝改变之前成功的"雅芳女士"战略，仍要求她们挨家挨户向家庭妇女推销雅芳产品。普雷斯顿在《财富》杂志的一篇文章中表示，如果在人口特征表明越来越多的女性进入职场时，雅芳公司中有女性高管，"他们就会承认并顺应趋势"，说"你说得没错，这一趋势会继续下去，我们最好做出改变"。

更关注团队流程。多样化团队的成员更能因注意到彼此的不同而担心共事能力，因此更关注团队流程，在制定明确规范以改善决策流程时更加系统而周到（如"确保我们从不同角度考虑这些方案的好处和风险""确保每个人的意见都得到了认真聆听"）。虽然明确规范对同质化团队也有利，但其成员可能忽略了彼此的关系，不太关注互动质量，因此错失了提升团队流程和效率的机会。

更广泛、更多样的外部网络。多样化团队的成员在团队外部的关系网更发达，因此能为团队带来更多的信息、资源和支持，如果它们与团队任务相关并能加以利用，就有助于提升团队绩效。

提升学习。某些情况下，成员能力水平不同（如有些成员更能干）的团队的表现好于成员水平相近的团队。这说明能力强和能力差的成员都能从彼此的互动中学到东西，后者自然能从前者身上学到东西，但研究人员苏珊·杰克逊

> 技术能让我们跨越海洋和文化彼此联系，但不能帮助我们了解彼此。对此，我们必须继续依靠最古老的体系：人类的想象力、容忍度、决心，并不断学习。
> ——玛丽·欧哈拉-德弗罗和罗伯特·乔纳森

表示，前者也能"通过与后者的互动得到成长，因为他们扮演了老师的角色，这能让他们的思维更加敏锐。另一种可能是，缺乏经验的成员的提问和投入会激励成熟成员摆脱处理问题时自动使用的臆断和规则，进而提高他们发现这些臆断需要反思、决策规则需要破例的可能性"。

持续改善。有研究表明，相比同质化团队，多样化团队能"随着时间的推移稳步改善"。而且如果后者表现好于前者，其优势也会随时间得到累积。但这些优势只有被团队妥善管理时才能发挥出来。

障碍

和同质化团队相比，多样化团队更容易面临下述风险。

更大的压力。多样化团队的成员因团队经历而承受压力，有几个原因。一些成员可能受刻板印象和偏见影响，这些刻板印象和偏见可能使流露出此类态度的人和受害者产生更加负面的情感。另外，多样化还会增加社交关系的不确定性，降低可预测性。因此，成员更容易误解彼此的意图，不确定如何互动，加剧迷茫和焦灼的情绪。例如，研究人员朱迪思·克莱尔、乔伊·贝蒂和塔米·麦克莱恩发现，性取向或健康问题等隐性认同可能造成很大的压力，无论当事人选择隐瞒还是公开。如果尝试隐瞒，他们就必须隐藏自己重要的一部分，并且时刻担心被人发现；如果决定公开（尤其当牵扯到社会歧视时），就必须反复解释（而没有这一认同的人无须这样做，如异性恋者和没有长期疾病的人都无须解释）。

团队凝聚力下降。社交团结指的是成员心理上的紧密程度。团结的团队绩效好于不团结的团队（只要没有过度隔绝和自我陶醉），"团结的团队成员的满意度和参与度更高，留在团队的可能性更大"。如果管理不善，则多样化团队的成员难以发现彼此的共同点、遭遇沟通问题、承受更大的压力，并陷入更多社交冲突，进而削

弱团队凝聚力的可能性就更大。

> 如果不能自由跳舞，那么我宁可不要改革。
> ——埃玛·戈尔德曼

身心上更疏远团队。多样化团队的人员流失和消极怠工现象比同质化团队更严重。有研究表明，团队中的少数派如果觉得被边缘化或自己的意见不被鼓励或接受，就会从身心上疏离其所属团队。

内部沟通更少、更易曲解。认为彼此相似的人相处时更融洽，沟通的意愿也就更高；反之，认为彼此相异的人沟通较少。另外，社会与阶级类别（如种族、性别、国籍、职业、部门和阶层）不同的人不太可能有共同的价值观、文化知识和行为。众所周知，同样的词语在不同文化下意义不同，甚至沉默也是如此。有人认为，沉默代表沉稳、周详、专心聆听对方。也有人认为，沉默代表兴趣、信心或能力不足。因此，多样化团队成员更容易误解彼此的言行和意图。专栏9-1中的评估能帮你识别自己和其他团队成员的沟通风格。

专栏9-1

评估团队成员的风格偏好

请圈出最能反映你在工作小组中的风格的数字。记住，没有任何风格是更好或更坏的。然后，比较自己和其他成员的答案。

持续沟通	1 2 3 4 5	沟通不连贯
风格：交谈时我会插话		风格：交谈时我不会插话
健谈者：我说的多、听的少	1 2 3 4 5	倾听者：我听的多、说的少
公事对话：我认为沟通主要为分享信息	1 2 3 4 5	和谐对话：我认为沟通主要为建立关系
我倾向于"出声思考"，在明确自己的想法之前就让团队知道我的思路	1 2 3 4 5	我倾向于安静地思考，等想法清晰了再表达
自我抬升：我喜欢宣传自己的贡献并在团队中脱颖而出	1 2 3 4 5	抬升团队：我不喜欢多讲自己的贡献或在团队中出头
平等：我愿意挑战权威人物，即便是在公开场合	1 2 3 4 5	阶层：我不愿挑战权威人物，尤其是在公开场合

协作难度更大。团队成员越相近，就越容易相互沟通、彼此信任，并预见彼此的意图和行为，协作起来也更快、更容易。有研究表明，成员同质化对根据能力和效率制定客观绩效标准的可预见任务（如生产任务）更有利。例如，对井下作业矿工的研究探讨了同期性（即所有人员差不多同时进公司）对员工绩效的影响。研究人员总结称："熟悉度（包括员工共事的时间）与高效率和低事故率正相关。"

领导者的感性偏见更大。有研究发现，领导者对其眼中的相似者看法更正面，给出的绩效评分也更高。另外，研究还发现，下属会根据对领导者社会文化身份（如种族、性别和国籍）的成见来推测其领导风格。例如，他们认为来自某些文化的团队领导者项目技术能力最强，而对其他文化的领导者就不会有这种预期。这种预期上的差异也会影响团队领导者高效管理的团队的信心、可信度和能力。

团队成员对团队绩效的误判。有研究表明，即便多样化团队表现出色，成员也可能低估团队效能，原因可能是团队的社交压力影响了他们发现团队任务相关优势的能力。因此，领导者需要多给正面反馈，以确保高效多样化团队的成员能认识到自己的优势和成绩。

其他考虑因素

并非所有团队都会表现出上述特征。另外，即便相对同质化的团队也可能兼具上述优势（创意、关注团队流程）或劣势（成员疏离、沟通问题和缺少凝聚力），但它们在多样化团队中表现得更加明显。还有几个因素也决定了它们能否体现出来。

多样性与任务的相关度。多样化团队的优势之一，就是拥有更多样的资源（如知识、技能、经验和关系网）。如果这些资源与任务无关，短期影响可能较小，但长期来看还是能通过提高学习和灵活性来助益团队发展。成员多样化对解决需要创造力、判断力和广泛知识的复杂非常规问题尤其有利。

多样性与成员的相关度。某些多样性与成员的相关度更高，影响更大。例如，明显差异对团队流程的影响比不明显差异更大，尤其在团队成立初期。另外，团队多样性越低，成员差异就越明显。

组织文化的影响。近期研究表明，推崇集体主义文化（员工更重视彼此和组织目标）而不是个人主义文化（员工更重视自我和自己的目标）的组织更容易受益于团队多样性，因为成员更愿意关注集体目标和共同命运，而不是成员差异。

时间的影响。虽然同质化团队成员一开始就能融洽相处，但有研究表明，这种优势会随着时间的推移而消失。例如，一项针对参加高管培训课程的43名高级经理的研究发现，"人口特征和行为风格偏好的相似性一开始对喜好和合作偏好的影响较大"，但"互动三周后，这种相似性不再深刻影响社交喜好和合作偏好。只有个人价值观方面的相似性能同时影响两者"。

团队成员特征：认知需求和对经历的开明程度。研究人员发现，有认知需求和"经历开明度"的成员在多样化团队中的表现更突出，更有助于团队实现目标。研究人员将高"认知需求"定义为"个人参与并享受认知行为的倾向"。高需求的成员愿意寻求并利用机会来开阔思路和学习新的思考方式，而低需求的成员"主要依靠简单的线索、认知捷径和成见来识人辨物"。开明度高的成员"心胸宽广，热爱新鲜事物，不保守"。研究人员阿斯特丽德·霍曼解释说，高开明度的个体"不武断，更愿意考虑不同观点，接受各种类型的局面，不太否认冲突"。霍曼及其同事在研究中发现，成员总体开明度高的团队绩效最出色，而开明度最低的团队表现最差。

虽然成员多样性有利有弊，但也能使团队受益良多，尤其在某些情况下。多样化团队在下述情形中比同质化团队有优势。

- 成员多样性与团队任务相关（如任务需要创造力和判断力，开阔的思路或有关某一市场的信息很重要时）。
- 成员有时间学习如何高效地合作。
- 认可并妥善管理成员多样性。

领导多样化团队

考虑到多样化团队的日渐普及和多样性对团队绩效的影响，领导者无法承受对其管理不当的代价。和所有团队一样，多样化团队的高效领导者也会创造条件，帮助团队利用而不是浪费集体资源。

当然，高效的多样化团队和同质化团队的成员有很多共同点：他们都致力于实现团队目标；有特别的专长；不坚持某种方法或职能；有解决问题、决策

> 以建设性的方式解决冲突，从而团结而不是割裂团队，形成创造性决策而不是自毁的权利争斗，是高水平的领导力技巧。
> ——约翰·科特，领导力学者

和执行的能力；有出色的关系能力；知道自己的优缺点及其对团队绩效的影响；适应性强。但多样化团队的成员必须更善于理解结构化和风格差异，关注团队流程，预测自己的观点和行为对他人的影响，并处理不熟悉的新情况。对全球化团队而言，成员还要适应多种组织文化、政策和规范。下述策略能帮助领导者激发多样化团队的最佳绩效。

创造共同认同和集体文化。人们能被自己眼中的相似者吸引，并与其融洽相处，因此成员形成凌驾于其他认同之上的集体认同非常重要。推崇集体文化（提倡共同的组织目标、相互依靠、合作、认可员工的相似性而不是差异）而不是个体文化（宣扬员工的独特性并鼓励员工特立独行）的组织，更容易在员工中建立共同认同并受益于多样性。具体而言，研究人员詹妮弗·查特曼及其同事解释称：

> 集体文化所培养的相似感和共同命运让成员更多地将同事视作内部团体的一部分。因为内部团体成员会寻求彼此互动，强调集体价值观的组织成员也更经常地彼此互动，还会共同努力以解决组织问题。

对推崇集体文化和个体文化组织的研究发现，"无论从自我评价还是专家评估来看，集体文化下的相异者创意表现最出色"。

在工作团队中建立"多样性价值"观点。鼓励成员从认可多样性价值的角度看待问题的团队表现更出色，因为这些团队的成员更愿意寻求、整合并善用多样化信息。多样化团队的高效领导者鼓励团队利用成员之间的差异来反思完成工作、定义市场、解决问题和日常操作的原有方式。

> 文化观念会通过表面差异分裂原本团结的群体。
> ——詹妮弗·詹姆斯，《思考将来时》

聘任认知需求和开明度高的成员。 尽可能聘请并奖励其自身特质有利于团队最大限度地运用多样化资源的成员。如果无法选择这种成员,就通过培训解释这些特质和认可多样性价值的观点是如何推动团队成功的。

特别关注早期会议。 和所有团队一样,团队初期发生的一切为成员未来互动定下了基调。初期成员会彼此了解并协调关系。但相比同质化团队,多样化团队的成员要克服的障碍更多,包括更多的成见、偏见和社交冲突。有研究表明,培训成员接受彼此的视角,能提升团队高效合作的能力。团队领导者可以让成员在早期会议上讨论下述问题。

- 我倾向于哪种交流方式(沟通、正式程度、解决/回避冲突、应对权威)?
- 我与工作相关的价值观是什么(时间管理、问题解决方式、对效能的定义)?
- 我对领导者有哪些期望?

成员各自回答了上述问题后,团队可集体思考下述问题。

- 我们有何相似?有何不同?
- 哪些差异与团队绩效相关?哪些无关?
- 哪些集体优势有利于团队绩效?
- 哪些潜在不利情况可能影响我们合作的能力?
- 如何在合作中利用差异?

额外关注团队规范和工作流程。 制定明确的规范和工作流程对多样化团队尤其重要,因为多样化团队的成员可能更加难以团结、沟通和协作。规范能提高可预见性,减少误会,缓解压力。与沟通相关的规范对多样化团队尤为重要。例如,成员应确保积极征求全体成员的意见并认真对待。如果成员的语言不同,说话时应缓慢而清晰,确认对方能够明白,并避免可能冒犯其他文化的语言和习惯。不同文化群体成员的外部关系网不同,因此应鼓励成员与能给团队提供信息和支持的外部人士及群体交往。

尽早提供成功机会,明确绩效指标,持续给出正面反馈。 对多样化团队而言,团队初期取得的小成功更重要,因为成员可能对团队高效合作的能力不太乐观,需要早期成功来提升成员对彼此的信任和对团队的信心,缓解对团队合作能力的顾虑，提高成员对彼此的兴趣。相比同质化团队，由于多样化团队的成员会低估团队效率（即便他们的表现比同质化团队更出色），领导者更应该提供明确而可度量的绩效指标和持续反馈，以便成员发现自己的进步。多样化团队的领导者还应该提供更多正面反馈，因为成员不容易充分认识集体成果。

示范对成员的期望。领导者的行为传递给成员明确的信号，表明哪些态度、语言和行为才合适。多样化团队的高效管理者会管理自己的成见和偏见，积极寻求团队多样化，通过日常互动表现出对多样性的尊重，并认可其对团队和组织的好处。简单的事情也能带来大不同。例如，跨国管理团队的一位领导者做出了如下干预：

> 他的公司徽章上以拉丁文、粤语和日文列出了他的名字。他在会议上指导经理警惕并学会应对带有文化偏见的误解。他会打断员工的讨论，看员工是否充分理解了彼此的意思。他还鼓励经理也这样做。此外他私下与经理见面，讨论一些相对敏感的问题（如某位经理的风格冒犯他人的可能性），就像外交人员一样。

关注团队的工作环境。团队无法脱离环境而存在，因此组织和社会上的偏见、规范和态势，都会在团队中有所体现。多样化团队的工作背景制造的不是机会（如运用全体成员的资源，进而利用团队多样性以提升表现）就是障碍（如以成见看待某些成员，将其边缘化，进而阻碍团队实现目标）。研究人员阿帕纳·乔希和卢玄铎解释说，"如果某个单一人口群体垄断了某个行业，某个少数群体就可能成为基于成见的负面分类的受害者"，而这些成见可能影响团队超越负面成见以充分利用多样化团队的能力。例如，白人男性垄断了美国的工程和信息产业，而女性则垄断了护理和教师行业。团队领导者要意识到，主流群体以外的成员加入团队时，可能出现成见等不利因素，要采取行动，尽量降低出现不利因素的可能性，以便团队能利用全部资源。

结论

团队领导者有责任采取相应的行动，从而使多样化团队能最大限度地利用集体资源并避免阻碍其绩效的不利因素，这样所有成员都能因珍视和利用团队多样性产

> 不久前，我们说到和某人共事时，指的是两人为同一家公司在同一个地点工作。而就在变革后的一瞬间，共事的人不必待在同一个地方。现在，很多人都服务于超越了距离、时区和组织界限的虚拟团队。
> ——杰西卡·利普耐克、杰弗里·斯坦普斯，《虚拟团队：跨越时空与技术的交流》

生的竞争优势而受益。如果多样化团队因不利因素而错失其独特机遇，那就是所有成员的损失。多样化团队无疑将继续丰富并挑战我们所在的组织，同时逐渐影响我们的日常生活。它们将设计制造我们使用的产品，治愈困扰我们的疾病，为我们完成复杂的手术，并在学校照顾我们的孩子。我们的生活品质，不仅依赖团队成员的个人能力，也依赖他们作为团结而高效的团队发挥多样性并通力合作的能力。

第二部分：虚拟团队——远距离共事

虚拟团队（也叫"分布式团队"）在组织中越来越常见。和主要靠面对面交流的团队（也叫"同地团队"）一样，虚拟团队也由因集体任务而彼此依靠与互动，从而实现共同组织目标的个体组成。但虚拟团队和面对面团队有很大差异。

- **沟通主要依靠电脑辅助信息和沟通技术**。虚拟团队成员对电脑辅助技术的应用程度高于面对面团队。这些技术能让成员在必要时无须见面就实现沟通、召开会议、制定决策、起草并管理文件、管理项目、服务客户及完成集体任务。
- **灵活性**。虚拟团队更加灵活，因为时间表可以"按截止日期和里程碑事件而不是团队成员时间"来设定。
- **团队成员不固定**。虚拟团队成员不太固定。因为项目在不同阶段需要不同类型的专长和观点，成员构成可能不断变化。
- **多样性**。虚拟团队的成员比面对面团队更多样，因为前者涵盖不同部门、地区、国家、机构、客户、临时工、顾问和其他人员的可能性更大。成员对信息和沟通技术的应用、熟悉度和技能水平也可能不同（如使用社交网站、搜索与评估信息、凭本能判断如何使用新工具），而这些差异与年龄、阶层、教育和国籍有关。专栏 9-2 总结了互联网用户的人口特征趋势。

专栏 9-2

互联网用户的人口特征

以下数据摘自 2009 年，具体比例会随时间变化，但整体模式可能延续（自 2000 年以来就保持相似）。皮尤互联网和美国生活项目近期对美国互联网用户的调研发现：

- 18~29 岁、30~49 岁、50~64 岁和 65 岁以上的群体中，互联网用户的比例分别为 93%、81%、70%、38%；
- 18~29 岁、30~49 岁、50~64 岁和 65 岁以上的群体中，家庭宽带用户的比例分别为 76%、67%、56%、26%；
- 81% 的男性和 77% 的女性使用互联网；
- 59% 的男性和 51% 的女性使用无线互联网，而在 18~29 岁、30~49 岁、50~64 岁和 65 岁以上的群体中，这一比例分别为 80%、66%、42%、16%；
- 76% 的非西班牙裔白人、70% 的非西班牙裔黑人和 64% 的西班牙裔（说英语和西班牙语）使用互联网；
- 年收入为 75 000 美元、50 000~74 999 美元、30 000~49 999 美元和不足 30 000 美元的家庭中，使用互联网的比例分别为 94%、83%、76%、60%；
- 大学学历、大学同等学力、高中学历和高中以下学历的群体中，互联网用户所占比例分别为 94%、87%、63%、39%。

Miniwatt 市场营销小组近期的一项全球互联网应用研究发现：

- 不到 27% 的世界人口使用互联网。
- 北美洲、大洋洲/澳大利亚、欧洲、拉美/加勒比海国家、中东、亚洲、非洲使用互联网的用户占比分别为 76.2%、68.8%、53.01%、31.9%、28.8%、20.1%、8.7%。

- 按全球地区划分，亚洲、欧洲、北美洲、拉美/加勒比海国家、非洲、中东、大洋洲/澳大利亚的互联网使用占比分别为 42.4%、23.6%、14.4%、10.4%、4.8%、3.2%、1.2%。

Source：Internet, broadband and cell phone statistics; 2009. http://www.pewinternet.org/Reports/2010/Internet-broadband-and-cell-phone-statistics.aspx?r=1; The Miniwatt Marketing Group, Internet World Statistics for 2009/10, http://www.internetworldstats.com/stats.htm.

所有团队，无论依靠面对面还是虚拟手段会面，都要高效管理任务和关系流程，才能实现集体目标。他们需要确保成员之间团结、内外部高效沟通及获取成功所需的资源（如信息、材料和关系）、协调行动，才能迅速而优质地实现目标。但虚拟团队面临的挑战比面对面团队更多。本章后续部分讨论了虚拟团队的优势和挑战，以及管理这种团队的最佳实践。

虚拟团队的优势

一些技术、社会和经济趋势，不仅让虚拟团队成为可能，更让虚拟团队比同地团队更受青睐。

- 电子与计算机信息和沟通技术日渐廉价而普及，提升团队效率与效能的新技术不断涌现。
- 全球扩张、合并、联盟和收购制造了跨越地区和国界的组织关系，增加了组织成员见面的难度。
- 从生产型到智力型工作的转变，让共事成员无须身处一处。
- 很多团队依靠外界顾问和专家，他们无法定期亲临会议。
- 电子商务造就了主要甚至唯有通过社交网络才能实现的组织-客户关系，它所提供的全天候客户服务及时而贴近客户。
- 组织希望以非传统的工作安排来聘请和留住人才，包括在信息与通信技术的支持下允许远程办公。很多人才对影响身体健康和家人团聚的频繁出差感到厌恶，寻求以远程办公和虚拟交流替代出差的机会。
- 组织希望最大限度地使用有限的办公空间，普及"公用工位"来减少工位数量。公用工位指的是很少在办公室办公的多名员工（如兼职顾问和不坐班的员工）共享的办公空间，包括办公桌、电脑、电话和储物空间。
- 信息与通信技术能解放团队成员，使其在一定程度上免受时空限制，提高速度和效率——这在当今竞争性经济环境下构成了独特的优势。

虚拟团队的日渐普及也因降低了差旅和设施成本需求而有利于环境。美国政府有研究发现，"如果20 000名联邦政府人员每周有一天使用远程办公，每周能减少200万千米的交通，节省102加仑汽油，少排放81 600磅二氧化碳"。

当然，通信与信息技术的出现不一定能提升团队的速度、灵活性、成本效益和效率。要实现这一目标，无论虚拟团队还是面对面团队，都必须具备明确

> 我们还处在互联网学习曲线的起点。道路愈发陡峭，当无法以互联网速度行进时，你最好留意自己留下的轨迹。
> ——斯科特·麦克尼利，
> 升阳联合创始人

而有吸引力的目标、明确的绩效标准与问责流程、高效的沟通与协作流程、关注任务与关系的高水平成员，以及练习并吸取共同经验教训的机会。虚拟团队的成员还必须学会如何克服因依靠电脑辅助信息与通信技术沟通而形成的挑战，尤其当成员差异包括地理距离、文化差异、时区和通信技术的普及与娴熟程度时。因此，虚拟团队的高效领导者要更加努力地确保所有成员都了解目标并跟进同样的工作，因为成员的价值观、优先事项、视角和工作惯例不一致的可能性更大。有研究发现，目标与问责规定不明、信息分享低效，是导致虚拟团队表现不佳的常见原因。

如果说高绩效虚拟团队有什么成功秘诀，那就是成员和领导者都能意识到，管理虚拟团队内外部关系与管理技术和任务过程同等重要。加利福尼亚州改善会议学院主任伯尼·德科文对高效虚拟团队做出了如下描述：

> 我能想到的最好的虚拟团队中，成员间沟通时能像操作多种沟通与计算技术时一样自如。"虚拟"沟通时，他们能利用全部技术专长来推进工作；见面时，他们仍能利用同样的技术来形成、归纳并完善自己的理解。他们的情感带宽和沟通带宽一致，无论沟通方式和地点如何，他们的交流都能体现幽默、理

解和相互尊重。

虚拟团队的挑战

有关分布式团队的研究发现，虚拟团队的情况与面对面团队大有不同。例如，很多研究人员都主张，电子与计算机辅助会议和面对面会议差别很大。李·斯普劳尔和萨拉·凯斯勒对面对面会议的描述如下：

> 如果可以选择，我要住在网络世界里。
> ——加布·多佩，*Mademoiselle* 杂志编辑

大多数会议的发展都可以预测。成员参与程度不同；一个人或一个派系掌控发言，具体由成员级别决定。经理比下属说的多，男性比女性说的多，前排人比后排人说的多。人们礼貌而周到地避免争议。如果要做决定，团队就会通过长时间的讨论一点点筛选方案。人们总倾向于多数人赞同的方案。我们经常能通过谁主导讨论来推测出决策结果。

有研究表明，相比面对面团队，依靠电子与计算机辅助技术沟通的团队具备以下特征。

- 不易受级别或社交与沟通能力更高的人影响。
- 向更多能够带来知识互补的人士征求意见，进而提高待考虑备选方案的数量。面对面团队的知识则相对受限，因为他们的观点、知识和经验欠缺多样性。
- 任务相关冲突更多，可能是因为阶级影响和礼貌规范（如轮流发言或装出认真聆听的样子）的约束不如见面时强烈。

另外，和同地团队相比，使用电子与计算机辅助信息和沟通技术的成员可获得更多信息，能更快地和更多人员沟通。但这种沟通与协作可能更为复杂。思考某个虚拟团队描述的下述问题：

> 沟通总是零碎的，远距离成员之间存在隔阂和误解。召开电话会议时也很混乱，成员看的文件页数都不一样。成员没有接受电话会议请求或回答其他成

员的问题。邮件发送名单漏掉了偏远地区的重要成员。重要决策或信息没有告知部分成员。因对任务分配的臆断而产生误解。不同地区的人对信息的解读不同，导致不同办事处之间冲突不断。

上述情形说明，虚拟团队成员也必须制定工作流程，以打造凝聚力，推进任务的共识，并保证成员间的高效沟通与协作。如果这些流程不到位，就会造成"混乱、不安和怨气"。上述情形还说明，虚拟团队如果对社交关系（而不是技术）管理不善，会造成很多沟通与协作难题。本章后续内容介绍了与虚拟团队中社交关系相关的挑战。

> 任何商业技术的第一原则是：在高效运作中应用自动化会提高效率。第二原则是：在低效运作中应用自动化会加剧低效程度。
> ——比尔·盖茨，微软联合创始人

管理虚拟团队中的社交关系

虚拟团队中尤其困难的两大社交流程涉及团队成员：（1）形成凝聚力，进而致力于实现彼此和团队目标的能力；（2）与彼此和外部人士/团队高效沟通，进而推动彼此顺畅合作的能力。

培养凝聚力和奉献精神。人类是社会动物。我们的基本需求包括归属于某个团体、彼此互动、相互依靠。工作和团队中的优质关系能提供认同感及可预测的、有助于彼此协作的言行规则，增进我们的身心健康。思考下述内容。

- 我们对待关系融洽的人和陌生人的方式不同，也更容易受到熟人的影响。玛莎·海伍德在《管理虚拟团队》一书中解释说："忽略认识的人更难，因为我们知道他们有思想，有需求，有感觉，他们的老板会因为他们没完成工作而发火。我知道，和陌生人的邮件相比，我更愿意回复朋友约翰发来的邮件。"
- 积蓄内外关系网这种社交资本的团队业绩更好。这些团队的领导者晋升的机会更大，因为他们成绩更好，也更受关注。
- 成员之间互动更正面的团队业绩更好，因为全体成员都会积极参与。这样的团队也愿意接受新想法，且处事灵活。
- 有优质人脉（能形成正面能量和正面印象的短期私交，如饮水机旁的偶遇，会前会后的非正式互动）的人更能接受不同的观点，记性更好，心理安全感更强，更有韧劲，健康状况更好（如心血管系统和免疫系统）。推崇这种优质人脉的团队更容易激励高效沟通、合作、学习、冒险与变革。

虽然优质关系对团队效能有很多好处，但很多研究人员和从业人员担心虚拟团队难以建立这种关系，因为成员不太有机会参与有助于培养熟悉感、可预测性和互信互重的活动，也难以像面对面交流一样发现社交线索（如语气和身体语言），以更准确地了解言语的意义。而同地员工更容易在走廊里即兴交谈，一起休息吃饭，看到同事办公桌上的家庭合照，并参加组织举办的社交活动。这种面对面的互动虽然不与任务直接相关，但对工作成果影响很大，因为它们：能让我们彼此熟识；有助于建立对组织及其目标和价值观的共识；增进互信互重，相互承诺和保持善意。最好的想法和机会往往来自偶遇和非正式讨论。

心理分析学家爱德华·哈洛韦尔将这种面对面交流称为"人性时刻""一种真正的心理碰撞，只有两人同在一处时才能发生"。他解释说：

> 我之所以会提出"人性时刻"这个说法，是因为我相信它已经慢慢从我们的生活中消失……人性时刻有两个前提：双方身在一处；互相给予情感和智力关注。

> 科技……是一种编排这个世界以回避与之交流的技巧。
> ——马克斯·弗里施，瑞士作家

约翰·洛克在《社会失声：为什么我们不再交谈》一书中辛辣地呼应了哈洛韦尔关于技术对人类关系影响的担忧："有了答录机之后，之前无法想象却能扼杀社交关系的事情发生了：我们要决定是否回复密友。"

大多数互联网专家就技术对人类关系的影响持乐观态度。皮尤的一项近期研究询问了895位互联网专家就互联网对社会关系影响的看法，发现"互联网对社交的正面影响远大于负面影响……因为电邮、社交网络和其他网络工具提供了建立、增进并重新发现社会关系以改变生活的机会。互联网降低了传统沟通的成本和时空约束；支持公开信息分享，将人们集结起来"。具体而言，85%的受访人士同意下述说法："2020年，当我审视人生，思考个人关系、婚姻和其他关系时，我认为互联网对我社交世界的影响大多是正面的，未来更是如此。"一位受访对象解释说：

> 社交的敌人是沉默、疏离、距离和抛弃。在过去，有多少人和家庭深受其苦？现在，我们有了互联网。高中同学重聚；陌生人相遇、相恋；家庭团圆；被收养的孩子找到了亲人；利益团体蓬勃发展；商业跨越了国界；人们了解了家谱，能找到历史上的先祖，并思考自己在时间长河中的位置。在互联网上，社会疏离仍然存在，但社会融合的机会也是前所未有的。如今，走进来还是待在外面，只是个人选择的问题。

但也有15%的受访对象同意以下陈述："2020年，当我审视人生，思考个人关系、婚姻和其他关系时，我认为互联网对我社交世界的影响大多是负面的，未来更是如此。"这些专家担心互联网对社交关系产生以下负面影响：关系变淡；孩子成长时欠缺面对面的社交技能；互联网让原本就已经孤立的个体形成"虚假的联系感"，进而加剧社会疏离；为网络暴力和其他骚扰行为提供新平台；只在网上和观点相近的人交流，导致世界观越发狭隘和极端。

很多研究人员对于技术对工作关系的影响持乐观态度，并认为心理上的亲近和身体上的亲近同等重要。研究人员大卫·阿姆斯特朗和保罗·科尔认为，心理亲近是几大因素综合作用的结果，包括"对团队成员身份的认同程度；工作目标、规范、角色和流程预期（任务凝聚力）的相似性；互相理解的准确度；对共同目标的积极性；互依互信的程度；成员间沟通的频率"。无论通过虚拟手段还是面对面方式，都能实现这些因素。

实际上，电子与计算机辅助技术如果管理得当，能帮助我们克服虚拟团队在建立心理亲近感方面的障碍。例如，我们更容易看到彼此的相似点，因为没

> 21世纪最振奋人心的突破，不是因为技术，而是因为技术对人类的意义不断丰富。
> ——约翰·奈斯比特，《大趋势》作者

有视觉线索凸显彼此的差异；我们更容易跨越传统专业、职能和阶层的障碍，因为看不到相应的视觉信号。很多人认为电子沟通更简单、有趣、有效，因为我们有时间认真组织并表述想法，避免公开发言时会遇到的尴尬和怯场，尽量减少团队中的

阶层影响，从而可以坦诚发言并获得认真对待。

记住，不是所有人都期盼亲密的工作关系。玛莎·海伍德曾听一位经理说："我不在乎他的内心感受，我只想知道他什么时候能给我回电话。"研究人员李·斯普劳尔多年来一直在研究网络环境中的信任与关系。他解释说："如果我发现对方能凭借我提供的信息圆满完成工作，认可信息的作用，且不让我尴尬，我就会信任对方。"

实际上，在虚拟工作关系中，信任比亲密更重要。成员之间彼此信任的团队业绩更好。信任指的是一个人在即便无法控制对方行为的情况下，因假设对方能照顾自身最佳利益并履行承诺而不设防备的意愿。虚拟团队要培养互信更难，因为控制成员行为也变得更难。例如，你要相信成员在电话会议上认真倾听发言，而不是在查收邮件或打扫办公室。假设、优先事项和工作实践上的差异也增加了建立互信的难度，因为我们更容易相信能预见其行为的人。而当对方来自不同文化且无法看到社交线索进而理解对方的言语时，我们很难预见对方的行为。虚拟团队的领导者要控制成员行为也很难，因为成员分布在全国甚至世界各地，领导者可能都说不出自己的成员在哪儿。虽然建立互信有难度，但虚拟团队必须迅速做到这一点，因为即便彼此不了解，他们也要马上开始共同完成项目工作。

> 在网络世界中，美国的《人权法案》不过是当地法令。
> ——玛丽·欧哈拉-德弗罗和罗伯特·乔纳森，引述约翰·佩里·巴洛

在虚拟团队中建立互信靠什么？和所有关系一样，都要靠善意、负责、能力、可预见性和诚信，而且主要看团队早期互动的效果。因此，虚拟团队的领导者在早期付出的时间和规划有长远效果。有利于虚拟团队建立信任的早期领导行为包括：明确传达任务以尽量消除困惑；表现出对任务的乐观和热情以激励承诺；确保成员了解彼此并知道成员各自的宝贵技能和观点；发展共同的正面社交经历以培养善意；制定共同的沟通与协作规范以建立可预测性；传达共同的问责规范以确保质量；提供管理得当的技术环境以确保全体成员都掌握适当的技术并知道如何应用。

管理虚拟团队中的沟通

> 我们身边的科技不断繁衍,越来越深刻地决定了我们思考和表达的语言。我们或者使用这些语言,或者保持沉默。
> ——J.G. 巴拉德,英国小说家

高效沟通对虚拟团队的效能至关重要,是"所有发言人和听众试图建立共同沟通背景,以生成和理解彼此想法的途径……会谈的参与者努力就现状、任务和对方的背景知识、预期、想法、态度达成共识"。但借助电子与计算机辅助技术对工作目标和实现目标的流程建立共同认知尤其困难。本节着重探讨影响虚拟团队沟通质量的三大社交因素:(1)缺少社交线索;(2)对有助于增进诚实沟通的安全心理环境的需求;(3)阶层与权力关系。

缺少社交线索。研究人员认为,面对面沟通与电子和计算机辅助沟通最大的差异之一,就是后者缺失了很多我们用以理解说话者意图和感觉的常见社交线索,包括静态线索、动态线索和情境线索。

静态线索指的是职衔(医生或护士、经理或秘书)、外表(着装风格或种族、民族和性别等人口群体特征)和座位安排(谁坐在桌首)等固定标志。我们根据这些线索来推断互动对象的阶层、专长和信誉,进而影响我们理解对方言谈的内容和价值的方式。静态线索还指会议上帮助我们"同步"的报告和图表等视觉辅助工具。

动态线索指的是不断变化的身体信号,包括表情(微笑或蹙眉)、身体语言(点头或手势)、节奏(打断或回答前犹豫)和语调(轻声或高声)。这些非言语线索有助于推断对方的自信、热情、理解,以及对我们言谈的支持或抵触立场。

情境线索指的是我们对沟通发生的社会背景的理解。社会背景具体包括对组织和团队人员、关系、问题和事件(如宗教节日、组织管理、政治目的与同盟、未来裁员及近期或潜在诉讼)的了解。了解不同地区的组织和文化背景有助于理解"言外之意"。决策时,这种对情境的解读有利于了解哪些备选方案更实际,以及决策可能有意无意地造成哪些潜在后果。但虚拟团队难以理解这种"情境下信息",尤其在成员来自不同国家并身处不同地区时。

> 同事之间长期发邮件而不是走过去当面交谈会导致体重增加……10年内增重11磅。
> ——海德尔·阿勒顿,引述《培训与发展》的一项研究

雷·弗里德曼和史蒂文·科拉耳的一项研究阐明了缺少社交线索为什么会给远距离沟通带来问题。他们发现，使用电邮比当面交流更容易产生冲突，而使用电邮来解决现有冲突反而会加剧冲突。他们认为，在面对面情境下，双方更容易对情境（包括冲突）产生共识（也就是常说的共同基础）；能通过分析身体语言和语调来推断对方对信息主旨的反应；沟通更短、更频繁（包括轮流发言），因此没有让误会形成或发酵的时间。而使用电邮沟通时，双方无法通过解读身体语言或语调来理解言语——即便是善意的语言也很容易被误解；回应间隔更长，为误会和怨恨升级提供了时间；书面回应时间较长并包含多个想法，导致回复无法覆盖所有问题，滋生不满情绪；发言人可能花费更长的时间来斟酌书面回答，因而会更坚定地捍卫自己的立场。

简言之，社交线索有助于推断发言人的地位、信誉和可信度；对方对我方和我方观点的反应；沟通事项更广阔的背景。因此，虚拟团队的领导者需要：（1）了解缺少社交线索会如何曲解沟通，进而影响团结和协作；（2）设计即便缺少社交线索也能保证高效沟通的团队流程。图 9-2 介绍了社交线索对培养团队共识的作用。

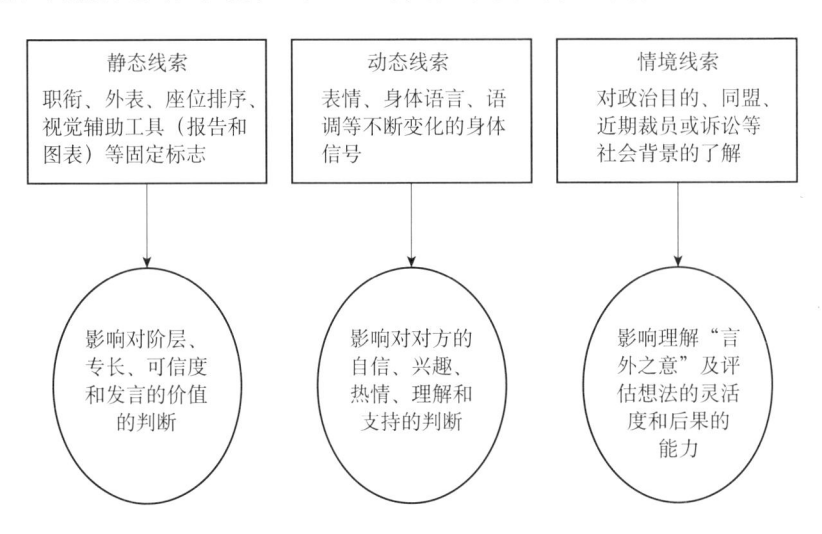

静态线索	动态线索	情境线索
职衔、外表、座位排序、视觉辅助工具（报告和图表）等固定标志	表情、身体语言、语调等不断变化的身体信号	对政治目的、同盟、近期裁员或诉讼等社会背景的了解
↓	↓	↓
影响对阶层、专长、可信度和发言的价值的判断	影响对对方的自信、兴趣、热情、理解和支持的判断	影响理解"言外之意"及评估想法的灵活度和后果的能力

图 9-2　社交线索的重要性

对安全心理环境的需求。心理安全感指的是员工"相信表现自我不会对个人形象、阶层或事业造成负面影响的感觉"。研究人员艾米·埃德蒙森将团队心理安全感定义为"相信承担交际风险很安全的团队共同信念"。埃德蒙森将团队学习定义为"成员借此获得并处理数据进而实现适应和提升的活动",而心理安全感对团队学习至关重要。

研究人员发现,有心理安全感的成员团队内外沟通更频繁、更高效。具体而言,他们不拘谨;更容易信任和支持彼此;更愿意跨越阶层和职能界限分享信息;看重所有成员的不同观点和才干;避免陷入负面成见;减少团队内外部冲突;需要时求助;承认错误;提出棘手问题;参与迅速、非正式、即兴的面对面和电邮沟通;征求反馈;积极性更高;挑战当前惯例;创造力强;更愿冒险和试验。研究人员克里斯蒂娜·吉布森和詹妮弗·吉布斯发现,虚拟团队的安全心理环境有利于创新,因为"它有助于发现并澄清背景差异,帮助团队在各种背景下协调并积蓄创新资源",而且"有利于发现并澄清因国籍和规范而造成的文化差异,解决冲突,提升开放环境以鼓励成员放心提问,承认认知不足并表达意见"。建立了安全心理环境的团队自然业绩更好,因为它们更积极,能运用团队内外部的资源,更好地总结经验教训,迅速适应,并更周到地决策。

虚拟团队要建立安全心理环境更难,因为它们面对的不确定性和不可预见性更高,建立互助关系的难度也更大。因此,虚拟团队的领导者必须采取系统措施,以降低不确定性并改善成员之间、团队与实现目标所涉及的外部人员和群体之间的关系,包括一开始就强调各成员独特的观点和才干,鼓励全体成员参与并认真聆听,鼓励并奖励冒险行为,帮助成员与相关外部人士和群体建立优质关系。见专栏9-3。

专栏9-3

管理全球分布式团队的最佳实践

为增进各工厂经理之间的团结,某组织的新任领导者要求管理人员每隔六到八周见一面。会议地点轮换,以便他们可以拜访彼此的国家。会议间隔期内,每三周召开一次电话会议。第一次考察某个国家时,管理团队还会在顾问的推进下与该国员工共同讨论。团队甚至还建立了共同的幽默和玩笑,如要求初次见面的工厂经理用母语唱歌。这成了成员更替过程中新经理的入职仪式。

Source: From Armstrong, David, and Paul Cole. 1994. *Culture and Social Behavior*. New York: McGraw-Hill.

理解虚拟团队中的阶层与权力关系。阶层和权力关系是组织日常生活的常见组成部分。不断有研究发现,"在多个级别的群体中,高级别人士发言更多、更坦率,对议程控制力更强,影响力也更大"。分布式团队研究人员探讨的话题中,最有趣的一个就是电子与计算机辅助沟通是否能削弱阶层影响。很多研究人员对此持正面观点。研究人员李·斯普劳尔和萨拉·凯斯勒解释说:

> 和其他沟通方式相比,读懂电子信息中的阶层线索难度更大,因此高级别人士无法主导讨论。例如,高管团队面谈时,男性首先提出决策建议的概率是女性的五倍,而通过电脑沟通时,两者比例相当。研究生和本科生当面商定合作项目时,研究生的提议获选的可能性更大,而如果采用电子方式讨论和决策,本科生的提议有一半的概率获选。

此外,有证据表明,电邮能增进跨越阶层界限的沟通,此外,员工主要靠电邮向老板汇报坏消息。

但也有研究人员主张,计算机辅助沟通所带来的"平衡化现象"(降低阶层影响)言过其实。研究人员朱塞佩·蒙托瓦尼主张:"计算机辅助沟通有利于克服物理障碍,却不一定对社交障碍有效。"他补充说:"电子联系的目的主要是增进现有互动模式,而不是制造新模式……计算机辅助沟通经常巩固现有偏好,遵守阶层障碍和已形成的沟通阵营"。换言之,面谈时不被重视的人,他的电邮也不可能得到认真对待。

> 如果技术进步没有伴随社会进步,就会加剧人类的苦难和贫穷。
> ——迈克尔·哈林顿,美国社会科学家

另外,电子与计算机辅助沟通技术也增加了雇主监督和控制员工行为的途径。他们能借此监督员工通话、电邮沟通和上网情况;关注击键频率就能判断员工的工作效率;监督员工使用电脑的时间,并希望员工在晚间、周末和假期也能定期检查电邮和语音信息。美国管理协会和电子政策学会的近期研究表明,组织加大了通过电子方式监督员工的力度。526家受访美国公司中,有76%监控员工浏览的网站,约25%曾因员工滥用互联网而解雇员工,有25%曾因员工电邮使用不当而终止聘任。

和阶层关系一样，社会上的性别关系对技术世界也有影响。研究人员简·芳汀主张，"女性在工作中是信息技术的主要用户"。但她也主张，"在作为美国经济增长引擎并肩负信息社会科技发展主要使命的这一行业中，女性比例严重不足"。研究人员凯瑟琳·阿希克夫斯为美国全国妇女与信息产业协会进行的一项研究发现，1991年，有36％的IT相关岗位由女性担任，而2008年，这一比例下降到25％——而技术岗位代表了增长最快的就业板块。

简言之，只要社会和组织还有阶级，阶层和权力关系就仍存在于工作团队和组织的日常生活之中，无论面对面团队还是虚拟团队。原惠普首席执行官卡莉·费奥莉娜解释称："很多人将技术视作所谓数字鸿沟的症结，也有人视其为良药，但两者都不是。技术必须契合业务、经济、政治和社会体系。"明白这个道理的团队领导者更容易承担避免虚拟团队滋生不利权力关系的责任并采取相应的措施，其中涉及员工包容感、被排斥感、个人安全感和掌控感、对团队和组织的责任感、员工坦率表达的意愿，以及对技术进步相关机会的不对等获取等问题。

管理分布式团队

分布式团队如果能有效利用电子和计算机辅助信息与沟通技术，通常比面对面团队更快、更灵活。它们能建立跨越组织和地理界限的有利关系，并以新方式更好地合作和服务客户。但正如研究人员玛丽·芒特所述："最新的技术变革究竟多有效，要看人们如何使用。"

> 信息技术已不再是商业资源，而是商业环境。
> ——约翰·勃朗宁，《经济学人》

本节介绍了团队应用信息与沟通技术的一般指引，主要包括以下三个建议。

- 根据团队任务确定适当的技术化水平。
- 管理技术环境。
- 制定提升团队绩效的工作流程。

根据团队任务确定适当的技术化水平

技术用得好，就能帮助成员更快地制定和执行决策，克服时空障碍并更有效地利用资源。因此，高效的团队成员和领导者知道何时见面、何时借助虚拟手段。电子和计算机辅助信息与沟通技术如果用得不好，就可能滋生误解，拖累团队，影响决策质量，错失建立优质关系的机会，浪费组织资源。

> 人们每天都接收过多的信息，以至于失去了常识。
> ——格特鲁德·斯泰因，美国作家

判断何时见面、何时借助虚拟手段。当人际交往尤其重要，也就是借助视觉线索能增进沟通，或者会面的目的带有高度象征意义时，面谈更合适。这些情形包括以下几种。

- 最开始的几次成员会议，必须建立共同身份认同，定义问题，制定共同工作流程，赢得成员对目标、任务和彼此的承诺。
- 成员流失率较高时，必须重新建立共同身份认同。
- "传递信息高度复杂而模糊"时。
- 开会目的是说服成员支持某一理念或行动路线时。
- 复杂而微妙的谈判过程中。
- 必须解决冲突时。
- 认可重要里程碑并庆祝成就时。
- 必须保密时——电子沟通漏洞更大，保密度不如面谈或纸质文件。

电子与计算机辅助沟通技术对"角色和目标明确的固定团队所完成的常规工作"及不看重人际沟通的情形最有效。这些情形包括以下几种。

- "实情调查性问题"或"只有一个正确答案的问题"。
- 面谈前搜集初步信息和意见。
- 会议间期及时通知成员。
- 共同完成会谈期间分配的任务。
- 降低阶层影响或一人垄断谈话的不利因素时（但记住，"使用技术无法解决团队进程中的基本问题")。
- 实验新技术或新合作方式，以提高效率、学习、灵活性和速度。
- 成员无法见面时。
- 节省差旅费比面谈更重要时。
- 跨时区管理沟通与工作流线能提高效率，尤其是团队从左至右铺展工作流线时。玛莎·海伍德解释说："想象这样一个团队：软件设计部门设在波士顿，而测试部门设在圣何塞。软件部门上班后完成一个待测试软件，波士顿时间中午就能发给圣何塞的测试部门。而对圣何塞的测试工程师而言，收到软件时才早上9点，这样团队就节约了三小时。"

团队决定互动的技术化程度时，应综合考虑任务要求和组织文化。有些组织文化鼓励计算机辅助沟通的应用，而有些组织文化则鼓励尽量见面。

管理技术环境

高效的虚拟团队的成员足以灵活地适应技术变革，机智地规避破坏团队信息和沟通基础的电脑病毒，并自如地处理干扰团队工作的硬件和软件系统崩溃。如果成员不相信电子和计算机辅助信息与沟通技术（如不相信这些技术能带来变化，不了解其应用方式，或者对此持怀疑态度），就会抵制其应用。他们有充分的理由怀疑：重要的讨论或演示是否会因技术崩溃而中断？是否会丢失数据？保密性能

> 我对那些能搜寻彼此然后开始工作的设备持怀疑态度。
> ——Handspring联合创始人杰夫·霍金斯，eWeek.com

保证吗？技术是否会被用于监视、控制或评估我的工作行为？沟通技术的普及是否意味着我要随时随地为团队效力？团队领导者可通过以下几种方式管理技术环境。

- 确保所有成员都掌握了匹配的信息和沟通技术。
- 在管理任务和社交环境过程中示范并支持专业的技术应用。
- 端正对技术的预期。通过具体举例说明技术如何改善团队绩效，例如，能帮团队更好地管理信息、更快地沟通、提高灵活性、更快地完成项目、节约成本。

- 训练所有成员如何使用不同技术以到达自如应用的程度。记得培训新加入的成员。
- 提供持续的问题解决支持。
- 为运用视频会议和群组软件等复杂技术的会议安排训练有素的推进者。
- 认可小成果。初试技术就取得成功会让成员有动力继续应用。
- 针对保密性、信息获取、电子沟通监控及上下班后待命情况制定并执行明确的政策。
- 建立处理软硬件崩溃的应急方案,避免团队过度依赖技术,保证在发生技术故障时能迅速恢复工作。
- 确保全体成员具备相应的防病毒培训和软件。

建立相应流程以增进团结、沟通和协作

高效虚拟团队的成员和领导者要尤其关注有助于增进团结、沟通和协作的流程。

成员见面机会越少,团队多样性水平越高,利用信息和沟通技术来组织工作的程度越大,其领导者就越要重视建立团队关系并设定明确的团队流程,因为:(1) 虚拟团队领导者远距离控制成员行为的难度更大;(2) 虚拟团队经常需要灵活应对,因此要更加了解工作界限(如目标、绩效标准和问责机制)。

团结。分布式团队的难题之一就是让很少见面的成员彼此团结。杰西卡·利普耐克和杰弗里·斯坦普斯解释称:"要和从未谋面或很少见面的人合作,先得有一定的依据来相信他们的专长和可靠性。"如本章前文所述,团结的基础是信任,而信任的基础是善意、能力、回应和可预测性——这些因素都能通过使用电子与计算机辅助沟通技术来培养和巩固。领导者可以通过下述方式建立团队团结。

- **建立团队认同**。为团队命名,以建立共同身份认同。
- **帮助成员了解彼此,不局限于姓名和头衔**。让成员建立个人网页,鼓励成员彼此了解。每次成员登录部门网页时,页面就会出现另一成员的头像,点进

去就可以了解该成员的相关信息。

- **提醒团队，工作关系的质量能影响团队绩效**。提醒成员，每次互动（无论见面还是借助虚拟手段）都是增进关系的机会。

- **帮助成员建立共同历史**。鼓励团队形成共同语言、故事和标志（如标识或咖啡杯）、仪式。

- **鼓励成员与外部人士或群体建立互助关系**。有的团队在视频会议时会给远方的成员订比萨，这样他们可以共享美食。

- **尊重文化差异**。鼓励成员承认并尊重不同的文化价值观、传统和商业实践，因为虚拟团队成员来自不同文化的可能性更大。

- **制定可以帮助新成员融入团队的规范**。虚拟团队成员的流动性相对较大，因此系统地吸收新成员很重要。

- **制定有助于提升可预测性的工作政策和规范**。信任的部分基础是可预见惯例和预见他人行为的能力。例如，普华永道有 16.3 万名员工，常驻 150 多个国家。该公司原信息与技术总监、现任首席创新官谢尔登·劳伯表示："如果全部所需信息都能在网上分享，那么让大家飞过来开会就不现实。"公司很少让成员在开始合作前见面，而是"依靠明确的审计规则和共同语言来方便合作"。

沟通。虽然电子和计算机辅助信息与沟通技术的优势之一是能迅速检索、存储和分析大量信息，但信息多了不一定是好事。一项对 1 000 多位英国电邮用户的调研发现，"有 90% 以上的用户每天花费一小时阅读、回复和删除不相关信息"。玛莎·海伍德解释说："培训不当的分布式团队处于非优先信息超负荷的状态。"要实现高效的沟通和信息管理，要做到：妥善管理信息（正确的信息以正确的形式送达正确的对象）；让信息收件人了解发件人的意思；沟通增进而不是破坏关系。为实现这些目的，高效的成员和领导者应做到以下几点。

- **建立信息库以方便存储和应用**。在中心网络位置建立全体成员都能获取并发布有用信息的平台。明确因何种目的在何处存储何种信息及维护信息的方式

（更新和清理）。明确负责发布信息的人员，确保所有发布文件标记清楚并及时更新（旧文件及时删除），确保成员知道新信息的发布时间。

- **提供联系信息**。在中心网络位置发布全体成员的联系信息（及各成员的有用信息），以及开会日期、时间、地点和呼入电话等常规信息，以便全体成员能随时找到。
- **制定发送邮件和信息的规范**。明确根据何种目的使用何种沟通手段（如见面、电话、电邮、电子布告板、网页）。明确何种信息可以群发，何种信息只发送给个人或小组。商定组织信息的格式（如电邮标题清楚、标记优先邮件、内容简洁、预期回复类型）。成员应注意明确而简洁地表达，并考虑到成员母语可能不同、对用词的理解不同、不熟悉术语或缩写等情况。鉴于上述情况，团队应如何确认对信息理解无误？
- **讨论文化差异**。花时间了解文化和地区差异，如技术的普及程度和品质，以及组织或本地面临的重要问题。
- **使用文件时要说清楚**。指代文件时要明确页码、段号和图表标识符（如"翻到《新产品》文件第10页图1"）。有研究发现，文件标记混乱的团队完成某项工作耗时会多三倍。
- **注意视频会议的设计**。使用视频时应注意镜头角度，以便能观察并解读成员的表情和身体习惯。

协作。虚拟团队更难监督成员行为，因此其领导者需确保所有成员对目标、质量标准和工作流程（包括时间表）的理解相同；重要问题和事件要通知给不同场地的所有成员；对于明确的标准提供持续的工作绩效反馈。设计团队流程的目的是确保全体成员积极合作以实现团队目标，帮助团队提升合作的可预见性，并保证团队在整个项目进程中能按需要自由调整集体工作。为增进虚拟团队协作，领导者可使用以下几种方式。

- **明确希望全体成员都能对各项工作高度参与并协作**。如果团队成员参与程度不同，有人全职有人兼职，这项工作就很难完成。要保证所有成员都知道高标准对自身工作的意义。
- **明确分工**。团队要清楚每项任务由谁负责，以及个人和整个团队如何对工作负责。这对必须跨越团队界限沟通的工作尤其重要（如跨团队接收并交付工作），因为这种环节最容易滋生误会。
- **建立可预测的报告体系**。通过电邮或网络发布例行进度报告（如周报）有助于追踪主要可交付成果、里程碑事件和其他重要信息，并有效保证所有成员实时了解团队进程。
- **定期妥善安排会议**。定期会议（如每周、每两周或每月一次）能让全体成员保持联系，并提供有利于创造性、问题解决和执行的讨论形式。为充分利用全体成员的时间（不浪费任何人的时间），应针对不与全体成员直接相关的议题召开小组会议。为充分利用会议时间，应事先确定会议形式，以管理会议上的任务和关系流程，包括设定议程和系统的决策流程；确保全体成员做好会前准备（如事先发送议程、论题和相关阅读材料）的方法；确保全体成员酌情参与、提出争议性话题或异议并获得尊重的方法；会后跟进的方式（如按承诺发布文件和会议纪要）。
- **酌情商定成员待命情况**。商定成员查看电话留言、电邮和其他沟通渠道的频率；确认收到信息的方式；回复信息及响应请求的速度；不在办公室时是否需要通知他人，以及相应的通知形式。
- **适当指导成员和整个团队**。一旦虚拟团队建立了沟通与协作体系，就要向成员和整个团队提供指导，以了解成员需求及实现最佳绩效所需的支持。高效的团队指导包括激励与教育团队，并推进成员之间及其与外部人员的协作。和面对面团队一样，虚拟团队的领导者也要判断何时应积极参与，何时应适当放手。

专栏9-4介绍了成功召开电话与视频会议的诀窍。

专栏 9-4

成功召开电话与视频会议的诀窍

会前规划

- 确定开会日期、起止时间和参会人数。注意时差。
- 确定设备需求，会前熟悉设备。
- 参会人员准备。
  - 通知会议日期、参会方式、主持人姓名及起止时间。
  - 如果参会人员之前没见过面，发送参会人员名单，并附上各人员简介。不要只标明姓名和头衔，还应包括他们来自什么地方、负责什么工作、为什么受邀参会。记住要努力建立关系。
  - 提供议程，控制在3～5个话题，并注明各话题讨论的时间。
  - 分发支持性文件。记得标明页码（如有可能，还有段号）并标记图表，确保参与人员知道是否要携带文件参会。
  - 告知参会人员缺席的应对办法（如何通知相关方，是否应找人代替，如何跟进）。
- 准备好提纲或演讲稿，包括开场、重要通知、议程（包括议题顺序和讨论时长）、启发讨论的问题、结束语。
- 会前确定能读出所有参会人员的姓名，以便开会时可以点名发言。开会时把标好读音的名单放在自己面前。
- 各地配置性能良好的电脑（或其他系统），以便及时传送文件。
- 尤其对视频会议而言，应考虑安排训练有素的推进者来管理技术环境并推进会议。
- 安排好技术支持，以防出现技术问题。
- 如需租赁设备和房间，应确保多预留些时间，以免中途因超时被打断。
- 制定应急方案及通知参会人员相关变化的方式，以防出现技术问题。提前告知参会人员应急方案。

会议管理

- 确保环境安静，没有干扰。要求开会时处于勿扰模式。
- 按时开始，并遵守时间表。
- 从电话会议一开始就流露出热情和兴趣。
- 欢迎参会人员的到来。
- 总结开会的前提、原因。
- 点名。请首次参会的人员发言，以增进彼此间的了解。
- 总结议程，并询问是否需要澄清或增减某些议题。
- 指明会议目的。
- 提醒参会人员会议基本原则。
- 发言前表明身份。
- 发言明确、简洁、不跑题。
- 援引文件时要说明白（如"请回到会前发送给各位的《新产品》文件第三页表4"）。
- 不发言时按静音键。
- 尽量降低背景噪音。视频会议中不要使用无线或移动电话，以避免静电和其他干扰。
- 重复参会人员的意见，确保全体人员都了解。
- 点名时附带地区（"让我们欢迎来自澳大利亚麦肯锡的玛利亚分享她目前对最关键问题的看法"）。
- 确保建立相应流程来管理轮流发言，要求参会者在发言前表明身份，因为不见面时更难辨识声音。例如，参会人员发言前应说："我是英国销售部的李。我有些全球数据要和大家分享。"
- 点名时顺序要更迭。
- 留意参会的人员和地点，注意还有谁尚未发言。邀请未发言的人给出意见，保证公平参与。

- 通过提问鼓励参与，并留出回答的时间。
- 记录各议题的主要意见和决定。在过渡到下一议题前和参会人员分享记录摘要，看看彼此意见是否一致。
- 注意文化差异，这些差异会影响参会人员的语言、发言顺序及其对其他参会人员和权威人士的回应方式。
- 对于视频会议，应注意以下几点。
  - 注意图像传输略有延迟。即便紧跟笑话的笑声也可能延迟（如果没有心理准备，可能觉得不舒服）。
  - 注意镜头的位置。如果想建立眼神交流，说话时应注视镜头而不是屏幕。
  - 做自己，说话时要自然（但要放慢语速），就好像大家都在同一个会议室一样。
  - 使用图表时告诉成员，使用简单的大字体图表。
  - 衣着得体。最好使用纯色（尤其是蓝色和暖灰色），白色、红色、格纹和印刷体都可能让图像失真。这些原则也适用于各地的背景。
- 注意镜头的角度和视野。最佳视野是从头顶到肘底，以便拍摄表情、手势等。水平和垂直倾角小于8度，否则难以"解读"对方的表情。例如，如果镜头角度不对，即便成员兴致勃勃，看起来也会感到无聊或抵触。

结束会议

- 要求参会人员做总结发言。
- 总结决策和行动事项、各项行动的负责人及团队如何获知任务圆满完成。
- 感谢所有人的参与。
- 决定下次开会时间。
- 按程序检查会议效率，并判断是否需要采取相应措施提高下次会议的效率。

✓ 会后尽快（最好在一天内）在网上发布和发送沟通内容，如会议总结和预期可交付成果，以及各项可交付成果的负责人。沟通过程中使用全体成员的姓名和常驻地。

　　✓ 会上如发生技术问题，应发送跟进信息，解释技术细节。

结　　论

　　高效分布式团队的成员和领导者明白电子和计算机辅助信息与沟通技术能帮组织实现目标，比面对面团队更有优势，也明白虚拟团队如果管理不当就无法充分发挥潜力。最高效的虚拟团队领导者知道必须建立能激发团队最佳绩效的工作环境，知道自己最重要的工作就是帮助虚拟团队建立高效而可预见的任务和关系流程，才能在合作中克服依靠技术跨越文化差异和时差时所面临的不明确性。

本章小结

　　人口特征、社会规范、工作预期和新技术的变化给团队工作的性质带来巨变。团队成员的文化多样性程度更高，所在地域更分散，工作任务的复杂程度也更高。同时，团队成员的工作流程也受到了技术进步的深刻影响。管理同质化同地团队的众多技能，已不足以高效管理多样化分布式团队。知道如何发挥团队多样性并有效利用沟通与信息技术的团队领导者和成员将更有优势。

多样化团队

　　研究人员达恩·冯·克尼彭格及其同事解释说，"多样性指的是可能导致他人与自己不同这一看法的个体之间任何特质上的差异"。在工作团队的背景下，多样性指的是"相互依靠的工作团体中，成员之间个人特质的差异"。

　　当今团队成员的差异点可能存在于相对容易观察的社会分类（如种族、性别、国籍和年龄)、工作相关特征(如职业组织、职能部门、阶层、组织成员身份、教育和从业年限)、不明显特征(如认知风格、价值观、经历、技能)和不易觉察的特征(如宗教、性取向和健康问题)之中。成员之间的相互差异会影响以下几个方面。

- 团队认知资源和行为风格的多样性。
- 成员在合作中的互动过程,包括任务和关系流程。
- 团队成为高绩效团队的能力,尤其是团队制定有效决策、提高全体成员的发展和福祉,并长期提升团队绩效的能力。

多样性能给团队带来诸多好处,尤其是在某些情形下。多样化团队比同质化团队更有优势的情形包括以下几种。

- 成员多样性与团队任务相关(如任务需要创造力和判断力、开阔思路,或者有关某一市场的信息很重要时)。
- 成员有时间学习如何高效地合作。
- 认可并妥善管理成员多样性。

多样化团队的潜在优势,包括在智力型任务及需要做出创造性和判断性决策的任务中的效能更好,更关注团队流程,外部网络更广泛、更多样,更能提升学习并实现持续改善。

虽然多样化团队的成员能为团队任务贡献更多样的资源,进而提升团队绩效,但也可能导致不利情况,从而破坏团队明智使用资源的能力。这些情况包括压力更大,对团队的疏离感更强烈,团队凝聚力偏低,内部沟通更少、更易曲解,协作难度更大,感性偏见更多(包括对团队领导者),以及团队成员低估团队表现。这些不利情况可以通过两个角度来解释。

- 相似相吸的角度使人们倾向于与自己眼中的相似者共处并理解对方。因此,他们觉得相似的成员理解和互动起来更容易。
- 结构性壁垒的角度假设多样化团队的情况是团队和组织所属的大社会的缩影。因此,如果社会上的多样化群体中存在偏见、误解和欠缺团结的现象,团队中也可能出现同样的问题。

影响多样化团队展现潜在利弊的因素，包括团队多样性与任务的相关性、团队的多样性与成员的相关性、团队文化的影响、时间的影响，以及成员认知需求和对经历的开明程度。

团队成员可通过下述做法确保为高绩效多样化团队创建相应的环境，包括：特别关注早期会议；培养成员理解彼此的差异及这些差异对团队流程和绩效的影响；额外关注团队规范；创造集体认同和集体文化；设法聘任认知需求和经历开明度高的成员；尽早提供成功机会、明确绩效指标和持续给出正面反馈，因为多样化团队可能低估自己的表现；示范对成员的期望；关注团队的工作环境，因为组织和大文化的某些特征（或推动或拖累效率）可能在团队中有所体现。

虚拟团队

虚拟团队（也叫"分布式团队"），由因集体任务而彼此依靠和互动，从而实现共同组织目标的个体组成。但和同地团队相比，虚拟团队在地域分布上更加多元化，很少见面，主要依靠电子和计算机辅助信息与沟通技术（如语音邮件、电话会议、视频会议、电邮和网页）来共事。

与同地团队相比，虚拟团队更容易跨越组织和地理界限，成员多样化程度更高，因为成员不受团队成员有效性的影响而行事更灵活，而且社交关系也更多样。

虚拟团队的优势包括：提供全球扩张、合并、联盟和收购机会；合作时无须成员身处同一处；能更便利地接触无法经常与团队见面的专家；更多电商机会；更高效地利用办公场所；能聘请各地的最佳人才；灵活度更大；更环保（因为出差和设施需求下降）。

分布式团队的社交关系与同地团队不同。例如，前者成员受阶级效应影响较小，虽然也有研究人员主张技术可能因高级别职员对普通员工的掌控度更高而加剧阶级效应；能在决策前咨询更多人员；存在更多与任务相关的冲突；花更多的时间制定复杂的决策；更难培养归属感和凝聚力；更愿意表达少数意见（如能匿名发表意见），但可能得不到重视；协调的问题可能更多；可能难以清楚地沟通。

团队和组织中的技术应用可能加剧或降低存在于大社会中的地位和阶级影响（包括不平等现象）。领导者要想尽量降低相关因素的影响，首先要认识到这些因素的存在及其对虚拟团队的影响，并采取相应的行动以提高全体成员利用技术实现最佳绩效的能力。

虚拟团队更难以团结、沟通和协作，因为成员无法像在面对面团队中一样获取社交线索。但众多研究人员和从业人员担心虚拟团队难以建立优质关系，因为成员很少有机会参加有助于培养熟悉度、喜好、可预测性和信任的活动，也很少能看到并正确解读有助于理解对方想法和感受的社交线索（静态线索、动态线索和情境线索）。还有研究人员发现，社交网络技术其实有利于增进社会联系，正是这些技术创造了可能性。

虚拟团队成员之间及团队之间关系的质量对团队效能有深刻影响。团队领导者必须记住，心理上的亲近和身体上的亲近同等重要。信任是身体亲近的基础，需以善意、负责、能力、可预见性和正直为前提。所有这些因素都能借助电子和计算机辅助信息与沟通技术培养。下述做法能帮助管理者提高虚拟团队成功的概率。

- 根据团队任务确定适当的技术化水平。当人际交往尤其重要，也就是借助视觉线索能增进沟通，或者会面的目的带有高度象征意义时，面谈更合适。虚拟会议则对不看重人际沟通和无法见面的情形最有效。
- 管理技术环境。成员必须能掌握匹配的技术，有愿意、有能力加以应用，并获得持续的培训和技术支持。
- 制定提升团队绩效的工作流程。制定有利于增进团结、沟通和协作的工作流程。

思考题

1. 本章哪些内容对你最有用？为什么？
2. 根据本章所述的多样化团队管理策略，你能通过哪三点来提高作为多样化团队领导者或成员的效率？如何实施这些改变？如何衡量改变的成果？
3. 根据本章所述的虚拟团队管理策略，你能通过哪三点来提高作为多样化团队领导或成员的效率？如何实施这些改变？如何衡量改变的成果？

4. 回忆自己在某个工作小组或团队有少数派感受的经历。具体感觉如何？你觉得自己受到了怎样的对待？有哪些优缺点？你能否充分发挥潜力？为什么？你能改进哪些做法，以便更高效地为团队做出贡献？团队能改进哪些做法，以便帮助你实现这一目标？

5. 观察多样化团队开会时的情形。团队多样性有哪些表现？团队有哪些优势（如果管理得当）？有哪些不利因素（如果管理不当）？你能察觉到哪些因素（包括正面和负面因素）？作为团队顾问，请给出有利于更好地发挥团队多样性的三点建议。

6. 回答本章专栏9-1"评估团队成员的风格偏好"中的问题，然后与他人比较答案。你们有哪些相似点和差异？如果你们属于同一个工作团队，这些相似点和差异会对团队流程和绩效有何影响？

7. 参加会议或课程，关注会上的社交线索。描述静态、动态与情境线索。各线索如何增进理解？如何导致误解？如果虚拟团队或教室中看不到这些线索，会造成哪些后果？

8. 想象自己是下述团队的领导者。关键问题有哪些？你会采取什么措施改善团队流程和绩效？未来虚拟团队能采取哪些措施规避这些情形？

（1）沟通总是零碎的，远距离成员之间存在隔阂和误解。

（2）召开电话会议时也很混乱，成员看的文件页数可能都不一样。

（3）成员没有接受电话会议请求或回答其他成员问题。

（4）邮件发送名单漏掉了偏远地区的重要成员。

（5）重要决策或信息没有告知部分成员。

（6）因对任务分配的臆断而产生误解。

（7）不同地区对信息的解读不同，导致不同办事处之间冲突不断。

9. 想象自己是本章一开始描述的全球分布式团队的领导者。说出领导者或成员改善团队沟通和协作效率的三种做法。

第 10 章

谱写人生：美好生活指南

本章将帮助你：

- 了解哪些因素能预见幸福，哪些不能。
- 了解为什么工作流线很重要，以及如何形成流线。
- 理解乐观、完美主义和 A 型行为如何影响效率、健康和心理福祉。
- 理解防御性悲观等负面情绪何时有用。
- 理解工作设计对健康的影响。
- 了解很多双职工父母关注的问题：日托对儿童福祉有何影响？

我意识到，人生绝对不是从 A 点到 B 点的一条直线，而是一系列弯路。你如何走过这些弯路，决定了你的命运。

——拉姆库玛尔·克里希南，《信仰行为》

本书一开始就讨论了事业脱轨的风险，但同样让人担心的是，从效能、职业晋升和薪酬上来看取得了事业成功，却在生活中脱轨的人。这些人达到了外在的事业成功标准（如地位、金钱和物质财产），却因此牺牲了个人幸福、健康和关系。他们太晚才意识到，职业成功本身并不能带来圆满的人生。本章介绍了研究人员发现的能（和不能）带来美好人生的因素。本章的目的是提供相应的信息和建议，以帮助读者谱写生活充实、事业圆满的美好人生。

什么样的人生是美好的？人类有很多共同的需求和目标，与年龄、种族、性别、阶层、国籍和生活状况无关。其中包括寻找人生的意义，感受交际带来

> 我们度日的方式，即我们度过一生的方式。
> ——安·迪拉德，《写作生活》

的爱意和欢喜，体验掌握新技能的挑战，获得对生活的掌控感和稳定感。如果这些需求都能得到满足，我们就会感受到生活的愉悦和价值。当然，所有人都会经历喜悦和难过、机会和阻碍、好心情和坏心情。但对生活整体上满意、觉得生活美好的人，在面对挑战时能迅速振作起来并取得成功。他们有时甚至会将挑战转化为机会。

注意，笔者并没有说本章能帮读者实现"工作-生活平衡"，因为笔者不认为这是个可行或合意的目标。专注于实现"理想的"工作与生活平衡的人会越来越灰心，因为人生中大多数时候无法实现这种理想状态。毕竟，人生的喜悦、机会、挑战和悲剧没有事先按合适的时间打包好——它们总在无法意料或措手不及的情况下到来。另外，达到了工作-生活平衡也未必会长期幸福。有些人看起来"什么都有"，但你发现他们实际上在平衡的假象下挣扎，或者在遭遇意外后方寸大乱。但

不要沮丧！因为"即便情势严峻（此处指难以寻找平衡），也没什么大不了"。虽然很少有人能在很长一段时间内处于工作-生活平衡的状态，但每个人都可以谱写有意义、有乐趣、有充实感的人生，我们从中汲取自豪感和愉悦，并借此为依靠我们的个体、组织和团体做出贡献。

本章开篇将介绍研究人员对幸福的定义，以及哪些因素能带来幸福、哪些不能。在这些研究的基础上，笔者将给出提升幸福感的具体方法。之后将介绍什么是"流线"、"流线"为什么重要（包括对工作），以及如何帮助自己和他人感受到流畅感。接下来，笔者会探讨乐观、完美主义和A型行为等特征对效率、健康和心理福祉的影响。此外，笔者还会介绍一些探讨正面情绪（如乐观、好心情）何时会导致人生迷乱，以及所谓的负面情绪（如悲观、坏心情）何时对人生有效的研究。最后，笔者会讨论日托对儿童福祉的影响，因为双职工父母目前已成为主要劳动力。管理工作和家庭是很多人面临的最大挑战之一。

幸　福

幸福是什么？研究人员干巴巴地将其定义为"主观幸福感"，他们认为主观性是定义幸福的关键。毕竟，只有你自己才真正知道自己是否幸福。例如，即便别人觉得遇到你的情况会感到不幸，你可能还会觉得很幸福；即便别人觉得如果能得到你拥有的一切就开心了，你可能还会觉得不幸福。

> 万事如意。
> ——中国谚语

研究人员大卫·迈耶斯和埃德·迪耶内解释说："高度主观幸福感主要反映对生活的正面看法和感受。"简单来说，幸福的人真心对自身和生活整体满意；相反，主观幸福感低的人对生活不满，感受到更多的负面情绪（包括恐惧、愤怒、嫉妒和沮丧）。

与幸福无关的因素：错误的欲望

让我们从与幸福无关的因素入手。整体而言，研究人员认为金钱对幸福感的影响很小，收入对幸福感的影响只占2%～5%。金钱对穷人幸福感的影响更大，因为它能满足食物、住所和健康等基本生活需求，进而显著提高生活质量。收入高的人比中等收入者幸福感略高，可能因为他们能雇用别人来完成打扫、洗衣和做饭等琐事，因此有更多的时间去做开心的事。记住，奢侈休闲活动一般不会让人快乐。实际上，有研究发现"从事奢侈休闲活动的人远不及从事廉价活动的人快乐"。

物质主义（专心赚钱敛财）会降低幸福感，尤其对认为越有钱越幸福的人而言。研究人员亚伦·阿胡维亚和道格拉斯·弗里德曼解释说："越有钱不一定主观幸福感越低，但对金钱的欲望可能削弱幸福感。对收入满意比收入水平本身更重要。"

> 你不能什么都要。要来了放哪儿？
> ——斯蒂芬·赖特，喜剧演员

阿比谢克·斯里瓦斯塔瓦及其同事发现，动机决定了金钱对幸福感的影响是正面还是负面。通过对工商管理硕士和企业家的研究，他们发现如果赚钱是为了"社会比较、争权、炫耀或克服自我怀疑"，其幸福感得分就会比为有意义的事赚钱的人低。

研究人员索尼娅·吕波密斯基探讨了物质获取和幸福感之间的鸿沟。她在比较当今与20世纪40年代的美国生活时说：

> 1940年，近1/3的家庭没有自来水、室内卫生间、浴缸/淋浴，一半以上的家庭没有中央供暖。如果当时你25岁，你读完八年级、高中和大学的可能性只有40%、25%和5%。但1940年的生活满意度调查显示，美国人认为"生活很幸福"，以10分为满分的话可以打7.5分。随着时代进步，如今一般家庭都有自来水、两个或更多浴室和中央供暖。房子更大了，平均每人有两个房间，更别提微波炉、洗碗机、彩色电视、DVD、iPod和个人电脑等现代设备。人均月收入几乎翻番。但是当今美国人的生活满意度只有7.2分。

> 我一直深信，我们在了解某个社会的状况和价值观时，总是过度关注其娱乐、度过闲暇时间和休闲的方式，而忽略了这个社会的工作方式。
> ——巴特利特·吉尔马蒂，原耶鲁大学校长，大联盟执行长

阿胡维亚和弗里德曼总结多项研究时表示，"实现个人成长、亲密的人际关系、社会贡献和保持健康等内在目标一般与主观幸福感水平正相

关，而实现财务成功、社会认可和外表魅力等外部目标不能产生类似的正面效果"。

遗憾的是，人类很难认识到什么能让自己幸福（如扩建房屋、升职）。人们追求金钱、地位和物质财富时，希望实现这些目标能带来幸福。但实际上，这些只能在短时间内有效，无法创造长期幸福，因为我们一旦实现了这些物质或地位上的目标，很快就会习以为常，然后我们会需要更多的物质和目标（如更多物品、升职、加薪）来实现幸福感，于是我们开始寻找让自己幸福（这种幸福感永远不会得到满足）的下一个大目标，但是我们找错了方向。

研究人员丹尼尔·吉尔伯特和蒂莫西·威尔逊把认为金钱和物质财富能制造幸福感的普遍想法称为"错误的欲望"。他们解释称，人类会由于误认为这些金钱上的快乐会带来人生持续的快乐而高估这些东西带来的幸福感。他们还发现，人类也会高估暂时的负面事件（如裁员、降薪）带来的不幸，忽略了大多数人会在短时间内适应损失并相应地调整生活。该研究的意义在于：如果我们能意识到自己会高估正面和负面事件对长期幸福的影响，就能更好地决定如何在日常生活中分配时间、精力和金钱（以制定短期和长期规划）。

与幸福感有关的因素：调整自己的想法和行为

现在回到这个问题："什么能让人幸福"？很多研究人员认为，每个人对幸福都有"设定值"。换言之，他们相信，人类基因占个体幸福感差异的 50%。这种观点的依据是通过比较同卵与异卵双胞胎幸福度的研究结果得到的：同卵双胞胎（基因相同）的个性特征（如幸福倾向）相似度比异卵双胞胎（基因不同）相似度更高，即便前者在不同环境中长大。

但研究人员还发现，即便每个人都有幸福"设定值"，幸福与否都能靠自己来加以控制。我们都能有意并积极地建立观念体系，并参与有助于提升幸福感的活动。笔者将在后续内容中讨论可以增进幸福感的想法和行为，这些在很大程度上都是可控的。

让人幸福的想法

● **自我感觉良好**。迈耶斯和迪耶内说过："幸福的人喜欢自己。"事实上，幸福者有自我抬升的偏见，总是高估自己的能力（如智商、能力、外表和品位）。研究人员蒂莫西·贾吉和查理斯·赫斯特发现，"核心自我评估正面"（高自尊，相信自己能实现其所看重的目标，情绪稳定，相信能掌控环境）的人对生活、工作和收入的满意度更高。

- **"满足者"而不是"完美者"**。满足者对"超过接受度门槛"的决策满意，觉得已经够好了，尤其在没可能或没必要制定完美决策时。而完美者有尽量制定最佳决策的习惯，即便有时没必要或没可能。完美者的问题在于，选择越多，制定最佳决策的难度就越大。例如，完美者选择"完美的车"时，要面对无数选择条件和上百种车型，因此，做出买车决策的痛苦过程让他们沮丧，而最终的选择似乎永远不够好。另外，即便他们当时觉得决策完美，可能很快因为情况变化而失望，例如，买车第二天就发现该车型被召回，将推出配置更好的车型，或者邻居的车看起来更好。研究人员巴里·施瓦茨及其同事解释说："虽然完美者的客观成果好于满足者（因为前者标准更高，搜索和决策过程更充分），但他们主观上会觉得自己的成果更糟。"因为完美决策通常并不存在，完美者会经历更多懊悔、沮丧和不满情绪，进而影响自己的幸福感。

- **品味经历**。品味意味着充分体验和欣赏人生中的特别时刻，它能通过创造愉悦的情绪和提供长久的正面体验来提升幸福感。我们可以品味回忆（如和爱人的初次见面），品味时刻（毕业时和家人分享骄傲的一刻），品味未来事件（如期盼新生命的降临，想象毕业的时候，重温某事时的感受）。《纽约客》杂志最近刊载的 Civa Sofrasi 餐厅专访说明了品味的力量。这家餐厅距离伊斯坦布尔有 20 分钟车程，精心制作地道的当地家常菜。客人愿意光顾，因为这里的食物总能让他们想起儿时母亲和祖母的手艺，这些回忆会触发剧烈的情感体验。餐厅老板和大厨穆萨·达代维伦说："有时，一位客人开始流泪，很快就传染给其他桌的客人。"

- **参与信仰**。有宗教信仰的人更快乐，更健康，更长寿，面对创伤更坚强，沮丧感更低。对宗教群体活动参与活跃的人能获得社会关系网，进而提升幸福感，尤其是在艰难时期。大多数宗教的教规都鼓励生活健康而有节制，并忠于家庭。另外，信仰还能通过在人生高低潮时发掘意义和希望来增进幸福感。

- **控制感**。觉得自己能掌控其所看重的那部分生活的人，整体幸福感更高。实际上，这也是老年人的重要幸福指标之一。
- **体验正面情绪：乐观、幸福和感恩**。乐观者认为生活会越来越好。迈耶斯和迪耶内通过西格蒙德·弗洛伊德的一则笑话来说明幸福者的乐观倾向。一位男士对妻子说："如果我们俩之间有人死了，我就到巴黎去生活。"乐观来自乐观者的自信和掌控环境的能力，而不是客观真相。满怀希望的人相信自己看重的事情能成真，因此他们会相应地制定并执行行动方案。他们也愿意为梦想去克服障碍或做出牺牲，其愿景、计划和意志力也提高了实现愿望的概率。经常感激他人和生活的人也更快乐，觉得自己更能掌控生活，能更坚强地面对困难，对他人更慷慨，压力和沮丧也更少。

> 幸福不取决于你得到什么，而取决于你做什么。
> ——马塞林·考克斯，作家

本节的要点是，幸福感在很大程度上取决于以下几点：人们对自己的看法（如自我感觉良好）；对所拥有的东西价值的看法（如因所拥有的一切而感恩，而不是追求自己没有的；满足而不是追求完美）；对经历的看法（如品味过去、现在和未来）；对自身关系质量的看法（如感激生命中的其他人，能看到他人的优点）；对可能性的看法（如相信自己能掌握看重的结果）。虽然生活中也有客观现实，但幸福感由你对这些事实的理解所决定。笔者将在后续部分讨论如何通过选择有利活动来增进幸福感。

让人们幸福的活动

- **制定自己喜欢且与他人一致的目标**。人们如果能致力于对自己有意义、契合自身兴趣并能发挥专长的目标，就能更幸福。研究人员索尼娅·吕波密斯基解释称，和实现目标一样，接近目标的过程同样能增进幸福感，因为对重要目标的追逐能带来意义、掌控感、与他人互动的机会和有条理的生活（如通过计划、划分优先顺序、里程碑、反馈来实现）。在通向目标的过程中实现小成果有利于提升自我感觉，并激励我们一路向前。在途中克服挑战也有助于提升自身能力及对实现目标的信心。吕波密斯基说："找到快乐的人，就找到了好项目。"

- **平衡当下和未来的快乐**。一生幸福（而不是一时幸福）的人能均衡地分配时间，兼顾能在当下（如全家度假、参加聚会）和未来（如为未来攒钱，为重要考试备考而放弃派对）制造幸福感的事。正如研究人员塔尔·班夏哈所说："幸福的人生活安稳，知道当下让自己快乐的事也能通向同样完满的未来。"

> 享受当下快乐的同时不要扼杀未来的快乐。
> ——塞内卡，罗马斯多葛派哲学家

- **与他人共处**。有亲密关系的人更幸福、更健康、更长寿。此外，待在幸福的人旁边也会让人更幸福。有趣的是，研究发现，你的幸福感会受到你的朋友的朋友的幸福感的影响。那些幸福的人离你越近（如幸福的邻居、距你只有几英里远的幸福的家人），你就越幸福。

- **行善**。参加志愿、慈善和资助活动的人幸福指数更高，心理更健康，沮丧感更低。付出和心理健康之所以有联系，可能是因为关心他人能提高人生意义，避免思考自身和物质财富。

- **利用有效的应对策略**。研究人员 C.R. 斯奈德将"应对"定义为"旨在降低生活压力和日常纷扰所带来的生理、情感和心理负担的反应"。善于应对不幸的人看待生活压力时觉得它们是可容忍的，是有意义的（如"虽然被裁员了，但我可以去找一份自己喜欢的工作了"）。他们还利用应对策略重回正轨（如获得他人支持，通过课程培养新技能，关心自身健康，积极地寻找新工作）。

本节的要点在于，长期幸福的人并不是因为过得更容易或运气更好，而是从事了有意义并有利于长短期幸福的活动；用心经营关系；为他人付出；利用应对策略来克服生活中不可避免的困难。见专栏 10-1。简言之，幸福的人通过有意义的日常活动制造幸福。后续部分将讨论人们如何建立催生幸福感的工作环境。

> **专栏 10-1**
>
> ### 关于财富的一点忠告
>
> 媒体常将富人塑造成地位优越、个人财富充裕的形象。但这种人从财务角度看通常并不富裕。简单而言,如果他将工资和奖金都花在非财务投资上(如豪车、盛宴、电子玩具、高档度假等),可能还没有那些赚钱少但会攒钱的人有钱。
>
> 对白手起家型(其财富并非来自父母赠予或遗产)富豪的研究发现了几个规律。美国很多真正的百万富翁表面看起来并不像富翁(而很多表面上的百万富翁实际身价远不足百万美元)。他们将大部分收入省下来而不是挥霍掉。他们不积累物质财富,也不担心地位,而是从投资升值中获得快乐。他们生活低调,明智投资,善于发现好机会,并定期花时间进行财富规划。他们至少愿意承担适度的风险,不太关注玩乐。除了高等教育费用,他们给孩子的钱很少。
>
> 简言之,决定财富的是对节俭、投资和发掘好机会的关注,而不是薪酬和对外表的重视。
>
> Source: Stanley, Thomas, and William Danko. 1996. *The Millionaire Next Door: The Surprising Secrets of America's Wealthy*. New York: Pocketbooks; Kiyosaki, Robert, and Sharon Lechter. 1997. *Rich Dad, Poor Dad*. New York: Warner Books.

幸福、工作与流畅

工作似乎能让大多数人快乐。罗伯特·韦斯教授的调研发现,十分之八的人即便靠遗产也能过得富足,但他们仍会选择继续工作。史蒂夫·乔布斯曾说:"如果不热爱这份工作,我现在已经在哪个海滩度假了……但既然经营苹果和皮克斯是如此有趣的事情,为什么我还要费力去海滩呢?"原时代华纳副总裁泰德·特纳和美国在线签订价值1 650亿美元的协议时说:"我当时激动的心情,就好像42年前初享爱情之乐一样。"

笔者说这些的目的不是要比较海滩小憩、性爱和工作的快感，而是要说明：无论有没有报酬，无论攀登组织阶

> 好之者不如乐之者。
> ——孔子，中国哲学家

梯还是照顾家庭，只要我们喜欢手头的工作，就一定会感到快乐。工作为什么能如此深刻地影响我们的幸福感？

工作能帮助我们定义自己及自己在世界中的位置（"我是一个好经理""我是好家长""我是创意出色的艺术家""我是全国最会做生意的人"）。如果工作需要定期与人共处，就能满足我们对归属感和社会互动的需求；如果工作能带来挑战，就能满足我们对能力和成长的需求。如果工作涉及熟悉的例行事务（如接送孩子上学、去办公室或在早上查看电邮），就能满足我们对日常生活的掌控感和稳定感。《财富》杂志的布赖恩·杜梅因曾说："在这个充满不确定性和动荡的时代，无论在家庭还是社会上，工作都能提供建立你心目中的世界的最佳机会。"为支持这一论点，杜梅因引述了原任百事软饮料部门营销总监、现任 McNeil Nutritional 集团营销与战略配方技术副总裁黛博拉·桑德勒的话：

> 我将自己视作变化的促成者。美国商界的有色女性并不多，我肩负着向众人证明有色女性也能成功的重任。我有今天的成就不是因为有人说："让我们照顾一下平权数据。"

> 剥夺工作就是否定人性的一部分。
> ——约翰·康弗斯，《失业政治》

当然，并非所有工作都能增进幸福感。大多数读者都能想象到无聊、空洞和不健康的工作情境。要想让工作成为幸福的源泉，而不是单纯的谋生手段，就必须保证工作是有意义的，是精心设计的。心理学家米哈里·契克森米哈赖解释说，这样的工作让我们有机会体会到什么叫"顺畅"，也叫"顶级体验"或"最佳体验"。只有沉浸于重要活动（教书、园艺、写作、创造新产品或为孩子阅读）中时，我们才能感受到顺畅。契克森米哈赖补充说，具备下述特征的情形更

能让我们体会到顺畅。

- **有价值的目标**。如果我们肯定工作的价值，就会更有激情，更能投入其中。
- **挑战**。我们更容易被那些挑战我们现有能力但并未超出自身能力范围的任务所吸引。
- **明确的目标、规则和反馈**。如果有明确的界限（如目标、规则和期限），就有利于我们集中精力，避免被不相关的顾虑干扰，进而感受到顺畅感。契克森米哈赖解释说："象棋、台球或扑克等游戏更容易带来顺畅感，因为在目标和规则的指引下，玩家不必质疑行动的内容和方式。"
- **集中精力**。如果能长时间不被打扰，就更容易体会到顺畅感。从顺畅感中回过神后，我们会意识到几小时过得好像几分钟一样快。研究人员莱斯利·佩罗对工程师的研究印证了契克森米哈赖的结论。实验开始时，她发现"只有36%的工程师能在一小时内不被打扰……而他们几乎无法控制分散的时间表。后来，佩罗帮助工程师重新设计工作，以保证对方在一天中有不被打扰的安静时段。没人觉得此举会破坏效率，65%的人觉得此举反而提高了效率"。
- **控制感**。如果我们觉得自己能控制工作方式，就更容易体会到顺畅感。注意，如果结果来得太容易，我们也不会觉得顺畅。契克森米哈赖说："人们喜欢的不是掌控感，而是在艰难时掌控局面的感觉。如果不愿意放弃保护性惯例，就难以体会到掌控感。只有结果存疑且我们能影响该结果时，我们才能真正知道自己的掌控力。"

简言之，"人们身心都竭尽全力，自愿设法实现有难度、有价值的目标的时刻，才是最美好的。最佳体验发生在我们促成某事时"。从事看电视（虽然有放松和恢复精力的感觉）等被动性娱乐活动自然难以产生顺畅感，而能制造顺畅感的活动不一定是愉悦的。实际上，开发新产品、写作或爬山都是痛苦的，尤其在我们的能力暂时无法应对这些挑战的阶段。但如果我们相信任务是值得的，能长时间专注于任务而不分心，并掌握（学习）完成任务所需的技能，就会坚持下来并获得顺畅感。

人类幼年时就喜欢挑战。笔者最近和朋友带着各自的孩子去海滩度假。每次去海滩，孩子们都会马上拿起水桶和铲子，开始挖深坑盖房子，建造带壕沟的沙堡，几小时都在辛勤创造。他们彼此不太交流，除非为了合作并为谁用铲子而争吵。他们的身心完全沉浸在创造和工作中，即便这些房子、城堡和壕沟当天就会被海水冲垮也不在乎，第二天他们会吸取头一天的经验教训从头再来。这种经历似乎最能反映人类对顺畅感的需求。

顺畅感能带来诸多好处。完成任务能带来巨大的成就感；我们在过程中掌握的新技能让我们对自己的能力更自信，更愿意承担更有挑战性的工作。顺畅感还能带来动力。契克森米哈赖表示："一旦尝到了这种喜悦，我们就会加倍努力重温喜悦。"另一个好处是"顺畅感能改变自我，因为克服挑战无疑会提升我们的功力和技巧……我们的身份认同会更复杂……（沉浸在顺畅感中时）我们的自我怀疑消失了，而在顺畅感逝去后，我们会觉得自己变得更强大。"

> 不要一心以成功为目标——越是这样，越容易错过。成功和幸福一样，都不能强求。它必须自然发生，是某人为某项伟大的事业倾心付出的意外结果，是某人屈服于他人的副产品。
> ——维克多·弗兰克，《人类寻找的意义》

> 如果一生只能建造一座建筑，我希望它可以激发我内心的感受——舒适、美好、激情、勇气、泪水……有多种方式描述对建筑的反应，但泪水是最好的。
> ——菲力普·琼森，92岁，建筑师

虽然大多数人都喜欢工作，但很多人对所属组织的感觉都不太好。民意调研公司对美国 30 000 名从业者的研究发现，"虽然人们对工作的整体感受是正面的，但 47% 的受访对象不喜欢自己公司或态度模糊"。针对顺畅感的研究揭示了人们为什么对所属组织没有强烈的正面感受：工作毫无意义，不明确性过高，不具备完成任务的技能，没机会学习新技能，觉得无法掌控工作，缺少信任，自我意识，过多的干扰。要判断自己的工作能否提升顺畅感，可以做一下专栏 10-2 中的评估，分数越高，代表工作越能带来舒畅感。如果想知道自己能否为下属创造提升顺畅感的条件，就让下属也来做一下评估。

专栏 10-2

评估自身工作的顺畅感潜力

被评估任务或工作：_____

1. 从不　　2. 很少　　3. 有时　　4. 经常　　5. 总是

1. 我是否觉得工作有价值？	1　2　3　4　5
2. 目标是否明确？	1　2　3　4　5
3. 目标是否可以实现？	1　2　3　4　5
4. 对完成工作是否有明确的规定？	1　2　3　4　5
5. 是否有定期反馈，确保我了解自己的表现？	1　2　3　4　5
6. 我是否具备完成工作所需的技能？	1　2　3　4　5
7. 工作是否有挑战性（是否能锻炼我的能力）？	1　2　3　4　5
8. 我能否不受干扰地专心工作？	1　2　3　4　5
9. 工作是否能让我摆脱烦恼和自我意识？	1　2　3　4　5
10. 我是否觉得自己能掌控工作？	1　2　3　4　5

Source：Based on Csikszentmihalyi, Mihaly. 1990. *Flow*: *The Psychology of Optimal Experience*. New York: HarperPerennial; Csikszentmihalyi, Mihaly. 2003. *Good Business Leadership*, *Flow*, *and the Making of Meaning*. New York: Penguin Books.

乐观与成功

经过数十年的研究，研究人员发现，大多数情况下，乐观能带来诸多好处，包括更大的成就、心理福祉和健康。实际上，贝卡·利维及其同事在20多年来的研究中发现，"对年岁增长的自我看法更正面的老年人，寿命比其他人长7.5年。如果加入年龄、性别、社会经济地位、孤独感和功能性健康等协变量，他们仍有优势"。

乐观者有哪些特征？社会心理学家莎莉·泰勒和其他人的研究充分证明，快乐而高效的人都有些和现实脱节。具体而言，他们会带着偏积极的观点来看

> 有两种生活方式，一种认为世界上没有奇迹，一种认为奇迹无处不在。
> ——阿尔伯特·爱因斯坦

待自身和周围世界。他们觉得自己比实际更有才，环境比实际更可控，世界比晚间新闻上报道的更美好。他们觉得未来有"无数个机会"。泰勒将这些宽厚的解读称为现实的"创造性自我欺骗"或"正面幻象"，并坚定地认为它们是个人效能和福祉的基础。

泰勒还注意到，大多数乐观者虽然对自身和周围世界的解读不切实际，但他们的乐观也不是缺乏理智的。换言之，他们并不否认坏消息，而是以偏正面的心态来接受坏消息。例如，乐观的经理收到负面反馈后会说："早点知道这一消息是好事。这样我还有时间培养所需的技能。"另外，实际的乐观者主要对自己能掌控的事情乐观。泰勒解释说："这些特征将幻想和错觉区分开来。后者是面对事实仍然坚持的错误想法，而前者则包容了错觉，即便有时并不情愿。"

> 好梦都有些疯狂。
> ——雷·查尔斯，音乐家

泰勒表示，乐观有助于提升效率、健康和心理福祉，因为它能触发自证预言。乐观者更容易做到下述几点。

- **制定高标准、高目标**。认为自己能力不一般的人更容易制定高标准、高目标。
- **积极性高**。将成功归结于自身原因而不是外部原因的人积极性更高。
- **努力工作，坚持不懈**。自我感觉良好的人会长时间努力工作，因为他们相信自己能成功。他们面对阻碍时也会坚持，而这份坚持提高了他们实现目标的概率。
- **寻求反馈**。乐观者愿意征求反馈，以便评估自己是否走在通向目标的正确道路上。
- **提高解决问题的能力和速度**。好情绪能提高运用快速而高效的策略解决问题的概率。

- **承担风险**。乐观者更愿意承担风险，因为他们不会思考失败了会怎么样，或者因为他们认为自己能控制结果。
- **推迟满足感**。相信自己终将成功的人会长时间坚持目标，因为他们能预见正面结果。
- **奖励自己**。自我感觉良好的人会奖励自己的努力。
- **获得社会支持**。专注于生活中正面力量的人一般喜欢与人共处并向他人求助。
- **有效管理压力**。乐观者善于应对压力，因为他们相信事情总会变好，善用社会支持来应对压力重重的局面，积极采取行动缓解压力，并从困难中发掘好处（"我从中学到了很多"或"打不倒我的只会让我变得更强大"）。

> 如今商界的基本缺陷之一，就是领导者缺乏远见和热情——这是激励员工最重要的因素。而我们 Body Shop 最不缺的就是这两样。此外，我们还有一个秘方：几近盲目的不寻常的乐观，这种乐观蔓延到整个公司。我们都是无可救药的乐观者，而乐观者永远相信自己什么都做得到。
> ——安尼塔·罗迪克，Body Shop 国际公司创始人

图 10-1 总结了乐观对健康、快乐和效能的影响。乐观对领导者可能尤其重要。《公信力》一书的作者詹姆斯·库泽斯和巴里·波斯纳解释说：

> 选民会物色热情且诚心相信他人能力、提升他人意志力、提供所需资源并乐观看待未来的领导者。选民希望领导者面对障碍和挫折时也能保持热情。当今这个充斥着不确定性的时代最需要对生活和事业积极、自信和乐观的领导者……可信的领导者会勾勒出正面的未来愿景以维系希望。他们能激发正面情感，并推动选民乐观地看待成功的可能性。

简言之，乐观能提高成功的概率和幸福感，因为正如泰勒所说，与现实适度脱节（"透过现象来勾勒愿景的能力"）是一种有效的防御机制，尤其在不走极端并有能力吸收负面信息时。

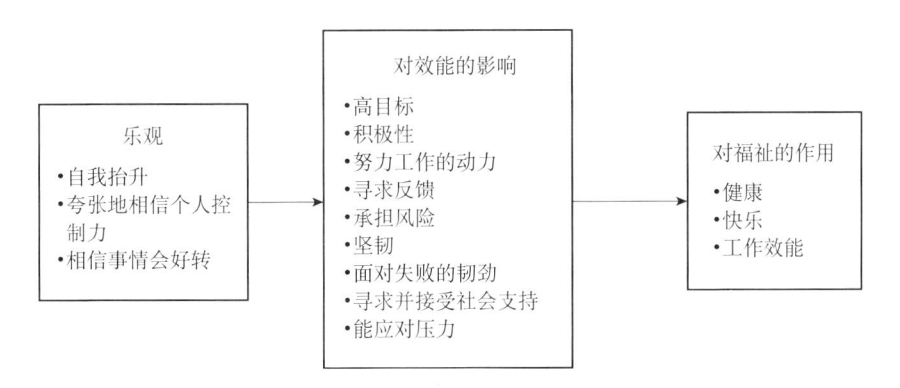

```
┌─────────────┐      ┌──────────────┐       ┌─────────────┐
│    乐观     │      │  对效能的影响 │       │  对福祉的作用│
│ •自我抬升   │      │ •高目标       │       │ •健康       │
│ •夸张地相信 │─────▶│ •积极性       │──────▶│ •快乐       │
│  个人控制力 │      │ •努力工作的动力│       │ •工作效能   │
│ •相信事情会 │      │ •寻求反馈     │       └─────────────┘
│  好转       │      │ •承担风险     │
└─────────────┘      │ •坚韧         │
                     │ •面对失败的韧劲│
                     │ •寻求并接受社会支持│
                     │ •能应对压力   │
                     └──────────────┘
```

图 10-1　乐观、效能和福祉间的关系：乐观如何触发自证预言

解释对乐观的作用

心理学家马丁·塞利格曼主张，乐观与悲观这两种世界观的差异，根源在于我们如何解释生活中的好事和坏事。他认为，解释的风格有三种。

- **永久性**（认为导致好事和坏事的原因是暂时的还是永久的？）。乐观者认为好事的起因是永久的，坏事的起因是暂时的，悲观者的看法则正好相反。例如，乐观者看到负面的业绩评估，会认为业绩不佳只是暂时的，悲观者则相信这份评估会影响未来表现良好的能力。

- **普遍性**（认为好事和坏事的成因是个例还是普遍的？）。乐观者认为好事的成因能影响生活的诸多方面，而坏事成因的影响只局限于某个方面，悲观者则持相反观点。例如，如果演讲大受欢迎，乐观者会想："我工作很出色。"悲观者则想："我只擅长做演讲。"

- **个人化**（将好事和坏事归因于自己还是外部因素？）。乐观者会认为好事的发生是因为自己的努力，而坏事的发生是他人和外部因素作用的结果，悲观者的看法则正好相反。例如，如果考试成绩好，乐观者可能认为是因为"我用功了"或"我聪明"，悲观者则会认为是因为"考试简单"或"教授教得好"。

> 自我欺骗是一种重要的生存工具。
> ——简·瓦格纳，《寻找宇宙中智慧生命的信号》

注意，个人主义文化（关注自我）的成员比集体主义文化（关注关系）的成员更能表现出自我抬升偏见和乐观之间的关系。这条规律之所以存在，是因为前者推崇自我抬升的偏见，而后者则推崇自我批判的偏见。注意，自我抬升偏见也可能造成负面后果。例如，将问题归结为外部因素而不追究自身行为的人可能过度自信，拒绝为失败负责或回避自我改善。

塞利格曼主张，我们能通过改变解读生活中好事和坏事成因的方式来变得更乐观。他成功地运用了 ABC 法将儿童和成人转变为乐观者，这种方法要记

> 我之所以快乐而满足，是因为我觉得我就是这样的。
> ——阿兰-雷内·勒萨日，法国小说家、剧作家

录坏事及对坏事的反应方式。A 代表发生的坏事（"我忘记发联邦快递，结果包裹到晚了"），B 代表你对坏事成因的看法（"我昨天太忙了"或"我太笨了"），C 代表上述看法的影响（"我会将每日工作列出来，放在桌子上不时查看""记忆力没法变好，因为我没这个能力"或者"要处理的事太多，我没法保证事事都准确，所以尽力就好"）。通过记录解读这些不利局面的方式，就能判断出所用的解释类型，并确定它们对态度和行为的影响（如你会因此变得主动还是被动），再将这些负面解读重新构建到正面解读中去。

当乐观被高估

要记住，乐观并不适用于所有人、所有情况。例如，数十年来，很多研究人员和其他善意之人都建议重病者保持乐观并积极思考，因为这样能改善他们的生活质量甚至可能延长寿命。但有研究表明，这种主张反而会适得其反（如"正面思考专制"）。例如，有些重病患者可能将乐观要求视作额外负担（如"我病得这么严重，你还要我往好处想"）。鼓励病人以已被证实有效的方式来应对病情反而更有用。为证明这一论点，《华尔街日报》引述了纽约斯隆-凯特林纪念医院精神肿瘤科主任吉

米·霍兰的表述："小气、愤怒或爱抱怨的人也能从癌症中康复，只要不被医生从办公室里扔出来就行。"但注意，正面态度确实能鼓励病人主动寻求帮助，注意饮食运动，并谨遵医嘱。

研究人员还发现，正面和负面情绪都有助于更好地决策，具体取决于问题的类型。他们承认人们的感受能影响思考方式（如我们应对周围世界的方式和关注的对象）、记忆（如"偷钱包的人头发是深色的还是浅色的"）、判断（如"这位候选人是否合适"）和行动（如"我们是否应该聘请这位候选人"）。他们也承认，不同的心情下制定的决策不同，即便面对的客观事实相同。研究人员约瑟夫·福加斯认为，正面情绪下的思考更有创造力，视野更开阔，更能体现合作精神，有时有助于更好地制定决策。但他也发现，某些负面情绪也有利于更好地决策。"心情稍微有点差"的人会更加留意周边环境，更能记住看到的细节，更不易受骗，更不会"冲动决策"（包括基于偏见的决策），更能察觉谎言。简言之，虽然好心情的确能给生活带来诸多好处（包括决策），但坏情绪也能帮助我们在决策时更警醒、更谨慎，也能发挥积极的调整作用。

研究人员朱莉·诺勒姆发现，有些人，尤其是焦虑的人，具备"防御性悲观"特征时表现更好。诺勒姆在介绍其早期研究时说：

> 我发现周围的人从各方面来看都很成功，却并不乐观。根据有关乐观的研究，情况不应如此。悲观带来的结果应该是负面的。当我们设定低标准时，就触发了自证预言……有大量研究表明，像他们一样的人应该沮丧、病歪歪、没有干劲、无助甚至绝望——但他们看起来并非如此……我好奇这些人如何能克服悲观取得成功——于是，事情开始变得有趣。

诺勒姆发现，很多所谓的悲观者成功的原因正是因为悲观本身。他们总是做最坏的打算，因此准备充分，制定备用计划，考虑所有细节，反复检查工作。这些行动都是高效的应对机制，有利于缓解焦虑，并如愿实现高品质成果。诺勒姆注意到，让防御性悲观者放松反而会影响他们的表现；顾虑会推动他们采取以结果为导向的行动，这一点与那些自我麻痹、不采取行动的悲观者截然不同。防御性悲观者只是非常小心而已。

大多数人都认同，如果英国石油公司的领导团队中有更多防御性悲观者针对钻井的安全性和可靠性制定了决策，就能避免2010年墨西哥湾漏油事件。关注细节对日常琐事也有好处。例如，在2010年第52届夏季巨石蓝枪鱼锦标赛上，一队渔民捕获了一只883磅的枪鱼，创下了当届和历届比赛的纪录。官方在宣布其获得100万美元奖金后，却发现他们没有申请过捕捞证（一个重要的小细节，费用不到25美元），于是，他们不得不放弃奖金，冠军头衔和奖金都转给了捕获了528.3磅枪鱼的亚军。正如防御性悲观者所知，细节很重要，有时甚至无比重要。

防御性悲观者应牢记，虽然他们的焦虑行为（如担心、计划过度、为小事操心）通常有助于激发最佳绩效，并为团队、客户和组织创造价值，但同样的行为也可能带来问题。其中包括，如果学不会分配任务，让下属从错误中吸取教训，就会管得太细。另外，与防御性悲观相关的行为（如担心和重复检查工作）可能被他人视为能力或自信不足（即便事实并非如此）。因此，他们需要管理这些印象，也许是偷偷焦虑而不是公开担心。笔者教过的一个工程师向MBA学生介绍了自己如何管理防御性悲观。他说，"要像鸭子一样"，即便手头的工作充满挑战，也要保证表面上看起来平稳顺利。就像鸭子看起来好像轻松地在水面滑行，但实际上在水下拼命地划水。

防御性悲观者还要管理与过度担忧相关的压力，以及因专注于避免出错而错失良机的风险。自认为防御性悲观者的一位公共政策专家表示，自己在工作中表现出色，很少误事。但她发现自己通常"无法享受当下"，会"因操心过度规划而讨厌原本应该带来快乐的活动""因压力而厌倦担忧"，并避免"因未知因素的压力而发生的即兴或冒险情形"。

只要能妥善管理潜在风险，防御性悲观者一定会让自己、团队和组织受益。完成专栏10-3中的评估，以判断自己是否有防御性悲观倾向。

专栏 10-3

防御性悲观问卷

回想自己希望努力做到最好的情况，与日常生活、社交生活或目标有关的都可以。回答下述问题时，思考你做了哪些准备。按各表述的准确度评分。

　　根本不准确 —— 1 2 3 4 5 6 7 —— 非常准确

____ 我经常做最坏的打算，即便能很好地完成。

____ 我担心事情的结果。

____ 我会慎重考虑所有可能的结果。

____ 我经常担心无法实现目标。

____ 我花很多时间思考会出什么错。

____ 我会想象出错了是什么感觉。

____ 我努力设想出错时应如何补救。

____ 我会小心避免过于自信。

____ 我花很多时间计划应对各情形的策略。

____ 我会想象诸事顺利的感受。

____ 有时，我主要担心自己被看成傻子，而不是做得好不好。

____ 考虑哪些地方会出错能让我更好地准备。

将所有问题的分数加起来，分数区间为 12~84 分。分数越高，代表使用防御性悲观的倾向越强。分数高于 50 分的属于诺勒姆研究中的防御性悲观者，低于 30 分的属于战略性乐观者，30~50 分的会综合使用两种策略。回答问题时所设想的情形会影响分数，因为在不同情况下可能运用不同的策略。

Source：Julie Norem. 2002. *The Positive Power of Negative Thinking*. New York: Basic Books. Used with permission.

工作与健康

工作可能对身心健康有利或有害。例如，探讨员工与主管关系的研究发现，"得到主管支持较少的员工，心理与社交障碍症状明显更高"。还有研究发现，工作要求高但无法控制如何满足需求的员工，可能遭受不健康的压力，但同样的情况也可能提高员工的积极性。

> 并非所有人的生活都掌控在自己手中。有些人的生活由别人掌控。
> ——爱丽丝·华纳，作家

近期研究发现，每天加班三小时以上的受访对象罹患心脏病的概率更大。研究者推断，经常加班的人可能还面临其他相关风险。例如，他们因自认为在工作中落后而压力不断，晚上无法好好睡觉，或者即便发现了潜在健康问题的迹象也不去看病。

级别越低的人越容易患心脏病，部分原因是他们更容易参加吸烟等高风险活动，肥胖的概率也更大。但即便扣除这些因素，结论仍然不变。研究人员将其归因于对工作缺少控制（尤其是工作节奏和要求），缺少可预见性，感受到职场上的不公。这些感受能形成长期压力，进而导致肾上腺皮质激素升高，这种应激激素会削弱免疫系统。研究人员认为"组织工作的方式"和"工作环境"能影响个人健康。

健康和福祉不仅受与主管的关系、对工作需求的控制力、加班时间和在组织阶层中的地位影响，工作态度，尤其是完美主义和A型行为倾向，也能影响身心健康和工作效能。

完美主义

完美主义曾一度被视作正面的个人特质。实际上，如果不走极端，完美主义的一些相关特征确实有利于实现卓越的绩效和事业成功。这些特征包括有条理、高标准和追求卓越。但有研究表明，过度完美主义会干扰判断，破坏人际关系，降低效率并影响健康。

研究人员罗伯特·斯莱尼及其同事解释说，过度完美主义者会"为自己的表现设定可能无法达到的极高标准"。高效完美主义者喜欢自己的工作，也能按需要开关完美模式，但极端完美主义者则是完美的"囚徒"。心理学家亚瑟·派屈描述了完美主义者的自毁式枷锁：

> 他们的目标高得不切实际，根本不可能成功。他们不断因无法实现目标而遭遇挫折……对他们而言，完美就是成功的秘诀。但即便确实成功了，他们也很少能品味成功的果实……真正的悲剧在于，对完美主义者而言，即便实现了95%甚至99%的目标，也和失败没有分别，因为结果并不完美。

高效完美主义者知道完美主义对设计汽车安全气囊很重要，而对挑选幻灯片字体就没那么重要，对选择非正式宴会上的甜点更不重要。而极端完美主义者认为大多数情况下都要付出同样的努力，因为完美主义和他们的自我价值而不是具体情况的需要息息相关。简言之，他们曲解了可行性和合意性。具体而言，如果出现下述情形，完美主义就成了问题。

- 过度且失控。
- 扎根于通过完美来满足自身需求（自我价值或担心失败）的过度欲望，而不是具体情况的需要。
- 对未能满足个人或社会标准的过度反思（完美主义者无法停止反思自身表现，因为他们觉得永远不够好）。
- 导致"全有或全无"的思想（在完美主义者眼中，绩效只有"完美"或"糟糕"之分，没有中间地带）。

极端完美主义会制造很多问题，导致焦虑、沮丧和对生活不满；还会破坏关系，因为极端完美主义者给他人设定的目

> 真正的完美只存在于讣告和悼词中。
> ——亚瑟·派屈，心理学家

标不切实际，在他人无法达到残酷的标准时会过度挑剔；还可能影响工作表现，因为完美主义者更容易对员工管得太细，不太放权，因工作无法让他们满意而难以给项目收尾。他们不太承认失败和承担风险，因为他们的自我价值和完美的欲望联系在一起。他

们在无法判断是否足够完美因而难以衡量绩效的情况下会更加追求完美。

> 永远记住：一个人在厨房时，羊肉掉了就捡起来。毕竟，谁会知道？
> ——茱莉亚·查尔德，大厨兼作家

遗憾的是，完美主义者为自己和他人设定的不实际的标准反而会破坏成功。

但幸运的是，这些倾向可以缓解。事实上，心理学家派屈主张，"一旦攻破了智力防线，问题的本质反而让完美主义者成了好病人"。另外，派屈表示，"对大多数患者来说，改变20%～30%就足够了"。为缓解完美主义倾向，派屈提出了以下几个建议。

- 不要将自我价值和自身表现联系起来。
- 允许自己不完美。
- 设定可实现的合理目标。
- 更好地区别条理性和高标准何时重要，何时不重要。
- 选择不需要追求完美的活动。

最后，要记住正是不完美才让我们更有人性。派屈说："要想完美，人类就必须成为毫无魅力的机器人……我们的人性来自我们的不完美，正是那些'缺陷'赋予了我们独有的特征，让我们成为真正的人。"

A型行为

A型行为指的是极度激进、追求成果、绩效标准高、竞争意识强、不耐烦/急躁、愤怒/敌意、行为和语速快、希望同时从事多个任务的倾向。研究人员发现，A型行为的部分特征（极度激进、追求成果、绩效标准高）在一些情境下有助于提升表现：大学生在校分数及完成学业的概率；保险经纪人卖出的保单；学者的研究效率（从发表论文的质量和数量来看）；员工的工作表现、事业成功和工作满意度。

虽然A型行为可能带来问题，但很多具备A型特征的人是幸福的最佳表现者。心理学教授查尔斯·加菲尔德说：

> 虽然最佳表现者工作时间长，但他们将工作视作充电和养料，而不是毒药……他们知道如何明智地利用时间；和工作狂不同，他们能忍受混乱和不明，

不会因完美主义而寸步难行……（表现不佳者）经常处理细节，对忙碌的状态上瘾……最佳表现者的动力来自对工作的投入，而工作狂的动力来自惧怕失败。

研究人员辛西娅·李及其同事研究了成就导向和乐观的关系，他们发现，以成就为导向的人如果同时还很乐观（如他们相信事情会按照自己的意愿发展，结果将很圆满），效率就会更高，因为他们持续"奋斗、努力，面对阻碍时坚持不懈，面对困难时积极应对，而悲观者则会选择放弃或转身"。

他们还发现，研究中以成就为导向的乐观者的焦虑和健康问题更少，可能因为他们倾向于"采取专注于问题的策略来应对压力情形，如制订行动计划、专注于手头工作、不去想与压力相关的负面情绪。悲观与专注于情绪的应对策略和负面情绪有关，以否定和疏远为主，专注于情绪压力，回避或抽离带有压力源的目标"。

> 对工作狂而言，所有自尊的鸡蛋都放在工作这一个篮子里。
> ——朱迪思·巴德·威克，《赞美好生意》

一些 A 型行为特征（尤其是没耐心、急躁和敌意）无益于效率，并可能产生健康问题，如食欲下降、抑郁、头痛和心脏病。研究表明，愤怒和敌意"最有害"，与冠心病关系最大。英国医学期刊《柳叶刀》刊载的近期研究囊括了 13 000 名对象。研究人员发现，易怒者心脏病发作的概率比其他人高三倍。易怒和心脏病之间的关系，对男性和女性都适用。

> 确实，努力工作是不会累死人的。但我认为，为什么要冒这个险呢？
> ——罗纳德·里根，美国前总统

A 型行为的底线是：以成就为导向时不要走极端，结合乐观情绪。A 型行为可能对个人和组织有利。但如果 A 型行为的动机来自敌意、惧怕失败和过度的控制欲，就可能损害健康，而且对效率无益。

完美主义和 A 型行为对组织的影响

从表面上看，执着于完美或成就的人是组织的资产，因为他们愿意为工作投入极端的重视、精力和时间。当然，很多组织都奖励这种行为，即便它们知道这会牺牲员工的健康和个人生活。但创造性领导力中心研究人员琼·克夫第莫斯有力地证明了表现出上述行为的管理者实际上会对组织有害。

克夫第莫斯提醒说，这些管理者通常意识不到工作的主要动力——避免亲密关系的愿望，因此他们"制定决策、采取行动和处理问题时会满足内在需要"。例如，他们的决策和行动不是根据组织、同级、下属和客户的需求，而是为满足自我需求、证明自己、获得认可和规避失败。他们可能"漠视员工的情感生活，因为他们也漠视自己的情感生活。他们无法提供共鸣、支持和同情，因此不太可能获得员工的'全力支持和承诺'。完美主义和A型行为会在压力和模糊情形下加剧，这也正是需要清楚思考、巩固关系和以组织利益为主的时候"。

专栏10-4中的评估有助于判断你的工作行为是否会影响效率和身心健康。

专栏 10-4

工作行为可能拖累效能和身心健康的十点迹象

1. 你是否喜欢工作更胜于陪伴家人、朋友和爱人？
2. 你是否每次度假都带着工作？
3. 你是否每天都查看邮箱，包括周末和假期？
4. 你能否能区分需要达到完美的重要任务和不需要达到完美的任务？
5. 你是否在生活一切顺利时开始担心未来？
6. 你是否在他人谈论非工作话题时思考工作？
7. 你是否认为致力于工作以外事项的人不够高效？
8. 你是否根据露面时间而不是成果来判断自己和他人的工作表现？
9. 投身工作是否影响了你的个人交往关系？
10. 你是否经常在工作场所和家里易怒且充满敌意？

整合工作与家庭

对当今很多管理者而言，最迫切的挑战之一就是厘清工作和家庭责任，以便负责任地、全身心地为两者做贡献。很多读者都知道，要实现这个目标很难。"工作狂一代""最佳高管为何成为最差父母""事业是否会伤害孩子""家庭是否会破坏事业（反之亦然）""为什么要给孕妇升职"等用词严峻的标题让问题解决变得更难。虽然这些标题是为了推销杂志和报纸，但也导致很多双职工父母愈发困惑，让家长难以周全地选择生活方式。

随着医疗条件的改善，人类寿命不断延长，更多员工要照顾年老的亲属——很多人还要同时兼顾孩子。本节的目的就是提供研究数据和洞见，帮助你在承担不同的看护责任时做出周全的选择。

自从大批女性进入职场，学术界和大众媒体就开始将双职工父母（尤其是职业母亲）塑造成组织和社会的问题：原本负责家务事的职员是否能履行工作职责？如果男女都工作，谁来照顾孩子、双亲和社区？双职工父母如何管理、兼顾工作和家庭的压力？

从组织的角度来看，支持员工的家庭责任是件好事。创造性领导力中心研究人员玛丽安·鲁德曼及其同事在近期研究中发现，认真养家的管理者从老板、同级、下属和其他人那里得到的评价更高。研究人员推测，原因可能有几点：认真养家的人对生活其他方面也会同样认真，包括对工作和在工作中依靠他们的人。认真的父母在家里掌握的技能有助于更好地管理工作，这些技能包括透过他人的视角看世界、共鸣、谈判、组织、管理时间、划分优先顺序和同时执行多个任务。另外，家长身份可能是对管理工作相关压力的"缓冲"，因为他们管理家庭压力的技能对管理工作同样有效。

研究人员发现，执行并公布工作-家庭措施的企业，股东回报更高。对《财富》500强企业的研究发现，"公布工作-家庭措施后的三天内，股价上涨0.39%。确定工作-家庭措施的合法性后，股价平均上涨0.48%……每家企业与工作-家庭措施相关的股价平均增值为6 000万美元"。在高新技术产业和女性员工比例较高的产业中，这种势头更明显。还有研究发现，公司获选"职业母亲的最佳企业"，能带来0.69%的股价涨幅。一项针对527家美国公司的研究发现，建立了多项工作-家庭政策的企业，其"组织表现、市场业绩和利润-销售额增长率都更高"，尤其对历史悠久和女性员工比例较高的公司而言。

> 在混乱的一周中，我最大的享受，就是和家人，尤其是三个孙辈，度过私人时间，是他们提醒我为什么要认真对待工作。
> ——保罗·威尔斯通，原美国参议员

越来越多的研究人员发现，兼顾工作和家庭对很多员工有益。研究人员塞缪尔·阿尔耶和薇薇安·卢克表示："人生成功的意义不断扩大……意味着工作-家庭互动不再被视作社会问题，而是成人寻求意义和认同的源泉。"正如很多双职工父母感受到的，工作和家庭都是"满足感的主要来源。"

实际上，身兼多个角色（父母、守护者和员工）是一种有效的应对机制。例如，在单位度过糟糕的一天后，回家可能是一种解脱。在经历了疯狂的早上送孩子上学后，在办公室里安静地看邮件可能让人放松。如果你在生活的一处挣扎，总可以在另一处找到安慰。例如，几年前，笔者告诉当时只有五岁的女儿朱莉娅，笔者年少时曾当过服务员，她的回答很暖心："你可能不是个好服务员，但你是个好妈妈。"

双职工父母涉及很多问题。职业母亲和家庭主妇谁更幸福？研究表明，幸福感不是由待在家里还是去工作决定的，而是由是否能自主选择决定的。日托对儿童福祉有何影响？本章后续部分会介绍。有研究表明，优质的日托对家长和儿童都有利，但劣质的日托可能影响儿童的认知和社交发展。除去日托的虐待或疏忽行为，对孩子最重要的影响来自父母。

下一节将提供有关看护的人口特征和趋势变化的信息，以及相关的研究洞见，以帮助你更好地选择目前和以后如何兼顾自己的工作-家庭责任，并帮助你的员工也这样做。笔者还会讨论双职工父母对组织的影响，尤其是弹性工作时间、压缩工作周和内部日托所等工作-家庭福利对组织的影响，以及育儿对父母职业发展的影响。接着会展示美国国家儿童健康和发展研究院对 13 000 多名儿童的研究结论，介绍日托对儿童发展有何影响。

看护的人口特征和趋势

各收入水平的女性在劳动力中所占比例越来越高，对家庭收入的贡献也日益增加。她们目前占美国劳动力的50%，40%的母亲独自承担或和配偶同等承担家庭财务责任（而在20世纪60年代，只有25%的女性承担财务责任）。大多数低收入女性是她们家庭的唯一经济来源。在美国，管理类和专业岗位至少有50%是女性。随着世界各地人口老龄化，男性和女性都要花更多的时间来照顾生病和年迈的亲属，通常还要兼顾孩子。这种家庭、就业和收入模式的变化，导致丈夫的事业不再比妻子优越。因此，家庭中的力量关系也随着采购模式（尤其是与衣物、非家用食品和日托相关的采购）和男女性职业及社会期望的变化而变化。有研究表明，女性在育儿、养老、家务和采购等家务上花费时间仍比男性多，但男性在这些家务上花费的时间比过去多，女性则比过去少。

> 我们从孩子的美好和快乐中汲取快乐，这让我们的心灵博大到身体无法容纳。
> ——拉尔夫·瓦尔多·爱默生，作家

美国立法表明，"好妈妈"的典范也在发生变化。研究人员菲利普·柯恩和苏珊·比安希解释说：

> 最开始，因丧偶（或者丈夫抛弃家庭，或者丈夫没意愿、没能力提供财务支持）而无法用丈夫的薪酬养育幼子的母亲会得到补贴，至少是少量补贴，这样她们就不必依靠工作来养育子女。《个人责任与工作计划调解法》则根据完全不同的母亲模式而设立：一位"好妈妈"应该把孩子送去日托，然后找工作，可能在接受进一步的工作培训后，她最终能养活自己和孩子。

人口特征和对男女看护责任及家庭财务安全看法的相应变化，导致如何管理家庭看护和财务责任的决定日益复杂。本章后续部分将提供相关信息，帮助读者明智地选择怎样做对自身、家庭和组织来说才是最好的。

双职工父母对组织的影响

为顺应上述趋势，很多组织都提供弹性工作时间、压缩工作周、远程办公和内部日托所等选择。巴克斯特等公司的管理者薪酬，部分基于其在"提供支持性工作-生活环境"方面的表现。提供相关项目的公司认为这样做能招来并留住优质员工，鼓励更高效的工作方式，并提升自己对家庭友善的社会公民形象。支持性的工作-生活福利对希望在紧俏的劳动力市场上招聘和留住高潜力员工的组织尤其重要。

研究人员艾伦·科塞克及其同事分析了有关公司工作-生活项目的大量研究，发现支持性工作-生活项目确实有助于改善员工招聘、留任和工作满意度。《福布斯》杂志刊载的下述事例说明了这一点：

> 维尔弗雷多·特哈达，34岁，原任加州库比蒂诺 Net-Manage 公司营销副总裁，他将自己之前的工作经历称为"心理战"。他每隔一周都要参加一年级女儿的班会，上午 10：00 才能到办公室。"我一直盼着班会赶紧结束，因为我得赶回办公室。"为什么？因为老板每天 6：30 到，坐在办公室里监督每个人的动向。三年前，特哈达离开公司，与他人联合创办了互联网公司 Aeneid Corp.。他保证，只要员工完成了工作，就不要求出勤。

和很多管理者一样，特哈达认为最好的效率指标是业绩，而不是露面时间。很多人都同意这种观点。家庭与工作研究所父亲项目的研究人员詹姆斯·莱文和托德·匹廷斯基说："IBM 请员工评估影响其决定留在公司的因素。工作-家庭福利整体排名第五，在最佳表现者中排名第二。"

和之前引述的研究不同，科塞克及其同事发现，工作-生活福利和员工效率之间没有固定关系。这说明，虽然这些福利对招聘和留住员工日益重要，但工作设计和管理支持等其他支持工作-生活融合的因素对员工效率的影响可能更大。

双职工父母对子女福祉的影响

电影《旅客》和《我的疯狂人生》的导演阿利森·安德斯是一位单亲母亲，她要求在电影《芳心之歌》的鸣谢名单中加上帮忙照顾她 7 岁儿子鲁本的保姆的名字。一开始，环球影业反对这样做——"之前从没有过先例"。但安德斯说服了他们："我一直在洛杉矶和纽约之间飞来飞去；如果没有她们，我根本无法完成这部电影。"电影公司最终同意了，"鲁本的保姆因为不易觉察但不可或缺的角色在荧幕上留了名"。

安德斯的故事体现了很多双职工父母对看护者的感激。对很多男性和女性而言，决定融合工作和家庭的最佳方式（甚至仅仅是尝试这样做）是一个艰难而痛苦的过程。全面的信息可以让这个决定容易一些。正如《华尔街日报》专栏作家苏·雪琳芭格所说："现在是一个儿童看护消费主义的时代。"

本节介绍的信息主要摘自美国国家儿童健康与人类发展研究所（NICHD）对13 000多名儿童的研究。该项目于1991年启动，由莎拉·L.弗里德曼博士牵头，是目前研究儿童保育对美国儿童影响的规模最大、最全面的研究。该研究启动时受访儿童不到一岁，来自全国各地和不同收入阶层。

14所大学的研究人员参与了这项研究。研究重点包括儿童保育对认知发展（达到适当智力发展水平的能力）、社交发展（与人相处的能力）和对母亲依恋

> 小事听从头脑，大事听从心灵。
> ——西格蒙德·弗洛伊德，
> 精神分析学之父

的影响。研究人员相信，儿童早期对母亲的依恋很重要，因为因依恋母亲而产生安全感的儿童在幼年和学前表现出很多积极特征（如解决问题、愿意探索并保持独立、与其他儿童相处的社交能力、与成人合作）。

认知发展。接受优质日托的儿童在入学准备度和语言理解测试中的分数更高。优质日托的特征包括：看护者与儿童充分互动，表现出温暖和支持，提供认知刺激。早期优质日托带来的少量学业优势至少可以持续到15岁。实际上，按照美国公共卫生协会和美国儿科学会设定的标准，日托环境达标的孩子表现高于平均水平，而日托环境不达标的孩子表现不及平均水平。可接受标准包括：儿童/员工比率（婴儿3∶1；2岁4∶1；3岁7∶1）；小组规模（6个婴儿；8个2岁幼童；14个3岁幼童）；教师培训（儿童培养、早期幼教和相关专业学历）。

社会行为。"儿童的社会行为受日托质量、日托儿童数量、日托稳定性、母亲对儿童的心理福祉和行为的影响"。具体而言，接受优质日托的儿童（达到前文标准）且日托时至少有3个儿童陪伴的儿童，社交能力更强，两三岁时的行为问题更少。"两岁时，日托安排不稳定的儿童问题行为更多"。另外，前四年日托时间适度的儿童青春期的行为问题较少，而大部分时间都待在日托的儿童到15岁时攻击性

和冲动更低。母亲对孩子的态度和行为对儿童社交能力的影响大于儿童日托安排。

依恋。"儿童保育经历对儿童 3 岁时依恋母亲的安全感没有明显影响。早期研究发现,婴儿时期的日托经历多和质量差只在母亲对婴儿相对不敏感时才和母亲依恋有关系。整体而言,相比育儿时间或质量,母亲的受教育程度与母亲保育的正面特征的关联度更高。但较少使用日托和日托质量高时,母亲对孩子更积极、更支持。"

在日托对儿童影响的另一项研究中,研究人员梅根·贡纳及其同事发现,看护者行为的影响也很大。如果看护者喜欢干扰和控制,儿童的应激激素肾上腺皮质酮水平就会更高。他们会参与更多的结构化活动、需要机械学习的活动,很少有时间自由玩耍,要在不同活动之间频繁地切换。肾上腺皮质酮水平高会让女孩产生焦虑情绪,让男孩产生愤怒和攻击情绪。

有研究人员仍怀疑日托对儿童的正面影响,尤其是对一岁以下儿童及长时间日托(每周 30 小时以上)的情形。研究人员杰伊·贝尔斯基针对日托对儿童的影响进行了大量研究。他主张,母亲与孩子在其一岁前共处的时间越少,就越没有时间"掌握孩子的信号模式和韵律",敏锐而适当地回应孩子的能力也越差。

> 之前没人要求核心家庭像我们一样孤独地住在大盒子里。没有亲人,没有亲人之间互相的支持,我们面对的是不可能的世界。
> ——玛格丽特·米德,人类学家

贝尔斯基引述自己和他人的研究,阐明过早、过多接受日托的孩子攻击性和反叛性略高。但他也注意到这种影响较小,而且相关研究一般没有考虑日托安排的质量,大多数研究覆盖的家庭数量和多样化程度都不及 NICHD 的研究(NICHD 也发现,日托时长和幼儿攻击性之间低正相关。而日托质量高的儿童,到青少年时期冲动趋向偏弱)。虽然贝尔斯基对早期大量日托的使用仍持合理谨慎的态度,他仍总结道:

> 但与此同时,我读到的证据无法得出日托有害的结论,即便对最小的公民而言。太多证据表明,恰恰相反,儿童接受优质日托反而有好处。如果看护者服务时间较长(员工流失率低),具备儿童发展的相关知识,看护时能敏感地回应儿童的具体需求,日托是有效的。

研究人员总体认为，日托对儿童福祉可能有利，也可能有害，因此在决定使用日托时要谨慎。另外，他们相信很多因素都会影响双职工家庭儿童的福祉，包括下述因素。

日托质量。NICHD研究最重要的结论之一，就是优质日托对儿童有利，劣质日托则可能伤害儿童的认知能力和社交发展。研究人员表示："如果看护者和儿童交流，鼓励提问，回答问题，为他们阅读，要求他们顾及他人感受，并培养不同的思考方式，儿童的语言能力和思考能力就会更出色。"

> 美国的生活方式如果辜负了儿童，就是辜负了所有人。
> ——赛珍珠，作家

遗憾的是，NICHD研究发现，在受访的幼儿日托组织中，只有10%符合美国公共卫生协会和美国儿科学会设定的标准；3岁儿童日托组织中，只有34%达标。另外，50个州中只有3个根据相关的幼儿/员工比例标准制定了儿童保育条例，只有9个州制定了符合早教培训建议标准的条例。

总体而言，探讨日托对儿童福祉影响的研究人员呼吁提高美国日托的质量（为日托员工提供高薪，制定并执行高日托标准，为家长提供家庭假期，让他们在孩子几个月大时有更多的选择）。纽约家庭与工作研究所所长艾伦·加林斯基曾说："我们知道如何提供优质的日托。我们之所以失败，不是因为缺少知识，而是因为缺少意志。"

家长性格、自尊、教育和收入。家长对儿童发展的影响很大，与日托质量或时间无关。例如，研究表明，双职工父母的自尊、教育水平和收入影响了育儿质量。教育水平和收入之所以重要，可能是因为家长能因此发现并承担更优质的日托服务。

婚姻/关系质量。彼此扶持且合作愉快的父母更容易为子女提供优质的看护。

选择。研究表明，母亲选择外出工作还是留在家里，影响了其情感福祉，进而影响了其育儿行为和孩子的福祉。换言之，母亲的幸福感并非来自是否工作，而是这一决定是否基于自主选择。

> 试试手镯：如果合适就戴着，如果不合适，不管手镯多闪耀都得扔掉。
> ——肯尼亚谚语

家长的工作体验。对父母来说，工作质量（如上司的敏感度、工作趣味性和自主性、时间灵活性）影响了其回应并养育子女的能力，进而影响了儿童的认知能力和社会行为。例如，研究人员温蒂·斯图尔特和朱利安·巴林在研究父亲的职业对儿童发展的影响时发现，父亲的工作决策自由度（如"我有很大的自由决定完成工作的方式"）、工作要求（如"我的工作要求速度"）、工作不安感（如"我能确定，只要干得好，就能保住这份工作"）和角色间冲突（如"工作占去了陪伴家人的时间"）能影响孩子表现（如"学校相关能力"和社会行为）。

研究人员托比·帕斯尔和伊丽莎白·莫纳亨发现，"在扣除母亲自身教育水平和智力的影响后，工作更复杂、更负责的母亲提供的家庭环境更好，其子女在语言、数学和阅读测试中表现更出色"。加州大学厄文分校研究人员艾伦·格林伯格等人发现："工作更有激情和挑战性的父母，其育儿方式更温暖，不粗暴，更敏感。"研究人员斯图尔特·弗里德曼及其同事发现，母亲更能掌控日常工作的孩子，问题行为更少。

读者可能注意到，研究人员更关注职业母亲而不是职业父亲对子女的影响。这就产生了问题，因为父亲日渐参与到日常育儿活动中去，他们也能感受到权衡父亲与员工双重身份的乐趣和压力，而且这种偏颇会导致组织更关注职业母亲而不是职业父亲的需要。

日托对家长的好处

近期研究发现，日托除了提供看护从而让家长得以工作外，还有其他好处。芝加哥大学研究人员马里奥·斯莫尔对纽约300家日托中心的研究发现，这些中心能为家长提供社交关系，帮助他们从其他家长和看护者那里获得支持和有用的育儿建议（如有关保健的信息）。斯莫尔表示，"家长到学校是为了给孩子找看护者，但他们最后学会了彼此照顾的方式……对新手家长而言，最好的资源就是其他家长"。斯莫尔发现，这些人们习以为常、看似微小的组织行为（社交活动、募捐活动和远足）能显著增加家长的社交资本（通过结识其他家长而获得的资源）。日托中心为家长提供了彼此了解的机会，能扩大他们的育儿关系网。有趣的是，设定了严格的接送时间（如所有家长都必须下午5:30接孩子）的日托中心为家长提供了更多的交际机会，因为更多家长每天都在同一时间会合。低收入家长和非低收入家长都能从在日托中心建立的关系中受益。前者无家可归的概率更小，后者抑郁的概率更小。

孩子对双职工父母的看法

纽约家庭与工作研究所所长艾伦·加林斯基在一项里程碑式的研究中询问了1 000多名3～12年级的孩子对双职工家长的看法。结果表明，"从与儿童健康发展、入学准备度和学业成绩高度相关的12项指标来看，母亲工作并不影响儿童对其育儿技能的评价"。加林斯基还注意到，"儿童是否觉得母亲陪伴的时间太少，与母亲是否工作无关"。密歇根大学社会研究所的桑德拉·霍弗尔兹的研究也证明了这一观点。他发现，双职工父母每周约陪伴子女19小时，而不工作的母亲能陪伴子女22小时。

虽然56%的家长认为多陪子女有好处，但67%的孩子认为母亲给予了足够的陪伴，60%的孩子认为父亲也是如此。父母陪伴子女的时间长短不如家长

> 童年时期总有敞开大门迎接未来的时刻。
> ——格雷厄姆·格林，小说家

陪伴时的态度和行为重要（33%的儿童认为母亲陪伴的时间不够，40%的儿童认为父亲也是如此）。例如，44.5%以上的儿童觉得母亲陪伴时总是很匆忙，37%的儿童觉得父亲也是如此。

> 我父亲是谁不重要，我记忆中的他是谁才重要。
> ——安妮·塞克斯顿，作家

加林斯基总结说："虽然共处时间的长短很重要，但大多数儿童并不想和父母共处太多时间。如果父母在陪伴孩子时不着急、不分心，而且活动很丰富，得到的分数就更高。"孩子最在乎的是简单的事，而不是豪华假期或烧钱的爱好。他们表示，一起用餐、玩游戏、做运动、写作业、看电视更加重要。父

母参与这些活动的儿童更容易认为父母"以家庭为重",能高效兼顾工作和家庭。

在加林斯基的研究中,有不到43%的儿童"认为家长工作太多,而有62.5%的家长自认为如此"。其父母对工作评价积极的孩子更愿意像父母一样兼顾工作和家庭。此外,儿童对母亲工作的了解比对父亲的工作多。似乎很多父母都没有给下一代劳动力做出好榜样。父母不谈论工作、抱怨工作,或者表示"我希望今天不上班"(可能因离开孩子而感到内疚),实际上是在有意无意地传递对工作的负面印象。

下一代劳动力会很有趣,而他们的选择部分取决于我们的工作/生活选择及我们谈论选择时采用的方式。加林斯基注意到,"很少有孩子愿意比父母更努力工作。只有11%的孩子表示要比父亲更能干。父亲工作时间最长、强度最大的孩子更希望比父母少工作。只有25%的儿童希望比母亲更努力"。

> 每个孩子都是对更好生活的冒险——是改变旧模式、建立新模式的机会。
> ——休伯特·H. 汉弗莱,前美国副总统

男孩比女孩更青睐"父亲养家,母亲居家"的生活方式。加林斯基表示,"几乎两倍于女孩的男孩强烈赞同男性赚钱、女性照看家庭和孩子的想法。42%的7~12年级女孩同意,即便母亲主要负责赚钱,父亲主要负责育儿,孩子也能表现出色。而只有25%的男孩赞成这一表述。"受这种预期差异的影响,这些孩子长大后,两性关系会变得很有趣。

简言之,问题不在于双亲工作还是不工作,而是其对工作的看法、在孩子面前谈论工作的方式,以及他们陪伴孩子时利用时间的方式,这些才是问题的关键。育儿技巧最重要。加林斯基在研究中发现了八种重要的育儿技巧。

- **让孩子感受到重要性和爱**。为力证这一点,加林斯基引用了发展心理学家尤里·布伦纳的表述:"每个成功的孩子背后都有一个狂热的支持者。"
- **回应孩子的暗示**。这意味着在情感和智力上回应孩子。能感受到他人倾听和响应的孩子能更好地应对压力。
- **接受孩子的本样,但期盼孩子成功**。孩子对自己的看法受他人看法的影响。因此,你越相信孩子,孩子的自信心就越强。
- **推崇积极的价值观**。这意味着谈论并实践对家庭重要的价值观。

- **使用建设性原则**。这种原则的目的是"教孩子将界限内在化，而不是侮辱、伤害或贬低它们"。
- **提供例行日程和仪式**。有规律的日常活动（如起床、吃饭、玩耍和就寝）能让孩子感到世界是有秩序的、稳定的、可预测的。而参与家族仪式（如一起唱歌、读最喜欢的书、看电视节目、出席生日会和家庭传统活动）能给儿童制造回忆并培养其家庭认同感。很多家长表示，开车送孩子上学和参加其他活动的时间，是脱离日常生活中其他纷扰的宝贵时间。
- **参与孩子的教育**。如果家长参与孩子教育（无论在学校还是在家里），孩子的学习成绩会更好。
- **做孩子的后盾**。孩子希望知道自己能依靠父母，尤其在生病或发生大事时。

笔者从研究中得出的结论是，如果日托质量不好，或者你因为工作不好回到家后疲惫、暴躁或和孩子不亲近，你的事业一定会伤害孩子。如果你是个表现出色的完美主义者，在家就像在办公室，对待孩子就像对待不达标的小职员，也会伤害孩子。但如果你温暖而善良、知道怎样才能让孩子快乐并成长为温暖而负责的成人、身心上都亲近孩子、工作是自愿选择而且喜欢的、伴侣支持你、为孩子选择了的优质的日托，你就可以放心了。因为研究表明，你在兼顾工作的同时也能成为暖心而称职的父母。图10-2总结了探讨双职工父母对儿童福祉的研究。

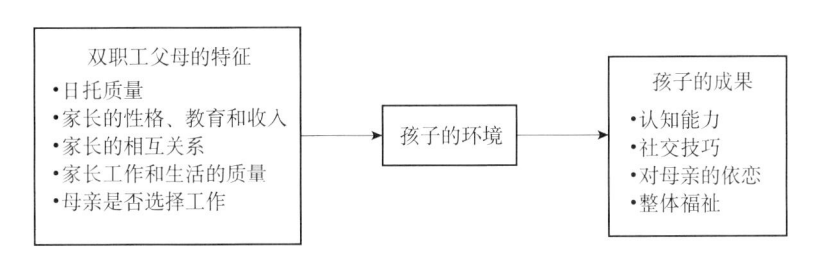

图10-2　影响双职工家庭孩子福祉的因素

如果想让所有双职工父母在整合工作和家庭时更容易，当个好老板、好同事，并且支持推进优质日托的政策（如提高日托员工的薪酬、执行有关教师/儿童的比例，小组规模和教师培训的标准），下一代（年老时照顾你并影响未来养老政策的人）将深表感激。

结　论

在21世纪初谱写人生，要放弃很多陈旧的观念，其中涉及成功（如相信金钱能带来幸福）、效率（如出勤时间等同于业绩）、幸福的家庭（父亲工作、母亲居家）、工作与生活平衡（相信工作与生活平衡是人们渴望且可实现的目标）。

> 如今，组成生活的材料和技巧不再明确。要想跟随上一代的足迹不再可能……很多用来构建自我意识或设计生活的最基本的理念，都改变了它们的意义。
> ——玛丽·凯瑟琳·贝特森，《谱写人生》

我们的组织和社交世界与父辈不同，在过去十年经历了重大变化，未来十年无疑也会如此。因此，很多过去用以谱写人生的想法和策略如今都不太有用了。

此外，如今我们有了更多的生活选择：可以在办公室、家里甚至海滩办公；可以和同事、客户见面，也可以通过互联网做生意；可以是全职员工，也可以是外包商，根据自己的时间和条件工作；可以工作，也可以在家育儿（或者两者切换）。因为我们比前人更长寿，所以有很多机会改变观念，并对生活方式做出新的选择。但至少有一样没变：无论我们寿命有多长，都要对人生做出周全的选择。

美好的生活没有公式。没有任何美好的生活能适用于所有人和所有人生阶段。已故心理学家维克多·弗兰克解释说：

> 无论你在错路上走了多远，都要马上回头。
> ——土耳其谚语

> 因此，重要的不是人生的意义，而是在某一刻某个人人生的具体意义。将这个问题概括化，就好比向象棋冠军提问："大师，世界上最好的一步棋是什么？"如果抛开对弈的具体情况和对手的具体个性，最佳或上佳招数将无从谈起。

研究人员朱莉·诺勒姆解释说："我们不能简单地希望别人的策略对自己有效，就好像我们不能希望别人的鞋子同样合我们的脚一样……实际上，如果我们不够小心,这样的努力反而会事与愿违。"

笔者在本书第 1 章介绍过,成功的事业基于几个特征,包括对自身和他人重要的专长、认为智商和性格是变化而不是固定的看法、认真、积极、学习导

> 所有成长都是在黑暗中纵身一跃,是自发的、偶然的举动,无法运用经验。
> ——亨利·米勒,作家

向、创造力和即兴的意愿、实践技能、自我认知、社交能力、情商、正面情绪和意志力。谱写人生时,这些特征更为重要,因为我们在人生中要比在工作中面对更多的挑战和机遇。另外,我们的人生目标不像日常工作目标那样清晰,而且往往在决策几年后才能得到反馈。例如,我们只有过几年才知道事业和育儿决策是否有效。我们能做的,就是考虑周全,思忖决策后果,并愿意在面对不可预测的意外曲折时根据经验加以调整。

最后,笔者希望在结束本书前分享一个建议。几年前,笔者在活泼的女儿利亚的幼儿园教室帮忙,听到有个小女孩问老师:"魏曼太太,梦想能成真吗?"老师毫不迟疑地回答:"梦想可以变成愿望,愿望可以变成计划,计划就能成真。"老师的回答如此迅速和坚定,我觉得她一定回答过无数个孩子。笔者觉得她的话是个好结语,因为笔者也希望本书能给读者带来很多想法,帮助读者梦想成真。

本章小结

幸福的人真心对生活感到满意,而金钱在其中的作用只有 2%~5%。性别、种族和年龄以及生活中的大事(如彩票中奖、因事故致残),都和幸福关系不大。幸福的要素包括我们的想法(积极的自我概念,是满足者而不是完美者,性情,品味经历,积极参加信仰,乐观、希望和感恩等正面情绪)和选择的行动(如设定喜欢的目标,平衡目前和未来的快乐,经营关系,建立有效的应对策略)。

大多数人喜欢工作,因为它能满足人类的基本需求,包括认同感("我是管理者")、归属感("我们喜欢合作")、能力感("我们在工作中愿意学习并锻炼技能")、稳定感与掌控感("我们工作有程序")和改变的能力("我们的工作有时可

以影响整个世界")。

如果我们完全投入自认为重要的工作，具有明确的目标、规则和反馈，能专注于任务不被干扰，能胜任工作的同时也能接受挑战、培养新技能，能控制完成工作的方式，我们就能有顺畅感。

乐观者对自己和世界都有正面偏见。他们认为自己比实际更有才，世界比数据显示的更美好。研究表明，乐观者更幸福、更健康、更高效，他们会设定更高的目标，坚持不懈，承担风险，奖励自己，更好地应对压力。我们可以通过关注解读生活中好事和坏事的方式来培养乐观情绪。但乐观的作用有时被高估了。近期研究显示，防御性悲观者往往会做最坏的打算，然后制订计划避免坏结果，因此能通过过度计划来提升表现。另外，尚不清楚鼓励病人"正面思考"是否有效，尤其在病人其他类型的应对机制曾成功发挥作用时。

虽然正面情绪的好处很多，但负面情绪有时对决策也有利，因为"心情稍差"的人不易受骗，更加关注周围的世界，记忆更准确，不太会"冲动决策"（包括基于偏见的决策），更加注意细节，更容易识破谎言。

工作可能影响健康。与主管关系差就会加重压力。工作中的其他健康风险包括对工作缺乏掌控感、体会到职场不公、过度加班和缺少预见性。组织级别低的人更容易经历掌控感和可预见性不足、职场不公的感受，罹患冠心病的概率也更大（在排除吸烟和超重等其他因素后）。

如果不走极端，完美主义和A型行为都对效能和事业有好处，但如果走极端（尤其是A型行为中的敌意），就会伤害效能、心理福祉和身体健康。完美主义和A型行为越是在模糊和高压环境下越极端，破坏力也越大。

美国劳工部数据显示，美国劳动力的工作模式在过去40年中经历了剧变。各收入水平的女性进入职场的比例都在增加；父亲赚钱、母亲居家的家庭数量不断减少；双职工、单亲家庭、女性养家的家庭以及幼子的母亲全职工作的家庭更多了。很多职场女性收入超过丈夫。越来越多的男女性都需要照顾病人或老人。

很多双职工父母都靠日托来满足育儿需求。研究表明，优质的日托有利于孩子的智力和行为发展，几乎不影响孩子对母亲的依恋，但劣质的日托会伤害孩子的智力和行为发展。

双职工父母的态度和行为比日托对儿童发展的影响更大（除非日托质量极差）。决定家长对孩子正面影响的因素包括：家长的自尊、收入和教育水平、工作质量、婚姻关系质量、母亲是否自主决定去不去工作。

将孩子送日托的家长能通过在日托中心与其他家长和员工互动而获得社交资本。

思考题

1. 本章哪些内容对你最有用？为什么？

2. 根据本章所述的个人策略，你能如何改善生活质量（如快乐、健康和寿命）？至少做出一项改变，注意收效和进步。

3. 想象自己有足够的财力自在地生活，有钱为自己的儿孙提供良好的教育，并让父母得到悉心照顾。你会如何安排自己的人生？为什么？

4. 如果你知道自己只有五年寿命，但五年中会一直健康，你会如何安排自己的人生？为什么？如果只有一年，你会怎么做？为什么？

5. 使用专栏10-2来评估自己的日常工作（工作、学业、持家表现）。你的日常工作顺畅度处于哪个水平？为什么？你要如何提升日常生活的顺畅度？如果你对某些人负有责任，你如何提升他们日常生活的顺畅度？

6. 汤姆和凯特·坎佩尔创办了制造有机牙膏和其他个人护理产品的缅因汤姆公司，因为他们希望为客户提供有机个人护理产品。约翰·斯卡利辞去百事公司总裁职务后出任苹果公司的首席执行官，因为他觉得"个人电脑能改变我们的生活和学习方式"。你每天在工作、学校和家庭中的付出有什么意义？

7. 你是否愿意聘请完美主义者和A型行为者？为什么？你是否愿意为完美主义者工作？为什么？

8. 完成专栏10-3，以判断自己更接近战略性乐观者还是防御性悲观者。你的整体策略在何种情况下有效？在何种情况下会出问题？

9. 完成专栏10-7"单线时间取向评估：你喜欢一次做几件事？"，你在时间使用方面更偏向多线（分数较低）还是单线（分数较高）？你的风格在什么情况下有利于管理生活？在什么情况下有害？

10. 假设你的下属是一位表现出色的职场家长。他最近没有按时完成重要任务，而且昨天的演讲也没做准备。但除了这两点，他的表现在部门里还是最好的。你听说他最近开始照顾年迈而患病的双亲。你要和他讨论绩效评估问题。你会怎么说？为什么？如果需要，你会提供什么支持？

11. 如果想提高健康长寿的概率，你要如何改变日常生活？要马上做出什么改变？为什么？你将如何保证自己坚持下来？完成www.realage.com或www.livingto100.com的评估，以判断自己需要重点关注的有利于健康和长寿的方面。

专栏10-5～专栏10-7如下所示。

专栏10-5

关于睡眠剥夺

很多人长时间工作是因为工作需要，因为组织奖励出勤时间，或者因为行业惯例（如外科医生和飞行员）。无论原因如何，研究表明，睡眠不足会导致反应和思维迟钝、走神以及积极性下降。研究人员格雷戈里·贝伦基及其同事研究军事人员在作战行动中的表现后发现，"睡眠不足会损害敏锐度、认知表现和情绪。每保持24小时清醒状态，完成有效脑力工作的能力将下降25%……睡眠不足会削弱最复杂、最有用的功能，包括在快速变化的情形下理解、适应和计划的能力"。

睡眠剥夺和干扰可能导致研究人员所说的"速度-准确度取舍"。这意味着面对需要注意力、推理能力和反应时间的任务，疲惫的人可能做到准确或迅速，但不太可能兼顾两者。在非常规环境下，睡眠不足的风险更大。

Source: Belenky, Gregory et al. 1994. "The Effects of Sleep Deprivation on Performance during Continuous Combat Operations." In Bernadette M. Marriott (ed.). *Food Components to Enhance Performance*. Washington, DC: National Academy Press.

专栏 10-6

长寿的方法：从百岁老人研究中汲取的经验

新英格兰百岁老人研究的首席研究人员、医学博士托马斯·帕尔表示，超长寿命（100岁以上）很罕见，大多数人能活到这个岁数是因为"基因给力"，让他们不会罹患糖尿病、老年痴呆和心血管疾病等老年病。百岁老人中，男性和女性分别占15%和85%，但前者比后者机能更好。但帕尔认为，大多数人从基因上看都能健康地活到85岁。能否达到或超过这个寿命，很大程度上取决于我们的日常生活方式。下述建议主要来自对新英格兰、佐治亚和冲绳百岁老人的研究发现。

- **保持良好的饮食习惯，多吃有色水果和蔬菜**。减少高盐、高脂肪食物的摄入量，选择瘦肉、禽肉和鱼肉、全谷类。少吃。对冲绳百岁老人的研究结果表明，他们比大多数人少摄入500卡路里的热量。
- **养成良好的健康习惯**。定期看医生，治疗现有问题，打疫苗。虽然看似很小的举动，但越来越多的证据表明，用牙线剔牙能延长寿命，因为这和增强心血管健康有关。
- **积极活动**。年老时身体和大脑会出问题，部分原因是缺少锻炼。
- **妥善应对压力**。虽然百岁老人的压力来源并不少（有些有创伤经历），但他们的应对更有效。他们直面问题，悲伤后接受现实，原谅自己和他人，调整后往前看，而不是沉迷于过去。冥想也有助于缓解压力。
- **保持活跃的脑力活动**。给大脑带来新的挑战能让其保持灵敏。
- **态度乐观，尤其当面对衰老问题时**。有研究发现，乐观看待衰老的人寿命比其他人长7.1年。
- **与亲友交往**。社交有助于对抗抑郁，并增强身体的免疫系统。

世界上哪个地区的人健康寿命最长？世界卫生组织现在不按寿命排名，而是按健康寿命排名。近期排名反映了"同等完全健康状态下的寿命长度"，排名领先的国家包括日本（74.5岁）、澳大利亚（73.2岁）、法国（73.1岁）、瑞典（73.0岁）、西班牙（72.8岁）、意大利（72.7岁）、希腊（72.5岁）、瑞士（72.5岁）、摩纳哥（72.4岁）、安道尔（72.3岁）。女性寿命比男性长4年。美国排名第24，在富裕国家中偏低，原因有几点：很多人的生活状况等同于"贫困的发展中国家而不是富足的工业化国家"；艾滋病病毒传染；吸烟导致癌症；冠心病发病率高；暴力程度高。在世界卫生组织网站上能找到完整排名。

以下分享两个免费的在线评估网站，帮助读者判断日常态度和行为是否提高了健康长寿的概率：www.realage.com 和 www.livingto100.com。

专栏 10-7

单线时间取向评估：你喜欢一次做几件事？

选出对应的数字，以反映你同意或反对各表述的程度。

- 我喜欢同时进行几项活动。

强烈反对	基本反对	有点反对	中立	有点同意	基本同意	强烈同意
1%	2%	3%	4%	5%	6%	7%

- 我希望每天能完成整个项目，而不是几个项目的不同部分。

强烈反对	基本反对	有点反对	中立	有点同意	基本同意	强烈同意
7%	6%	5%	4%	3%	2%	1%

- 我认为人们应该努力同时处理多件事情。

强烈反对	基本反对	有点反对	中立	有点同意	基本同意	强烈同意
1%	2%	3%	4%	5%	6%	7%

- 独立工作时，我通常一次处理一个项目。

强烈反对	基本反对	有点反对	中立	有点同意	基本同意	强烈同意
7%	6%	5%	4%	3%	2%	1%

● 我喜欢一次做一件事。

强烈反对	基本反对	有点反对	中立	有点同意	基本同意	强烈同意
7%	6%	5%	4%	3%	2%	1%

● 我认为人们只有在面临多项任务时才能有最佳表现。

强烈反对	基本反对	有点反对	中立	有点同意	基本同意	强烈同意
1%	2%	3%	4%	5%	6%	7%

● 我认为最好做完一件事后再开始另一件。

强烈反对	基本反对	有点反对	中立	有点同意	基本同意	强烈同意
7%	6%	5%	4%	3%	2%	1%

● 我认为最好同时给一个人布置多项任务或工作。

强烈反对	基本反对	有点反对	中立	有点同意	基本同意	强烈同意
1%	2%	3%	4%	5%	6%	7%

● 我很少喜欢同时处理多个任务或工作。

强烈反对	基本反对	有点反对	中立	有点同意	基本同意	强烈同意
7%	6%	5%	4%	3%	2%	1%

● 我希望每天完成多个项目的不同部分，而不是一个完整的项目。

强烈反对	基本反对	有点反对	中立	有点同意	基本同意	强烈同意
1%	2%	3%	4%	5%	6%	7%

分数加总后除以10，然后根据下述标准分段。

1.0	2.0	3.0	4.0	5.0	6.0	7.0

均值为3.720，用H（标准方差=1.06）标出，基于对圣路易斯地区医院系统1 190名受访对象的研究。

Source：Allen C. Bluedorn, Thomas J. Kallath, Michael J. Strube, and Gregg D. Martin. 1998. "Polychronicity and the Inventory of Polychronic Values (IPV). The Development of an Instrument to Measure a Fundamental Dimension of Organizational Culture." *Journal of Managerial Psychology*，14 (3)：205 – 230. Reprinted with permission of MCB University Press.

Authorized translation from the English language edition, entitled Management Skills for Everyday Life: The Practical Coach, 3e, 9780136109662 by Paula J. Caproni, published by Pearson Education, Inc., Copyright © 2012, 2005, 2001 by Pearson Education, Inc.

All rights reserved. No part of this book may be reproduced or transmitted in any form or by any means, electronic or mechanical, including photocopying, recording or by any information storage retrieval system, without permission from Pearson Education, Inc.

CHINESE SIMPLIFIED language edition published by CHINA RENMIN UNIVERSITY PRESS CO., LTD., Copyright © 2017.

本书中文简体字版由培生教育出版公司授权中国人民大学出版社合作出版，未经出版者书面许可，不得以任何形式复制或抄袭本书的任何部分。本书封面贴有 Pearson Education（培生教育出版集团）激光防伪标签。无标签者不得销售。

图书在版编目（CIP）数据

管理学与生活：第3版/（美）葆拉·卡普罗尼（Paula Caproni）著；王瑶，潘素敏译. —北京：中国人民大学出版社，2017.10
书名原文：Management Skills for Everyday Life：The Practical Coach（3rd Edition）
ISBN 978-7-300-23616-2

Ⅰ.①管… Ⅱ.①葆…②王…③潘… Ⅲ.①管理学-通俗读物 Ⅳ.①C93-49

中国版本图书馆CIP数据核字（2016）第279667号

管理学与生活（第3版）
[美] 葆拉·卡普罗尼 著
王瑶 潘素敏 译
Guanlixue yu Shenghuo

出版发行	中国人民大学出版社		
社　　址	北京中关村大街31号	邮政编码	100080
电　　话	010-62511242（总编室）	010-62511770（质管部）	
	010-82501766（邮购部）	010-62514148（门市部）	
	010-62515195（发行公司）	010-62515275（盗版举报）	
网　　址	http://www.crup.com.cn		
	http://www.ttrnet.com（人大教研网）		
经　　销	新华书店		
印　　刷	北京东君印刷有限公司		
规　　格	170 mm×240 mm　16开本	版　次	2017年10月第1版
印　　张	30.75 插页1	印　次	2017年10月第1次印刷
字　　数	453 000	定　价	69.00元

版权所有　侵权必究　　印装差错　负责调换